# 晚清最后十八年

黄治军 —— 著

精编
典藏版

四川人民出版社

图书在版编目（CIP）数据

晚清最后十八年 / 黄治军著 . -- 成都：四川人民
出版社 , 2024. 8. -- ISBN 978-7-220-13744-0

Ⅰ . K252.07

中国国家版本馆 CIP 数据核字第 20244WT957 号

WANQING ZUIHOU SHIBANIAN

**晚清最后十八年**

黄治军　著

| | |
|---|---|
| 出 版 人 | 黄立新 |
| 出 品 人 | 柯 伟 |
| 选题策划 | 宋 鑫 |
| 责任编辑 | 郭 健 |
| 特约编辑 | 宋 鑫 |
| 营销编辑 | 林雨桐 |
| 责任校对 | 舒晓利 |
| 装帧设计 | AURORA Book design 工版广 QQ2265712354 |

| | |
|---|---|
| 出版发行 | 四川人民出版社（成都三色路 238 号） |
| 网　　址 | http://www.scpph.com |
| E-mail | scrmcbs@sina.com |
| 新浪微博 | @ 四川人民出版社 |
| 微信公众号 | 四川人民出版社 |
| 发行部业务电话 | （028）86361653　86361656 |
| 防盗版举报电话 | （028）86361653 |
| 照　　排 | 天津星文文化传播有限公司 |
| 印　　刷 | 北京盛通印刷股份有限公司 |
| 成品尺寸 | 166mm×235mm |
| 印　　张 | 29 |
| 字　　数 | 401 千 |
| 版　　次 | 2024 年 8 月第 1 版 |
| 印　　次 | 2024 年 8 月第 1 次印刷 |
| 书　　号 | ISBN 978-7-220-13744-0 |
| 定　　价 | 98.00 元 |

# 目　录

第一章

# 洋务运动后大清变得强大，
# 为何甲午战争却突然爆发？


## 袁世凯进入朝鲜

那个年代的人其实是很少有机会出国的，但有一个人例外。

1882年，大清光绪八年，23岁的军人袁世凯跟随大清的军队来到了朝鲜。清军是来帮助朝鲜平息内乱的。

在明朝，朝鲜是大明帝国的藩属国，明天启七年（1627年），也就是后金天聪元年，皇太极对明作战失败，缺少银两，就先易后难，派大将阿敏攻下了朝鲜，从此朝鲜成为八旗军的后勤供应基地。大清建立后，朝鲜自然而然地成为大清的藩属国。

朝鲜只有"国王"，没有"皇帝"，因为他们的"皇帝"就是大清皇帝，使用的年号也是大清的年号。朝鲜国王在级别上只相当于大清国的亲王。因此，朝鲜国王的王宫必须修得比大清国的皇宫矮小。

朝鲜比较穷，他们的一品大员出门也有车，不过，是一种十分轻便和"省油"的车——独轮车。而朝鲜也基本上没有什么军队，他们一直指望大清解决国防问题，干脆就省了军费。

1840年，大清虽然在鸦片战争中吃了败仗，国门被英国人轰开，但经过30多年的洋务运动，清朝的近代工业发展起来了，加上左宗棠率军收复新疆，清法战争中清军取得了军事上的实际胜利，此后朝廷也一改鸦片战争以来的懦弱之风，开展了一场大规模的政治和外交攻势，在国际上重振声望。这时美国刚打完南北战争（1865年）不久，德国也刚完成完全的统一（1871年），全世界都在炒作"清国威胁论"，西方报纸甚至认为当时世界上真正的强国只有四个——英、法、俄和大清帝国。

顺便说一句，当时大清的藩属国并不只有朝鲜，除了北面的沙俄和东面的日本，与清国相邻的国家几乎全是它的藩属国，从南到西还有：安南（越南）、缅甸、暹罗（泰国）、苏禄（菲律宾）、南掌（老挝）、尼泊尔、锡金、不丹……

但事实证明，朝鲜这个"小弟"当得极不安稳。后来他们发现另一个邻居——日本渐渐有了新老大的风范，日本也一直注意培养在朝鲜的势力，于是朝鲜朝廷内部迅速分化成两派。

一派比较守旧，坚持亲近天朝——清国，他们因此被称作事大党（"以小事大"，出自《孟子》），也就是实际上的亲华派；另一派偷偷摸摸接受日本人给的好处，他们自认为比较开化，因此叫作开化党（亲日派）。

不难发现，事大党和开化党之间的矛盾是不可调和的，每当朝鲜王宫发生内乱的时候，自然就想到请求大清派兵帮忙平乱。

袁世凯的长官叫吴长庆，这个人是袁家的故交，对袁世凯特别照顾。吴长庆总共带来了三个营的兵力，一进入朝鲜，就把其中一个营的兵力临时交给了袁世凯，命令袁世凯带着士兵往前冲。实事求是地说，吴长庆的意思不是让袁世凯去送死，而是有意让年轻的袁世凯建功立业，将来好升官。

### 杀人立威，袁世凯初露峥嵘

袁世凯回报给吴长庆的是一份特殊的礼物。

对于天朝来的军队，当时朝鲜的百姓是夹道欢迎的，热情款待"王师"，但大清的军队纪律一直不怎么好。

袁世凯认为打仗之前必须整顿纪律，于是他向吴长庆报告："大帅，我已经处罚了几名带头闹事的士兵，请您前往视察。"

吴长庆很赞许袁世凯，觉得袁世凯是一个做将领的天才。为了好好地训斥这些闹事的士兵，吴长庆边走边打好了腹稿，准备发表一篇既措辞严厉，又动之以情晓之以理的训话，让这些士兵做出深刻检讨，以维护军纪。

他跟着袁世凯来到关押的地方，门一推开，吴长庆的笑容就凝固了。

只见黑屋的桌子上，整整齐齐地摆着七颗人头——他的训话已经没有必要了。

原来，袁世凯要吴长庆来看的不是活人，而是人头。在抓住这些闹事的士兵后，他既没有请示也没有报告，就自作主张先把他们全砍头了。但袁世凯杀的并不是自己那个营的士兵，而是另外两个营的。

吴长庆感到不寒而栗，待在原地挪不动脚。所谓"杀鸡骇猴""杀人立威"这种事他也懂，但一口气切瓜砍菜似的砍下七颗战友的头，并且还没闹出乱子，足见袁世凯不简单啊！

其实吴长庆不知道的是，早在出国之前，袁世凯就向周围人抱怨："吴叔身为军中主帅，却温文尔雅像个书生，满足于'儒将'之名，不敢杀人，也不敢以杀止杀，你们有什么打算？反正我是准备从朝鲜回来之后，就离开这支军队！"

吴长庆最终什么也没有说，而袁世凯经此一杀，在军中的威望立升。在接下来的作战中，他表现出了身先士卒的特质，以亡命之徒的打法冲在队伍的前面，而士兵们也跟着他全力向前冲锋，格杀敌人。最后在吴长庆的大军增援下，袁军平息了朝鲜宫中混乱，吴长庆的军队留驻朝鲜，清国仍然保持着对朝鲜的宗主国地位。

吴长庆连夜向朝廷写奏章保举袁世凯，这样，23岁的袁世凯升官了，成了帮办朝鲜军务，相当于清国正五品的"同知"——知府的副职，年薪80两，在朝鲜开启了训练新军的生涯。

后来，吴长庆奉调回国时，他并没有把袁世凯带回国，他知道自己留不住袁世凯，也不想再把袁世凯带在身边。他觉得，袁世凯绝对是一个危险人物，不如留他在朝鲜，去对付日本人。

这一留，就是 13 年。

袁世凯凭着他的刚强果断，一次次粉碎日本人的阴谋，也一次次躲过开化党人对他的暗杀，最终成了大清派驻朝鲜的最高领导——钦命驻扎朝鲜总理交涉通商事宜。

这个官职在清国相当于道员，级别是正三品，实际上是清国派往朝鲜的全权代表——监国。

在袁世凯面前，朝鲜国王只能用一个词来形容——战战兢兢。袁世凯不仅可以随意出入王宫，还要对国王说话办事指指点点，当时国王发给各国的外交文件除了盖上玉玺，还必须盖上袁世凯的大印才能生效，重大事情上的请示通报也是少不了的。而袁世凯出入王宫期间，打听到朝鲜王妃还有一位 16 岁的妹妹，年轻漂亮，就将她纳为自己的三姨太，两位陪嫁的丫头被纳为二姨太和四姨太。

总之，在外人看来，袁世凯在朝鲜是很风光的。他也有了朝鲜一品大员出行时的独轮车。这段日子，用袁世凯自己的话说，他是在"只手支撑东方大局"。

## 袁世凯想回到大清

但谁也不知道，这个时候的袁世凯是不快乐的。他很不快乐。

因为这一切不是他想要的，准确地说，他想要的不止这些。

在朝鲜期间，袁世凯不停地向国内打报告，要求回到大清，但没人理他。

没理他的原因很简单，因为袁世凯的工作业绩实在太突出了。他能搞定日本人，就让他继续搞定。一来二往，袁世凯相信，如果没有什么意外的话，他就可以在朝鲜养老了。毕竟领导赏识他，他也没有办法。

袁世凯的苦恼正是来源于这个。由于国内方面迟迟不找人来替换他，他就只能永远待在朝鲜。

此时的袁世凯已经35岁了，他已经在朝鲜服务了13年，毫无疑问，无论是他在朝鲜的事业还是官职，都已经达到了顶峰，朝鲜国王总不会把他的王位让给袁世凯。在这里他是老大，但是回到大清，他连上朝的资格都没有。

除了想继续升官，袁世凯急切希望回到国内还有更加复杂的原因。如果没有出国，他不会意识到这一点，但在朝鲜的十几年里，他已经更加深刻地认识到，所谓大清在洋务运动后重振雄风，是不真实的，在表面的繁荣和强大之下，清国隐藏着巨大的危机。内忧当然是朝政的腐败，而从外患来说，头一个威胁就是日本。

在日本，有一个让袁世凯真正害怕的人。

## 明治天皇：令袁世凯畏惧的人

日本这个国家的历史可以追溯到公元前1万年，当然那个时候是贫穷落后的原始社会，没什么好说的。日本真正实现统一是在公元5世纪，相当于我国的魏晋南北朝时期，这一时期有大量的中国人和朝鲜人移民到日本，他们带去了耕作和种植稻米的技术，从此，日本人终于能吃上一碗饱饭了。

接下来，日本进入了漫长的农业社会时代。对他们影响最大的是大唐文明，京都的皇宫是仿照大唐修建的，政治制度也几乎是照搬唐朝的。一开始天皇的权力是最大的，相当于中国的皇帝，但是后来，情况出现了变化。

因为各岛之间老是打仗，就出现了军人干政，权力转移到了将军手上，将军的权力机构称为"幕府"。日本从此进入了幕府时代。

但幕府也并不是直接统治全岛，下面有几百个藩，这些藩是有很多土地和庄园的领主（名主），所以他们还有一个称号叫"大名"——相当于我国的地主。

为了保护这些土地，大名又不得不养着一群持刀打架的人，相当于地主的护院或者保镖，这就是"武士"。在武士阶层的下面，是数目庞大的农户、町人（商人、手工业者）。再接下来是等级制度最底层的两类人，一类叫"秽多"，仿佛他们身上总是带着脏东西似的；另一类，也是最低等的叫"非人"，实际上他们都是破产的无业游民、流浪汉、乞丐等。

值得指出的是，上至天皇，下至非人，等级制度里这些人的身份都是世袭的。万一你不幸出生在非人之家，这辈子基本上就是悲惨的命运。不仅吃不饱，连生命安全都没有保障。举个例子，当时日本武士如果新得了一把刀，他的第一个动作就是找个非人来试刀，因为按照规定，杀掉一个非人是不会受到任何处罚的。

天皇虽然处于最高层，但自从幕府夺权后，他的日子就不好过了。收成好的时候就给他多吃一点，碰上海啸、地震什么的，天皇一样要饿肚子。一代代的天皇饥一顿饱一顿，"缝缝补补又三年"——这样的状态一直持续了几百年。

天皇之所以如此境遇，除了因为天皇是被幕府软禁和监视的对象外，还有一个更主要的原因——其实幕府也不是故意不尊敬天皇，而是幕府时代的日本实在是太穷了。

由于没有畜牧业，在很长很长的一段时间里，日本人都是不吃肉的。我们以前形容一个人穷，最多是"三月不知肉味"，"口中淡出鸟来"，而日本人可能是几年、十几年甚至几十年不知肉味，嘴里连鸟蛋都淡出来了。日本人吃不上肉，只好鄙视吃肉的行为，认为那是"脏东西"，碰上某些时候，"吃肉"的方法就是关起门来，一家人干坐两个小时，然后推开门宣布："今天我们吃肉啦！"

这就是农业社会时期日本的现实。农业生产水平单一低下，住得不好，吃得简单，地震、海啸等自然灾害却很频繁。穷得受不了的日本人只好冒险渡海，到中国的沿海抢劫。

当时日本的统治阶层最大的梦想是有朝一日登上富饶美丽的中华大地。幕府时期的1592年（明朝万历年间），大将丰臣秀吉曾带领日军打到鸭绿江边，并计划最终打过鸭绿江，建立一个以北京为首都的大东亚帝国，把北京周边十个县给天皇，其余的他自己掌管。

丰臣秀吉的狂想虽然最终幻灭了，但是，这一设想成了日本"大陆政策"的源头之一，日本人对中华大地的觊觎可谓"源远流长"，有着悠久的历史传统。

日本的最后一任幕府属于德川家族，称为"德川幕府"。从1633年起，为了严格禁止西方基督教在日本传教，德川幕府实行了长达200年的"闭关锁国"政策，在先后五次颁布的"锁国令"中，明确规定非法出海的日本国民一律被处死，在海外居住5年以上的日本人自动脱离日本国籍，禁止再回国。整个日本只有限地开放了长崎港，允许日本商人在这里同中华帝国、荷兰和朝鲜三国做有限的国际贸易，换点茶叶、丝绸、奶酪之类的货物，完全禁止同其他欧美国家的任何贸易和交往。

一切从1854年开始改变了。在1840年英国人用炮火轰开了清国的国门之后，美国人也用炮火轰开了日本的国门，迫使日本签订了日本历史上第一个不平等条约——《日美亲善条约》。之后，英国人、俄国人、法国人和荷兰人蜂拥而至，纷纷与日本签订不平等条约，什么开放通商口岸、划定租界，给予西方列强治外法权和最惠国待遇等这些在清国出现的事情，也在日本出现了，于是日本被迫对外开放——进入了"开国"时代。

在日本百姓看来这是卖国。民族感情加上不平等条约带来的经济搜刮，使得日本各地纷纷揭竿而起，举起了反抗西方侵略者和政府——幕府"卖国统治"的大旗。在1857—1867年的10年间，日本全国爆发了500多次农民起义。后来，西南部经济发达地区的大名和武士阶层加入进来，想趁机摆脱幕府的统治，史称"倒幕运动"。

起义总要有个口号。对倒幕派来说，现成的口号是赶走洋人——"攘夷"，但这还不够，还需要推出一个起义的精神领袖，这个人应该是各方都可以接受的。于是，大家想起了那个躲在破破烂烂的皇宫里，吃了上顿没下顿的人——天皇。

在"尊王攘夷"口号的带领下，经过几次规模不大的战斗（日本人少，当兵的更少，所谓的"大战"经常是几百人的群架），到1867年，倒幕派取得了胜利，第二年，幕府被迫将权力交还给天皇，日本首都由京都迁往江户，改名为东京，幕府从此退出日本的政治舞台，史称"王政复古"。

但这个时候，一个意外情况发生了。那就是倒幕派推出的精神领袖孝明天皇去世了，当时天皇正值壮年（36岁），所以关于他的死，历史上一直有很多种说法，有人认为他是得病死的，也有人认为他是被倒幕派毒杀的，以便更好地控制他的儿子。他的死因一直到现在都是个谜。

孝明天皇去世后，他16岁的儿子继承皇位。这就是让袁世凯感到畏惧的人物——日本第122代天皇睦仁。

## 明治天皇的内部集权

1868年9月，睦仁正式举行登基大典。礼仪过后，睦仁登上属于他的高台御座，他环视四周，拿出一本书——《周易》，翻到其中的一页，他高声而念："圣人南面而听天下，向明而治！"

睦仁史称"明治天皇"。

当住进东京新皇宫的时候，睦仁把这当作了一个新的征程。

尽管睦仁知道，自己也可能只是倒幕派手中的一枚新的棋子，但倒幕派内部要取得平衡，就必须将最大的权力归还给他。睦仁决定利用好这个机会，完成从精神领袖到实际领袖的转变，用自己的实力告诉所有人：我才是这个国家真正的君主！

在东京新的皇宫里，睦仁刻苦攻读各国书籍。为了安心读书，他不仅裁撤了后宫三分之二的女官，自己还搬到外殿去住，大半年也不去后宫一次。除了吃饭睡觉，其余时间都用来学习统治国家的理论以及有关战争的知识，以及训练亲兵，他跟将士们比赛骑马，要求士兵们称呼他为"元帅"。因为在他心里，永远隐藏着那个金戈铁马、纵横驰骋的梦想！

而当睦仁回到处理政事的大殿，从梦想中惊醒过来，面对这个贫穷破落的国家，这个民族骨子里的不安和自卑又涌上他的心头。

睦仁时常走出皇宫，在东京湾的大海边，朝海面远眺。我们不能认为他是在看风景，更多地，他是在排遣内心的沉重。

他想起了丰臣秀吉的"大陆政策"，睦仁认为，只有让那美丽富饶的中华大陆成为日本的领地，他才能得到日本臣民的真正拥护，也才能得到真正属于他的权力！

御前会议上，睦仁将他的心愿告诉了众位大臣，大臣们惊奇地听着这位16岁少年的梦想。睦仁说完，大殿里先是一阵出奇的安静，然后，所有人反应过来了，他们激动万分地表示："陛下，实现'大陆政策'，这也正是臣等多年的梦想啊！"

大家激动之时，有一个人站出来了，他告诉睦仁："陛下，您刚刚登基，还急不得，我们必须先做好另外一件事情。"

他叫伊藤博文。

伊藤博文是倒幕派里的重要人物。他告诉睦仁，攘外必先安内，对天皇来说，目前最重要的是清理好后院，扩张之前必须做好一件事情——集权。

集权分两步走，第一步是清除旧势力。既然幕府已经倒了，按照兔死狗烹、过河拆桥的原则，藩主和武士这两个阶层就逃不过被清洗的命运。睦仁需要下一道命令，命令各藩藩主必须交出他们的土地和军队，并且在行政机构上不再保留藩，全日本的行政区划重新分为三府七十二县。

这就是废藩置县。废藩置县的政策对日本的影响是巨大的。之前的日本虽然被称作一个国家，但实际和我国西周时期的诸侯分封差不多。作为国家权力中心的幕府并不是直接统治这个国家的，它下面还有大大小小 200 多个藩，各藩各有各的政策，各收各的税，也就相当于 200 多个大大小小的诸侯国。而废藩置县结束了这种诸侯分封，统一行政，统一收税，建立了一个真正统一的近代化国家。所有的日本人，也就是从这时候开始才有了"国家"的概念。

在解决了诸侯地主之后，接下来要解决的就是地主的打手——武士。

这是一件极为棘手的事，因为武士在倒幕运动中贡献是最大的，他们大都是没有读过几年书的武夫，唯一熟悉的就是一样东西——刀。之前听说要推翻幕府，拖着刀就上了，舍生忘死，浴血奋战，现在听说要废除武士，能不急吗？

但是站在国家的角度，这一批人必须废除。

因为除了没事磨磨刀以外，武士这个阶层是不劳动的，以前是各藩拿钱养着他们，现在藩没有了，他们就向国家要钱，而国家是出不起这个钱的。

更重要的是，西方列强已经让睦仁和他的团队明白，这不再是一个拿刀砍人的时代，而是依靠铁枪大炮的时代。武士阶层不管为国家的统一建立过多少功勋，也不管他们的过去有多么辉煌，站在统治者的立场，他们已经没什么用了。

但是废除武士阶层要冒更大的风险，一旦逼急了他们，他们手中的刀又是起义的武器。于是明治政府采取了一个逐步清算的方法。先是颁布征兵令，规定凡是 20 岁以上身体健康的男子必须义务服兵役，也就是说，所有的年轻男人都变成了国家的新"武士"。原来的武士就没有了特殊性，既然不特殊，国家就再没必要出钱养着他们，而且他们还必须和其他人一样要交税。

这个命令并没有激起多大的波澜，引发动乱的是下一个命令——废刀令。

所谓的"废刀令"，就是规定武士不能随便带刀上街。睦仁的态度很坚决：今后能动刀子的，只有国家！而且要对外动刀子，个人不能动。每天扛着一把刀，吓唬谁呢？

担心的事终究还是发生了。1874年，一个著名的人物——西乡隆盛回到了他的家乡鹿儿岛县。武士们都簇拥到他身边，要求他为武士说说话。

西乡隆盛参加了倒幕派对幕府的作战行动，是其中的领军人物，为推翻幕府和建立明治政府立下了赫赫战功，连东京都是他为政府夺取下来的。而西乡隆盛本人出生于下级武士家庭，是当时全日本武士的精神偶像。

3年后（1877年），西乡隆盛最终举起了反抗政府的大旗。最后，政府军艰难战胜，西乡隆盛被割下首级，这次战争也是日本历史上规模最大的一次内战（双方各战死6000人），史称"西南战争"。

武士的问题解决了，影响社会和谐稳定的因素被排除了。自此，日本完成了从形式到实质的统一，建立了统一的中央集权的国家。而睦仁的权势也大大增强了，因为他成了国家的新武士——义务兵的效忠对象。

接下来，就是完成集权的第二步：培育新势力，进行政治和经济体制的变革。

## 明治维新，日本崛起

日本一直是这个世界上最善于学习的国家之一，他们的思想、制度和生活方式都是从国外学习过来的，然后顶多再结合自身环境，消化、吸收再加工。在漫长的农业文明里，中国一直是日本学习和模仿的对象。但越来越多的日本人认为，必须改变学习对象，向有铁枪大炮的西方人学习。

持这一观点的代表人物就是日本著名学者福泽谕吉。福泽谕吉抛出了著名的"脱亚入欧论"。睦仁派出了一茬又一茬的代表团去欧美取经，学习政治、军事、社会制度，这些代表团取经回来后，日本就成了一个奇怪的国家。

这个奇怪的国家实行了君主立宪制度，有内阁、有议会，开放了党禁和报禁，实行多党制，人们基本可以自由地批评政府，有全民共守的宪法。这些都同西方君主立宪制国家没有区别，而最重要的区别是这一条：天皇的权力。

按照日本宪法规定，天皇的权力是至高无上的，而且没有什么制约。跟西方君主立宪制"君权民授"不同，它的本质是"民权君授"，也就是说，西方的国王或者总统的权力是民众通过议会授予并制约，而睦仁是将天皇的很大一部分权力下放给了普通民众。这样的体制，用一句话来概括就是"开明的专制"。

与此同时，日本虽然高调宣扬"脱亚入欧"，但也并没有完全西化。比如他们穿上了西服，但和服仍然受到欢迎，正式场合行握手礼，日常场合行鞠躬礼。更重要的是，尽管废除了武士，但也保留了日本传统文化的核心——武士道精神。这种保留将对后来的日本产生很大的影响。

好吧，对睦仁来说，这并没有损失。虽然分了一部分权出去，但他的权力原本就是被幕府占有的，还不给饱饭吃，现在过上好日子了，真的没必要死捂着权力的袋子。将原来的封建君权改为君主立宪，普通国民对政治的参与度更高，大家切身感受到，所谓的"政治"，就是大多数人的共同利益，而政府就是这个共同利益的代言人。为了自己的利益，每个人都会提建议和出力气：当政府做得好时，会真心支持；但政府出现差错时，会积极监督；当政府遇到困难时，也会砸锅卖铁、变卖首饰家产去支持政府。总之一句话，它成功地将政府的利益和民众的利益捆绑在了一起。

日本人由此更加强化了"国家"的概念，虽然国土面积只有巴掌大，又穷得吃不上肉，但"大日本帝国"的观念开始逐渐深入到每一个人的内心。这就是利益捆绑带来的好处。

而通过开放舆论监督，让一向喜欢骂政府的知识分子享受一定自由，可以随便骂政府和其他人，也面临随时被其他人骂。在这样长盛不衰的骂战中，他们磨砺了自己，提高了骂的水平，然后整个社会的思想理论水平也提高了。

总之，这是一种既可以维护政府利益又可以换来全民效忠的方法；也是一种适应近代社会的时代潮流，在体制和精神层面解放这个国家的途径；更是一种让大家安心去勤劳致富，然后自己多收税的方法。这实在是一笔很划算的买卖。

这就是"明治维新"的核心内容。通过政治体制改革，它给日本社会和经济发展带来了很多正能量，但它在本质上，还是加强了睦仁的集权。而在政治体制改革之外，通过另外的一项工作，睦仁的权力不仅得到了进一步增强，也让日本这个奇怪的国家变得更加奇怪，那就是——军队改革。

## 战争机器开启！

前面我们提到，在废除武士阶层时，日本颁布了征兵令，实施全民皆兵的义务兵役制，这使得日本的兵力大为增强，但这并非奇怪之处，奇怪的是对军队的管理。

经过多次兵制改革，日本军队中征兵、养兵等属于行政的部分（军政）归政府管，而派兵、调兵、作战等属于命令的部分（军令）归另外一个机构——参谋本部管。所谓的"参谋本部"，也就是总参谋部，古代的参谋就是那些摇着鹅毛扇子的人，负责给大将提建议，具体该怎么打，还得将领拿主意。但在日本，这是一个很重要的部门，它是独立于政府之外的。

也就是说，政府只管招兵和养兵，至于这些兵要干什么，准备如何干，一概无权过问。在军队里，指挥士兵的是军官，而指挥军官的，就是参谋。参谋归上一级参谋管，上一级参谋又归再上一级参谋管，直到最后的参谋本部。

那么，参谋本部又归谁管？大家猜对了，它归天皇管，也就是归睦仁管。

有人要说，这也没什么奇怪的，实际上就是睦仁通过参谋集团来控制军队，这跟我国宋朝的皇帝通过文臣驾驭武将差不多。问题出在这些参谋上，他们并不是什么文臣，而是一群特殊的军人。

参谋们是从小开始培养的，一批孩子还吃着奶就被送到幼年军校，然后直到从相当于大学的士官学校毕业。在这些学校里，所有的教育都围绕如何作战展开，而作战的核心只有两个字——进攻。

举个例子。在考试的时候，老师冷不丁地抛出一个问题："前方发现敌军！"如果你下意识地问一句："有多少人？"那么你完了，标准答案是："进攻，包抄消灭敌人！"如果老师再来一句"敌众我寡，有利防守"，你要是真的来一句"防守"也完蛋了，标准答案是："想办法包抄进攻！"

而学校里唯一的思想教育，就是我们在电视里听过多次的那句话——"为天皇陛下尽忠！"

大家知道了，这些学校里培养出来的参谋，就是一群狂热的战争分子，一堆极端的战争机器。长期封闭的军校生活，使他们跟社会脱节，既不懂政治，也不懂社会，只知道听命令。如果让他们去打火星，估计他们也会去的。而他们上了战场最喜欢做的只有一件事——包抄。他们相信，只有首先把自己置之死地，才能绝处逢生。为了取胜，他们是不惜血本的，也不在乎伤亡率，什么人体盾牌、人肉炸弹，通通都能用上，哪怕只剩下两个人，都要再去围攻一次。

要指出的是，参谋本部管理的是陆军的参谋。后来新兴的兵种——海军出现了，于是属于海军的"参谋本部"也设立了，它换了一个名称，叫"海军军令部"，同样，海军军令部的头领也是睦仁。

这时，又出现了一个新的问题，那就是一旦开战，如何能从组织上保证陆军和海军相互配合。如果是陆军只打陆军的，海军只打海军的，那就乱了，效果肯定不理想。于是，日军又设置了一个完全为战争服务的机构——战时大本营。

也就是说，战时大本营平时并不存在，只有到了发起战争前夕才会成立。战时大本营的成立标志着日本马上就要开战了。跟参谋本部一样，它也是独立于政府之外的，首脑仍然是睦仁，而其他组成人员都是陆海两军的高级参谋和指挥官，政府里的文职人员不得参加，即使是内阁总理也不行。

由于天皇的权力并不受限制，又是陆海两军的最高首脑，他的手下又是一群狂热的战争机器，我想大家已经想到了一个名词——军国主义。

好吧，是时候总结一下日本这个国家了。通过上面的描述，我们已经知道，明治时期的日本是一个处于新旧之间的国家，一个半新半旧的国家，也是一个奇怪的国家。它学习了西方的近代政治体制，又保留了一个真正的皇帝；虽然成功倒幕，但整个国家又留下了军人可以干政的幕府遗风。这样的体制和阴魂不散的"大陆政策"结合起来，对清国来说，是危险的。

在清洗武士、政治体制改革、经济发展这些准备工作都还没有做好的时候，睦仁就已经开始了一场掏家底的豪赌。1874年，在废藩置县取得成功的同时，睦仁就开始了他登基后的第一次对外用兵——攻打我国的台湾。这次用兵，虽然没有取得台湾，但迫使大清放弃了自明朝以来归属中国长达500年的藩属国——琉球。1879年，日本夺取了琉球，把它改名为冲绳，成为日本的第73个县。

第一次豪赌就换来了一个县，成果斐然。照常说一般人都会乐上一阵。但睦仁脸上的表情不是欢喜，而是很郁闷，他威严地环视左右：为什么台湾还没有得到？

在睦仁看来，如果连一个小小的台湾都得不到，又如何能永固皇国的南门，如何能实现"大陆政策"？

大臣们低头思索良久，然后告诉睦仁："陛下！这是因为我们还不够强大！我们只有等待，耐心地去等待！"

这一等待，就是15年。日本人的野心自然引起了清国的警惕，在这15年的时间里，双方进行了一场旷日持久的军备竞赛，清国财大气粗，买军舰、买枪炮。而日本人本钱不多，只能边买边引进技术自己改装改造，但为了军备的发展，可谓达到了不惜血本的疯狂境界。

1883 年，睦仁宣布：从这年开始的 8 年时间里，国家最大的两项税收——酿造业和烟酒业的税收，政府不能拿走一分钱，全部用于建设海军和陆军！

1885 年，清国从德国购买了亚洲最大的装甲军舰——"定远"号和"镇远"号装备北洋舰队。睦仁突然发现，日本海军中还找不到一艘大炮可以击穿"定远"和"镇远"的装甲。他深受刺激，于是每天只吃一顿饭，每年从生活费中挤出 1/10（30 万日元），并且要求大小官员每年献出工资的 1/10，作为购买和建造军舰的费用。

15 年过去了，1894 年到来了，朝鲜又发生了内乱，这次是农民起义，史称"东学党起义"。东学，也就是中华文明中的核心——儒、道、释三学。朝鲜农民军希望拿它们去跟以基督教为核心的"西学"对抗。

1840 年鸦片战争以后，大清的国门被打开了，西方的传教士也来了，而其中的一部分传教士偷渡鸭绿江，进入朝鲜秘密传教。在过去的书中，当我们说到传教士的危害，总是会讲传教士如何作恶多端、野蛮无理等，其实传教行为引发众怒的是另外一个原因。

当时加入教会的，有很多是当地的地痞流氓，甚至是有犯罪记录的不法之徒，无论是官是民，大伙儿对这些人都是比较痛恨的。但当时传教很不容易，只要有人愿意加入，教会都是拍着巴掌欢迎的，所以流氓地痞们能轻易地加入教会。而他们只不过是想寻找教会作为靠山，好更加为非作歹，欺压普通百姓。因为教会势力很大，官府也不敢捉拿。这种情况持续几年后，朝鲜爆发了起义。

就这样，起义军打出了"逐灭倭夷，澄清世道""驱兵入京，尽灭权贵"等口号，事实上不过是朝鲜事大党与开化党矛盾在民间的翻版。

东学党一起义，睦仁和袁世凯都不约而同地觉得，他们的机会来了。

## 甲午战争即将引爆！

按照多年形成的传统习惯，朝鲜又请求大清派兵平乱，但这次大清朝廷又多了一个顾忌，那就是日本人。

虽然袁世凯在朝鲜维护着大清利益，但清国外交部门在和日本的善后谈判中吃了亏，朝廷想早点息事宁人，就和日本签署了一项协议——清日《天津条约》。条约的主要内容是，如果日后朝鲜还发生动乱，清日两国派兵入朝之前都要互相通告一声，免得影响清日交好。也就是说，从那以后应对朝鲜动乱，清日任何一方都没有单方面出兵朝鲜的权力。

可以看出来，狡猾的日本人虽然在军事上被袁世凯压制，但在外交上占了很大便宜，通过这个条约又在实际上废止了清国对朝鲜的宗主权，把朝鲜推向了两国"共管"的境地，日本人在清国的专属权力中成功地插上了一腿。

袁世凯的主管领导犯难了。不派兵吧，朝廷一向是把面子看得很重，而且作为保护属国的天朝上国，当他们的国王把求援书送到你面前的时候，你不出兵，就没有一个宗主国的样子。但如果派兵吧，又很可能与日本产生纠纷，因为在清国出兵的同时，日本也很可能出兵，清日两国军队同时出现在朝鲜的领土上，擦枪走火的事情是没有办法避免的。

领导指示袁世凯先去摸一摸日本人的态度。

于是袁世凯去了日本驻汉城公使馆，向日本公使了解情况。然后给国内发了封电报，极力主张出兵，并说日本公使杉村浚是他的哥们儿，日本只看重经济利益，即使我们出兵，日本也是不会派兵的（"杉与凯旧好，察其语意，重在商民，似无他意"）。发电报的时间是 1894 年 6 月 2 日。

袁世凯的考虑正是大清朝廷高官惯有的思维：公私两便。

袁世凯知道，朝鲜政局被东学党起义闹得岌岌可危，出兵是继续强力保护清国在朝鲜利益的需要，也是朝廷爱面子的需要，兵是一定要出的。这就是"公"的方面。

而袁世凯极力促成出兵，让朝廷对出兵放心，是出于他的私心，也是他一直等待的那个最后的机会——回国！只有国内出兵，派来作战的将领，他才有可能被替换回到国内——实在不行还可以趁乱走人。反正这次他已经下定决心：必须撂挑子！必须回到国内！

袁世凯是这么想的，也是这么做的。

6月底，当时朝廷已经派兵，而日本也已经派兵，朝廷担心可能与日本开战，正考虑要不要撤兵时，袁世凯再一次写报告给国内的上司：与日本人吵架无意义，派军舰来，什么问题都解决了！

7月11日，与日本开战的气氛已经十分紧张，袁世凯向国内上司报告自己生病了，而且很严重，基本到了要入土的程度，趁着还有一口气想先落叶归根，请求回到大清。

在发完这封电报之后，袁世凯不等批示，赶忙将他的工作和职务全部移交给下属唐绍仪。他鼓励唐绍仪好好干："我是要死的人了，但岗位必须有人坚守，不能耽误工作，你就在这里建功立业吧，一定会大有可为的。"唐绍仪接下了袁世凯的一切工作，他向国内发工作报告时，袁世凯在这份报告上特意加了一句"具体事项可等袁道到天津稍痊愈后面禀"。我们别小看这句话，这正是袁世凯冥思苦想加进去的，他的算盘是，一旦国内没注意到这句话或者不作公开表态，他可就要拔腿走人了。

现实又一次打击了袁世凯，证明了上司是比他更精的人，上司很快给了个答复："袁毋庸调回，切不可径自赴津。"而且这个答复居然是通过最高命令——光绪皇帝的上谕发出的。

袁世凯实在是想不通："这是为什么啊？我在朝鲜都十几年了，难道就不能挪窝吗？"

他只有最后一招了——耍赖。在接下来的电报里，袁世凯充分发挥了耍赖的本领："我已经病到这个程度，只有一死了，但是死对国家有什么好处呢？伤心欲绝！"（"凯病如此，惟有死，然死何益于国事？痛绝！"）可是，领导仍然无动于衷，摆明了一副让袁世凯死也要死在朝鲜的架势。

但此时袁世凯成天一副病入膏肓的样子，连唐绍仪也看不下去了，他主动打电报佐证："袁道病日重，烧剧，心跳，左肢痛不可耐。韩事危极，医药并乏，留汉难望愈，仪目睹心如焚……"

好吧，为了不闹出人命，为了避免袁世凯真的客死他乡，袁世凯的上司终于同意了让他先回国。电报到达汉城，袁世凯没有作一分钟的停留，拖着行李，立即溜出汉城。他的内心还是忐忑不安的，因为上司只是说先让他回来，并没有答应让他留在国内。

在天津，袁世凯终于见到了他的那位上司——李鸿章。

安徽人李鸿章是这个帝国里极有权势的人，是满族人建立的朝廷里官职最大的汉臣之一。他是文华殿大学士，官居直隶总督兼北洋通商大臣。李鸿章掌控的是大清最厉害的三大命脉——军队、外交和经济。

朝廷最重要的一支陆军——淮军的创始人兼最高主帅，是李鸿章。朝廷最重要的一支海军——北洋水师的创始人兼实际最高主帅，也是他李鸿章（名义上还有一位满族王爷是他的上司）。说是最重要，一是军费有保障，因此淮军和北洋水师是所有军队中装备最好、训练模式最新、人才梯队最完备的（跟淮军对口的天津武备学堂和跟北洋水师对口的福州船政学堂，是全国最好的两所军校），战斗力也是最强的。二是它们的防卫范围——驻扎京畿，拱卫京师。

从名义上说，清国的外交是不归李鸿章管的，它由设在北京的总理各国事务衙门（简称"总理衙门"）来负责，但总理衙门里的头头是一些不懂如何与洋人打交道的满族王爷，所以实际上办事的还是李鸿章北洋大臣的班底，所谓"外靠李鸿章"，说的就是这个现象。

李鸿章还是大清"洋务运动"的带头人。清国最赚钱的几个行业，比如铁路、海运、电报、矿山等，都由他和他的亲信盛宣怀掌握，在他们的经营下，涌现出如轮船招商局、天津机器局、开平煤矿等一大批国有大中型企业。

李鸿章之所以有这些权力，是因为一个人的支持——慈禧太后。李大人也就是清国实际最高领导人——慈禧太后最得力的心腹干将。总之，李鸿章权倾朝野。按照级别来说，袁世凯还算不上李鸿章的直接下属，中间还差了好几级。但早在还是吴长庆的下属时，袁世凯就跟李大人搭上线了。他经常越级向李鸿章请示，投靠在了李鸿章的门下。

让袁世凯万万没有想到的是，李鸿章竟然让他再回朝鲜，还给他加了工作任务——驻扎朝鲜总理交涉通商事宜兼抚辑事宜，也就是在他原来工作的基础上再加一个为进入朝鲜的清军做后勤保障的工作，比如建兵站、存军粮、喂军马、搬弹药，反正要保证清军的后方补给。

袁世凯失望了。他垂头丧气地离开了天津直隶总督衙门，转身去了一个地方——北京。在北京，有的是那些在朝廷说得上话的满族王爷。按照袁世凯的官职，他是没有办法"求见"到这些人的。不过，北京城里有的是为办事的人和高官牵线搭桥的中间人。袁世凯找到他们，说明了自己的来意。然后他从行李中掏出了一些沉甸甸的东西——黄金。

在"总理"朝鲜的十几年里，袁世凯一直没有闲下来，除了阻截日本势力在朝鲜的渗透和发展情报队伍外，他还利用职务上的方便，与北洋军舰的管带（即舰长）们一拍即合，先是用军舰将鸦片运到朝鲜，然后把高丽参运回清国——当然，所谓的"运"，其实就是走私。多年来，这种一本万利的生意让他积攒了可观的财富。所以，跟随他从朝鲜一同回国的，还有半船黄金，现在这些黄金就是他在官场上的资本。

夜色之下，几大箱金砖悄然抬进几位王爷的府邸。于是袁世凯的病马上好了，而在满族王爷们的运作下，朝廷并没有改变李鸿章的命令——袁世凯必须继续为清军做好后勤保障工作，只不过他要去的地方不是朝鲜，而是靠近朝鲜的满洲（今东北地区）。

从 1894 年 7 月 19 日回国的这一天起，袁世凯就再也没有去过朝鲜，再也没有出过国，他将在这里开始他的"奋斗"之路。而当他再次活跃于历史舞台，已经是一年以后的 1895 年了，而那时候，一切都已经物是人非。无论是对于袁世凯，还是对于李鸿章，以及整个大清国，一切都是他们再也回不去的曾经。

朝鲜东学党动乱之时，当袁世凯处心积虑地回国，李鸿章焦头烂额地考虑要不要出兵、出多少兵时，海的对面，一个人正冷冷地注视着这一切。他就是睦仁。他知道，他再次豪赌的机会又来了。

朝鲜是大清的藩属国，当年"大陆政策"的鼻祖丰臣秀吉正是以朝鲜为跳板，进犯中华帝国的大陆——取清国，必先取朝鲜！

日本是一定要向朝鲜派兵的，先根据之前的清日《天津条约》，把军队光明正大地开进朝鲜，让清日两国的军队在朝鲜短兵相接。然后想办法擦枪走火，将朝鲜国内的动乱直接演变成清日两军的冲突，引爆清日战争！

第二章

# 海战爆发，中日两大舰队首次较量

## 日本向朝鲜派兵

1894年6月2日，在袁世凯去日本驻朝鲜公使馆摸底日本人态度的前一天，睦仁接到了内阁总理伊藤博文提交的两份奏议，都等着他的批示：第一份是解散议会，第二份是立即向朝鲜派兵。

这两份奏议看上去没有关联，实际上却有很深的关系。

内阁奏请解散议会，是因为议会要逼内阁下台。由于长期进行军备竞赛，从1893年开始，日本国内出现了经济危机，各大党派吵得不可开交，在议院中占有多数席位的反对党要求内阁集体引咎辞职，让反对党上台。他们在前一天（6月1日）通过了决议案。

此时摆在伊藤博文面前的只有两种选择：一种是率领内阁集体辞职；另一种是拒不辞职，奏请天皇下旨，解散议会，从而保住这届政府。

但要天皇解散议会，保住政府，总要有个理由。理由就是：我们需要打仗。

对一届政府来说，每当执政出现危机时，选择对外开战就是百试百灵的转移矛盾、凝聚人心的特效药。于是就出现了向朝鲜派兵的那份奏议。

睦仁在两份奏议上留下了同样的御批：同意！

当然要同意，他巴不得举双手同意。睦仁和军部之前一直担心伊藤博文的政府不会支持战争，现在这个担心消除了。用一句熟悉的话来说，日本已经统一了思想，接下来就是如何打的问题了。

而军部之前担心政府里的那些文职人员会反对开战，是有道理的。

## 清日兵力对比

现在我们假设在东京和北京，分别有两个大臣向各自的皇帝汇报本国的兵力，那情况绝对是截然不同的。

东京这边："陛下，我国的常备军的总兵力是 7.5 万人！其中，炮兵 6000！骑兵 4000！"

大家不要见笑，地方小嘛，就这么多。

而清国的常备军是多少呢？ 60 万。其中步兵 47 万，骑兵 10 万，炮兵 3 万。"皇上，如果开战，我们还有一些地方团练可以参战，人数不多——100 万而已。"

海军方面倒相差不大。清国有舰队四支，日本有舰队两支。

清国的四支舰队分别为北洋舰队、南洋舰队、福建舰队和广东舰队。自北向南分别守卫从渤海到南海的海防，它们也分别由北洋大臣、南洋大臣、闽浙总督和两广总督指挥。其中实力最强的是李鸿章的北洋舰队，1000 吨级以上的军舰有 13 艘，而四支舰队中 1000 吨以上的军舰总共有 31 艘。

日本的两支舰队为西海舰队和常备舰队，1000 吨级以上的军舰共 21 艘。为了举全国之力对清国作战，日本已经着手准备将这两支舰队统一编制，统一指挥，成立联合舰队。

## 日军战时大本营的三套方案

日本迅速行动了，战时大本营随即成立，制定对清国作战方案。这是一个海陆两军协同作战的方案，详细步骤分为两步。

第一步：陆军在朝鲜登陆，夺取汉城，接着海军从海上支援陆军占领平壤，然后把清军全部赶出朝鲜，占领朝鲜全境。

第二步：从朝鲜过鸭绿江打到清国去。

根据战局发展的情况，按照从最好的到最坏的打算，分为甲、乙、丙三种方案。

甲方案：以朝鲜为基地，派一支陆军进攻辽东半岛，威胁奉天（今沈阳），牵制清国渤海口的守军，趁机夺取大连、旅顺，接着陆军主力在辽东半岛和渤海湾登陆，进攻天津、北京，迫使清国签订城下之盟。为达此目的，联合舰队必须全力扫荡清国海军，聚歼北洋舰队主力于海上，控制黄海和渤海的制海权。

乙方案：若清国只以北洋舰队迎战（注意这个预判），联合舰队则有取胜把握；若清国举全国海军来战，胜负则难料。如果不能控制渤海，而清国海军也未能控制日本近海，则联合舰队应向朝鲜输送陆军，将清国在朝鲜的所有军队击退，从清国手中夺走朝鲜。

丙方案：万一海战不利，不仅未取得渤海、黄海的制海权，日本近海制海权也落入清国之手，陆军主力则应留守本土，保卫本土安全。在本土安全有基本保证的前提下，陆军仍然需要分出兵力从对马海峡①以北通过海上远程运输登陆朝鲜，击败在朝鲜的清军，达到夺取朝鲜的目的。

我们来分析一下这三个方案。

首先，日军最为重视的是海战，一切都取决于海上决战的结果。其次，日军最为担心的是清国也像他们那样将全国所有的军舰统一编队，统一指挥，但事实将很快证明这种担心是多余的。最后，这是一个彻底的进攻方案，只考虑进攻，防守是不需要考虑的——即使在本土安全受到威胁的情况下，还要分兵去占领朝鲜，什么叫"疯狂赌一把"，这就是。

在战时大本营成立后，紧接着，睦仁指示成立"陆军中央金柜部"。

---

① 从日本通往中国东海、黄海，进出太平洋必经的航道出口，人们称它为进出日本海的"咽喉"，交通战略位置非常重要。

这个部门是专门为战争提供财政支持的，归睦仁直接领导。陆军中央金柜部有权力动用日本所有的财政资源，军费开支由它直接调拨，而不需要通过内阁和议会的同意。

在这些准备工作做好之后，日本的入朝部队成立了。他们是从陆军第五师团中精心挑选出的精兵强将，包括步兵、炮兵、骑兵、工兵、辎重兵、卫生员等，组成了一个混成旅团，总兵力 7800 人——这又可以算得上是一次掏家底的豪赌，第一次派兵就派了全国总兵力的 1/10。

虽然是赌，但这个兵力是计算出来的。这个情况接下来我们就会清楚。

清军也在行动了。6 月 5 日，李鸿章在天津直隶总督衙门发出命令：调派一支 2500 人的淮军前往朝鲜！

虽然两国都是派兵，但它们之间有很大的不同。

任务不同。对清军来说，他们前往朝鲜，只是帮助朝鲜政府平息东学党叛乱，根本没有察觉到日军已经做好了要跟自己打仗的准备。

而日军则是前来占领朝鲜和找机会跟清军打仗的。由于目的不同，又有了在兵力和目的地上的不同。

兵力不同。清军按照国际惯例派出了一支不超过 3000 人的军队，日军根据对清军兵力的这一估计，制订了进入朝鲜部队应该有 7000 人左右的计划（两倍于清军，保证首战有必胜把握）。

目的地不同。清军开赴的目的地是与东学党军直接交战的前线——仁川附近的牙山县。而日军的目的地是汉城，进入朝鲜的日军迅速占领了汉城，以及从仁川到汉城的所有交通要地，从而保证了将来通过海路从日本本土继续向朝鲜增兵的便利。

战争还未打响，在朝鲜的兵力部署上清国已经处于明显的下风，清国一门心思前来帮助朝鲜平乱，却并没有做好清日之间可能爆发战争的预案，至于真正的战争准备，更没有人关心。

但在这时，东学党起义军做出了一个令所有人都惊讶的举动。这一举动直接打乱了日军所有的部署，差点把他们气得吐血。

## 东学党人打乱日本战争计划

这举动就是我们不起义了，跟政府和谈！

当他们看到两支外国军队都出现在自己国家的领土上时，意识到清国和日本很可能在本国爆发战争。这时候，东学党人收起了对政府的仇恨，决定不再起义。他们知道，只要朝鲜恢复稳定，无论是清军还是日军，就都没有继续留下来的理由，危及朝鲜百姓的战火也可以避免。所以，就在日军开进汉城的第二天，东学党立即宣布不再起义，并且退出所占领的州县。

从当时的局势来看，这是一种可贵的爱国行为。

日本人的郁闷正是在于，如果大家都撤军了，那还打什么仗啊？那他们辛辛苦苦做好的开战准备就泡汤了。朝鲜国王如释重负，立即向清国和日本发出同样的请求：我们局势稳定了，你们都请回吧！

李鸿章当然是不愿意跟日本开战的，他先命令在朝鲜的清军做好撤军准备。然后，总理衙门向日本外务省发出外交照会，要求两国同时从朝鲜撤军。

日本外务省的答复很简单：不撤。

日本人的计划是，不仅不能撤军，还要利用外交摩擦将清日两国再一次引向开战。

李鸿章已经明白了，日军是不会撤军的。他有两种选择，一种是继续跟日本人进行外交交涉——至于交涉结果怎么样，谁也不能保证；另外一种就是不管日军撤不撤，自己先撤了再说。

提出后一种观点的是北洋水师舰长方伯谦和淮军将领聂士成。他们认为，清军留不留在朝鲜，清日之间的战争都很难避免。但现在的情况是，我方的军事部署已经失去先机，敌众我寡，如果贸然开战，正中日本奸计。不如先将军队撤回国内，争取时间将数倍于日军的优势兵力集结到鸭绿江边境，如果到那时日军还赖在朝鲜不走，陆军就渡过鸭绿江，北洋舰队开进仁川海域，陆海包抄，一鼓作气歼灭日军！

用军事上的专业名词来说，这就是战略大退却和积极的防御政策。目的只有一个，掌握战场的主动权。

但单方面撤军还有一个问题，会不会把朝鲜拱手让给日本？在方伯谦看来，这是完全没有必要去担心的，因为东北亚的局势很复杂，对朝鲜虎视眈眈，想来插一脚的不只有日本，还有另外的两国——英国和俄国。日本没有实力独吞朝鲜，到时英国和俄国就会迫使日本退出朝鲜。

局势已经让李鸿章陷入了深深的纠结之中。仗都还没开始打，就被倭寇给"吓"回来了，这很没面子。李鸿章寄希望于《万国公法》，这是1864 年大清翻译的一本国际法著作——*Elements of International Law*，主要讲述国家之间的往来、出使、交战等国际惯例，作者是美国人，他的观点是很善良的，比如人们不到万不得已不打架，国家也一样，要注意维护世界和平；即使打架，也必须有个理由（师出有名），而且不能自己先动手，要等对方先开打（"不能衅自我开"）。

书翻译成中文后，就取了个很吓人的名字——《万国公法》。

《万国公法》受到了清国外交界的热烈欢迎，除了书中的观点很符合传统道德，也代表了他们对于西方列强世界的"善良"愿望。在他们看来，此书是西方"大儒"所著，各国君主必定真心遵守，不敢违抗，一旦国与国之间发生摩擦，各国都得翻到书中的某一页来定案。

于是他们把这本书奉为外交宝典，有重大问题争论不下的时候，就搬出宝典来看一看。

同一年，这本书由清国传入日本。对于在天朝大国的政府高层流行的书，日本人自然不会忽略，他们对此书给予了极大的重视，掀起了一股"国际法热"。用当时学者写的文章来说就是："第一次知道了各国之间交往也是有法规的。"但是，日本人在仔细研究了之后，提出了他们的疑问：各国真的会遵守这样的法规吗？

几年后，带着这样的疑问，一个代表团出发了，他们在西方世界看到了弱肉强食的帝国主义和殖民主义，然后更加疑惑了。在德国，著名的"铁血宰相"俾斯麦毫不忌讳地告诉日本人："如今世界各国表面上都说要以礼仪相交，讲究和平世界，不过，在国际关系中，正义和力量从来是在一起的，有力量才会有正义。对一个国家来说，最重要的是加强实力，以自己的力量来保卫自己，而不要依赖任何国家。你们要知道，事实只可能是，当某一国感到国际法对它不利时，它就会置之不理、多方狡辩、诉诸战争。所以《万国公法》能不能得到执行，完全是靠实力说话的。"

日本人终于用实地见闻证实了他们的怀疑，考察团满心欢喜地将答案带回了国内，《万国公法》再也没人去看了。福泽谕吉更用了一句话来总结："数千万言的《万国公法》，可以用一声枪炮抹杀之。"

## 战斗即将打响

形势骤然紧张。7月19日，占据汉城的日军迅速行动，他们闯入朝鲜王宫，向朝鲜政府提交最后通牒。我们只需要看其中的三条内容：

> 朝鲜国王必须下旨驱逐在牙山的清军。
> 朝鲜废除和清国之间的一切条约（改变属国地位）。
> 限朝鲜三天内（7月23日0时截止）给予答复。

这份通牒名义上是发给朝鲜政府的，实际上是为与清国开战找一个"师出有名"的理由。因为作为属国的朝鲜政府不可能同意这样的通牒，一旦3天过后，日军就可以光明正大地占领王宫，逼迫国王下令"请日军帮忙"驱逐清军，到那时，日军将有一个进攻清军的理由！

接到消息，李鸿章彻底绝望了，他终于明白，一场和日本的战争已经不可避免了，天津直隶总督衙门开始手忙脚乱地部署向朝鲜增兵。

由于日军已经控制了仁川和汉城，李鸿章决定，派一万大军过鸭绿江进入朝鲜，占据汉城以北的朝鲜第二大城市平壤，以平壤为集结之地。

但此时还有一个问题，那就是牙山还有之前派出去的原本用于平叛东学党的 2500 名清兵，他们此时已经成为深入日军集结地——汉城周边的一支小部队，孤军深入，极为危险。李鸿章决定派军舰到牙山海面接上他们，运到平壤与大军会合。但牙山部队的统帅叶志超提出了另外一条意见。

叶志超认为，牙山紧邻仁川，而仁川有七八艘日本军舰，走海路不安全。所以他建议部队仍然驻扎在牙山不动，万一日本真的开战，还可以和平壤大军夹击日军！

接到电报后，李鸿章觉得有道理。但安全问题又实在太让他放不下心了。于是他想到了另一个办法：再从海路向牙山增派 2500 人的增援部队！

对于这个奇怪的办法，我们一时是很难理解的。既然运兵出去的海路不安全，那么运兵进来的海路也同样不安全。这个问题李鸿章不会想不到，不过仔细推敲一下，我们就能明白李鸿章的深意。

一直到现在，李鸿章仍然不相信（也不愿意相信）日本真的会和清国开战，所以他把主力派到平壤，希望能够"震慑"日军，避免开战。而叶志超的想法跟李鸿章也是一样的，他认为只要自己老老实实地在牙山待着，不挪窝，不给日本人任何"挑衅的机会"，战事就有可能避免。

李鸿章很快找到了一个两全的解决办法，这个办法可以既不"刺激"日本人，又能让海路运兵的安全有些保障。

这个办法就是租几条英国籍的船去运兵，而不需要派出北洋舰队去护航，只需要派一两艘军舰在牙山岸边的登陆点进行现场警戒即可。

李鸿章认为，"有《万国公法》在，谁先开战，谁即理绌"，日本人绝对不敢挑起战端。更何况日本人再怎么狂，也不敢朝挂着大英帝国国旗的船开炮吧！

从怡和洋行租来的三艘英国籍轮船很快准备好了，它们将被改装成运兵船，把天津的 2500 名清军分批运到朝鲜牙山。按照"无须护航只需在登陆点现场警戒"的计划，清国的北洋舰队并没有主力出动，为运兵船护航，只派出了巡洋舰"济远"、练习舰"威远"和属于广东舰队的炮舰"广乙"三艘军舰先期赶往牙山。

与此同时，日本战时大本营命令所有正在清国的军舰返航。原来，虽然两国一直在摩擦，但"友好交往"也没有中断，日本派出了几艘军舰在福建马尾港和威海进行访问。这几艘军舰返航后，日本本土所有军舰将集结在佐世保军港，统一编队的联合舰队即将成立，日本将要用全国所有的军舰去参加战斗！

大家都在安静地等待最后通牒的期限——7月23日0时的到来。等待清日两军的，都是未知的命运。

可怜的朝鲜国王，自从接到最后通牒后，他就一直手足无措，惊恐万分。拖到最后才给了日本人一个答复："清国的军队确实是我们请来的，我们已经奏请大清国撤兵了。"

言外之意是，天朝不撤军，他们也没办法啊！

日军知道该怎么做了。23日0时，汉城日军向朝鲜王宫发起进攻。

在冲进王宫后，日军做的第一件事就是切断朝鲜和清国之间的电报线路，然后逼迫朝鲜国王下旨：解除对清国的属国关系，朝鲜"请求日军"将牙山的清军驱逐出境！

拿着这份矫诏，日军有了进攻清军"名正言顺"的理由。

## 佐世保军港，联合舰队起航

编队完成的联合舰队正在等待起航前的检阅。这是一个梯队形编队。三艘速度最快的军舰组成第一先锋队（游击队），它们将作为攻击清国军舰的先头舰队，旗舰为下水不到半年的当时世界上最快的军舰——"吉野"号。巨炮战舰组成主力队。作为决战的主要力量，旗舰是"松岛"号——同时也是联合舰队旗舰。其他老弱军舰组成第二先锋队，主要做后勤保障和警戒工作。

海军中将伊东佑亨被任命为联合舰队司令，他将在"松岛"号上统一指挥这支庞大的舰队，向牙山海面搜索清国军舰，寻找战机。伊东佑亨的命令是，如果碰到的清国军舰力量弱小，则不必一战，先放过他们，等待对方的强舰或舰队出现，一举歼灭！

当时并没有军事侦察卫星，而联合舰队却能够准确地将搜索的目标锁定在牙山海面，只有一种解释，那就是在清国大陆，一直潜伏着一支庞大的日本间谍队伍（后面详细讲述）。日本间谍成功地猎取了李鸿章向牙山运兵的情报，情报发回日本后，联合舰队立即出动。

上午 11 时，海军军令部部长桦山资纪的身影出现在了佐世保军港<sup>②</sup>，他是来为伊东佑亨和联合舰队的出征送行的。联合舰队所有军舰汽笛长鸣。

"发扬帝国海军荣誉！"桦山资纪的检阅船打出了旗语。

"完全准备就绪！"第一先锋队旗舰"吉野"用旗语回答。

"待我凯旋！"第二先锋队旗舰"葛城"回答。

"坚决发扬帝国海军荣誉！"主力队旗舰"松岛"回答。

惊天的海浪中，联合舰队出发了！

## 牙山湾：北洋军舰的危险降临

7 月 23 日下午，"济远"等三艘军舰到达牙山湾海面，而运兵船还没有到。24 日凌晨 4 时，第一艘运兵船终于到了，"济远"等军舰警戒运兵船完成士兵登陆工作，然后等着第二艘和最后一艘运兵船的到来。

在等待的同时，"济远"舰管带方伯谦做出了一个改变了后来战局的决定：派"威远"号前往仁川海面侦察，了解汉城日军的动向。

24 日下午，"威远"号带回了一个惊人的消息：汉城日军攻入了朝鲜王宫。

方伯谦顿时感到事态严重，他判断自己已经处于危险之中。由于朝鲜到清国的电报线已经被割断，只能人工报信，方伯谦命令"威远"号立即

---

② 是一座位于日本九州岛西部的军港，1889 年日本政府在此设置了"佐世保镇守府"，佐世保逐步发展成为西日本的防御重心和日本对亚洲大陆的出兵地。

返回威海北洋舰队基地报信，"济远"和"广乙"继续等运兵船。

晚上，第二艘运兵船抵达，方伯谦命令加快卸载武器和士兵登陆的速度，到25日凌晨4时，运兵船上的马匹和火炮仍没有卸载完，而最后一艘运兵船也还没有到达，方伯谦认为不能再等了，运兵船是英国籍的，日军应该不敢攻击它们，而两艘孤零零的军舰必须脱险，他命令运兵船继续卸货，"济远"和"广乙"立即调头向威海返航！

7月25日凌晨4时半的晨雾中，"济远"和"广乙"两艘军舰起航了，按照航速，三个小时后它们将驶出牙山湾，进入茫茫大海，然后一路朝清国海岸方向疾驰。方伯谦有一种预感，在不远处的海面上，日军舰队正在乘风踏浪地向牙山海面驶来，像猎人一样四处搜寻猎物，一旦相遇，炮战即将打响！

大清的海军与世界接轨，方伯谦等北洋军舰的管带大部分是先在福州船政学堂学习，又从英国格林威治皇家海军学院留学归来的高才生，具有世界级的眼光。

方伯谦的预感是对的。

## 中日两大舰队的首次相遇

7月25日7时，天已大亮，海面一片平静，"济远"和"广乙"即将驶出牙山湾航道，进入大海，此时，观测兵突然向方伯谦报告：前方发现煤烟！然后很快确定：有三艘日本军舰！

这是联合舰队的第一先锋队。

双方军舰几乎同时褪去炮罩，炮兵就位，大炮互相指向对方！双方距离越来越近，军舰上的士兵都屏住呼吸，目不转睛地盯住对方，等待着那惊天动地的一刻。

方伯谦站在"济远"号军舰的司令塔里，心情十分紧张。清日两国还没有宣战，他必须严格遵守"不能衅自我开，不开首炮"的命令。所以只要日方军舰不首先开炮，双方就会相安无事，就当有缘在海上会了个面。但是，如果日本人首先开炮，"济远"和"广乙"就不得不反击迎战。以二敌三，那会是一个什么样的战果？

方伯谦紧紧盯住对面航行在最前面的"吉野"，突然，他看到"吉野"在距离3000米处猛地来了个180度大转弯，掉头就往回跑，而跟在后面的"浪速"号和"秋津洲"号也迅速向后转去。看到这一情况，方伯谦松了一口气：不宣而战是违背《万国公法》的，看来日本人也不敢冒天下之大不韪。

可是，就在方伯谦松了这口气没多久，他的那口气又重新提上来了："吉野"等军舰又重新掉头冲过来了！它们在海上画了一个大圈，重新挡住了"济远"和"广乙"的去路。

至于日军为何要如此，秘密隐藏在双方军舰的特点里。

## 炮的秘密

清日两国的国门都是被西方强国用"坚船利炮"从海上轰开的，在发展海军的时候，这两个国家一开始都是追求"船坚炮利"，军舰的装甲越厚、舰炮的口径越大越好。但在后来，日本人的理念发生变化了。

1885年后，世界海军兴起一种战略理论，他们认为，军舰追求重甲巨炮称霸海洋的时代已经过去，军舰不再讲究大而坚，而是轻而快——以牺牲重武器和厚装甲来换取高航速。日本海军部分地吸收了这个理论。

第一先锋队的平均航速为20节，"吉野"更是达到了当时世界的最高航速——而"济远"和"广乙"的平均航速为15节。

以上可以看出，第一先锋队的平均航速要比清国舰队快5节，但双方最大的区别并不只在航速，还在于炮。

与"济远"和"广乙"装备架退炮作为舰炮不同的是，第一先锋队装备的大部分为另外一种舰炮——速射炮。

架退炮和速射炮的主要区别在于发炮的速度。影响速度的原因主要是装填方式不同：速射炮的炮架有最新的液压复位装置，发炮后炮架能自动复原，不需要进行二次瞄准。架退炮的炮弹属于弹药分装式，只有一个巨大的弹头而无弹壳，发炮时需要先将弹头推进炮膛，然后在炮膛里填上火药包，点火后将弹头推向敌人！而速射炮的炮弹是带弹壳的新式炮弹，省去了这个环节。

所以，速射炮是快炮，而架退炮是慢炮，按照当时的参数，架退炮每10分钟能打出炮弹33发，而速射炮每10分钟能打出185发，炮速是前者的六倍，基本相当于步枪和机枪的区别。但是，事情总是无法两全的，炮速六倍并不意味着火力就是六倍，这是由于加快了发炮速度，速射炮的口径也不得不小很多，打出去的都是小炮弹，每发炮弹的杀伤力无法跟笨重的架退炮相比。也正是因为这个原因，笨重的架退炮一般安装在舰首或者舰尾，而轻巧的速射炮安装在舷侧。

在世界海军兴起之时，一直是坚固的铁甲舰和大口径架退炮主宰海洋的时代，即所谓的"船坚炮利"，而轻快的巡洋舰和速射炮是新兴产物。在战前，北洋水师提督丁汝昌已经意识到清国军舰必须大量加装速射炮，他向李鸿章打报告申请，但并未批准，这个未批准的原因，我们后面会讲到。

现在我们也已经明白，第一先锋队为何要在海上画一个圈了——它们是在等待"济远"和"广乙"完全驶出牙山湾狭窄的航道，来到宽阔的海面。只有在海面上，"吉野"等军舰才能发挥航速快、机动性好的优势，也才可以充分地利用军舰两侧的速射炮。

## "济远"号中炮

当"吉野"行驶到与"济远"差不多平行的航位时（舷侧速射炮对准"济远"），"吉野"舰上突然下达了"开炮"的命令。日军炮长一阵茫然，两国还未宣战，而"吉野"号也未向对方发出战斗警告，贸然开炮，这属于偷袭。虽然《万国公法》可以不必遵循，但偷袭的名声实在不好听啊！

在战前，伊东佑亨曾下达了放过弱舰、寻找主力决战的命令。为了谨慎起见，炮长连忙派士兵跑步去请示：真的要开炮吗？得到的回答是四个字："混蛋，开火！"

"吉野"舰上的第一炮打出了，可能由于过于紧张，史料记载，"吉野"炮手发出的第一发是空炮。清日甲午战争就由这发空炮打响了。从此，一直到第二次世界大战偷袭珍珠港，不宣而战几乎成了日本海军的传统，日本海军也是世界上最会偷袭的一支军队。

空炮过后，就是真枪实弹。三艘日本军舰将速射炮炮口全部对准"济远"猛轰，"济远"每分钟至少要受到80枚速射炮弹的攻击。而"济远"的舰炮主要安装在舰首和舰尾，现在即使它发炮，也很难打击到对手！

"济远"在海浪中左突右闪，寻找着战位。一颗炮弹落在司令塔旁边，"济远"大副头部被弹片切中，脑浆和鲜血喷射而出，溅了旁边的方伯谦一身。紧接着，又一发炮弹击中舰首主炮台，枪炮大副当场成为碎片，更多的官兵纷纷倒下，"济远"舰上惨叫声一片，血流成渠。

方伯谦被这一幕幕惨烈的景象惊呆了，他命令"济远"冲出包围圈！但由于航速相对较慢，始终无法摆脱纠缠。看来不把"济远"击沉，日本人是不会罢休的。

万分紧急的时刻，林国祥率领的"广乙"出现了。

"广乙"其实算不上一艘真正的军舰，说它是一艘木船更为合适一些（在外面包了一层钢皮），排水量也只有可怜的1000吨，舰上有江南机器局制造的国产旧式架退炮11门。"广乙"号也不是北洋舰队的军舰，原本属于广东舰队，它和"广甲"号、"广丙"号在战前来到北洋舰队会操而被临时征调使用。

战斗开始后，三艘日本军舰把"广乙"号晾在一旁，专门对付"济远"号。林国祥率领一艘木船冲入阵中，他的勇气实在是令人佩服。

"广乙"炮火虽然没什么威力，但它船小灵活，就像一条钻进围网中的泥鳅，在阵中左冲右撞，不时发炮。"济远"抓住空当，终于冲了出去。

"济远"是冲出去了,但方伯谦也没法管还困在阵中的"广乙",命令军舰立即开足马力向威海方向行驶。

林国祥必须自己想办法冲出去,不然被三艘军舰围着打的"广乙"马上就会沉没。可是,看到前方密集的火力网,林国祥绝望了,他知道,冲出无望。

林国祥只好放弃冲出的念头,命令"广乙"急速掉头,撤回到牙山湾内的出发地!

三艘日本军舰立即做出决定:先放过木船"广乙",合力追赶"济远"!因为他们知道,这才是一条真正的大鱼。

"吉野"追在了最前面,"济远"中炮后一直没有再开炮,说明它的发炮装置已经被毁,没有还手的能力,"吉野"决定生擒"济远"。可是,当"吉野"逼近"济远"时,"济远"突然发出一发尾炮,正中"吉野","吉野"不得不放慢航速,其后的"浪速"舰"超车",它超过"吉野",全力追赶"济远"!

"浪速"舰长的想法跟"吉野"一样,生擒"济远",让联合舰队再增加一艘军舰!

## 东乡平八郎

1871年,在方伯谦那一批人即将前往英国留学深造时,日本从国内挑选了12名最优秀的海军学员,前往英国学习海军技术。那时候,西方世界对日本人普遍看不起,所以,当清国的留学生可以进入舰队学习实战的时候,日本来的留学生只能被安排到商船学校学习,连军舰的影子都看不到。

这12个人中,有一个不善言辞也很沉默的人,每天抱着王阳明的《传习录》看。在英国,他一待就是8年,从最底层的水手做起,刻苦学习船舶建造技术和驾驶技术,回国后,他决心改变日本的海军。

1887年,参谋本部出台《征讨清国策》,要求日本在1892年之前(5

年内）完成对清国作战的所有准备。1892 年，日本军队开始进行主要针对指挥官的最后人事改革。日军认为，日本在兵力、武器上都无法和清国相比，但要在指挥官上更胜一筹，指挥官必须年轻化，由掌握世界最先进作战理论的人出任。

于是，这个已经 44 岁的人成了要被裁撤的对象。

但最后时刻，海军大臣想起"浪速"号还缺一个舰长，于是就留下了他。

他就是东乡平八郎。侥幸成为"浪速"舰长，东乡平八郎比任何人都需要证明自己。

而在"浪速"舰上的东乡平八郎突然看到了前方"济远"号上出现了神奇的一幕。

## "济远"号上的白旗

方伯谦的"济远"舰上挂出了白旗！在交战中，举白旗表示放弃抵抗，一般对方也要停火。于是东乡平八郎命令信号兵打出旗语："济远"立即停驶！

可是"济远"仍在全速向前，丝毫没有要停的意思。

原来方伯谦是在戏耍东乡平八郎！东乡平八郎又令"浪速"开足马力追赶。双方再一次逼近，这时，更惊奇的一幕出现了。

"济远"舰上的白旗旁边又加挂了一面日本海军旗！

我们来解释一下这个动作：加挂对方军旗表示自动成为敌军俘虏，连人带舰都送给你们。

对"浪速"来说，这又比较难办了。总不能对着自己国家的海军旗开火吧。于是信号兵又打出了要求"济远"停驶的旗语，他们认为"济远"这一次应该老实了。可是，"济远"舰仍在全速前进！

东乡平八郎又一次被调戏了。

而这时候，前方有两艘战场外的船，正不紧不慢地开过来。

## 方伯谦的误导

大家一定还记得方伯谦在牙山湾登陆点没有等到的最后一艘运兵船。

这艘英国籍的运兵船叫"高升"号,在"高升"号上,有1116名清国士兵和74名船员。远处跟在"高升"号后面的,还有辎重船"操江"号。船上装着20万两饷银、20门大炮、3000支步枪以及成堆的弹药。它们并不知道这里已经发生海战,按照既定的航线向牙山湾驶去。

"高升"号最先遇到的是"济远"号。它看到一艘挂着日本海军旗和白旗的军舰朝自己的方向开来,当对方驶近的时候,突然把日本海军旗降下,然后全速擦身而过。

方伯谦在离开牙山湾登陆地时,由于"高升"号还没有到,当时曾制订了一个计划:如在海上遇到第三艘运兵船,必须把它拦截下来令它折返,脱离险境。可是,此时"济远"上的方伯谦似乎已经把这个计划完全忘到脑后了。为了摆脱追赶,在经过"高升"号旁边时,方伯谦竟然没有向"高升"号发出任何警示,只是把日本军旗降下,继续全速向前。

方伯谦不知道的是,他的这个动作大大地误导了"高升"号。"高升"号是租来的英国船,并不认识"济远"舰,也不知道它是北洋舰队的军舰,他们莫名其妙地看见一艘挂着日本海军军旗和白旗的军舰冲过来,冲到面前时又把军旗降下,以为这是一艘日本军舰在行使海上礼节!

于是"高升"号放心大胆地继续向前航行了。危险也一步步临近,它将遇到的是那个可怕的敌人——东乡平八郎。

东乡平八郎站在"浪速"舰上发现了"高升"号,也看到了甲板上密密麻麻坐着的清国士兵,他突然意识到,这是一条没有任何武器防备的运兵船!

"浪速"舰立即驶向"高升"号,舷侧大炮全部对准"高升",炮兵朝天鸣炮示警,信号兵向"高升"号打出旗语:"立即停驶!"

在英国船长的命令下,"高升"号停下来了。东乡平八郎派出军官乘坐小艇登上"高升",说明"高升"号已经被日本军舰俘虏,要求把"高升"号带走,英国船长同意了。军官回到"浪速","浪速"打出旗语:起锚,随我前进!

甲板上的清军明白了眼前的一切。他们拿起手中的步枪看管住了船长,强令驾驶员停航,不能跟日本军舰走。

英国船长只好又向"浪速"号打出信号:请你们再派人来谈判!于是"浪速"军官又一次来到了"高升"号,船长转告了清军的意见:他们拒绝当俘虏,也不再去牙山,要求回到原出发地大沽——由于两国尚未宣战,轮船也是外国籍的,清军的这个要求可以说比较符合国际惯例。

军官回"浪速"舰汇报去了,大海上一片宁静,所有人都在等待着那个平时沉默寡言的人——东乡平八郎的决定。

原则上,东乡平八郎的选择有两种:一是按原计划强行将"高升"带走;一种是令"高升"号返回大沽。但东乡平八郎做出的是第三种选择——开炮!将这艘毫无还手之力的运兵船击沉!"这是一艘英国籍的船。"手下人提醒他。

"那么让欧洲人立刻离船。"东乡平八郎平静地回答。

"欧洲人立刻离船!""浪速"舰上的信号兵向"高升"号打出旗语。

英国船长和外籍船员这时连哭的心都有,因为他们离不了船。

他们都已经被船上的清军用步枪押住了。

所有人又在等着东乡平八郎的反应。李鸿章租用英国籍的轮船运兵,就是赌日本人不会开炮,现在,轮到东乡平八郎出牌了。

"开炮。"东乡平八郎平静地回答。

## "高升"号沉没

十几门大炮开火的同时,鱼雷也飞向"高升",甲板上的清兵拿起手中的步枪射击,然而距离太远,子弹只能在海面上打出一朵朵水花。

"高升"号很快进水倾斜，向海底沉去。

东乡平八郎命手下救起落水的欧洲人，清军开枪射击阻止，日本人最终只救起了英国船长、大副以及轮机手三人。30分钟后，"高升"号全部沉入海底。

这艘载有1000多人的船上，最终活下来的人只有257人，都是侥幸逃生，有的在海上漂流几天后被路过的军舰和轮船救起，有的游回了岸边，还有两名清军游到了附近的一座荒岛上，当了40多天的野人后才获救。

而其余的871名清国官兵和62名船员全部葬身海底。

这就是历史上著名的"高升"号事件。它的悲剧是多方面的因素导致的，最主要的原因有两个：主帅李鸿章的侥幸和前线将领方伯谦的怯弱。一艘满载千名士兵驶向前线地带的运兵船，在两个国家即将要打起来的时候，竟然没有军舰护航，孤零零地航行在大海上。他们以为挂着米字旗就是护身符，而与其相遇的"济远"也对它不管不顾！

"高升"号沉没的同时，辎重船"操江"号也在"秋津洲"号的逼迫下束手就擒，饷银、军火连船带人一起成为日军的战利品。

而驶回牙山湾出发地的"广乙"，因舰体被炮弹损伤严重，在浅滩碰到礁石搁浅，林国祥只得下令放火烧掉"广乙"。林国祥和士兵们从朝鲜辗转回国，途中他们遭到日军扣留，在写下"永不参与清日战争"的保证书后，回到国内。

只有一路狂逃的"济远"安全地回到了威海基地。对方伯谦来说，他的逃跑行为并不是从遇到日本军舰开始的，而是在得知日军在汉城发动政变后开始的，他扔下仍在卸兵的第二艘运兵船，开出了牙山湾，在遇到第三艘运兵船"高升"号时，不仅没有承担护卫责任，甚至连警示信息也没有发出。方伯谦似乎故意让"高升"成为"浪速"新的攻击靶子，好抓住机会逃跑。

第三章

# 李鸿章："一人对一国"的挑战

## 北洋舰队的战机

牙山湾海战（历史书上称为"丰岛海战"）拉开了清日两国海上大决战的序幕。对清国和日本来说，双方都还没有派出主力舰队。很快，在我们熟悉的黄海海域，北洋舰队将和联合舰队正面抗衡。一场规模更大、惊天动地的大海战即将开始，全面检验两国海军实力的时候就要到来了。

但在黄海决战之前，对北洋舰队来说，他们仍拥有痛击联合舰队的绝佳战机。

在牙山湾海战之前，大本营给联合舰队下达的任务是寻找北洋舰队的主力，展开决战，掌握朝鲜海域制海权，很明显，这一任务并没有完成。牙山湾海战后，为了早日和北洋舰队决战，心急的伊东佑亨竟然一度把联合舰队直接开到了威海海域。

联合舰队急于和北洋舰队决战，只有一个目的——方便从本土向朝鲜运兵。从地理上说，清国的陆军主力可以从陆地上直接进入朝鲜，而日本的陆军主力必须通过海运，可想而知，如果北洋舰队存在，这对海上运兵是一个巨大的威胁。

由于联合舰队找不到北洋舰队进行决战，而大本营又得到了清军陆军主力正从鸭绿江向平壤集结的情报，此时大本营只能冒险将本土陆军主力运到朝鲜，以便迎战平壤清军。所以，大本营对联合舰队的命令改变了，要求联合舰队不再主动去搜寻北洋舰队，暂时回缩，严密控制仁川一带的海面，保证日本陆军顺利在仁川港③登陆。

这就是北洋舰队的战机。如果北洋舰队主动出击，袭扰担任护航任务的联合舰队，甚至再胆大一点，偷袭一下日本本土，同时让平壤陆军快速南下进攻在汉城和仁川的日军，形成海陆夹击，这将是把日军重新赶出汉城以至整个朝鲜的绝好机会。

从战略上说，这是以主动出击变被动为主动，重新掌握战场主动权。而北洋舰队是有这个实力的，更何况，无论是清国海军还是陆军，都能方便地从朝鲜得到补给和支持。所以，北洋舰队可谓有一个稳定的大后方。

伊东佑亨已经意识到有被袭扰的危险，他制订了一旦北洋舰队主动出击，就让运兵船绕道朝鲜东北面海域，进行远程运输的计划。一旦情况紧急，就只能走点远路了。

然而，北洋舰队主动出击仁川海域的一幕始终没有出现，更别说去偷袭日本本土了。要了解这个结果，我们需要来了解清国对这场战争的指导思想。

## "避战保船"

这是李鸿章对丁汝昌的明确要求。每当北洋舰队远航，特别是要去朝鲜海域时，李鸿章都会给丁汝昌发一封电报，告诉他"以保全坚船为上"，然后再深情款款、恋恋不舍地叮嘱一句："盼你速回！"这语气，听着很像送丈夫上前线的妻子。

在"避战保船"的策略下，北洋舰队就这样白白浪费了原本属于他们的机会。

从实际情况看，在北洋舰队组建过程中，李鸿章倾注了大量的心血，

③ 仁川港位于朝鲜半岛西海岸中腰江华湾内，与汉城西面相距30多千米，是朝鲜半岛最大都市汉城的海上门户。

不辞劳苦，也不知和一班保守派大臣吵了多少次架，挨了多少个言官的骂才建成（主要是花钱太多），所以他对这支舰队有着深厚的感情，不希望舰队受到损伤。

但这只是表面的原因，不是真正的原因。

一支舰队，最主要的任务自然是保疆卫国，如果担心舰队损伤而避战，这就像我们买了一辆车，因为担心出现交通事故，就在车库里摆着，用作展览。

真正的原因是，李鸿章需要保住这支舰队。

朝廷一直存在复杂而残酷的权力斗争，越接近权力核心，斗争越激烈。对李鸿章来说，北洋舰队和淮军就是他的权力基础，也是权力安全最保险的保障。因为军队掌握在自己手里，他才能有让对手闭嘴的保证。

李鸿章的淮军之所以叫淮军，是因为这支军队的将领和士兵基本都是来自他的老家——安徽。李鸿章完全掌控着这支部队，换句话说，对于大清其他军队，他就没那么好掌控。

但李鸿章不知道的是，当他把北洋舰队和淮军当作自己在清国官场上的政治资本时，其他封疆大吏也是这么想的。

而清国中央政府已经没有太多的威信和实力来调动这些军队，朝廷一直放任内部利益集团的滋生、壮大、互相争夺，却不知一旦内忧外患，利益集团也将反过来给政权本身带来巨大的损害。

因为他们考虑的，不再是"朝廷"，而是自己。

这是朝廷多年腐败、丧失民心而酿下的苦果。

于是，恶性循环出现了。李鸿章要保护他的权力基础，却得不到其他派系军队的支持；因得不到支持，就更得注意保护权力基础。清国虽然有四支舰队，陆军近百万，却始终只能由北洋舰队和淮军出战。日本战时大本营最担心的是清国四支舰队组成联合舰队，并举全国陆军出战，但这种情况似乎永远不会出现了。

## 攻势防御

而伊东佑亨的策略恰恰相反——攻势防御。

所谓"攻势防御",说得直白一点就是声东击西,以攻为守。在日本向仁川运兵的过程中,伊东佑亨派出联合舰队主力战舰严密封锁仁川海域,而其他的军舰,去袭扰清国本土!

日舰先开到威海,朝威海港口发了几炮。威海打炮的消息传到天津,李鸿章慌了,向朝廷报告,丢了威海,朝廷要怪罪他;朝廷也慌了,丢了威海,京师震动,王公大臣们不安,太后、皇上也不安。于是李鸿章急令丁汝昌率北洋舰队回护威海。

丁汝昌风尘仆仆地赶到威海,却发现日本军舰已经走了,他们去了大沽,又在大沽发了两炮。朝廷更慌了,算算距离,大沽离北京更近,拱卫京师的海上门户,更不容有失。于是,丁汝昌擦擦头上的汗水,又率舰队往大沽口开去。等好不容易到了大沽,旅顺口又传来了日本军舰的炮声……

就这样,郁闷的丁汝昌率领整支舰队满大海飞奔,总是"在路上"。李鸿章和朝廷终于受不了了,指示丁汝昌:"以后你就不必远出('不得出海浪战'),就在渤海近海岸待着,随时保卫京师!"

这就是伊东佑亨的策略。这一招我们似乎很熟悉,在成为联合舰队司令长官后,伊东佑亨手上从来没有放下过一本书——《孙子兵法》,而且他命令每一位海军士兵都要认真学习《孙子兵法》,做到人手一本。

而就在丁汝昌在海上飞奔的同时,日本陆军的运兵计划实现了。在为期一个月的时间里,3万名日军(战时大本营按照三倍于平壤清军的人数出兵)在朝鲜登陆,跟他们一起登陆的,还有武器辎重。

到运兵的后期,伊东佑亨甚至连护航都取消了。他知道这里很平安,盼也盼不来北洋舰队啊!

在完成登陆后,按照大本营之前制定的战略,陆军要继续总攻平壤,在攻下平壤之后，开始两线作战：第一军继续北上，从鸭绿江入侵清国本土，西进进攻奉天；同时，运送第二军到旅顺、大连一带登陆，然后迅速北上，与第一军合围奉天。并在可能的情况下攻破山海关，侵入华北平原，最终打到北京！

战时大本营给联合舰队下达了新的命令：再次寻找北洋舰队决战，控制黄海海域，打通从本土直接运兵到旅顺的海上通路。

根据这一命令，伊东佑亨制订了具体的细化方案，分为近期目标和远期目标。

近期目标：歼灭北洋舰队。在清国四支舰队联合之前（仍然担心），将北洋敌舰诱至旅顺港外，击毁北洋舰队军舰 3/4 以上，使之不能成编。注明：此战只许成功，不许失败！如不能取胜，则不能护送陆军在旅顺、大连一带登陆。

远期目标：除了歼灭北洋舰队，占领威海也势在必行，进而占领山东省之要地，最后将联合舰队根据地设在威海，趁机侵入大沽口一带，炮轰沿岸炮台及其他要地，以援助陆军从山海关攻进北京。

伊东佑亨带着他的目标出发了。跟在他身后的是联合舰队所有的主力战舰，他们已经得到了北洋舰队正在黄海一带护航运兵船的情报。这次，一定要在海上找到北洋舰队，决一死战！

## 决战即将来临

9月15日，日本陆军分四路包围了平壤。坐镇天津的李鸿章命令叶志超继续担任入朝部队的最高统领。在这里，我们要简单交代一下叶志超在朝鲜的行程。

在牙山湾海战的同一天，驻扎汉城的日军出动，从陆路成功地偷袭了在牙山的叶志超部，经过两个小时的激战，叶志超便抵挡不住了，丢下大量武器和弹药朝平壤溃退。

为了躲避日军可能发起的追击，叶志超率领这支军队在朝鲜大陆上摸索前进，不断绕道迂回，跨越山山水水，不少人饿死病死在撤退的路途中。在行军20多天、行程达1000多千米后（牙山到平壤直线距离约为300千米），叶志超军队到达平壤。

叶志超很有自知之明，他刚刚捡回一条命，一想到还要驾驭这么多主力部队，而且又不是同一派系，心里很犯嘀咕。他学了袁世凯那招，直接向李鸿章发电提出辞职，并且提了一个建设性的意见：要不……派您儿子来吧？

李鸿章毫不犹豫地拒绝了这个建议："让你当统领，你就当！"

叶志超是安徽人，并且还是淮军老将。李鸿章当然不会把统领交给一位非淮系的将领。于是，叶志超又一次战战兢兢地走马上任了。赶在包围平壤的日军割断电报线之前，他赶紧发了最后一封电报：请派援军！

李鸿章虽然把"爱将"赶鸭子上架了，但也不能不管他。事实上，李鸿章的很多命令都是为部下所请，解决临时问题，而没有一个长远的战略。李鸿章同意了派援军的请求，思来想去，决定调驻防大连港的陆军前往支援。运兵路线是：先用运兵船把士兵从大连海运到安东（今丹东），然后从安东跨过边境进入朝鲜。

这一次，李鸿章吸取了牙山湾运兵的教训，命令丁汝昌率领北洋舰队全部12艘主力战舰护航！

而日本间谍得到的就是这个情报。

位于清国和朝鲜边境的安东港，现在叫作"丹东港"，它的出海口叫"大东沟"。9月16日，丁汝昌率领北洋舰队护卫大连陆军4000人前往大东沟。9月17日，护卫任务完成，丁汝昌准备率舰队返回旅顺。

在风平浪静下，隐藏着凶险的战机。

决战，即将来临！

## 第四章

# 海战爆发：世界第六大舰队屡犯低级错误

## 大战前的平静

9 月 17 日，晴。这是一个普通的日子，在清国的首都北京，一切照常。

千里之外，却是天壤之别。

"定远"航海日志：日出时间 5 时 42 分，微风，北纬 39°30'，东经 123°35'，鸭绿江口外大东沟海域。

丁汝昌有一种预感，在海上某个看不见的角落，日本人的联合舰队正朝着北洋舰队疾驶而来，按照李鸿章的"保船"策略，丁汝昌认为他必须尽快将舰队安全带回旅顺军港。9 点 15 分，北洋舰队照例开始每日的海上阵形和射击训练。10 点半，训练结束，各军舰上厨房里的师傅开始做饭。

丁汝昌计划等舰队官兵吃完午饭后，于 12 点全舰队起锚，返回旅顺。

海面依然平静。

11 点，北洋军舰上的观测兵突然发现了情况：西南方的海面上出现滚滚煤烟！仔细观测，一支庞大的舰队正疾速驶来，上面悬挂的却是美国国旗——星条旗。

观测兵立即将情况汇报给丁汝昌，丁汝昌明白：日本人来了！

作为"中立国"的美国，此时绝对不可能派一支如此庞大的舰队来到战区。只有可能是日本人，一定是日本人！

丁汝昌在他当天的航海日志中写道："11时发现敌舰。"

丁汝昌下令：各舰升火！准备战斗！

此时双方相距27海里（50千米），按照相向航速，两支舰队还有近两个小时的航程进入射程。而按照北洋舰队的作息时间表，11点55分将是统一开饭时间，厨房已经准备将饭菜送到用餐室，丁汝昌显然是准备打完海战后再饱餐一顿。

11点半，伊东佑亨在"松岛"号上挂出信号：吃饭！35分钟后，联合舰队全队官兵吃饭完毕。伊东佑亨下令：破例允许士兵吸烟，以安定心神。

在吃饱吸足后，"松岛"才打出旗语"准备战斗"，联合舰队各军舰迅速换下美国国旗，改挂日军海军旗！

而北洋舰队上的士兵还在饿着肚子做作战准备。炮兵到达战位，炮手们紧张地搬运炮弹、检查弹头、装上引信；轮机兵将机室隔绝，用强压通风储备饱满的火力和汽力。救火机和引水管都已接好，随时准备救火。其余的士兵在甲板上铺上细沙，以防在作战时滑倒。

虽然是饿着肚子，但士兵们的战斗热情很高。不仅热情很高，他们都带着必胜的信念，对于战胜日本人有很强的自信。

这种自信是有缘由的。

要想成为北洋舰队中的一名水兵，可以用一句话来形容——那是相当不容易。

首先，在兵源地的选择上，水兵们都来自胶东沿海的渔民家庭。大家知道，自古山东兵的战斗力是很强的，而渔家子弟从小熟悉大海，在风浪中成长，适合做水兵。

更重要的是，大家都来自同一个地方，老乡之间的感情很深，一旦有一人受伤或者战死，其他人就会拼命，这就是招老乡兵的好处。

其次，在条件上必须年满16岁，各项身体指标达标，身体指标就不详细讲了，反正要身强力壮，没有疾病。此外，还不得有犯罪或者耍流氓的记录，最好是乡亲邻里都夸赞的好人。

最后还要有点文化，虽然不要求学富五车，但必须上过学能识字。

这是为接下来接受一项特别的教育做基础准备。

当所有这些条件符合后，还需要进行另外一项工作——找个保人来作保。一旦将来不遵守军纪，保人也要受到牵连。

满足这些条件后，就可以参加面试了。在面试过程中自然又会刷下一批，看不顺眼的是不能要的。那么，是不是面试通过就能正式成为水兵了？不是。

你的身份还是"三等练勇"，成为士兵还得考试，怎么考呢？理论和操作，先以练勇的身份在练习舰上学习1年，然后进行英语过级考试和军舰操作专业考试。

英语是必须考的，因为北洋舰队是一支完全采用西式教学的舰队，平常所有的教学以及训练、战斗时的口令，都使用英语。所以必须有一定的英文基础，才能学好专业英语。

好吧，如果你够厉害，这些关都过了，是不是可以开开心心地成为一名正式的水兵了？不要着急，还不是。你的级别是"二等练勇"，再学习半年，进行复考，对军舰的实际操作达到优良，才能正式成为一名水兵。

正式成为水兵后，就有资格上军舰去服役，每月的工资是很高的，四两银子。但你的级别还很低：三等水兵。

三等水兵是军舰上级别最低的水兵。怎样成为二等水兵呢？不着急，除了知识扎实，技术过硬，各种考试合格，没有犯错记录之外，还需要一个条件——运气。

这个运气就是等二等水兵有了空缺，你就有机会参加升级考试了，有希望成为二等水兵。同样，要想成为一等水兵，也要等原有的一等水兵有了空缺，你才能考一等水兵。

这么设置其实是很有道理的。水兵是技术军种，这样的机制能够保证水兵群体更新并不是很频繁，也就保证了很多人几年甚至十几年都做着相同的工作，对操作的熟练度能够达到条件反射的程度。因为平时的训练已经到了一种机械流水的程度，一旦有机会实战，水兵也会很珍惜作战机会。

一等水兵在服役达到一定年限后，接受理论和实践的考核（真是"活到老，考到老"啊），有可能晋升为水手长、炮长这样的士官阶层。但这也是他们能够达到的最高级别。如果想成为管带级别的军官，需要走的就是另外一条路，这条路我们前面已经介绍过了，就是如方伯谦、刘步蟾那样，考上福州船政学堂、天津水师学堂这样专门的海军学院，接受4年的专业英文教学，再去国外留学深造，通过层层考核选拔，才有成为管带的希望。

清国的苦难是从海上开始的，海军就成了国家寄予厚望的军队，舰队是抚慰帝国心灵的神兵利器，舰队官兵的收入是所有军队里面最高的，而且还从来不会遭到拖欠，所有人都纳入正式编制。朝廷甚至直接拿海军的军旗作为国旗，为了支持海军发展，基本上是要钱给钱，要人找人，要政策定政策，为的就是有朝一日能够抵御洋人，守卫国门，重振帝国雄风！

为了表达和日本人决一死战的决心和必胜的信念，各艘军舰上的士兵都自动拆掉了救生舢板。而两支舰队已经在快速地逼近，大战一触即发，双方的出场阵容已经很明显。

## 强大的北洋舰队

北洋舰队的主力军舰，可以用一句话概括，很好记，它们是：六镇八远一大康，"超勇""扬威"和"操江"。

所谓"六镇"，是指北洋舰队中的"镇中""镇东""镇南""镇西""镇北""镇边"六艘老式炮舰，它们没有出海作战。而"八远"指的是八艘绝对主力战舰——"定远""镇远""经远""来远""济远""致远""靖远"和"平远"。它们是由地方出钱从国外购买的军舰，用地名来命名，比如保定府出钱的就叫"定远"，镇江出钱的叫"镇远"，而"致远""靖远"是来自台湾地区的捐款。

"超勇"和"扬威"是老式撞击巡洋舰（把对方军舰撞沉），只比"六镇"新一点，跟随出战。

"康济"号是练习舰，不能用于战斗。"操江"是木制旧舰，用来搞运输，它已经在牙山湾海战中被日本人俘虏了。

此时北洋舰队中还有三艘小型军舰——"广甲""广乙"和"广丙"。前面已经介绍过，它们原本属于广东舰队，是战前前来会操的，"广乙"号已经在牙山湾海战中损失，"广甲"跟随出战，而"广丙"跟随"平远"号以及北洋舰队鱼雷艇队留在大东港内，它们是等战斗开始后出港加入舰队参战！

这样一算，北洋舰队参战的军舰是"八远"加上"超勇""扬威""广甲""广丙"，总共 12 艘军舰！此外还有鱼雷艇。

这 12 艘军舰的绝对主力核心不用多说，它们是"定远"和"镇远"。"定远"和"镇远"是产自德国的同一级别的军舰，由清国斥巨资订购和买入，除了个别地方钢板的厚薄不一样，两艘军舰在武器、装备等方面没有差别。我们就以"定远"为例来认识它们吧。

它是当时亚洲最大的铁甲舰。舰长接近 100 米，宽 18 米。当它航行在水中的时候，吃水深度竟然达到 6 米！而它的重量（排水量）更是达到了惊人的 7000 吨以上（7335 吨）。

简单解释一下这个 7000 吨的概念。直到 2000 年以前，中国的海军还没有一艘主力战舰的排水量超过这个数字。

而所谓"铁甲舰"，其实就是水上碉堡。全舰从头到尾、从上到下被钢铁装甲包裹得严严实实，最厚的地方达到了 35 厘米。一般口径的炮弹，还真打不穿它，一炮打上去，"咣当"一声就溜走了，顶多是个剐蹭事故。

而"定远"舰上的武器也绝对称霸世界。舰炮中最厉害的是四门超大口径主炮，最大射程 5000 米。也就是说，方圆 10 里之内，"定远"独步水面！

那么，口径的具体参数是多少呢？305 毫米。由于是超大型炮，所以每门炮需要六个人来为它服务，组成一个炮班，它们是：炮长一名，负责拉绳射击；旋回手一名，负责转动炮座；瞄准手一名；推弹手一名，负责把炮弹推入炮膛；运弹手两名，负责搬运炮弹。

可见"定远""镇远"最突出的特点就是，装甲坚固，火力坚挺。用一个词来形容它们战时的状态——威猛。

当然，除了这些，"定远"和"镇远"还是一条特别讲究人性化的军舰。军舰上有功能完备的生活区，包括军医院、浴室、酒吧和餐厅等。大家在舰上喝的是纯净水，它们是用 20 座淡水炉来保障的。

指挥"定远"和"镇远"的也是北洋舰队的三巨头丁汝昌、刘步蟾和林泰曾。因为"定远"是旗舰，所以平时丁汝昌在这条舰上，而"定远"舰的管带是右翼总兵刘步蟾，"镇远"舰的管带是左翼总兵林泰曾（林则徐侄孙）。真可谓"群星闪耀，三英荟萃"。

## 丁汝昌的秘密

作为北洋水师提督，丁汝昌不仅没有出洋留过学，甚至还是高级军官中唯一没有进入福州船政学堂进行海军专业学习的人，一个不懂海军的人却担任最高指挥官，这一切都是因为李鸿章的一个秘密。

在出任北洋舰队司令之前，丁汝昌一直服役于陆军，专业是骑兵，官职最高做到了淮军骑兵总兵（即师长）。有一年朝廷裁撤了他的骑兵部队，丁汝昌就下岗了，在安徽老家游荡了 3 年，最终又来投奔自己的老乡兼老上级——李鸿章。

当时李鸿章正在组建北洋水师，而水师提督也有了人选。李鸿章准备让丁汝昌加入北洋水师，做一名中级军官之类的。

其实李鸿章对丁汝昌并没多深的印象，在接见丁汝昌之后，李鸿章却认为丁汝昌是一个可以重用的人。

丁汝昌这个人最大的优点并不是业务能力突出，也非像其他将领那样骁勇善战。丁汝昌最大的特点是：不善言辞，很老实、很听话，对上司忠心耿耿，达到了指哪儿打哪儿的程度，没心计，执行起上司的命令来一丝不苟的。

有这一条就够了。李鸿章改变了主意，他觉得自己应该换一位对自己更加可靠的人来出任北洋水师提督，而这个人，就是丁汝昌。

虽然李鸿章一心想推荐丁汝昌，但丁汝昌成为水师提督的难度还是比较大的。丁汝昌陆军出身，不说进入专业海军军校学习，甚至连军舰都没有见过，而且据说还有晕船的毛病。

但在李鸿章的大力推荐下，朝廷终于改任丁汝昌为北洋水师提督。

李鸿章的秘密就是，使用丁汝昌出任北洋水师提督，这是一个安全的人选，只要有丁汝昌在，朝廷对北洋水师的任何命令都必须通过李鸿章才能得到执行，有丁汝昌在，李鸿章就可以放心了，因为丁汝昌是在替他掌管强大的北洋舰队。

丁汝昌不仅掌管了北洋舰队，也管住了刘步蟾、林泰曾等这些真正的海军将领，而他们都是非淮系的。

丁汝昌很明白上司的这个心思，他要在自己的岗位上，顶住李鸿章在朝中的那些政敌（言官）的谩骂，顶住属下的不满。

如此一来，北洋舰队的高级军官中形成了好几个派别。

首先是丁汝昌作为唯一的安徽人高高在上，属于空降型的领导。

然后是书生气浓厚、性格孤傲的方伯谦，他特立独行、恃才傲物，忠实地维护自己的利益，跟其他所有人关系都一般，自成一派。

接下来就是人数众多的其他福建籍军官形成的"闽党"，虽然福建籍军官中军职最高的是左翼总兵林泰曾，但林泰曾性格温和，不善于拉帮结派，而右翼总兵刘步蟾则性格强势。于是"闽党"是以刘步蟾为核心的，他们紧密团结在刘步蟾的周围。这一派，是北洋舰队中势力最大的军官团体。

另外就是邓世昌等少量的广东籍将领，属于人数较少的"广东帮"。

在刘步蟾这些从十几岁就开始学习海军方面的系统知识和技能并且留过洋的将领眼里，丁汝昌无疑是北洋水师提督最不合适的人选。刘步蟾等人平时对丁汝昌并不尊敬，一直对丁汝昌的指挥能力抱有怀疑。丁汝昌深知，现在，不仅是北洋舰队证明自己实力的时候，也是他证明自己能力的时候！

## 快速的联合舰队

1885 年，当"定远""镇远"在北洋舰队下水服役的时候，它们震惊了整个日本。这个情况在前面已经提到了，东京皇宫里的睦仁发现，日本海军中还没有一艘军舰的舰炮可以击穿这两艘巨无霸的厚装甲。震惊之余，睦仁拿出了他皇室开支的 1/10，其他日本官员也贡献了工资的 1/10——造军舰！

专门为对付"定远"和"镇远"而高薪聘请的法国造舰专家到了，法国专家在日本住了 4 年，每天的工作就是画画图纸，"叮叮梆梆"敲打钢块，终于按要求设计出了三艘军舰。这三艘军舰简直是为对付"定远"和"镇远"量身打造的，只要我们对比一下它们的武器装备，就能发现日本人的这个秘密。

三艘军舰在舰首各自安上了一门口径达 320 毫米的巨大主炮，这个数字已经超过了"定远"和"镇远"305 毫米的口径。很显然，日本人对这种大炮寄予厚望，希望用它来击穿"定远""镇远"的舰体。

既然攻击武器如此厉害，防卫装置应该也很强吧？错。由于成本问题，日本军舰就像他们的车一样——钢板很薄。

这三艘军舰各自的重量（排水量）只有"定远""镇远"的一半多（4278 吨）。

在海战时，这就像一个拖着一把大刀，自己却没有穿任何盔甲的人走向战场。日本人需要的是赌——只要能击败清军，大家可以同归于尽！

三艘军舰是以日本最著名的三处景观（松岛、严岛神社、天桥立）命名的，分别叫——"松岛"号、"严岛"号和"桥立"号，合称为"三景舰"。而"松岛"是联合舰队的旗舰，是伊东佑亨的座驾！

除了"三景舰"，联合舰队主力队还有五艘战舰，它们的重量都没有超过4200吨（钢板薄），需要特别介绍的是其中的一位成员——"西京丸"号。

在日本的邮政系统中，有一艘很大的用来运送信件和麻袋的木船。由于船体很大，被海军部看上了，于是他们给船刷了刷漆，安上了一门炮，让它摇身一变成了联合舰队主力队的一员。其实它只是一条木船，连日军私下里都叫它——伪装巡洋舰。

"西京丸"的特别之处还在于，它上面有一位特别的人物坐镇，他很快就会出场。

除了主力队，联合舰队还有先锋队。由于在牙山湾海战中表现出色，现在它又增加了一艘航速很快的"高千穗"号（与"浪速"号同级别），这样先锋队就变成了4艘战舰。加上主力队的8艘，联合舰队出战军舰总共为12艘。

现在，我们需要对双方的出场阵容做一个对比了。为了让大家看得更加清晰，我们需要先熟悉一个公式：A=北洋舰队，B=联合舰队。

对比——

A：出战军舰，12艘（**另有鱼雷艇参战**）；B：出战军舰，12艘（无鱼雷艇参战）。

A：军舰总重量（排水量），3.4496万吨；B：军舰总重量（排水量），4.0849万吨。

A：参战总人数，2000多人；B：参战总人数，3500多人。

A：平均航速，15.1节；B：平均航速，16.4节（其中先锋队19.4节）。

A：20厘米口径以上重炮，24门；B：20厘米口径以上重炮，11门。

来总结一下吧，想必大家已经看出了不少端倪。

A方船坚炮大。由于舰队的主要思想是追求装甲钢板的厚度和炮弹口径，所以防卫能力突出，单发炮弹杀伤力也很强，而弱点在于牺牲了航速与炮速。另外，除了"超级面子工程""定远"和"镇远"排水量惊人之外，占主体部分的其余"远"字号主力战舰的排水量却落后了一大截（在2100～2900吨区间），这是造成A方虽然拥有两艘巨无霸，总排水量却落后的原因。

B方的情况恰恰相反，虽然它没有A方"定远""镇远"那样的超级巨舰，但它的主力军舰的排水量都很平均，都为快速巡洋舰，舰体很大，排水量分布在3000～4000吨区间，重炮较少，大部分装备速射炮，但军舰钢板普遍比较薄，它的特点是船快炮快。由于片面追求航速与炮速，在有利于快速作战的情况下攻击能力突出，而弱点是牺牲了军舰的坚固程度和炮弹口径，一旦形势不利，有可能被对方一口吃掉。

用一句话来总结，双方在武器装备上不分上下，各有利弊！

于是，一个令人惊奇的现象出现了，北洋舰队的军舰是船坚炮利（大），而联合舰队的军舰是船快炮快（小），以最坚固的盾对最快的矛，简直就是天然的克星，不是冤家不聚头。

但武器因素并不是最重要和最关键的，最关键的是接下来的两个因素——排兵布阵和临场指挥。

## 伊东佑亨的冒险

在介绍双方的排兵布阵之前，我们首先要来了解主导当时世界海战的一个理论，这个理论就是舰队一体理论。理论实际上是比较复杂的，但可以用一句话来简单概括，那就是：在海上对战的时候，舰队里各条军舰绝对不可以分离，大家要紧密跟随在以旗舰为中心的舰队周围，必须保持一个整体，战则同战，死也要死在一起。

有人可能要问了，这有什么值得说的？理论一般是不能等同于实践的，但问题是，这个理论背后的两个字——权威。世界上的各支海军基本遵守它。而海军是一个新兴的军种，在甲午海战的20多年前人类才展开了历史上第一次蒸汽装甲战舰的大规模海战（意奥海战），大家都处于吸取教训、积累经验的阶段，对于积累下的权威，除非这个人无知，或者无畏，否则，一般情况下都不愿意去打破它，打破就意味着要冒巨大的风险。

伊东佑亨似乎就不信这个邪，当把联合舰队分成先锋队和主力队时，他就已经在为打破这个权威而冒险了。而伊东佑亨不仅在舰队编排上打破了舰队一体，还明确规定，一旦作战，先锋队可以脱离主力队单独行动。快舰只管冒死向前冲，冲出去再说，不必在乎目的地，有多快就跑多快！

在把舰队分割成两部分后，伊东佑亨开始布阵了。而与其说伊东佑亨在布置阵形，不如说他根本没有布置阵形，他令先锋队的4艘军舰和主力队的8艘军舰，都以首尾相接的方式冲向战区，也就是说，这是一个最为简单的"1"字阵形——这就是古代兵法中的"长蛇阵"，一种历来极为冒险的攻击阵形。

太简单了，而简单并不代表不好。

## 丁汝昌的谨慎

大战之前，丁汝昌下达了三条战令：

1.In action, sister ships, or sub-divisions of pairs of ships, shall as far as possible remain together, and support one another in attack and defence.

2.A ruling principle should be to keep bows on to the enemy.

3.All ships must，as a general rule，follow the motions of the Admira.

我们翻译一下：

    1. 姊妹舰或者同一小队的两艘军舰要共同行动，作战或防守时要互相配合。
    2. 舰首必须始终朝向敌舰作战。
    3. 所有舰必须跟随旗舰进行运动。

很明显，丁汝昌的第 1 条和第 3 条战令正是来源于"舰队一体"的权威理论。另外，他也照顾到了北洋舰队的实际情况。

由于北洋舰队的舰炮大多数为大口径的架退炮，这些炮大部分安装在舰首，第 2 条战令舰首对敌，就是要发挥大炮的威力。

在下达这三条战令后，丁汝昌开始布阵。命令"定远""镇远"居中，各舰分列两侧，排出一个"弯曲的一字"阵形迎敌。

所谓"弯曲"，并不是为了故意迷惑对手。这仍然是丁汝昌出于防卫的考虑，丁汝昌命令军舰在组成横排时，五艘稍微强的军舰稍微突前，首先迎敌，依次跟随在强舰身边的五艘军舰稍微拖后，如此一来，"一"字就变成梯级了，每艘强舰在迎敌时都保护身边的弱舰，达到以强护弱的目的。

以"一"字对"1"字，这又是一对天然的克星、注定的对手。看上去也简单明了，而意外在接下来的时候发生了。

引发意外情况出现的因素很简单，那就是时间。

在发现敌舰之前，北洋舰队是以双路纵队前进的，由"定远"和"镇远"分别打头，各自带领四艘军舰向前航行，航速最慢的弱舰分别在队尾。现在，最强的"定远"和"镇远"不动，而航速最慢的弱舰反而要走最远的路去排成横排。在极短的时间里，北洋舰队并没有完全成功地变阵，而是最终形成了一个由"定远"打头、"一"字的两翼没有完全展开拉直的"人"字阵形。

这是古兵法中雁形阵的一种,可攻可守,攻守兼备。以"人"字的尖头——强大的"定远""镇远"攻向敌人,同时它们又可以保护两翼和后方的安全,防止敌人包抄。在战斗激烈的时刻,两翼还可以突然展开,奇袭对手,起到"奇兵"的效果。

当然,这是从理论上来说的。

这并不是丁汝昌最初设想的阵形,是由于时间仓促,在排阵过程中变成的新阵形,但北洋舰队已经没有太多时间让阵形最后完成,丁汝昌也没有太多的时间来做出调整。"人"字就"人"字,大雁没排成"一"字,排成个"人"字效果应该也不错吧。

而没有时间的原因很简单,先锋队的头舰"吉野"已经进入"定远"5000射程的范围内,丁汝昌传令:"各炮手瞄准'吉野'!"

"瞄准!听我命令,伺机开炮!"

## 丁汝昌的意外

中午12时50分左右,黄海大东沟海战正式打响。

虽然是在射程之内,但由于距离太远,"定远"发出的第一炮并没有命中目标,而是在"吉野"旁边激起巨大的水柱。"定远"炮手立即修正,瞄准,再发第二炮!

这一炮,打得那是相当准。

炮弹穿过"吉野"舰体后在甲板上爆炸,"吉野"的甲板上顿时烧起大火。

"吉野"舰长河原要一望着舰体洞穿的"吉野",心里百般不是滋味,看来强大的"定远"果然名不虚传。

这发炮弹宣告了北洋舰队旗开得胜!

然而,"吉野"没有退缩,在救火的同时,河原要一指挥炮手瞄准"定远"。而这一次的瞄准，也非常有水准。

在联合舰队和北洋舰队的军舰中，远距离瞄准使用的都是当时通用的"六分仪瞄准法"。

在先进的瞄准仪出现之前，六分仪瞄准法是一种比较古老的瞄准方法。具体方式是先派一名观测兵站到很高的指挥观测台上面，手拿六分仪水平测距，得出相对距离后传话给炮手，炮手根据距离修正炮管的高低角度。很显然，这种比较原始的方法还要受到战场上烟雾弥漫的干扰，精准度很难保证（使用六分仪瞄准在敌距 4000 时误差为 170 米左右）。

两支舰队中唯一不使用六分仪瞄准，而是用一种更先进的瞄准方法的，就是"吉野"。

"吉野"是一艘刚刚下水半年的军舰，在建造过程中吸收了很多当时世界的先进技术，其中之一就是将六分仪变成了镜瞄仪。

所谓"镜瞄仪"，就是一种使用起来类似望远镜的瞄准仪器，使用时只要将目镜焦点对准目标，就能快速显示出目标距离。

河原要一命令瞄准的不是别人，正是正站在"定远"指挥台上指挥的丁汝昌。

丁汝昌并不知道"吉野"号上有如此先进的瞄准仪器，也不知道危险将要降临。

"发炮！"河原要一一声断喝，一发 120 毫米口径炮弹飞向丁汝昌。如果丁汝昌中炮，北洋舰队主帅牺牲，后果不堪设想！

镜瞄仪还是有误差的，炮弹并没有击中丁汝昌，也没有击中指挥平台，而是在一旁爆炸。丁汝昌幸运地逃过了一劫。

而即使是在旁边爆炸，炮弹的威力也是不可小觑的。

丁汝昌被这巨大的冲击力卷上高空，重重地跌落到甲板口，他的左腿被落下的碎物压住，无法动弹。几乎在落地的同一时刻，恐怖的大火冲天而起，火苗竟然贴着甲板和丁汝昌的身体燃烧，这是一种奇怪而恐怖的大火，就像事先给着火点浇上了一层油。这个秘密将在接下来的战斗进程中揭晓。丁汝昌虽然躲过了炮弹，却又将被烈火吞没！

情急之下，旁边的士兵用刀割破丁汝昌身上的衣服，才将丁汝昌从火焰中救了出来。而此时的丁汝昌已经严重受伤，无法站立了。

士兵们想把丁汝昌背走，离开危险地带，但丁汝昌坚决不离开甲板，他表示："我就坐在这里督战，鼓舞军心！"

在过去很多的书中，关于丁汝昌的受伤是另外一个过程。也就是"定远"发第一炮时震塌了年久失修的指挥观测平台（舰桥），导致丁汝昌跌落甲板。这种说法曾经广为流传，因为它是北洋舰队管理混乱和腐朽的证据。开一炮没有打中敌人，却震伤自己的主帅，这确实是世界奇闻。

但我对此说法表示怀疑。

在找到"定远"舰的模型后，根据"定远"前主炮和舰桥的位置及距离，发现这种说法并不能成立。如果"定远"发炮就能震塌自己的舰桥，只有一种可能：这个桥上根本不能站人，站上去就得塌，而丁汝昌和其他人员一直站在舰桥上。实际上，"定远"的舰桥是非常坚固的，木质钢皮，虫子也咬不进，当年从德国订购"定远"时，由清国方面派人全程监管，德国人也并没有偷工减料。

在综合了中外史料后，我们还原了以上的过程。

作为主帅，丁汝昌的勇气是可嘉的，他的英勇也大大地鼓舞了"定远"舰上的士兵。然而，还有一个问题是丁汝昌没有意识到的。这是一个严重的疏忽，甚至可以说是一个致命的错误，将给后来的指挥带来极为严重的后果。

## 伊东佑亨的算计

我们再把目光转向"吉野"号。在击伤丁汝昌后，形势又对联合舰队极为有利了，但河原要一并没有乘胜厮杀，朝已经着火的"定远"继续发炮，而是按照伊东佑亨事先安排好的部署，率领先锋队军舰向左大转弯，全速冲向北洋舰队"人"字形阵内！

在上一场的牙山湾海战中，先锋队的转弯是为了诱使"济远"驶出狭窄的牙山湾航道，以便发挥速射炮的威力。那么，现在这个转弯是为什么——难不成转弯还有上瘾的？

这正是伊东佑亨在战前的战术安排：在先锋队绕过前面的"定远"等军舰之后，就可以实施日军最爱用的一招——包抄了。而包抄的战术对北洋舰队恰恰是致命的，北洋舰队"人"字形阵脚是基本没有什么反抗能力的。"超勇""扬威"等弱舰，在炮火的打击下，最容易被击沉！

你以强护弱，我就以强打弱！兵者，必破其意图！

这就是伊东佑亨的算计。

算计可以说是天衣无缝的，而现实又是另外一种情况。

伊东佑亨又是在赌，因为转弯时要冒着极大的风险，在转弯过程中，不仅无法向对方瞄准开炮，军舰的一侧也全部暴露在北洋舰队的炮口之下，在这个过程中，先锋队四艘军舰只有挨打的分儿。

所以伊东佑亨又实施了他的下一步计划：率领主力队，向前掩护！

为了掩护那四艘军舰顺利转弯，伊东佑亨率领主力队冲上去了，而他的"松岛"号冲在最前面。

伊东佑亨并没有放弃攻击"定远"，他率"松岛"号冲向前还有另外一个秘密："松岛"号上有专门为击沉"定远"设计的杀伤性武器——320毫米口径大炮！在受到"吉野"的攻击后，"定远"舰上已经燃起大火，火焰一时没有被扑灭，伊东佑亨决定抓住这个绝佳的战机，以巨炮击穿"定远"的装甲，打破"定远不沉"的神话！

在甲午海战之前，"定远"和"镇远"曾经几次访问日本，巨大舰体刺激了天皇睦仁，也引起了日本军民的恐慌，从那个时候起，击沉"定远"就成了日本每一位海军士兵的梦想。军中流传一首歌《请问"定远"沉了吗》（这首歌在日本一直流行到二战时期），而根据一些史料记载，在日本的学校里，还流行一项特殊的游戏。这项游戏就是"捕捉'定远'"的课间游戏。由小学生一队扮演日本舰队，另一队扮演清国舰队，围捕"定远"和"镇远"。由此看来，"定远"和"镇远"是日本国民的梦魇。从建造"三景舰"开始，日本一直在为击沉"定远""镇远"做各项准备，现在这个任务交给了伊东佑亨。

在伊东佑亨看来，只有击沉清国的海上巨无霸，才是联合舰队真正的胜利！

此时的"定远"仍然在救那恐怖的大火，舰体已经暴露在巨炮之下！

旗舰危矣！

## 林泰曾突施冷箭

伊东佑亨得意了，他没想到击沉"定远"号的这个馅饼会砸到自己的头上，千载难逢的良机，一定要抓住。不是每个人都有机会见到"定远"的，更别说去征服它。亲手去毁灭一个得不到的庞然大物，除了胜利的喜悦，一定还有一种邪恶的快感。

所谓"螳螂捕蝉，黄雀在后"，一双眼睛背后总有另外一双眼睛盯着。经验告诉我们，每当一个人扬扬得意的时候，也是危险临近的时候。伊东佑亨的注意力完全放在"定远"上，却没注意在"定远"身后不远的另一艘军舰上还站着一个人，一个对他充满仇恨的人。

"镇远"舰舰长林泰曾已经注意他很久了。

作为"定远"的同级姊妹舰，"镇远"一直很低调，默默地跟在旗舰的附近。这次也不例外。海战开始后，林泰曾指挥"镇远"一直伏在"定远"的身后，它没有开炮，也没有鸣笛，由于一直很安静，以致大家都忽略了它的存在。

一个人不停地擦拭手中的战刀，却迟迟不肯动手，那只有一个目的——为了最后的荣耀，为了致命的一击！

林泰曾一直盯着一双警惕的眼睛，当然，这双眼睛前面还有一个玻璃物件——望远镜。伊东佑亨的身影就一直出现在林泰曾的望远镜里，如果精度再高一点，日本人嘴角有没有饭粒、脸上有没有麻子应该也能看清楚。

斩首！擒敌先擒王！

但是，用大炮去轰一个人还是比较有难度的。这也是林泰曾尽管一直想实施斩首行动却迟迟没有开炮的原因。此时的林泰曾发觉了伊东佑亨准备用320毫米大炮偷袭"定远"的企图。必须先护旗舰！林泰曾立即命令前主炮炮手瞄准"松岛"大炮炮塔，抢先一步，发炮！

305毫米主炮炮弹径直朝"松岛"大炮飞去，这一发炮弹造成的结果是"松岛"大炮旋转装置被击碎。

没了旋转装置，也就没有办法有效瞄准，"松岛"这门标志性的大炮基本报废。

看着变成废铁的大炮，伊东佑亨满鼻子的汗，暗暗叫苦，刚才的扬扬得意变成了垂头丧气。这门专门为对付"定远""镇远"定制的大炮，一直被寄予厚望，连皇宫里的睦仁都经常念叨，也是伊东佑亨的撒手锏。可惜大炮未响，就已失灵，辛辛苦苦修造几年的东西到了战场上，连发炮的机会都没有。

然而，就在"松岛"中炮的同时，先锋队也成功地完成了转弯，在冲过北洋舰队"人"字的箭头后，开足马力朝"人"字的阵脚冲去，那里有北洋舰队最弱的两艘军舰——"超勇"和"扬威"。

其实对伊东佑亨来说，他刚才的举动是用"松岛"主动为先锋队挡住炮火，掩护先锋队成功转弯才是真正的目的，偷袭"定远"只是一时心动，想顺手牵羊，却没想到半路杀出一个更会放冷箭的林泰曾，自己砍人不成，最厉害的刀却被打飞了。

掩护任务完成，伊东佑亨立即在"松岛"挂出"随我左转"的信号旗。看来，在先锋队朝北洋舰队的阵头冲过去之后，伊东佑亨也要让主力队冲过去。

所有的军舰都向前冲，以此扰乱对方的阵形。但伊东佑亨真正的用心并不在于破阵。

在海战中，军舰编队的阵形虽然比较重要，但它的重要性要比陆战中弱很多。陆战是大兵团作战，人与人面对面交锋，随便拉出来都是几万或几十万大军，规模大一点的还有上百万，当然要排个出场顺序，安排站位，讲究阵法。而海战不会有人挤人的问题，大家都在船上，靠的是中远距离的炮战。如此视野开阔之地，正是杀人取命、惊风起浪的好地方，不需要排什么阵形，架起大炮轰就是。

在双方武器、兵力差不多的情况下，要想取胜就只有一个诀窍了，那就是：局部优势。也就是俗话说的以强击弱，以多打少。而要想取得局部优势，就要找到对方的薄弱环节，然后派出精干力量，进行一种类似田忌赛马的游戏。

在伊东佑亨看来，"定远""镇远"就是北洋舰队最强的上等马，现在是不能碰的。而作为下等马的弱舰都在阵脚，所以就必须冒险向阵脚冲去。

随着这个谜底的揭开，伊东佑亨真正的算计也完全暴露了。这正是他的得意之作：先锋队和主力队所有的军舰都暂避强大的"定远"和"镇远"，冲过北洋阵前，利用局部优势，围歼北洋舰队阵脚的弱舰，然后各个歼灭，最后合力攻向"定远""镇远"！

心机不可谓不深，算计不可谓不好。一旦让这些军舰冲过阵头，北洋舰队将阵脚大乱，情况极为不利。

但是，伊东佑亨的图谋也没那么容易实现。此人倒霉的事还没有到来。

还是同样的原因：转弯有危险，行动须谨慎。

## 实战专家刘步蟾

虽然海战一开始在"定远"上最出风头的是丁汝昌，但刘步蟾才是真正指挥"定远"的人。刚才他在忙着指挥救火，现在大火基本被扑灭，"松岛"又傻乎乎地在面前转弯，不抓住这个战机，简直太对不起人了。

在林泰曾打得兴起时，刘步蟾也在为给"松岛"添上一炮做准备。虽然架退炮准备的时间长了一点，发炮的速度慢了一点，但只要兄弟们配合，还是可以做到对敌连续打击的，很不幸，伊东佑亨又将迎接他的下一炮。

这一炮击中了"松岛"舷侧，具体位置是舷侧速射炮区第 7 号炮位，炮位旁的炮长、装弹手等战斗一线人员，以及传令兵等战斗服务人员全部飞向天空，而炮位也被炸得粉碎。

在短短的时间，"松岛"的主炮和速射炮都遭到了毁灭性的打击，基本丧失战斗力，作为联合舰队的旗舰，这个损失是比较严重的。

而对北洋舰队来说，取得这个成绩是很不容易的。

## 发炮是一门技术活

尽管"定远"和"镇远"各有一炮击中"松岛"，但它们不是只发了两炮就完事，实际情况比表面看上去要复杂。

在陆战中，我们熟悉的一句话是"双方大战三百回合，一刀将敌人砍下马来"，而在海上精准发炮，击中敌舰，更是不容易。

双方始终在动，属于运动中打移动靶，原本瞄得好好的，等一炮过去，人家可能已在 50 米开外。

而由于距离较远，炮手一般无法通过炮管进行直瞄，瞄准过程就是我们前面已经介绍过的"六分仪瞄准法"，无法保证瞄得很准，即使瞄准了，从瞄准到发炮的时间差又让这种准变成了不准。

为了解决这个问题，指挥平台上观测兵的经验十分重要，他必须根据实际情况，进行一定的预判：提前判断对方的军舰会朝哪个方向移动。

在导弹出现以前，发炮就是如此的不容易。

## 战机的出现

伊东佑亨偷袭不成反被轰，炮轰"定远"的妄想破灭了。但这也更加坚定了他要冲进去的决心。

形成局部优势、以强打弱的计划如此完美，但伊东佑亨也犯下了一个和丁汝昌在战前犯下的同样的错误。

那就是没有考虑到时间问题。

先锋队能够顺利大转弯，一是军舰只有四艘，二是航速很快。而在航速上，主力舰队的军舰都是老爷级别的，并不比北洋军舰快，一支航速慢的舰队完成集体转弯，这一定会留下时间空当。

而这个空当，就是给整个北洋舰队的绝佳战机！

丁汝昌虽然受伤失去了对全舰队的指挥能力，但是我们一定还记得他在战前发过的一条战令：舰首必须始终朝向敌舰作战。

按照这条战令，当伊东佑亨的舰队纷纷左转时，北洋舰队立即相向右转，正面拦截！

在双方舰队的相对转向中，一个对北洋舰队极为有利的情况出现了：虽然"松岛"等前面几艘军舰成功地溜了过去，但主力队队尾的弱舰正好被堵在正前方，而它们面对的是"定远"和"镇远"！

伊东佑亨的计划竟然间接帮助了北洋舰队，此人挖空心思、处心积虑地想寻找局部优势，以最强对最弱的局部优势却给北洋舰队送上门来了！

## 机关算尽太聪明

最先做出反应的是刘步蟾，因为他最早意识到这个对北洋舰队极为有利的局面。他指挥"定远"迅速朝被拦在最近的敌舰"比睿"发炮。"比睿"舰长姓名比较奇怪，叫樱井规矩之左右，我们简称"樱井"。

见到"定远"要攻击自己，樱井倒是很有自知之明，他想出了一招：跑。

樱井的自知之明是有缘由的。

"比睿"的服役时间已经有18年之久，航速下降，舰身单薄，"定远"这样级别的军舰一两发主炮就可以将它炸个底朝天。更重要的是"比睿"没什么战斗力。

在"定远"坚固的装甲面前，"比睿"发出的炮弹即使能够有幸命中"定远"，也就只能碰撞出火花，仅此而已。

由于既不能打，又不能守，樱井只好指挥着"比睿"在海面上大幅度转舵行驶，一会儿扭个秧歌，一会儿百米冲刺，躲避"定远"的炮火。炮弹在"比睿"的前后左右爆炸，水柱冲天，硝烟弥漫，舰上的日军东倒西歪，折手断腿，哭爹喊娘。

对这些转得晕头转向的人来说，还不如中一炮来得痛快。

是时候把"比睿"炸个底朝天，送日军去海底喂鱼了！刘步蟾指挥"定远"对"比睿"紧追不舍，炮手也在不断瞄准。所有人都明白，如果能够击沉"比睿"，这不仅将是对北洋舰队军心一次极大的鼓舞，甚至有可能奠定胜局！海战和陆战尽管有很多的不同，但有一点是相同的：最有利的战法就是消灭敌人，最有利的战争形势就是不断消耗敌人的有生力量！

然而，有一个人加入战局，让情况变得复杂起来。

这个人是林永升。

继刘步蟾之后，一旁的林永升也发现了这个战机，作为"经远"舰的管带，林永升决定去给刘步蟾帮忙。于是，林永升命令"经远"全速冲向"比睿"，和"定远"形成前后夹击。

正在扭秧歌的"比睿"躲得开"定远"的炮，躲不开"经远"的炮，躲得开前炮，躲不开后炮。终于，在"经远"炮火的打击下，"比睿"舰上的主炮全部被摧毁，已经毫无还手之力，无路可逃！

樱井绝望了，命令"比睿"开足马力，撞向"经远"，同归于尽！

在"天皇万岁"的口号声中，"比睿"冲向"经远"！

但是，不是你想撞就能撞得上的。在"定远"的掩护下，林永升指挥"经远"轻巧地避开了"比睿"。然后，刘步蟾和林永升分别指挥"定远"和"经远"再次调整好军舰位置，转动炮架，瞄准"比睿"——这一次，一定要击沉"比睿"！

"比睿"已经彻底不能反抗了，只有等死，唯一能做的就是更加响亮地呼喊"天皇万岁"，樱井已经放弃抵抗，等待自己去喂鱼的那一刻。

## 战机的丧失：一群帮倒忙的人

然而，就在此时，让"比睿"号上的日军感到惊奇的一幕出现了："定远"和"经远"并没有发炮！他们似乎在等待什么，海面上顿时陷入一片奇怪的安静！

原因说起来好笑，在于大家都求胜心切。

在"定远"和"经远"合力围追堵截"比睿"的时候，旁边北洋舰队的其他军舰也发现了击沉"比睿"的绝佳战机，又见这里打得热闹，于是它们也纷纷朝"比睿"开来，结果就是它们包围了"比睿"。

包围了"比睿"，接下来就是大伙一齐发炮，把这艘敌舰炸个稀烂。但这只在理论上可行，实战中不是这样的。这又是因为海战与陆战不同的特殊情况。

海上发炮的命中率比陆地上更难以保证，因为双方都在运动，由于是己方几艘军舰包围着一艘敌舰，北洋各军舰都不敢发炮了：万一炮弹没有击中"比睿"，就会飞过去误伤对面己方的军舰！

刘步蟾十分恼怒，简直哭笑不得。本来他有击沉"比睿"的绝好时机，然后林永升率领"经远"过来热心帮忙了。帮忙就帮忙吧，两艘军舰还是比较好一起打的，而令人没想到的是，帮忙的人越来越多，大家围成了一个圈圈儿，这下可好了，谁也开不了炮。

这种境地让"比睿"得到了喘息的机会，暂时侥幸逃过。

"比睿"又要逃了，这么多人拿它没办法，这个局面简直像是一个三岁的顽童捉弄了所有人。林永升升起了怒火，他发现一个问题："比睿"已经被炸得不成样子了，舰上的炮座全部炸飞了，成了光头军舰。好吧，既然我们不能炮击你，那就还有一招——活捉。

"经远"舰上的炮火停止了，携带步枪的狙击手全部跑步上甲板，"经远"全速开向"比睿"，等双方距离进入步枪射程，就用枪歼灭"比睿"号上的日军，然后俘获这艘船！

但当"经远"靠近"比睿"时，接下来发生的一幕又是所有人想不到的。

只听见"比睿"舰上发出一声声"哒哒哒"的炮响，大海上腾起浓密的烟雾，所有人都不知道发生了什么。

烟雾散去，林永升等惊奇地发现：他再也找不到那些狙击手了，甲板上所有的清兵全部消失，一个不剩，连尸体都没有。

他们已经灰飞烟灭了。

林永升观察得没错，"比睿"舰上的炮座全部被打烂，所以它是没有机会还手的。但问题出在速射炮，在"比睿"的舷侧还有两门改装的小型速射炮。当樱井看到林永升试图俘虏"比睿"时，就已经命人悄悄地填装好了速射炮。在接近步枪的射程之内，小口径速射炮的杀伤力相当于重型机枪。

林永升彻底怒了，他万万没想到"比睿"是在诱敌深入。他下令向"比睿"发射鱼雷！而发射的鱼雷竟也未击中！

难道就拿这一艘破舰没有办法吗？

"比睿"虽然接连逃脱，但是，只能说明它命大，在大家看来，这艘军舰被击沉，只是时间问题，而这时候，又找了一条可以陪伴"比睿"的军舰——"赤城"号。

"赤城"是联合舰队里航速最慢的一艘军舰（最大航速 10.5 节），在大伙混战的过程中，它不幸掉队了，一艘军舰孤零零地航行在海面上，四顾茫然，独自往前开。

"来远"舰舰长邱宝仁发现了这只掉队的孤雁，当然不会放弃这个绝好的机会。拦住"赤城"的去路，先发一炮，这一炮将"赤城"舰长坂元八郎太当场炸得粉碎。接下来的炮弹击中了军舰上一个要害部件——负责为炮弹输送带提供动力的蒸汽管道。

这条管道被打穿了。

管道破了的后果不是漏漏气这么简单，而是没有推力向炮位输送炮弹，如果强行输送，就必须停止使用军舰上的鼓风机（让气漏得少一点），但如果停止使用鼓风机，蒸汽动力又会减弱，军舰的航速将大大降低，基本变成蜗牛。也就是说，"赤城"要么选择强行发炮战斗，要么选择先保命逃跑。而在比它强大得多的"来远"舰面前，逃跑也不是那么容易的。

"比睿"和"赤城"看上去都在劫难逃了。而一个人的出现让这两艘军舰化险为夷，把它们从死亡线上拉了回来，他可以说是整个战场上最疯狂的人。

## 桦山资纪：一个疯狂的人

当联合舰队出征时，日本海军军令部部长桦山资纪决定前往战场亲自观战，鼓舞士气。但从安全的角度考虑，伊东佑亨还是拒绝了。不料桦山资纪却坚持要求前往战场，伊东佑亨只好同意了。他准备把这位固执的领导请到自己的旗舰"松岛"号上。

"我只是来观战，我上'西京丸'就好了。"桦山资纪说。

听了这句话，伊东佑亨惊呆了，这是万万不可答应的。伊东佑亨没想到这位大人物竟然疯狂到连自己的命都不要了。

我们前面介绍过，"西京丸"是一艘木船，以前是用来运邮包麻袋的，跟军舰根本不在一个级别。

伊东佑亨只好请求桦山资纪一定要远离战场，千万不要靠近或者进入战场。这是要掉脑袋的，很危险！

就是在"西京丸"上的桦山资纪发现了"比睿"和"赤城"的危险情况，心急如焚的他忙令人用远距离信号通知旗舰上的伊东佑亨："比睿""赤城"危险！

伊东佑亨的"松岛"号此时已经冲过去了，他原本是不打算理会没冲过去的这些军舰的，因为"松岛"也是好不容易才冲过去，还几乎遭受了毁灭性的打击。

不过上司发话了，不能不听。伊东佑亨只好率领"松岛"等舰全速掉头回援，不顾一切地朝"定远""经远""来远"开炮，吸引住北洋舰队的炮火。

正是趁着这个空当，"比睿""赤城"总算得到了逃生机会，迅速驾驶军舰逃出战场。

桦山资纪总算可以长出一口气了，但接下来的事情让他明白了一个词：引火烧身。

因为刘步蟾和林泰曾同时注意到了"西京丸"。

大家虽然不知道桦山资纪在这艘船上，但"西京丸"船体宽大，桅杆很高，像一艘巨大的"巡洋舰"，感觉一定有"大鱼"在这艘船上。于是在压住"松岛"方向的炮火后，"定远"和"镇远"同时朝"西京丸"扑去！

桦山资纪的反应只能用一个词来形容：大惊失色。

这就是引火烧身的结果。不出意外的话，前邮政运输船很快要变成桦山资纪的尸体运输船了。

"西京丸"开始是舵机中炮，随后是后部水线中炮，船舱开始进水，桦山资纪只好打出信号"舵坏了"，然后一边命令士兵舀水，一边命令舵手使用备用的人力舵力，想逃离战场。可是进水的问题还没处理完，又一发炮弹飞来，甲板上燃起大火。

真是水深火热啊！

对北洋舰队来说，机会又一次垂青了他们，他们将钓得一条大鱼。桦山资纪已经无路可逃，歼灭桦山资纪的人即将出场！

## 鱼雷手蔡廷干

这个人是个生力军，在海战爆发后，他并没有出现在战场上，而是和"平远"舰、"广丙"舰留在大东港内，此时"平远"和"广丙"要出港参加战斗（至此北洋舰队的参战军舰也变成 12 艘），于是他率领北洋舰队鱼雷艇队跟随出港。这个人是个著名的海归，曾经在美国留学 9 年。他就是任北洋舰队鱼雷艇队队长、"福龙"号鱼雷艇管带的蔡廷干。

"北洋舰队的鱼雷艇队"，这个说法其实并不准确，鱼雷艇队并不属于北洋舰队管理，属于另外一个单位——旅顺鱼雷营管理。而在平时，鱼雷艇队也是和北洋舰队分开训练的，并没有进行配合作战的训练。不过，这种情况并非清国海军独有，当时全世界对鱼雷艇都不够重视，他们认为这种吨位小、只能发射鱼雷的鱼雷艇不过是军舰的一种补充装备，这种观点在日本海军中也很普遍，伊东佑亨就没有带一艘鱼雷艇出征。

由于鱼雷艇队分开训练，所以训练的效果如何并不太为人所知，现在，检验成果的时候到了。

"福龙"号驶向"西京丸"，并做好了发射鱼雷的准备。这天正好天气良好，视野清晰。在距离"西京丸"约 400 米处——一个理想的距离，蔡廷干信心满满地发出命令——发射第一颗鱼雷！

大家都以为一定会击中"西京丸"，睁开眼睛一看却是没中！鱼雷擦过"西京丸"的右舷，直接向前奔行而去了。

可能是太远了吧，蔡廷干觉得应该再靠近一些，于是"福龙"号继续向"西京丸"驶近，在相距 300 米左右时，调整好发射角度，发射第二颗鱼雷！

这次的结果是：鱼雷从"西京丸"右舷约 5 米处擦过。还是偏右啊！

两次不中，蔡廷干觉得太没面子了，他决定继续靠近"西京丸"！200米，100米，60米……双方的距离只剩下了40米！结果已经没有悬念：扔块石头都能打中了。

桦山资纪终于有了一种末日的感觉，上帝也救不了他了。这时候他一定很后悔，疯狂也是要付出代价的。只见他惊呼一声：我完了！然后闭着眼睛等死。而"西京丸"上其他的日本兵纷纷跪地向神明祷告，向天皇遥拜。

鱼雷不偏不倚地朝"西京丸"船体的中部飞速前进，但结果是所有人都想不到的，它竟然又没中！在众目睽睽下，鱼雷从船底钻过，向远方的水面奔行而去。

这么短的距离，方向也瞄准了，它为什么又一次偏出？这是一个技术上无法解释的难题，史学家曾经给了很多种解释，大部分的观点认为，是发射鱼雷时忘记了给鱼雷定深，以致它从船底钻过去了。

这是一种很合理的解释。但当时的情况不是这样的，那个时代的鱼雷刚发明不久（1866年），技术上还比较粗糙，鱼雷在水中的行进路线是根据深浅机来进行的，深浅机加附在鱼雷上，它的作用是使鱼雷在入水后按照预设定深行驶，直至击中目标。

而深浅机入水后经过一段时间的上下调整，才能达到预设的定深，在调整期间，鱼雷前进的路线是一条上下起伏的曲线，这段路程大概需要100米，然后才能在预设定深上以直线前进。

现在看来，蔡廷干不是没有定深，而是在40米的距离内忘记考虑深浅机的自我调整。发射鱼雷并不是扔石头砸人，可不是越近越好。这么重要的事，管带怎么能忘了呢？

"福龙"号连续3颗鱼雷没有击中"西京丸"，桦山资纪侥幸逃过一劫。而他也已经转危为安了，因为"福龙"号一共就携带了三枚鱼雷。此时，率领主力队来救援的伊东佑亨趁机缠住了"定远""镇远"等军舰，使得北洋舰队无法再去攻打"西京丸"，趁着这个时机，"西京丸"掉头全速逃跑。由于蔡廷干的失误，桦山资纪捡回了条性命，这是真正的死里逃生。

## 形势急转直下！

桦山资纪的出现挽救了"比睿"和"赤城"，他自己也因为对手的低级错误捡回一条命。而对北洋舰队中的两位管带以及军舰上的士兵来说，他们就没那么幸运了。

联合舰队在先锋队从"定远""镇远"面前转弯冲过去之后，就朝阵脚的"超勇"号和"扬威"号扑去。以联合舰队四艘最强的军舰对北洋舰队两艘最弱的军舰，这是绝对的局部优势。河原要一站在"吉野"舰上，已经动了要将这两艘军舰击沉的念头。

"超勇"和"扬威"是1881年下水的军舰，舰龄已有14年。如今它们已经是老态龙钟了，但在14年以前，这两艘军舰曾享受过无上的荣誉——从英国定制的当时世界上最先进的巡洋舰。它们的最厉害之处不是开炮，而是撞。

在买回来之前，这两艘军舰的英文名分别叫"金牛座"号和"白羊座"号，这两个名字用到军舰上只说明了一个问题，它们是撞击巡洋舰。在这两艘军舰上，分别有两个撞角，因此用两个有角的动物命名。

当先锋队的四杀手围过来的时候，"超勇"管带黄建勋和"扬威"管带林履中同时想到了一招：狠狠撞击对方！必须让日军见识下老牌撞击舰的厉害！

但这两艘军舰发挥威力还必须有一个很简单的条件——能撞上。在刻意追求航速的先锋队面前，"超勇"和"扬威"的航速已经远远落后了，当黄建勋和林履中各自命令军舰升起撞角全速前进的时候，他们发现了一个悲惨的事实——撞不上。

"超勇"和"扬威"的优势在于撞角，而劣势恰恰是炮。当四艘日本军舰躲过撞击之后，它们以弧形阵势拦截住两艘军舰的去路，然后以速射炮织成密集火力网猛烈开炮！

"超勇"和"扬威"是木质军舰，只是在外面包裹了一层铁皮，没有装甲防护，两艘军舰顿时燃起恐怖的冲天大火。

按照丁汝昌最初布阵的意图，此时附近的其他强舰必须赶来护卫，但强舰也有强舰的苦恼——脱不开身。它们不是被联合舰队的其他军舰炮击，就是自己主动去寻找日舰发炮。

而作为旗舰的"定远"虽然火力强大，但也无法顾及。要保持一个阵形是很不容易的，特别是当这个阵形出现在海上的时候，更加不容易控制。于是"人"字阵形越来越松散，由此造成的结果是，作为尖头的"定远""镇远"离阵脚的"超勇""扬威"距离越来越远，如此一来，"定远"即使有心发炮救"超勇""扬威"，也会因为距离超出射程而望洋兴叹了。

冲在最前面、中弹最多的"超勇"舰在烈火中解体了，黄建勋在大火中牺牲，尸骨无存，其他士兵也和军舰一起，葬身火海和海底。北洋舰队"超勇"号沉没！

林履中指挥"扬威"号左冲右突，总算冲出了战场，全力开向附近岛屿，但终究因为火势太凶猛，军舰失去动力，变成废舰一条，搁浅了。

在短短的时间里，北洋舰队损失了两艘军舰，刚才的大好形势已经丧失，战场上的机会是稍纵即逝的，一旦战机丢失，将马上转入对己方极为不利的局面。在连续错失机会之后，北洋舰队正在承受着这一苦果。

强大的北洋舰队的气势受到了压制，联合舰队已经占据上风。所有人都在等待，等待着一个人的出现。在大家都毫无办法的时候，在敌人越来越凶残的时候，需要他的出现，来改变这一切，足壮海军威！

他就是邓世昌。

第五章

# 独升帅旗，邓世昌以孤舰对抗日本海军

## 邓世昌

1868年，当刚刚创办的福州船政学堂开学的时候，有一个人走进了教室，他是学堂里年龄最大的学生。大部分同学的年龄都在十二三岁，而他已经19岁了。他就是邓世昌。

成为管带级别的海军军官后，他有了一个外号"邓半吊子"。我曾问过威海当地人"半吊子"的精确含义，是指那些办事特别认真又特别勇敢的人，而勇敢中又包含糊里糊涂这一莽夫般的特质。邓世昌就是这样的人。

在邓世昌的管带生涯里，他率领的军舰可以说是北洋舰队中发生事故最多的，触礁、搁浅、撞坏军舰等千奇百怪的事故都能发生在他身上。最厉害的是有一次军舰出海，不知是忘了带煤还是他认为有一点煤就可以去深海，结果煤炭用尽，军舰在海上漂流了半个月。

平时的邓世昌是一个性格内向、不爱说话，但治军极为严格的人。他的军舰虽然事故不断，但士兵们的考核成绩是整个北洋舰队中最高的，甚至超过了旗舰"定远"。

## 地狱之火

在桦山资纪的危险解除之后，伊东佑亨调整了战术，将主力队和先锋队的位置和任务互换，主力队围歼北洋舰队弱舰，先锋队回航缠住"定远"和"镇远"。

伊东佑亨的决定来自战场形势的变化。"松岛"专门用来对付"定远"的320毫米大炮已经被摧毁，"三景舰"的其他两舰虽然还有大炮，但经过实战检验，它们已是故障频发，不是经常性地卡壳，就是远远达不到射程。既然专门对付"定远"的巨炮没有用，那就用速度更快的先锋队来缠住"定远""镇远"，以便主力队可以全力对付弱舰。这是一个明智的选择。

于是，双方位置对调。主力队再次冲向阵脚，而完成击沉围歼"超勇""扬威"任务的先锋队回航至阵头，扑向"定远"！

四杀手的速射炮全部打向了"定远"，形成了没有间隙的密集火力网！虽然这些炮弹无法打穿"定远"坚厚的装甲，但中炮的"定远"舰上燃起大火，火烧得十分猛烈，在巨大的消防水柱面前，仍然没有被扑灭的迹象，钢板被烤得通红，"定远"就像置身于打铁炉中。

熟悉的一幕出现了。这不是炮弹爆炸后引起的一般的大火，而是一种能在钢铁和水中燃烧的大火，燃烧的方式是贴物燃烧，这是名副其实的恐怖大火，它还有另外一个名称——地狱之火。

这一切的秘密，来源于日军使用的一种炸药，一种极其恐怖的炸药。

## 恐怖的炸药

了解炸药的人应该熟悉一个名词——TNT。TNT炸药广泛应用于开山辟路、拆大楼等爆破领域，当然战争中的炮弹也是少不了它的，自从被研制出来以后，它一直是炮弹中最常用的填充炸药。

但TNT能得到"炸药之王"的荣誉称号，并不是因为其威力大，而是安全性很高。

它的性能十分稳定，本身是无法爆炸的，需要引爆装置（比如导火索）才能起爆。在 TNT 被研制出来之前，用来做炸药的主要是苦味酸。这是一种威力巨大的猛炸药，稳定性很差，用苦味酸炸药填装的炮弹，基本上用脚一踢就炸。所以，自从 TNT 出现后，各国基本放弃了用苦味酸炸药填充的炮弹，以免伤及自己人。

唯一例外的，就是日本人。

1891 年，日本一个叫下濑雅允的工程师在原有的基础上研制出了改进版的苦味酸炸药——下濑炸药。

下濑炸药的杀伤力比苦味酸炸药强很多。它爆炸后燃起的大火的中心温度可以超过 1000 摄氏度，火焰会像汽油着火一般四散流动，所以能在钢铁和水中燃烧。

但与此同时，它的"灵敏度"也上升了，如果说苦味酸炸药是"一踢响"，那么下濑炸药就是传说中的"一碰响"。炮弹打出去即使命中一根桅绳都会炸，在搬运过程中，稍微受到外力也会炸。所以，使用下濑炸药填充的炮弹是很危险的，必须很小心谨慎地搬运，否则一不小心就在运弹手自己的手中爆炸了。

从 1893 年 1 月起，日本海军开始装备这种用下濑炸药填充的炮弹——值得说明的是，全世界装备了这种炮弹的，只有日军。

而北洋海军使用的还是传统的黑火药，但即使是黑火药也不是每枚炮弹都填充。

不装黑火药，那装什么呢？泥土和沙子。

北洋舰队的炮弹分为两种，一种填充黑火药，击中目标后爆炸，依靠爆炸产生的杀伤力或引发火灾给敌舰打击，这叫爆破弹；另外一种就是不填火药的实心弹，击中目标后不会爆炸，依靠产生的贯穿力击穿敌舰水线等要害部位，令敌舰进水。

很明显，爆破弹的威力要远远大于实心弹。

既然实心弹没什么威力,为何还要使用它呢?原因我想大家已经猜到了——钱。

火药很贵的,而沙子和泥土到处都有,随便找个地方挖几担就是了。

还有另外一个重要原因——技术。当日本人已经研制出下濑火药时,清国的爆破弹一直没能实现国产,依赖进口,两大军工企业——江南机器制造总局和天津机器局只能生产实心弹。在战前虽然由天津机器局勉强赶制了一些爆破弹,装备到北洋舰队,但各艘军舰上的炮弹,还是以实心弹为主。

跟清国大部分先进武器一直拿钱从国外买不同的是,日军解决武器问题的思路很简单,那就是:必须想尽办法,实现国产。

"定远"舰上的大火在短时间内是难以扑灭的。而林泰曾虽然命令"镇远"冲到"定远"之前,用舰体为"定远"挡住炮火,并伺机发炮还击,但狡猾的四杀手采取了环攻战术,四艘军舰利用速度优势,围着"定远"和"镇远"跑圈,一边躲避炮火,一边发炮,"镇远"很快也陷入了险境,失去保护的"定远"处境更加艰难。

邓世昌看到了这一幕。

## "致远"号上升帅旗

北洋舰队最严重的问题并不是"定远"中炮起火,而是另外一个问题。从前面帮倒忙的一幕,问题就已经显现出来了——舰队缺乏统一的指挥,各艘军舰已经陷入了各自为战的境地。

这一切来自战斗一开始时"吉野"的那一炮。

在海战中,传递信号是个大问题,海面上风浪很大,喊是听不见的。于是,舰队司令在海上指挥舰队依靠的是另一套东西——信号旗系统。不同的旗子代表不同的旗语,升起一面旗子上去,大家都会明白是什么意思。

而"吉野"发出的那一炮不仅击伤了丁汝昌，也摧毁了"定远"的信号旗系统。这个当时没有引起注意的问题，现在带来严重的后果。

丁汝昌在受伤后只能坐在甲板上督战，没法指挥整个北洋舰队！

正是因为没有统一的指挥，在攻打"比睿"号的时候，帮倒忙的一幕出现了。大家都来打"比睿"，结果是谁也打不赢"比睿"。

这个问题很严重，但并不是没有解决的办法。

这个办法就是：依靠事先制订的预案。

战场上什么情况都可能出现，比如突然刮来一阵风、突然下起一阵雨、人员意外受伤、武器突然失灵，等等。

所以一个优秀的指挥官在战前必须设置很多的预案，其中最重要的，就是预备指挥梯队的人选。

如果主帅意外负伤或者战死，谁是可以接替主帅的人选，在替补出现意外后，谁又是第二替补，第二替补不保险时，谁又是第三替补。这些都是应该想到的。

同样的道理，也要考虑如果旗舰出现意外，哪艘军舰可以作为替补舰。

这确实很复杂，但这就是战争。对一场战争来说，除了兵力、战术、英勇、运气的较量，还有心思的较量，然后把这些都化作临场指挥！

丁汝昌并没有制订预案，结果是北洋舰队实际上已经不能再称为一支舰队，反正也没有统一的指挥，大家只能按照各自的想法去打，这就只能带来顾此失彼的后果。除了让"比睿"幸运逃脱，被击沉的"超勇"和搁浅的"扬威"，亦是承担了这一后果。

正在这时，一个雪上加霜的情况又出现了。

大火烧毁了"定远"舰上高高悬挂的帅旗！

作为旗舰，除了有一套信号旗指挥系统（也叫"令旗系统"），还有一面高高悬挂的旗帜——帅旗。这是表示军中主帅的存在，是大家的主心骨还在。

这面旗子的作用是很重要的。在很多战斗中，保护帅旗也是不要命的。旗在帅在，旗在，军心就振；旗落，军心就衰。而"定远"在帅旗坠落后，又迟迟没有重新升起来，"定远"舰上的官兵只顾着救火和战斗，已经把这事给忘了。而丁汝昌也没有注意到这一点。

如果帅旗再不升起，大家只能认为丁汝昌已经阵亡，整个舰队失去了最高指挥官，这对军心将是一个极大的影响！

这时候，需要有一个人站出来，升旗，鼓舞士气！

最先应该站出来的是刘步蟾和林泰曾，在职务上，他们是仅次于丁汝昌的总兵，即使没有丁汝昌的命令，也应该当机立断重新升起帅旗，表示仍然有最高指挥者在战场上，但是，刘步蟾和林泰曾都有自己的考虑。

帅旗代表战场最高长官的权力，在没有得到丁汝昌授权的情况下，擅自升旗相当于"军前夺帅"。夺得好，最后取得战斗胜利，一切好说；夺不好，战斗最终失败了，难免成为替罪羊。

在这个"敏感"的时刻，刘步蟾需要避嫌，他平时给人的印象就是不怎么服丁汝昌，此时更要避嫌。

而林泰曾为人一向比较低调温和，这种事他一般不会干。

看来两位总兵谁也不愿意背上这个"黑锅"。那么，其他军舰上的舰长谁能当机立断，举起大旗，又成为关键。

但是，大家都在沉默地等待。北洋舰队其实已经沾染了许多清国官场的风气，按照官场等级的规矩，大家多年习惯的是"看长官"，长官不在就看下一位长官，轮来轮去也轮不到自己——结局未料，还是小心谨慎吧，免得将来成为替罪羊。

但邓世昌知道，已经不能再等了。他平时就对军队中沾染上这些臭官僚规矩非常痛恨，没想到在你死我活的战斗中，这些臭规矩仍然如影随形。当一支军队不再以取胜为唯一目的，当一个个军人不再纯粹，再强的战斗力都会大打折扣。

一开始的形势是很有利的，曾经有三次机会去击沉日本军舰，还有一次千载难逢的格杀对方最高长官的战机，但是这些战机都已经失去了。转入颓势之后，在最高领导不能被指望，其他领导也不能被指望的情况下，需要有一个人，站出来，以他的勇气，他的纯粹，来扭转颓势，重整军令，重振军威！

"在本舰上升起帅旗！"

## 死战！同归于尽！

"致远"号上升起帅旗之后，北洋舰队的气势果然为之一振。但是，围住"定远"的四艘日舰的速射炮火力仍然十分猛烈，"定远"的处境更加危急。

"营救旗舰，责无旁贷！"邓世昌大喝。

"致远"全速冲向先锋队阵前，它的目的是引开日舰的炮火。而那面显眼的帅旗迅速成为先锋队攻击的新目标，四艘日舰纷纷调转炮口，将火力集中攻向"致远"！

速射炮对"致远"的打击是致命的。由于没有坚厚的装甲，"致远"并不像"定远""镇远"那样能自保，"致远"水线多处被击穿，海水即将涌进军舰。

邓世昌决定，开足马力，撞向"吉野"！

"吉野"一向是最嚣张的，火力最猛，它是先锋队的旗舰，如果灭掉"吉野"，无疑是拔去了敌军一颗最锋利的钉子。

而邓世昌的这个决定并非鲁莽，他是在十分冷静的情况下做出决定的，因为他有很大的胜算。

"致远"拥有北洋舰队的最高航速（18 节），可以说与"吉野"不相上下，在比较短的相向距离内，如果一艘军舰以不顾一切的勇气，存心想撞你，这是很难躲开的。

但是，撞上就意味着同归于尽。艰难的正是做出这个决定本身。

"我们当兵卫国，早将生死置之度外，今日之战，唯一死而已！虽死，已壮海军声威！虽死，已报国家！"邓世昌手按佩剑立于甲板之上。

"致远"全速直冲"吉野"，日本人被这一不要命的打法惊呆了，等终于反应过来后，它们纷纷开炮，炮弹雨点般朝"致远"飞去，但是，邓世昌毫不畏惧，"致远"舰全力向前，它的目标只有一个——"吉野"！

而"吉野"上的日军似乎也被吓傻了，他们手忙脚乱地准备转舵、提速，试图逃过"致远"的相撞。但是时间来不及了，"致远"已经如离弦之箭一般朝"吉野"开来，两舰相撞、同归于尽的场面很快要出现了。

然而，悲剧在"致远"快要撞上"吉野"时发生了，一枚炮弹再次击中了"致远"。从口径上说，这是一枚小的速射炮弹，威力并不大，但它有一个致命的着弹点。

更致命的是，这是一枚下濑炸药的炮弹。

炮弹击中了"致远"位于舷侧的鱼雷发射管，引发的大火四处扩散，大火又引爆了发射管里的一枚鱼雷！"致远"受到了致命的二次打击。

沉闷的巨响从海底传来，"致远"全舰燃烧，犹如一颗巨大的火球滚落海面，同时舰体开始倾斜，舰尾下沉，舰首高高立起，指向天空，邓世昌和士兵们纷纷坠落大海。

"有心杀敌，无力回天！时不助我，奈何！奈何！"

海浪中，仆人给邓世昌抛来一个救生圈，邓世昌并没有去拿，北洋舰队的鱼雷艇赶来相救，邓世昌将头转向了远方。一只名为太阳犬的爱犬游过来，用嘴叼住了邓世昌的发辫，邓世昌把爱犬的头按到水中，一同沉入了海底。

他放弃了求生的机会。也许在邓世昌看来，当"致远"的200多名士兵都沉入海底时，自己就不能再独活。当兵卫国，将生死置之度外，这首先要求的就是将领。

他想做的，就是一个合格的、真正受到拥戴的将领。这就是他的抉择。

平时的邓世昌是一个沉默寡言的人，并不喜爱表达，带兵十分严格，甚至到了苛刻的程度，但是，在他心底是把这些士兵当作了生死弟兄。

邓世昌并不是一个完美的人，他把自己的爱犬带上了军舰，这实际上也是违反纪律的。当年，世界上唯一准许在舰上养狗的是俄国远东舰队，因为白令海峡常年浓雾，雷达出现之前一直是用军犬导航。但是，邓世昌是一个勇敢的人。

这世界上有一种人，他们在困难面前从不低头，在危险关头能挺身而出，守则一夫当关万夫莫开，战则百万军中取上将首级，这种人，我们称为"有勇"。

而另外一种人很聪明，上知天文，下晓地理，反应敏捷，眼睛一转便有一个主意，运筹于帷幄之中，决胜于千里之外，这种人，我们称为"有谋"。

兼具以上两种优点的人就是有勇有谋的人，这种人是十分稀少的，属于可遇而不可求的类型。

有勇之人大多是可爱的，他们的行动不仅比嘴快，也比大脑快，闹出一两个笑话都属于正常现象。

有谋之人是被人羡慕的，他们很聪明。但过于聪明就会有算计，有算计就不敢失败，不敢失败就不敢成功。大部分的谋士都只能帮别人出出主意，就是这个道理。

而只有聪明和勇气结合，才会产生真正强大的力量——智慧。有勇有谋的人就是智慧的化身。

邓世昌无疑是有勇的人。尽管在很多人的眼里，他就是一个撞向敌舰的莽汉，但是，邓世昌最大的勇气并不是想撞沉"吉野"，而是在全军一片混乱、大家都在等待观望之时，能够勇敢地挺身而出，以自己的实际行动振奋军威，承担起原本不属于他的责任！

邓世昌应该可以得到安息了，因为千里之外有一个人理解了他。在详细了解了邓世昌英勇献身的过程后，光绪皇帝沉默了。他走到皇宫御桌前，默默地摊开纸笔，写下了一副挽联：

> 此日漫挥天下泪，
>
> 有公足壮海军威！

对于北洋舰队，对于受李鸿章庇护的丁汝昌，对于受慈禧庇护的李鸿章，光绪有太多的不满，而这种不满，却无法发泄！

但在军队官僚化的阵阵阴暗之中，仍然有一股股透射的光芒。

## "经远"号壮烈沉没

邓世昌的英勇激励着其他人。

"经远"舰上，林永升跑上指挥台，拔出战刀，大声宣布：虽以一敌四，但我等有进无退！

在"吉野"逃过邓世昌的撞击后，伊东佑亨对战术进行了调整：先锋队再次穿插移动，先打远离"定远""镇远"巨舰外围的孤立无援之舰。

于是，"吉野"等全速扑向北洋舰队左翼阵脚的"经远""济远"和"广甲"。

"经远"原本是位于北洋舰队右翼的，之所以跑到左翼来是因为那个帮倒忙的行动。帮忙不成，林永升一直处于懊恼之中，为自己赔上了几十名士兵的性命感到懊悔。

可以犯错，但决不能怯战！

日本军舰的速射炮飞向"经远"指挥台，"经远"在摇晃中燃起大火，林永升用战刀指挥，命令全舰所有的炮火集中攻向"吉野"！"吉野"不得不稍微退后，而其他三艘军舰又使出了那一招——环攻。

日本军舰都有意识地把炮火集中到了"经远"指挥台，很快，又一发炮弹飞来，在林永升身边爆炸，锋利的弹片正好飞向林永升头部，林永升的头盖骨顿时破碎，血液和脑浆喷涌而出。

一旁的大副拾起林永升的战刀，默默走向指挥台岗位。几分钟后，他被炸向了天空，身体碎片落在甲板上。"有进无退！"二副再次拾刀指挥！然而，雨点般的弹片也插入他的身体，他也倒下了。

"经远"舰上已经没有了主将，但是所有的士兵都没有后退的念头，他们只记得那句话：有进无退！

然而，"经远"终究抵挡不住炮弹和大火，它开始下沉。短时间内，北洋舰队又损失了一艘军舰。

"经远"被击沉的命运其实是可以避免的，如果另外一个人也能"有勇"的话。

## 方伯谦再次临战脱逃

他就是方伯谦——"济远"舰管带。

当"吉野"等军舰杀过来时，方伯谦最需要做的就是和林永升配合作战，"经远""济远""广甲"等左翼的三艘军舰结成姊妹舰，相互策应和支援，誓死抵抗。但是，方伯谦并不这么想。

由于方伯谦接下来的行为，林永升才落得个以一敌四的境地。

这个行为就是逃跑。

方伯谦目睹了"致远"撞向"吉野"和邓世昌牺牲的整个过程。邓世昌的英勇并没有激励他，他感到了阵阵恐惧，于是做出的是与在牙山湾海战中同样的决定：逃跑！全力地逃。

连上天似乎也不齿这些逃跑的人，更大的悲剧在方伯谦逃跑的过程中发生了。但悲剧并没有发生在方伯谦身上。

"扬威"号搁浅在方伯谦逃跑路线的浅滩处，只顾逃跑的"济远"一头撞上"扬威"，直接将"扬威"撞沉。"扬威"舰长林履中见撞沉自己的竟然是自己这一方的军舰，他的心情只能用无比悲愤来形容，于是跳海而死。

方伯谦没有片刻停留，也没有救援，他迅速转舵，一路狂逃，经过一夜的航行回到了旅顺基地。

曾经有人认为方伯谦的做法是可取的：形势危急，保存了一艘军舰。不过，形势危急并不能成为临阵逃脱的理由——相反，应该是更加英勇战斗的理由。邓世昌已经用他的生命做出了回答。

事实上，方伯谦的行为既不属于危机处理，也不属于正常撤退，战场上的正常撤退需要获得主帅的许可。即使主帅不管了，大家也不知道他去了哪里，但这也并不等于就可以自行逃跑。退一万步说，即使"济远"不得不退，也应挂"退出战斗"的旗语并得到许可后再退，而撤退也只是暂时的，经过休整后还要重新加入战斗。

方伯谦的行为只有一种说法——战场脱逃。

从向朝鲜运兵开始，到牙山湾海战，再到大东沟决战，方伯谦用他的行为表明了他最适合的工作是"谋士"，他是一个有谋而无勇的人。

方伯谦将为他的行为付出惨重的代价。

跟在方伯谦后面逃跑的，还有"广甲"舰。"广甲"原本就是跟随"济远"行动的，"济远"不跑，它没有胆量单独逃跑，"济远"一跑，它就跟着跑了。而"广甲"最终没能顺利回到旅顺，而是在逃跑途中触礁搁浅，"广甲"舰上的士兵在舰上放了把火后弃舰登陆上岸。后来，它又被路过的日本军舰用大炮击沉了。

正是由于"济远"和"广甲"的先后逃跑才让林永升孤军奋战，以一敌四，英勇阵亡。

北洋舰队进一步转入颓势。他们原本有可以击沉"比睿"的绝佳战机，但由于各艘军舰帮倒忙没能抓住；他们原本可以一举击毙日军的最高指挥官，但鱼雷手蔡廷干总是失误；他们原本可以有良好的指挥，但主帅丁汝昌只能坐在"定远"甲板上督战；他们原本可以在邓世昌的激励下更加英勇，扭转局势，但方伯谦在关键时刻做了逃兵。

　　"超勇"和"扬威"已经沉入海底，"致远"和"经远"也已经沉入海底。黄建勋、林履中、邓世昌和林永升已经阵亡，损兵折将的北洋舰队只剩下了四艘军舰在继续作战，他们是"定远""镇远""来远"和"靖远"，而他们都已经身负重伤。一种不祥的阴影开始笼罩在北洋舰队的上空。

　　15 时 05 分，大东沟海战的下半场拉开了序幕。

## 第六章

# 强大的北洋舰队何以一败涂地？

## 北洋舰队被分割包围

战斗开始后，"靖远"和"来远"努力向"定远"和"镇远"靠拢，希望能重新收拢队形，配合作战。然而，先锋队挡在他们的面前，主力队又死死缠住"定远"和"镇远"，避免北洋四舰合兵！

自战斗打响以来，联合舰队主力队和先锋队一直是相互配合、相互协调，牵制北洋军舰随己方军舰回转而回转，然后抓住空当，集中局部优势力量各个击破。而通过上半场的战斗，事实证明，先锋队的火力打击是最有成效的（北洋舰队所有被击沉的军舰都是由先锋队完成的）。伊东佑亨已经明白了这一点，他决定抓住战机。

此时伊东佑亨发出的命令是分两步走：第一步，先锋队和主力队继续回旋阻截，打破北洋舰队试图再次合兵的意图；第二步，在分割完成后，主力队死死拖住"定远""镇远"，而先锋队依靠四艘军舰对两艘军舰的局部优势，击沉"靖远"和"来远"。

危险向"靖远""来远"靠近了，按照兵力对比，如果不出意外的话，这两艘军舰将很难逃脱被击沉的命运！

"靖远"和"来远"原本不属于相互照顾的姊妹舰，现在他们临时结队，相互协同作战。面对来势汹汹的先锋队四杀手，"来远"舰长邱宝仁和

"靖远"舰长叶祖珪只能背水一战。

## "来远""靖远"死里逃生

四杀手将"靖远"和"来远"围在半圆中心，又采取了他们惯用的一招——环攻。

邱宝仁不顾炮火，在"来远"甲板上拔剑而立，命令将所有炮弹集中到舰首，连续不断开炮，炮管被打得通红发软。由于不断地回旋，机舱里的温度不断升高，轮机兵眉毛被烧得精光，然而他们继续坚守岗位。

来吧！即使死，也要拉上一个垫背的。

雨点般的炮弹落在"来远"舰上，短短10多分钟的时间里，中炮数很快达到了200多发。军舰上到处是大火，尾炮全部被毁，只剩下了舰首的几门炮，船舱被烧完，所有的可燃物都燃烧尽了，"来远"舰最后竟只剩下了钢铁骨架，一艘光秃秃的铁壳漂浮在海上，令人感叹不已。

然而邱宝仁仍然在指挥战斗。

"靖远"的情况更加严重，水线被击穿，海水在不断地涌进船舱，甲板上又燃着大火，如果再不采取措施，毫无疑问，它将葬身海底！

在这种情况下，唯一的办法就是冲出先锋队的阻截阵地，到浅滩处先修补军舰。而且将日本军舰引到浅滩处，也会有扭转战局的机会。

不怕死的"来远"和"靖远"竟然冲出了先锋队的阻截线，向一旁的岛边急驶，而先锋队自然不会放过这个绝好的机会，他们开足马力，紧随其后。

到达岛边浅滩后，"来远""靖远"立即调转船头，背靠浅滩，再次以舰首重炮迎敌，同时抓紧时间扑灭仍在燃烧的大火。

事实证明，将先锋队引到浅滩的战术是无比正确的，在这里，日舰无法发挥速度优势，也无法缠斗环攻，只能停下来，以大炮对大炮！

速射炮擅长快速打击，却不擅长在这种静止状态下一对一的打击，北洋军舰终于发挥了重炮的威力，先锋队无法突破猛烈的炮火，久攻不下，反而被已经伤痕累累的"来远"和"靖远"打得节节后退。

这边的战斗很快要变成持久战和消耗战，这种状态是日军最怕出现的，他们向来擅长的是全速冲上去，迅速砍你一刀，砍完就走。灵活机动的战术受到限制，先锋队只能撤退。

正是先锋队的主动后撤给了两艘北洋军舰起死回生的机会，邱宝仁和叶祖珪望着远远撤走的日本军舰，又看看自己这边被烧得光秃秃、到处是洞的舰体，平静地说了一句："赶紧补漏吧。"

## "定远""镇远"拼死一战！

在先锋队追击"靖远""来远"之时，"定远"和"镇远"面对着联合舰队主力队，虽然日军军舰数量占多数，但对于战胜海上巨无霸"定远""镇远"，伊东佑亨实在没什么信心。"定远"的厉害，他早已经领教过了，那可怕的前主炮，那坚不可摧的铁甲，似乎预示着这座海上巨无霸永远不能战胜。

但伊东佑亨仍然抱着最后一丝希望。"定远""镇远"不沉的魔咒，必须打破！不然，皇宫里的睦仁睡不安稳，自己将来也会睡不安稳。

而已经是孤军奋战的刘步蟾、林泰曾也都明白，这是最后的战斗。他们太需要击沉一艘日本的军舰了，这已经不是战败的问题，而是关系到北洋舰队最后的尊严。

刘步蟾和林泰曾在各自的舰上激励着士兵，虽然伤亡重大，虽然形势危急，但必须血战到底。

"镇远"副舰长杨用霖跑到林泰曾身边，面向士兵而立，大声喊道："兄弟们，现在报国的时候到了，我准备以死报国，愿者从，不愿意的不勉强！"

众将士泪如雨下："公死，我们何以生为？赴汤蹈火，但听公的一声命令！"

来吧，伊东佑亨！来吧，日本兵！拼死一战，直至弹尽粮绝！

## 邪恶的炮弹让日军自食其果

刘步蟾和林泰曾再次携手配合，指挥两舰的炮火全力攻向伊东佑亨的座驾"松岛"。此时，先锋队四杀手已经返回战场，加入了支援主力队的行列。刘步蟾和林泰曾指挥两艘军舰紧密配合，两舰之间的位置和间隔始终不变，彼此护卫，又彼此协同攻击。一时之间，在数量上占据绝对优势的日本军舰竟然占不到什么便宜。

伊东佑亨终于有机会尝一尝"定远"305毫米前主炮的威力了。15点半，刘步蟾指挥炮手瞄准"松岛"左舷第4号炮位，发射巨炮。伊东佑亨看到巨炮飞来，又准又狠，此时的"松岛"是抵挡不了这样的巨炮的，他的脑海里闪过一个念头：完了！

这发炮弹过后，"松岛"将难逃被击沉的命运！但奇迹又一次出现了。当伊东佑亨再次睁开眼睛的时候，他发现中炮的"松岛"竟然没有下沉。军舰在一阵剧烈的左摇右晃之后，又稳稳地漂浮在海面上了。

"定远"发射的这发炮弹是一枚实心弹，它强大的贯穿力摧毁了"松岛"左舷的所有炮位，炮管和炮架在瞬间成为碎片。然而，由于它不是爆破弹，没有爆炸，不能开花，"松岛"又幸运地躲过了下沉的一劫。

刘步蟾不是不想发射威力更大的爆破弹，只是他手中已经没有一颗爆破弹了。海战前，"定远"只分到了55颗爆破弹，在上半场的战斗中，爆破弹都已经发射完了，现在能够发射的就是一颗颗不炸的实心弹。幸运又一次降临，伊东佑亨又一次大难不死。

伊东佑亨感谢了一下天皇，也迅速明白了北洋舰队炮弹的秘密，准备反击。

然而，伊东佑亨还是高兴得太早了。几秒钟后，中炮的左舷突然发生一连串的剧烈爆炸，一声接一声的闷响响起，大火从各个方向冒出，附近来不及躲避的日兵衣物瞬间被烧光，所有人裸露着身体，眉毛和头发都化为灰烬，烈火吞噬着他们的身体，最后就像被活活扔进高温焚尸炉，只剩下了一堆骨灰！

而其他较远处的士兵也浑身是火！

就这样，"松岛"上50名日军被烧成了一堆灰，其他30多名日军早已被严重烧伤，有的不见了一只手，有的双脚不见了，还有的耳朵不见了，或者鼻子被烧平，嘴巴被烧掉露出牙齿。"松岛"号上顿时残胳膊断腿横满整个甲板。

伊东佑亨已经被这恐怖的一幕吓傻了，他实在想不明白这是如何造成的。

只能用一句话来形容，那就是"搬起石头砸了自己的脚"。在和"定远"对抗前，心思缜密的伊东佑亨做了一个充分的考虑，他考虑到下濑炸药炮弹太容易被引爆，为了避免弹药库受到攻击，也为了加快发炮速度，于是下令将弹药库里的这些炮弹全部搬运到舷侧的炮位周围。他本以为放在那里会比较安全。

于是，在"松岛"左舷受到"定远"实心弹打击的同时，堆放在一旁的下濑炸药炮弹受到震动，一枚接一枚地开始爆炸，就跟放鞭炮一样，只是这响声和威力大了点。

日军终于自食其果，在用下濑炸药炮弹击沉几艘北洋军舰后，他们也尝到这种邪恶武器的厉害。

眼前的一幕绝对让伊东佑亨惊吓过度，他忘了下令去救火，只是傻傻地站在那里。过了好一会儿，他才彻底清醒过来，战斗的激情也如潮水般退去，太可怕了！可怕的地狱之火！可怕的"定远"！伊东佑亨不再幻想去击沉它了，再打下去只怕会尸骨无存。

还是撤吧。

"松岛"号上挂出了"各舰随意运动"的旗语，也就是说，要让大家各自逃命，用一个词来形容，就是"鸟兽散"。

此时的伊东佑亨虽然有点发蒙，但鸟兽散的这个命令却是无比正确的。日本军舰已经击沉四艘北洋军舰，而"定远""镇远"是不可能被摧毁的，联合舰队需要见好就收。在撤退的选择上，鸟兽散是最有利的——这样"定远"和"镇远"就只能分头追赶。

"定远"和"镇远"的情况也好不了多少。据统计，此时"定远"全舰中炮159发，"镇远"舰中炮220发，而先锋队仍然在不停地发射速射炮，虽然它们无法击穿装甲，但要命的是中炮后引起的大火。救火队员一次次把火扑灭，中炮后大火又一次次烧起来。再次扑灭，又再次燃烧，钢板在烈火中已经被烧得变形，人踩在上面，鞋底顿时冒出一阵青烟，如果不小心摔倒，就能换来一块块焦炭似的皮肤。

这不是最严重的情况，更加严重的是，两艘军舰上的炮弹所剩不多了，"定远"和"镇远"都只剩下了几十发炮弹，它们当然都是实心弹，继续战斗下去，这些炮弹几分钟就可以打光。

然而，见到伊东佑亨想逃跑，刘步蟾和林泰曾没有丝毫犹豫，他们同时做出了决定：追！

伊东佑亨没有想到"定远""镇远"真的会来追，现在，他看到"定远""镇远"竟然敢追击整个联合舰队的七艘军舰，他的战斗勇气又来了，命令舰队：掉头！再战！

激烈的战斗又打响了。"定远"和"镇远"的炮弹越打越少。最后的结果是："定远"只剩下3枚，而"镇远"只剩2枚。虽然有厚厚的装甲保护，但没有攻击的炮弹，在日舰持续不断的攻击下，难保不会沉没。伊东佑亨似乎也发现了"定远""镇远"弹药告急的情况，他命令联合舰队不断逼近，形成环攻，火力网越来越密！

"定远"危矣，"镇远"危矣，北洋舰队万分危急！

## 援军抵达

这个时候，援军到了。

岛边浅滩的邱宝仁和叶祖珪迅速修补好军舰后，重返战场！虽然他们的军舰仍然残破不堪，但他们并没有撤离。

返回途中，叶祖珪在"靖远"上升起了帅旗，驶往大东港港内，召集停泊在港口里的所有军舰和鱼雷艇前来参战！见到帅旗，"平远""广丙""镇南""镇中"四艘军舰以及港内外的鱼雷艇迅速前来会合。

北洋舰队的军舰瞬间增加到 6 艘，另外还有 4 艘鱼雷艇，再一次形成编队，"定远"和"镇远"的危险再一次解除。

神兵利器总有上苍的眷顾！

天色渐渐暗下去，这正是鱼雷艇攻击的最佳时机，有气无力的伊东佑亨再也没有信心继续战斗，他向全队发出"停战！"信号，主力队和先锋队各自逃窜。

刘步蟾和林泰曾早已经红眼了，他们再次下令：追！

惊涛大浪中，第二次追击开始了。而伊东佑亨简直要崩溃了，这一次，他并没有掉头再战的勇气，指示舰队：全速前进，摆脱敌舰！

"定远"追在最前面，它的目标是老仇人——"松岛"。两艘军舰的最大航速差不多，又几乎从同一起跑线出发。所以刘步蟾认为追上"松岛"是没有问题的，只要"松岛"接近射程，"定远"就能找准机会发炮。

然而，问题出现了，士兵发现全速行驶的"定远"在动力上越来越力不从心，在提速的时候，加不上动力。

"定远"是蒸汽舰，需要烧煤，既然军舰储煤仓里的煤炭是足量的，这又是什么原因？

## 开平煤矿总办的嚣张

在两个月前的牙山湾海战后，丁汝昌写了一封信给唐山开平煤矿的总办张翼，信写得很客气："张大人您能不能运点块煤过来，不要总是碎煤嘛。"

而张翼很快给丁汝昌回信了，他很淡定："块煤我们没有。如果你需要块煤，可以自己去我们运给你的煤里筛啊！"

开平煤矿发给北洋舰队的煤，煤屑散碎，烟重灰多，说是碎煤还是客气了，简直是煤渣。这种低价都卖不出去的煤连民船都不用，他们却胆大包天用来搪塞海军。而煤不仅质量差，还短斤少两，在唐山发煤 5 吨，到威海一过磅，却只有 3 吨。

北洋舰队的军煤是由开平煤矿定点供应的，也就是说，丁汝昌只能买开平的煤。而张翼在出任煤矿总办之前，他的身份是海军大臣醇亲王（李鸿章直接上司）的管家，也是醇亲王的心腹，张翼受李鸿章保举才升为开平煤矿总办。开平煤矿最大的股东是直隶总督衙门，矿上每年分红最大的一笔就是给了总督衙门，所以张翼也不怕丁汝昌去李鸿章那里告状。

开平煤矿除了要给总督衙门分红，供给北洋舰队的煤也属于行政调拨，煤运过去之后，找有关部门去结款，结果就是要钱没有，甚至连个成本价都不给。久而久之，张翼只好用这种碎煤渣去应付了。

就这样，丁汝昌的信没有起到什么作用，北洋军舰得到的仍然是一船一船的碎煤渣。

这就是"定远"在关键时刻动力不足的原因。但除了煤，还有一个硬件上的原因，那就是锅炉。

北洋军舰上的锅炉分为两种，一种是火管锅炉，在炉膛里面加水，同时密布一根根炉火管道，管道产生的热会烧沸炉水而产生蒸汽；另一种水管锅炉恰恰相反，炉膛里是火，把水通进密布在炉膛的管道里而产生蒸汽。

普及这个知识的目的就是想让我们明白，无论是火管还是水管，使用时间长了都会老化，火管里面会充满烟灰，水管里面会积淀水垢，影响热力，最终影响动力。解决的办法其实很简单，就是拆下来进行清洗或者重新更换，这就像行驶一定里程的汽车需要保养一样。

但是，北洋舰队的军舰自从下水后就从来没有更换过锅炉。在1893年，丁汝昌好歹发现了这个问题，申请将锅炉进行更换。但这种锅炉还不能国产，需要去进口。最后，这样的"小事"不了了之，这些老爷级别的锅炉一直使用到海战，加上那质量低下的煤，"定远"无法达到设计的最大时速也就不足为奇了。

这种状况对伊东佑亨来说是求之不得的。虽然他并不清楚北洋舰队因为什么原因而速度慢下去，但他现在要做的就是全速航行，以便全身而退。于是日本军舰开足马力，在海面上一路驰骋，"定远"和其他军舰苦苦追赶了近两个小时，仍然追不上，只好停止了追赶，收队返回旅顺。

大东沟海战结束了。

## 海战惨败的根源

北洋舰队的损失是巨大的，按照《东方兵事纪略》的记载，有5艘军舰沉没，1100人阵亡，其中还包括为军舰服务的两名外国人，他们甚至都没有来得及吃一顿饱饭。而联合舰队虽然多艘军舰重度损毁，但没有一艘军舰沉没，阵亡人数仅为115人。

是时候来对这场战斗进行一个总结了。

从前面的战斗中，我们明白了存在于北洋舰队的一些问题，这或多或少都是北洋舰队战败的原因。但是，它们都还不是最主要原因，最主要的原因正等待我们发掘。

停止追击日舰后，"定远"舰上的官兵才有时间去看望一下受伤的丁汝昌，询问他的伤势情况。

多年以来，人们对于丁汝昌在这场战斗中的表现争论不一，但大部的争论就集中在他于战前摆出的那个令人有点发晕的"人"字形阵形上，有说好的，也有说坏的。

通过实战的检验，我们发现，这两拨人的观点都有道理。他们只是从不同的角度去评价了这个阵形。因为任何一种阵形都是有利有弊的，并非全能，也并非万能，也可以说并不是最重要的。战前的布阵，只是属于战略意图中的一部分，只是一种建立在对敌对己实际情况进行详细分析后做出的估计。有的估计到了，有的没有估计到，这很正常，毕竟大家都不是神仙。

如果没有估计到，那该怎么办呢？两个字——调整。

伊东佑亨就是一路调整过来的。

在布阵上，伊东佑亨看上去很随便，他只是把联合舰队分成了两队。但这正是充分利用日本军舰的优势，让高速的军舰单独成队。

战斗打响后，一开始的战略意图是想实施包抄，实现围歼北洋舰队的梦想，但是伊东佑亨很快发现在强大的"定远""镇远"面前，围歼的梦想是不可能实现的。于是进一步发挥了日本军舰航速快、炮速快的优势，采用灵活机动的战术，积极穿插跑动，对北洋舰队不断进行分割包围，形成局部优势各个歼灭，发扬了协同作战的团队力量。

如果北洋舰队是身躯庞大的水牛群，那么日本军舰就是团队捕猎的狼群，集中力量对最弱的几头牛紧咬不放，在北洋舰队反应过来之前，迅速完成撤退。这就是伊东佑亨整场海战中的战略意图。

事实告诉我们，只有根据不断变化的战场形势及时对战略战术做出调整（包括阵形），保持战令畅通，形成对整支舰队统一的指挥，才是最佳的选择。

而这就是北洋舰队最大的失误。

### 北洋舰队——强大背后的危机

北洋舰队是朝廷投入最多的一支舰队，也是军费最有保障的一支军队。清国向国际接轨新建海军,最先接轨也接轨得最好的就是海军军官的收入。

按照《北洋水师章程》,北洋海军官兵收入以 4∶6 的比例,实行基本工资加绩效工资的模式。水师提督(相当于司令)丁汝昌的年收入为白银 8400 两,刘步蟾、邓世昌这样总兵级别的管带年收入为 3960 两,方伯谦这样副将级别的管带年收入为白银 3240 两。此外作为管带每个月还可以享有从 350 两到 850 两的"行船公费"支出。

按照物价折算,当时一两银子大约相当于人民币 150 元,也就是说,方伯谦的年薪就在 40 万元以上。

管带等中高级军官拿着相当于如今几十万的年薪,而普通士兵的年薪不到中级军官的 1/30。在外部看来,海军是个高薪的行业,天之骄子,但只有内部人员清楚,钱都被军官拿走了,士兵和军官收入差距很大。

但高薪带给北洋舰队军官们的并不是有效的管理和刻苦的训练,他们最热衷的一件事还是赚钱。

按照《北洋水师章程》规定,在北洋舰队常年停泊的基地威海刘公岛,除了丁汝昌,各级军官都不得在岸上买房子,必须常年住在舰上。但这一条是基本没人遵守的,比如方伯谦就在威海、烟台、大沽、上海等地拥有多处房产。

腐败是从中高层开始的,那就不能不影响普通士兵。上行下效,历来就是腐败学得最快。

在刘公岛基地的周边,有一排排的娱乐场所,包括赌馆、鸦片馆、茶楼、妓院等,从头数过去不下 50 家。这些都与军方相关,将领们有时是作为顾客来照顾生意,有时是作为幕后老板来照看生意。而大家每年最盼望的就是冬天的到来,一入冬,就可以带着军舰去南方过冬,然后泡在上海或者香港的花花世界里,乐不思归。

几年时间里,新兴的北洋海军就这样像八旗绿营一样迅速全军腐化了。

大家都忙着赚钱和享受,日本虽然被列为假想敌,大部分人都知道清日一战不可避免，但战术问题是没有人来研究的，备战工作也不是认真去办的，日本海军的情报，也是没人去收集的。

日常的训练也就是走走过场而已。当有上司来视察时，旌旗蔽日，把"定远"和"镇远"拉出来，巨舰出海，让上司高兴一下。如果要看实战演练，也很好办，靶子早就在一个固定的位置准备好，几个预定的开炮点也设置好，检阅开始，军舰开到这些预定地点，闭着眼睛发几炮，百发百中。他们总算摸索出了一条具有北洋特色的让上司满意的视察模式。

## 方伯谦的结局

海战的结果传来，朝廷上下一片哗然，清流言官们找到了事做：不遗余力地参奏丁汝昌。早就看他不顺眼了，更何况还战败了！于是，丁汝昌被专门参，被单独参，被在其他奏折中附带参，反正成了炮轰的对象，众矢之的。与此同时，言官还暗地里将矛头对准李鸿章，要求追究李鸿章的领导责任。

丁汝昌赶紧给李鸿章写报告，把海战的过程描述了一遍。接到报告后李鸿章仔细阅读，发现了一个兴趣点，马上给丁汝昌回电："接电，此战甚恶，何以方伯谦先回？"

丁汝昌明白了，于是他重新写了一个报告。这个新报告重点讲了方伯谦如何率领"济远"舰逃跑，顺便将方伯谦的逃跑定义为舰队变成一盘散沙的直接原因——"方伯谦首先逃回，各船观望星散，将队伍牵乱。"

后来，李鸿章加上一句："若非'济远''广甲'相继遁逃，牵乱船伍，必可大获全胜！"

李鸿章的意思已经很明显了，就让方伯谦成为北洋舰队战败的替罪羊吧。

但是，对李鸿章来说，找到这个替罪羊，还需要堵住"闽党"以及朝中言官们的嘴。

他们很快想到一个人——刘步蟾。

刘步蟾属于"闽党"，借刘步蟾之手杀掉方伯谦，无论是"闽党"还是言官，都无话可说。

要借到刘步蟾之手，还需要一道程序：让他暂时成为北洋舰队的最高指挥官（代理司令）。

趁丁汝昌养伤休假，李鸿章命令刘步蟾暂时接替丁汝昌的职位。丁汝昌写好的那第二封战报，由刘步蟾签发。

按照《北洋水师章程》规定，舰队司令平时有事不能来上班时，应该由左翼总兵（林泰曾）代理，左翼总兵也不能来上班时，才由右翼总兵（刘步蟾）代理。所以，按照章程规定，即使是丁汝昌有伤请假，代理司令也应该是由林泰曾来接替，而林泰曾一向老实，他是绝对不会签发将方伯谦定为替罪羊的报告的。李鸿章看中的就是刘步蟾为人强硬，能压服其他福建同乡。借刀杀人之计，很完满。

根据这个战报，李鸿章请旨将方伯谦即行正法。

朝廷当即同意，李鸿章立即将处斩方伯谦的电报发给北洋舰队，电文的签收方是"丁提督刘镇"，也就是让丁汝昌和刘步蟾同时签收，而以前李鸿章发给北洋舰队的电报都是丁汝昌一人签收。这就是说，刘步蟾必须参与杀方伯谦的全过程。

同为福建人的林泰曾、叶祖珪、邱宝仁一齐求见刘步蟾，请求他看在大家都为老乡以及27年同学同事的分上，设法保住方伯谦一命。

刘步蟾表示："我也没有办法啊！"

42岁的方伯谦被押至旅顺黄金山山脚下斩决。

就方伯谦战场逃跑来看，他的行为属于严重地违反军纪，被正法是一点都不冤枉的。但是他又很冤枉，他的冤枉在于一个人承担了大东沟决战失败的责任，而李鸿章也给了朝廷一个交代，言官们的嘴被堵上了。大家一团和气。

在死前，方伯谦曾质问："军无令，队不整，谁之过？"

逃跑冠军抓住了事件的核心，只是他再也没有分析判断的机会了。

由于方伯谦是死在刘步蟾任上，方、刘两家自此世代结怨，方伯谦的后人一直保留一个祖训：先辈是被他的同学刘步蟾诬陷害死的，要找刘家报仇！据说在很长一段时间内，福州的方、刘两姓互不通婚。

## 海战结束，陆战开始

当大东沟海战的消息传回时，整个日本都疯了，各地的人拥向东京，欢庆他们的胜利，日本铁路公司特意降低了各地到东京的火车票价。大家不敢相信能够战胜强大的清国，喜悦来得有点突然。

伊东佑亨胜利了，他的胜利是冒险的胜利。他冒着风险打破了世界海军的权威理论，赌一把却换来了丰盛的成果。他的战术也引起了西方老牌海上强国的注意，在研究之后，欧美海军很快效仿，成为一时的潮流。

西方媒体以他们的视角关注了这一次战争，伦敦《每日新闻》挖出了清国官场的腐败。在1894年12月13日这篇报道上，值得注意的是标题，很生动，翻译过来就是"清国官场腐败危及人类道德"。

《泰晤士报》国际新闻版主编姬乐尔来到了清国，经过一段时间的走访后，他得出了结论："我们寄希望于清国的潜在力量约达30年之久，认为清国会崛起，但你我都知道，这种幻想是如何破灭的。在我看来，在可以预见的将来，清国很难跻身于世界强国之列，却可以列入弱国的行列之中。在清国看来，历史、地理、近代科学成就，以及影响西方国家政策的公众势力、公众舆论、议会、报刊，都是些没有什么意义的字眼。中华帝国正在衰亡……"

桦山资纪找到了伊东佑亨，他首先心有余悸地回顾了一下被鱼雷艇攻击侥幸逃出一命的过程，拍着伊东佑亨肩膀的手似乎还在发抖："兄弟，你不知道哇！看着鱼雷冒着气泡钻到船底下，那种感觉真的比什么都可怕。"

然后，桦山资纪要求伊东佑亨好好研究一下鱼雷艇在海战中的作用。

在大东沟海战中，伊东佑亨连一艘鱼雷艇都没带，因为他并没有重视鱼雷艇的作用。回到日本后，伊东佑亨立即将全日本16艘鱼雷艇全部找来，单独编队，从此与军舰进行配合作战训练，他决心一定要寻找出发挥鱼雷艇最大攻击力的作战方式。

及时总结经验教训，从实战中不断学习，这是一个优秀将领迅速成长起来的最大秘诀。事实上，在反舰导弹发明以前，鱼雷是击沉军舰的最有效的武器，这个秘密将在接下来的威海海战中被伊东佑亨发现。

结束了，一切都结束了。这边大清朝廷在杀掉了方伯谦后，一切归于平静。北洋舰队虽然失败，但并非完败，它仍然有不容忽视的实力对日本舰队构成威胁，只要认真反思战败的真正原因，认真思考接下来的应对策略，接下来的战局是有可能好转的。

而这一切并没有发生。李鸿章大人一如既往地对丁汝昌发出了继续"避战保船"的命令，此后的北洋舰队将只能在威海与旅顺之间游弋，一碰到日本舰队就要躲开，让日本军舰在黄海、渤海横行无阻。

李鸿章不知道的是，他的消极防御战略，将对接下来的陆战带来严重的影响，清国军队又将陷入失败的命运。

一场大规模的陆战，已经从平壤打响了！

第七章

# 摩天岭阻击战：清军唯一一次胜仗

## 疯狂的日本陆军统帅：山县有朋

大东沟海战开始前，日军陆军第一师团和第三师团3万人已经在仁川集结完毕，组成第一军，由山县有朋指挥，准备北上总攻平壤。

这位曾经在征讨幕府和平叛西乡隆盛的战争中立下赫赫战功的战将，被称为"日本陆军之父"，获得这个荣誉称号除了他的战功之外，还有一个更重要的原因——忠心。这是可以从一件小事中看出来的。

睦仁上台不久，他的御林军因为待遇等问题发生了一次哗变，山县有朋快刀斩乱麻，将哗变士兵50多人全部诛杀，成功地保卫了睦仁的安全。此后，山县有朋开始下大力气整顿军纪，做到天皇指哪儿，军队就打哪儿。

日本军队对天皇极度效忠的传统便出现了。

山县有朋不仅是一个狂热的战争爱好者，也是一个居安思危的人。1889年，他提出日本必须捍卫两条线：一条是常说的"主权线"；另一条就是"利益线"。

在山县有朋看来，日本的利益线有两个焦点：一是北面的朝鲜；一是南面的清国台湾省。打下清国台湾省，是永固皇国南门；打下朝鲜，是实现大陆政策的跳板。

在山县有朋手里，大陆政策被细化了，他策划的方案分为五大步骤。第一步：占领清国台湾省；第二步：占领朝鲜；第三步：占领清国东北以及内蒙古；第四步：占领清国全国；第五步：占领东南亚，亚洲直至整个地球。

没错，就是整个地球，这就是以山县有朋为代表的日本军人的梦想。

清日战争打响后，山县有朋主动请战，要求亲自上前线指挥。此时平壤已经集结了 1.5 万名清军，在仁川，山县有朋决定先调遣与清军相同的兵力作为先锋队，向平壤进发。各路大军要在 9 月 15 日之前全部到达平壤，随即发起总攻。

从军事上看，山县有朋的这个举动无疑是疯狂的。因为这 1 万多人的大军并不是整体出动，而是分四路进发。

从仁川到平壤有几百千米的路程，途中山峰连绵，险关重重，分兵后，每路大军都只剩下几千人（最少的只有 2000 多人）。而他们走的是不同的行军路线，彼此信息不通，一旦清军在途中设伏，日军将被各个歼灭，全线崩溃。

更疯狂的还在后面。山县有朋命令大军要在发起总攻后 48 小时内解决战斗，为了便于行军，军队前进无须组织专门的粮草队，每名士兵轻装前进，随身携带至 9 月 17 日的粮食补给就可以了。

分兵冒进，还不多带点吃的，所有人都被山县有朋这个疯狂的举动惊呆了。将领们忐忑不安地走出了帐营，如此疯狂的领导，可谓平生未见。9 月 15 日，日军四路大军全部安全到达平壤城外，一路上除了发现一两个清军哨探外，没有遇到任何抵抗和埋伏。

山县有朋的判断是对的，平壤清军在叶志超的率领下，一直准备依靠平壤坚固的城墙和堡垒死守。主动出击，这么冒险的事情是不需要考虑的，大家还是安全点比较好。

不过日军接下来要进攻平壤，并不那么容易。

从地理上看，平壤的四周都是城墙，最高处达到 10 米，相当于三四层楼的高度，而最厚处竟然达 7 米，炮弹是很难炸开的。城墙上遍布着大炮据点，居高临下射击时的威力可想而知。平壤城内储存着够清军吃一个月的粮食，而城外的日本士兵每人只剩下了两个饭团子，军官们每天只有两碗稀粥喝。

自古以来，攻城之军，一般需要有三倍于守城的兵力，在粮草充足、人员齐整的情况下发动进攻。饿着肚子是没办法打仗的。日军不仅肚子饿，精神也不好，一路跋山涉水，没个休息，马上就要发动总攻。看来，占据有利地形的清军如果能据险而守两天以上，等到城外的日军最后一点东西吃完饿得头晕眼花之时，出城砍上几刀便大功告成。

从牙山逃回来的叶志超是被李鸿章强令留在统领位置上的。在日军到达平壤的两天前（9 月 13 日），叶志超向李鸿章请病假，声称自己连饭都吃不下，即将病危，守卫平壤的重任希望交给别人来做。李鸿章严词拒绝了。然后，叶总指挥又给李鸿章发了一封请求再派援军的电报。

接到这封电报的李鸿章，派出了增援平壤的陆军前往大东沟，并由北洋舰队护卫运兵船。

到达平壤的日军做了他们的第一件事：割断电报线。

叶志超更加郁闷了。没了电报线，平壤就和天津方面彻底失去了联系，叶志超有点六神无主，紧张的气氛从他开始向四处蔓延。在高级将领的军事会议上，他主张先撤到鸭绿江，一开始大家都沉默不语，毕竟大军来平壤就是来守城的，现在据险而守，以逸待劳，却不战而退，至少面子上就说不过去。

经叶志超再三做思想工作，部分将领的信心开始动摇了，他们发言："现在还不能撤，等日军攻过来，我们就撤。"

叶志超找到了知音，连忙说："好！"眼看大家就要对主动弃守形成统一意见，正在这时候，守将左宝贵站出来了，他不同意叶志超的意见，并且大声呵斥了要求撤兵的将领，他慷慨激昂地说道："敌人孤军深入，正是出奇兵痛击，令敌止步于此的好时候！国家设机器、养军兵，年耗军费数百万，正为今日！如若不战而退，我们何以报效国家？"

9月15日，日军总攻开始了，左宝贵英勇出战，镇守东北部的玄武门，以阵亡的代价守住了城门。

在城南和城西南的战场上，清军都击退了另外两路日军的进攻。形势对清军大为有利。日军伤亡人数高于清军，他们的炮弹快打光了，步枪子弹也所剩不多，更重要的是，饭团子也吃光了，只好去挖野菜。很多人冲锋一天都没有吃到饭，偏偏天公又不作美，平壤下起了大雨，瑟瑟发抖的日军挤在一起，又累又饿，疲惫万分，伤兵没有药，只有不停地哀号，全军士气全无，陷入悲观境地。

而对平壤的守军来说，这是一次全歼日军的绝佳战机。清军要做的只是主动出击，连夜发动偷袭，日军的饥饿之师和疲惫之师，根本无力抵挡。

为了防备清军可能连夜发动偷袭，日军决定全体撤退。

对于这个结果，山县有朋其实并不是没有心理准备。在日军从仁川出发前，山县有朋已经做好了最坏的打算，宁为玉碎不为瓦全（"玉碎"后来成为日军在战场集体自杀的代名词），一定要为天皇"尽忠"。"万一战局极端困难，也绝不为敌人所生擒，宁可清白一死，以示日本男儿之气节，保全日本男儿之名誉！"

各路日军已经做好了撤退的准备，正在收拾行李。其实行李也没什么好收拾的，因为他们本来带的就不多，日军在等待最后的奇迹。

## 叶志超的决定

平壤城内，叶志超正在做着他的决定。

左宝贵战死了，尸骨无存，留下的只有一只靴子。叶志超对这个结果又惊恐又兴奋。

兴奋的是，已经没有人能阻止他逃跑了。

事实证明，叶志超早晚是要跑的。

果然，一等夜晚到来，叶志超就带着亲兵冒雨悄悄先跑了。叶志超一口气跑了6天，一路上他没做任何停留，逢山过山，遇河过河，狂奔250多千米。从平壤一直跑到了鸭绿江边，才心有余悸地停下脚步。

平壤守军全部溃散，平壤就这样失守了。李鸿章精心布置的平壤防线在24小时内便告失守。1500多名清军被射杀，或者被自己的同伴踩踏而死，另有700多人成为俘虏，清军大溃败，而日军绝地逢生！

9月16日，日军开进了平壤城里。他们获得了想象不到的战利品，大量的克虏伯炮，大量的连发毛瑟枪，大量的金银，炮弹792发，子弹56万发，金砖43千克。

而这一天，丁汝昌正率领北洋舰队护航支援平壤的军队前往安东，无论是派兵的李鸿章、运兵的丁汝昌，还是登陆的清军都不知道，就在他们抵达安东准备进入朝鲜时，平壤已经失守了。第二天（9月17日），大东沟海战爆发。

## 日军夜渡鸭绿江

山县有朋以他的疯狂赌博赢得了平壤之战的胜利，日军长驱直入渡过鸭绿江。

300年前，丰臣秀吉带着"饮马鸭绿江，攻下北京城，实现三国归一"的梦想，率领日本远征军进攻朝鲜，但是他的部队刚到平壤就被明军打败，丰臣秀吉也被活活气死。

300年过去了，山县有朋没有想到他自己成了"饮马鸭绿江"的第一批实践者。渡江之前，他特意进行了一场阅兵。

"你们，是到达鸭绿江边的首批日本军人！"

阅兵场上欢声雷动，每一名日本兵都挥舞着刺刀，欢声雷动，喊声震天！

"但我们还要攻进北京。"

胜利的轻易取得让山县有朋豪情大发，他认为接下来的主要工作就是清点行军途中的战利品，清军永远是不堪一击的。

志得意满的山县有朋没有料到，因为一个人的出现，他的野心很快就要被浇灭了，他即将迎来第一次严重的失败，不得不结束在清国的作战生涯。而他手下的士兵，只能在冰天雪地里瑟瑟发抖，饥寒交迫，冻死冻伤。山县有朋即将为他的狂妄付出惨重的代价！

## 山县有朋的对手：聂士成

渡江之后，日军接连攻占九连城、安东、凤凰城，山县有朋立即命令大军出发，继续向奉天方向进攻！在山县有朋看来，渡过鸭绿江只是小小的第一步，迅速攻下奉天才是值得庆贺的，他已经夸下了去奉天过新年的海口。

首先必须拿下的是奉天门户——辽阳。

进攻辽阳有两条路线可以选择：一条绕道海城，路比较好走（平原），但路程比较远；另一条就是抄近路翻越群山——摩天岭。路程虽近，但从摩天岭的名字上就可以看出它的凶险。

山县有朋决定：走近路！他狂舞着战刀，命令大军向摩天岭急速行军。踏着夜晚的冰霜，踏着早晨的露水，前进！

地势险要的摩天岭上，叶志超的部将、淮军将领聂士成重整大军，驻守在此。在摩天岭的正面，他布下了重兵防线，而在他的侧翼，是有"虎将军"之称的旗兵将领——黑龙江将军依克唐阿率领的大军。

阻截山县有朋的，正是聂士成。

聂士成此时已经是摩天岭守军的最高指挥官了，虽然之前一路溃退，但聂士成也在不停地总结对日作战的经验，在和日军的多次交手中，他已经渐渐地摸清了对付日军的门路。而在他总结作战经验教训的过程中，最重要的一个启发来源于一次谈话。

## 左宝贵与聂士成的一次谈话

平壤大战之前，左宝贵来到了聂士成的营中，商讨防务。

"目前您最忧心的是什么？"聂士成问。

"还是补给。"左宝贵回答。

"我们已经存了一个月的粮食。"聂士成告诉左宝贵。

"我军要做好准备，倭人国小民穷，必求速战速决，我等须以持久之战对之。"

"持久之战。"当听到左宝贵说出这四个字的时候，聂士成很兴奋，因为这与他的想法不谋而合。

无论在朝鲜战场还是在清国战场，日军的行军和进攻都十分大胆和神速，用快攻和强攻，迅速打开缺口，突入阵地中心地带，似乎从来没有考虑过进攻受阻的问题，动不动就跟你拼命，进行浴血厮杀。

其实这也是被逼出来的。

因为日军有日军的不利条件，那就是孤军深入异国内地，后勤补给极为困难，所以他们一直希望速战速决。

具体到每次进攻时，日军的战术看上去灵活多变，但核心只有一条，那就是：包抄。每次进攻必然要出动几路大军，一部分伪装成主力佯攻，而真正的主力总是会出现在清军的薄弱环节（战前准备工作细致），实施包围，利用局部优势使对方腹背受敌，接下来就是迅速合拢包围圈，集中歼灭。

一旦遇到强敌（比如与左宝贵之战），他们也是谨慎的，有利就起早，无利就退后，再想尽办法和创造条件进行夹击。这时他们就会发挥坚忍、沉着的精神，等待战机迂回前进。这其实是唐太宗李世民还是秦王的时候在战场上善用的一招：有利则速进，无利则速退。此外，他们还有惯用的一招：偷袭。日军最喜欢的是在深夜或者凌晨突然发起冲锋，因为这个时候对方的防备最为松懈。

这是日军的特点。对付日军的方法只有一个：以进攻对进攻！但如何进攻，则需要比日军更有耐心和更加出奇制胜。

聂士成总结出来的方法就是：在战略上持久，在战术上开展山地运动战和敌后游击战，"率精骑数千人直出敌后，往来游击，或截粮饷，或焚积聚，多方挠之，令彼首尾兼顾，防不胜防，然后以大军触之，庶可得手也"。

而摩天岭之战，正是清日战争以来日军第一次离开平原进行山地作战。麻烦，很大的麻烦在等着他们。

## 聂士成反攻日军

11月，在漫天的大雪中，日军到达摩天岭山脚，开始攻山！

聂士成不再在山上修筑防御工事，避免与日军主力正面激战。主力部队埋伏在山脚，而在山上布置疑兵。日军爬到半山腰时，山上的密林中突然旌旗招展，战鼓齐鸣，造成有大量守军的假象，日军果然不敢再前进了，主力开始撤走。而这正中了聂士成的圈套。

等日军主力部队撤得差不多，只留下断后部队时，埋伏在山脚的主力部队发起反攻。断后的日军被打得措手不及，在兵力上占绝对的劣势，伤亡重大。

不过，日军很快探清楚了虚实，主力部队又重新攻山。此时用疑兵这一招已经不灵了，聂士成命清军依靠山上的有利地形，不停变换阵地，这里放几枪，那里又打几炮，在日军被分割后，清军主力再次集中优势兵力围歼分散的小股日军——这一招就叫"各个击破"。

在接下来的战斗中，聂士成依靠灵活多变的山地运动战，以及骚扰突袭的游击战，指挥清军抵挡了日军发动的十几次进攻。山县有朋终于不再认为攻下摩天岭就是去爬个山而已，他第一次遇到了真正厉害的对手！

在抵挡住日军的攻击波后，聂士成决定：发动反攻！并且要用日军常用的一招——偷袭。

对于清军的反攻，这是日军做梦也没有想到的，因为自开战以来清军还没有过一次反攻，日军以为清军只会防守和逃跑，而他们已经被聂士成的运动战调动得相当疲惫，所以他们在自己的宿营地睡得很香。

晚上，聂士成亲自率领的偷袭队出发了。他们埋伏在日军兵营前，伏在雪地里，等待最佳时机。身上盖满了雪，结成了冰，北风迎面而吹，没几分钟身体便开始冻僵，但谁也没挪动或者出声，所有人都一动不动，静悄悄地等待发起攻击。

凌晨2时，日军哨兵的防备开始松懈。"攻击！"聂士成从雪中一跃而起，带领队员向最近的营地帐篷发起了冲锋，正在熟睡中的日军做了枪下之鬼。清军又迅速冲进其他帐篷，继续格杀！

被惊醒的日军士兵根本不知道发生了什么事，只好争相逃命。等他们长出一口气终于逃离营地，认为到达安全地带时，事先接到聂士成通知的依克唐阿早已埋伏在此，大军再次冲击格杀。自开战以来，清军从来没有如此痛快淋漓地杀过敌，所以他们都无比勇敢，将复仇的子弹一排排射进日军的身体。整个战地杀声震天。

日军终于崩溃了，他们连滚带爬地后退几十里，竟然一路逃回了凤凰城！

摩天岭阻击战是甲午战争中清军对日军的唯一一场重大胜利，这场胜利是聂士成取得的，当然也有左宝贵的功劳，聂士成继承了左宝贵在平壤战场上的英勇，更总结了他在战争中的智慧。聂士成可以告慰左宝贵的英灵了。

夜空下，摩天岭的大雪中，聂士成久久站立。英雄远去，英灵不散！

## 山县有朋的落幕

山县有朋终于明白，他面对的是一支与以往清军完全不同的队伍。这支清军已经学会打仗了。看来聂士成是很难战胜的，山县有朋决定：改道，走海城!

但是,改走海城又不能把凤凰城丢下,必须留下一支军队防备聂士成的反攻,于是山县有朋做出了一个冒险的决定:分兵。命令第五师团继续留守凤凰城,而第三师团6000多人孤军深入,长途奔袭海城,打通从凤凰城经海城进入辽阳的通路。

山县有朋的这个命令是没有经过大本营同意的——不是山县有朋没有上报这个命令,而是大本营根本就反对这样做。大本营的意见是:鉴于已经进入了严寒时节,应该放弃冒险进攻,继续留守凤凰城,等待第二年天气暖和了再进攻奉天。

但是山县有朋把大本营的这个严令丢到了一边。他的这个冒险的决定,实在是为了兑现夸出去的要在奉天过年的海口。

11月28日,第三师团孤零零地向海城进发了。他们首先要面对的就是极端不利的条件——寒冷。

6000多名日本士兵就在这样刺骨的寒冷中出发了,由于补给运输的问题,能穿上军大衣的都还只是一小部分,大部分士兵只穿着日式夏服裙。

随身携带的饭团子,在零下十几摄氏度的温度中,结成了硬疙瘩,一口咬下去,"咔嚓"一声,半颗牙硌掉了。至于喝热水,没柴火烧。喝生水也不行,所有的河流都冻上了,只能抓把雪吃。

从凤凰城到海城的路上多是渺无人烟的山野,到了晚上,睡觉就是找点枯草来(不一定找得到),大家抱在一起取暖,第二天醒来雪已经埋到脖子了。

大批的士兵和战马被冻成重伤或冻死。其实这伙人还不是最惨的,最惨的是另外两个兵种的士兵。

由于大家都不识路,工兵就需要去探路。鞋子踩在坚硬的冰面上,很快就磨破了,双脚鲜血直流,然后很快结成冰块。他们的任务不仅是探路,还要负责打扫坡道积雪;遇到结冰的河流,需要去找沙土撒在冰上防滑。而抬着大炮的士兵是不能踩着冰块过河的,这时候工兵就要破冰架桥，架桥要看运气，并不是每个过河的地方都适合架桥，当不适合架桥时工兵就只能用铁棍将冰块敲碎，让炮兵抬着大炮，从冰水中过河。

当时过一条稍宽一点的河，要花上三四天的时间。而行军最艰苦的时候，一天只能前进三四里！

估计这时候再也没人想去奉天过新年了。

在经过整整半个月、历尽千辛万苦的行军后，第三师团终于到达了海城。当他们看见海城城墙的时候，所有人都哭了起来。

海城里的清军防备十分松懈，甚至连一个哨兵都没有，谁也不会想到天寒地冻的时候会冒出一支日军来。第三师团成功地在半夜潜入城内。可是，他们还来不及高兴，胜利的喜悦顿时变成了巨大的恐惧。

因为海城的四周都是清军。

海城靠近辽阳，而辽阳又是奉天的门户。对于奉天，朝廷是要力保的，这里不仅是"龙兴之地"，还是老祖宗在地下睡觉的地方——"陵寝重地"。皇太极等老祖宗都埋在这里。朝廷担心的是地底下的老祖宗能不能睡得安稳，所以才集结重兵为皇族守祖坟，祖坟都守不住，王公大臣难免要哭闹上吊，这是绝对不允许的。

为了让老祖宗在地下安安稳稳地睡个好觉，朝廷早已经调出重兵，在这一地区集结170个营近8万人的兵力，从北面的鞍山、西面的田庄台、南面的营口对海城形成三面包围。10倍于日军的清军如果大举进攻，就算战斗力再差，踩也要把日军踩扁。

第三师团就这样一头扎进了清军的包围圈中，他们万万没有想到，自己辛辛苦苦，一路长途跋涉，就是前来送死的。在前无策应、后无援军的情况下，他们只有孤守海城。而山县有朋之前从海城打通去辽阳通路的计划想都不用想，能保命就不错了。

情况传回了日本，大本营和睦仁都对山县有朋的狂妄造成的严重后果大为吃惊。日军全国才六个师团，他竟然让一个师团去送死。

睦仁决定必须处置山县有朋，山县有朋将为他的狂妄付出代价。

睦仁下了一道圣旨。"朕卿不见久矣，今又闻卿身染疾病，不堪轸念。朕更欲亲闻卿述敌军之全部情况，卿宜迅速归朝奏之。"

这是以养病的名义变相解除山县有朋的兵权。

接到圣旨的山县有朋大怒，他准备电告大本营，请大本营上奏睦仁："我没病，还能打！"

但山县有朋最终冷静下来了。他开始灰溜溜地收拾行李回国，这是他的失败，是他从军以来最大的失败。自己曾夸下海口要征服整个地球，事实上却连一座山头都征服不了。山县有朋以他的经历证明了一个道理：哪里有侵略，哪里就有反抗。侵略的力量永远不可能击垮反抗的力量。

对日本来说，侵略还将继续。战争开始之前，睦仁是住在东京皇宫的，现在他来到了广岛。战时大本营、议会等机构也随着他迁往了广岛，这并不是因为广岛的空气要好一些，风景要好一些，而是便于睦仁坐镇后方指挥。从地理位置上看，广岛比东京离清国更近，也更加靠近前线战场，有天皇坐镇，会更加激励前线的士兵。

随着山县有朋的黯然离开，日军第一军的军事行动也告一段落了。我们需要将目光转向满洲战场上的另外一支日军。

当山县有朋率领第一军在朝鲜战场厮杀时，大本营认为，清国疆域辽阔，人口众多，即使占领奉天和整个满洲，也不能决定全局的胜负，不能使清国朝廷感到切肤之痛，签订城下之盟，所以还必须派出一支军队从旅顺、大连侵入，以便和第一军分路夹击奉天，同时也更便于攻入北京。

这就是第二军，由日本本土的第一师团和第四师团组成。率领他们的人，是西乡隆盛的堂弟——第二军总司令大山岩。

### 日军第二军进攻旅顺

1894 年 10 月 24 日，正是在山县有朋的先头部队渡过鸭绿江进入清国境内的同一天，大山岩率领第二军登陆旅顺桃花浦（今花园口），选择同时登陆是因为清军守军已经被第一军成功地吸引到鸭绿江边了，岸上守卫者寥寥。

夜色之中，联合舰队16艘军舰护卫的40艘运兵船出动了。为了保持秩序和安静，他们分成了四队，每队10艘，共2.5万日军挤在运兵船上。24日凌晨，舰队到达桃花浦外海海面。伊东佑亨命令大部分军舰停泊在外海警戒，三艘军舰悄悄行动，尽量靠向海岸，在不能前进后，军舰上放下小汽船，牵引舢板驶向岸边。在舢板上的，是联合舰队海军陆战队，他们组成了敢死队，要为陆军探路。

岸边没有一个清兵。

从这天起，直至半个月后，第二军在桃花浦开始不慌不忙地登陆。2.5万名士兵、3000匹战马和大量的枪炮武器统统被搬上岸，其间没有遇到清军的一丝抵抗，竟然像是在日本本国的海岸进行的军事行动。对日军来说，他们保持着世界军事史上的一个登陆奇迹；而对清国来说，这是真正的耻辱。

相信大家有了一个疑问：在日军登陆的过程中，北洋舰队干吗去了？

答案是：躲着。

在登陆过程中，为了防止北洋舰队突然袭击，联合舰队派出了大量侦察舰负责监视北洋舰队的行踪，其中有两艘军舰分别驶向了威海和旅顺军港。事实证明，伊东佑亨的这种担心是多余的。

大东沟海战之后，"定远""镇远"军舰受损伤，此时正在修理，北洋舰队实施了更加彻底的"避战保船"方略，他们见了联合舰队躲还来不及，绝对不会送上门的。

在接到日军正在桃花浦登陆的消息后，李鸿章指示丁汝昌率领北洋舰队在桃花浦外海海面上远远地"巡逻"一圈，威胁一下日本人，但不要靠近联合舰队。李鸿章认为，既然打不过联合舰队，躲还是躲得过的。

好吧，海面上的威胁消除了，但日军的登陆活动整整进行了14天，即使桃花浦无兵，从周边地区调一支军队来阻截也是来得及的，登陆作战要冒着很大的风险，而反登陆作战是相对比较容易的，敌军一半在水里，一半在陆上，这样的仗是最好打的。

24日当天，桃花浦清军岗哨将发现日军正在登陆的情况，立即上报给了附近最大的陆防军官——金州副都统连顺。按照惯例，连顺又报告给了他的领导——盛京将军裕禄。裕禄分析，这支日军上岸后有两种可能，一是向东南进攻金州，然后攻取大连湾、旅顺；一是不攻金州、旅顺而向北配合山县有朋第一军，去包抄九连城（此时第一军先头部队刚刚渡过鸭绿江）。裕禄大人思考良久，认为日军的选择是后一种，进攻金州可能性不大，所以让连将军不必过多理会。

这是八旗将领裕禄第一次出场。作为官僚，此人吃透官场，一路荣升，但作为军事将领，他最大的特色是经常性地判断不准。

连顺很不放心，他不太相信裕禄对日军的判断。从种种迹象来看，日军是大兵团登陆，而金州的守军只有700多人，不足以阻截日军的登陆。于是连顺立即赶到了大连湾，请求大连湾守将赵怀业立发援兵到金州，共同去桃花浦阻截日军登陆。

赵怀业也感觉到了事态的严重，但发援兵的问题让他很为难，因为支援金州需要得到领导的批准。

连顺的领导是裕禄！

而赵怀业的领导是李鸿章！

这不仅是两个不同的领导，而且是两支不同系统的军队。清国最早的军队是八旗军。作为一支军队，八旗军的特殊性在于没有任何一位汉人可以调动它，它归朝廷直接控制，汉人督抚是没有权力调动八旗兵的。这种体制虽然在一定程度上保证了统治的长治久安和军队的"不变质"，但由于饭碗来得太过容易，腐败成了八旗军后期最为严重的问题，导致战斗力急剧下降。

朝廷对这种现象很忧虑，知道一旦有战事，这群人是指望不得的。干脆继续拿钱养着他们，于是在国防军事上抛弃八旗军，开始从汉人里征兵，编练另外一支正规军——绿营军。

绿营军是由汉人组成的。正是由于这个缘故，朝廷始终对绿营抱有戒心，不仅投入很少，武器和军饷都无法完全到位，指挥绿营的还是一批不懂战事的文官（提防武将造反）。这时候发生了一件严重的事情，那就是太平天国起义，八旗和绿营两支朝廷军被打得落荒而逃，朝廷面临着无军可用、无人可打仗的局面。

危急之时，朝廷只能大肆招兵，44个来自全国不同地方的大臣都接到一道旨意：回自己老家去招兵吧。其中有一个叫曾国藩的人，他在湖南组建了湘军。湘军是出钱请人打仗的，实际上是一种雇佣兵。在组建湘军时，朝廷除了给予政策支持，基本上也没出钱出力，靠曾国藩自己想办法，这样造成的结果就是湘军只听曾国藩的，基本上相当于曾国藩的私人武装部队。这支军队后来在曾国藩的主动申请下大部分被裁撤，但另外一支地方军被保留了下来。

这就是李鸿章的淮军。曾国藩帮助他的徒弟以湘军的模式组建了这支部队，帮着打太平天国，当太平天国起义被镇压下去后，北方又爆发了农民起义（捻军），淮军就这样被保留了下来。而淮军与之前其他所有军队不同的是，它是一支在整体上告别了长矛大刀的军队，装备的是洋枪洋炮，在朝廷现存军队中战斗力最强大。

为了加强军事力量，也为了防备淮军，朝廷又开始想办法了，从绿营军里挑选了一些人，按照淮军的模式，装备洋枪洋炮，称为"练军"。

大清的军队就是这样的五花八门，派系林立，基本都是政治大军，为不同的利益集团所掌控。朝廷为了防备汉人造反，利用不同系统的军队去互相牵制和制约，于是出现了这种情况。

按照清军编制特色，整个满洲地区原本都属于八旗防区，奉天地区这一块就归盛京将军裕禄管，只是后来由于北洋舰队在旅顺、大连湾修有基地，于是，这两个地方划归李鸿章统领，裕禄就不管了。

日军破大连湾、旅顺，必先破金州，反过来，日军破金州，必破大连湾、旅顺。因为只有这两个港口才可以打通日本从本土运送大兵团到清国陆地的海上通路。所以赵怀业立马向李鸿章发了一封电报，请求李中堂速派北洋舰队在海上阻截日军（哪壶不开提哪壶），并速派援军支援大连湾、金州。"一旦金州失陷，大连必唇亡齿寒！"

赵怀业以为他的这个报告一定会得到李鸿章的同意，没想到等来的却是一封臭骂的电文：你守你的大连湾，并无守金州的责任！

赵怀业被训得一肚子火，赶紧把连顺打发走了。

连顺没有办法，搬不动大连方面的援军，就直接向旅顺求援，毕竟那里兵多。旅顺方面的负责人是北洋海军水陆营务处会办龚照玙，此人是李鸿章的老乡，当年经李鸿章推荐上任。当连顺赶到旅顺，向龚照玙讲明金州同旅顺唇亡齿寒的利害关系时，龚照玙表示："旅顺离金州还很远呢……我也没有办法，这样吧，现在正有一支从福建来的军队，他们原本是李鸿章大人调来增援旅顺防务的，为了表示对兄弟你的同情，我把他们让给你了。"

总算有了援兵，连顺欢喜地回去了。等了解到福建军的行军进度，他更加惊喜了，因为福建军已经开到了距金州不过 80 千米的复州，正常情况下，两日之内就能到达金州。

连顺满怀期待地给福建军发去急电：金州形势万分危急！请贵军速速前来！

福建军本来是按正常速度行军的，但连顺的这封电报引起了他们的注意：万分危急？危急到什么程度？于是他们派人前去打听：已经有两万多名日本人正准备进攻金州！

于是，福建军官回电：我军是奉命来增援旅顺的，并无去往金州之命。

在了解到金州方面的情况后，福建军官命令部队原地休息，哪儿也不去了。所谓"君子不立于危墙之下"，这个道理谁都懂啊！

连顺心急如焚，这回他没有发电报，而是拿起笔来写了一封亲笔信：求你们恩慈，救金州父老一命！

援军还是不见动静。

写信加发电连催七次，可是对方依然稳如泰山，岿然不动——估计连泰山都能被感动了。

好吧，到现在为止，连顺已经处于崩溃的边缘。就是在这继续四处求爷爷告奶奶的日子里，时间已经过去了半个月——这正是第二军连同武器辎重完全登陆的时间。

金州已经岌岌可危！

连顺四次求援，却没有求来一个援兵，自己的上司不管他，别人的上司也不管他。这是一个怪圈，在这个怪圈的背后，是我们前面说过的一个根本原因——利益集团。各人自扫门前雪，莫管他人守城急。似乎不归自己管的其他地方就不是清国的领土，守好自己的就行。大家各自为战，自求多福吧。

当清日战争还只是在朝鲜打的时候，大家都认为这场战争只是"北洋"（李鸿章）的事，所以，李鸿章并没有得到其他军队系统的一点支持。现在，当日军开始进入东北，战事又扯上了八旗，李鸿章大人也当然认为北洋没有必要去支持八旗，淮军犯不着为裕禄去守卫金州，要拼命保存北洋的实力。

而裕禄终于弄清楚了：日军的首要目标就是进攻金州。他需要立即增援，然而此时，还有一个在裕禄看来更为重要的地方。

那就是奉天。

第二军登陆期间，山县有朋的第一军闪电攻下了九连城、安东和凤凰城，正在向奉天方向挺进。奉天在朝廷眼里的重要性我们前面已经讲述过了，陵寝重地，万一有所闪失，裕禄这个盛京将军不仅升迁无望，脑袋也难保。裕禄将所有的军队都集结到了奉天周边，准备死守，对于金州这样的地方，自然是无暇顾及了。

于是裕禄将辽宁所有的军队都开到了辽阳，准备死守辽阳，更何况他也有跟李鸿章一样的思维方式——大连湾、旅顺失守，那是李大人的责任。

裕禄再次给连顺回电：我这里也抽调不出兵了，连将军你只有与大连湾、旅顺方面两军联合，竭力防御吧。

连顺又来到了大连湾，说动赵怀业联名电请盛宣怀，希望能通过李鸿章身边的人打通关节，多少派几个兵过来，而盛宣怀回电相当简洁：无兵。

连顺看看赵怀业，赵怀业说："你别看我啊！"

连顺："你借点兵给我吧，要不我跪下来求你？"

赵怀业："啊……你别……"

连顺已经跪下了。

没有长官的命令，赵怀业是不敢私自借兵给连顺的，所以他只能表示同情。

金州失陷了。

大山岩命令：不必休整。留下1000人守金州，其余的，继续前进，快速进攻大连湾！

## 熟悉的一幕：清军不战而逃

辽东半岛最南端，有一个风景优美的海滨城市，汉朝时它属于辽东郡，称"三山浦"，明朝时称"青泥洼"，清朝时叫法比较多，有时叫"三山海口"，有时叫"金州海口"或者"大连湾"。李鸿章筹建北洋海军时，来这里实地考察，在给朝廷的报告里使用了"大连湾"一词，从此，这里就得名了。

也许是风景优美、气候宜人的缘故，这里盛产长相俊美的年轻男女，性格更是豪放刚强。曾经有位日本间谍乔装为广东人潜入大连湾，娶了一位当地女子为妻。当地官府起了疑心，但苦于没有证据，只好暗中嘱咐那位妻子注意他。后来这位妻子终于发现他的确是日本间谍，她怒不可遏，把他倒拖进厨房，一菜刀将其砍死。

作为战略海港，大连湾的防御体系也是十分严密的。清国朝廷在这里花了6年时间修建防御炮台，这些炮台绝对称得上是当时全世界最先进的，它们修建在山上，基座用混凝土加上厚厚的花岗岩石砌成，不仅子弹打不进，炮弹也无可奈何，绝对可以用坚不可摧来形容。

而更厉害的是炮台上使用的炮，它们都进口自德国克虏伯公司，炮可以360度旋转，从任何一个方向都能打击到敌人。

大山岩计算了一下，有这些防御工事帮忙，大连湾方面只要派两个连死守，就足以抵御整个第二军的进攻。于是，他心情沉重地叫来副官，交给他一个任务：挑选敢死队。让敢死队队员在前面冲锋，用身体挡住炮火，后面的主力再发起猛攻。

500名敢死队队员很快挑选出来了，大山岩来到他们面前，亲自做战前动员，大家都明白这是去送死的，所以也没什么好说的。"吃好吧。"大山岩说道。于是500人饱餐一顿，写好遗书，安排好遗物，把身上的香烟分干净抽完，凌晨4时，他们出发了。

每一名敢死队队员身上都没有携带任何干粮，以表示死战的决心。

敢死队队员小心翼翼地摸到了炮台的山脚下，他们打着赤膊，扎着白头巾，号叫着冲向山顶。见过空手夺白刃的，还没见过空手夺炮台的。炮台里的清军打出两发炮弹，落在敢死队阵中，顿时硝烟滚滚，敢死队队员被炸得七零八落。

这些人爬起来之后，继续往山顶行进！

离山顶的炮台越来越近了，清军如果此时发几炮，或者开几枪，敢死队就将尸横遍野。他们胆战心惊地往上爬，然而，在那两发炮弹之后，炮台里的清军就再没有发炮，整个炮台一片寂静，这让日军百思不得其解。

敢死队只好继续往上爬，不知不觉，竟然已经摸到了炮台底下，炮台里依然寂然无声，巨炮指向天空，如睡着了一般。敢死队队员十分纳闷，他们从地上爬起来，犹犹豫豫地爬进炮台，此时，连他们自己都不敢相信，这又是熟悉的一幕。

炮台里的清军已经全部不见踪影，里面空无一人！

两发炮弹，只有两发，这就是清军在大连湾的发炮记录。发完这两发炮弹，他们全部逃跑了。而清兵之所以敢跑，是因为他们的领导——赵怀业早已经不见了。

要问赵怀业现在在哪里，他已经快到旅顺了。

当从连顺那里得到桃花浦发现日军的消息后，赵怀业做了一项行动的准备工作——逃跑。他先是派人把自己囤积多年的军米运到烟台出售，换成现银，然后清点家装行李，准备打包。徐邦道向他求援时，他正在大连湾码头督促家丁搬运行李，无暇他顾。而在日军进犯大连湾之前，赵怀业已经上了去旅顺的船。

日军几乎兵不血刃地占领了大连湾，然而，接下来进攻旅顺就没那么容易了。

驻守旅顺的是淮军真正的主力——共33营1.47万人。不仅守兵众多，而且防御体系也是另外一个级别的。旅顺军港花了15年时间建造完成，由德国工程师主持修建，打造成了朝廷军事防御体系的样板工程。敌军首先需要突破17座陆路炮台，这些炮台都修建在陡峭的山上，居高临下打击，当敌军奋力攀登这些险峰时，就算扔块石头也一定可以让他们滚下山去。此外还有13座海防炮台，陆路炮台和海防炮台的大炮总数是149门（包括重炮、轻炮和机关炮24门），这些大炮也几乎都是先进的克虏伯钢炮，可以360度回转，能从任何方向打击来犯之敌。

如此严密的火力网，在当时世界各国的军港中都是数一数二的。当时西方人在参观完旅顺的防御体系后，根据火力计算，即使海面上有50艘坚固的军舰，陆地上有10万陆军同时进攻旅顺，攻下旅顺也得6个月。

铁打的旅顺，果然名不虚传！

为了提高作战胜利把握，大山岩命令：全军在大连湾休整10天，然后全力进攻旅顺！

进攻旅顺的任务又落在了乃木希典的头上，他又在组建敢死队，乃木希典向大山岩报告了预备的敢死队队员名单，一共有 500 人！

"少了！"大山岩说。

于是增加到 800。

"还少！"

那增加到 1000 吧。

"还少！"

敢死队的人数最终增加到了 1500！

大山岩已经做好了付出重大伤亡的心理准备。

乃木希典率领的作为先头部队的敢死队出发了，他们首先进攻的是陆路上的椅子山炮台。这次乃木希典吸取了前几次战斗的经验教训，并没有一开始就强攻送死，他命士兵先把大炮抬上椅子山，形成临时炮台，与对面的清军炮台对轰！一阵猛轰后，日军的炮火终于占据了上风，清军的炮火被压制，敢死队随即发起了冲锋！清军居高临下射击，日军纷纷中弹倒地，滚落山谷，但他们冒着子弹，踏着尸体前进，再次冲锋！然而，山顶的火力还是过于猛烈，敢死队一时无法攻上山顶强夺炮台。

乃木希典命令：停止冲锋，重新部署。用大炮从正面集中对清军火力进行压制，敢死队则从两侧迂回前进！

清军虽然占据地形优势，但无法顾及日军的两面冲锋，这并不是战势落于下风的主要原因，主要原因是清军一味地依靠炮台，而没有从炮台里冲出来发动反冲锋的勇气。清军是居高临下向下冲锋，而日军是仰攻，不利于瞄准，不利于射击，不利于跑动。

冲锋的日军离炮台越来越近了，距离已经不到百米，他们一面开枪，一面不要命地向炮台冲去。而炮台里的清军也终于冲出来了——不过他们不是冲向日军，而是背山的方向——逃跑！日军成功地强夺了陆路上的第一座炮台——椅子山炮台。

紧接着，二龙山炮台也被日军用同样的方法强夺。

鸡冠山炮台，驻守在这里的是守将徐邦道，乃木希典命令敢死队重新集合，而后方也派出了大批量的增援部队，从四面包围，向山顶强攻！

徐邦道拔刀立于炮台上，他很清楚，他面临的又将是一场失败。无论何时何地，日军奋不顾身，不论采用什么样的方法，他们一定要达到目的。当进攻受阻时，他们的援军总是会很快到来，而相反，清国的士兵，他们不知道自己在为谁而战，谁值得他们去牺牲性命，他们等待援军就像在等待一个传说一样。当一个人认为自己的英勇没有任何意义的时候，很快就会走向它的反面——懦弱、怯战。

"发炮！"徐邦道大声断喝，双眼似喷血！

在徐邦道的鼓舞下，日军的前几次进攻被打退了，但他们从来没有退却的迹象，退回去整理整理队伍，又重新开始往上爬！从进攻金州开始，日军一直在进行这样的爬山运动，不论生死，不计后果，徐邦道又一次面临敌军数倍于己的危境，但这时候，他发现了一个绝好的机会。

指挥作战的日军少佐进入了射程，徐邦道指挥炮手瞄准，一炮过后，少佐被炸成两截，这是清日战争以来日军死亡的最高军官。

徐邦道觉得赚了，在日军合拢包围圈之前，徐邦道率兵突围了。

鸡冠山炮台的战斗也是日军在陆路上遇到的最强抵抗，随着鸡冠山炮台失陷，其他陆路炮台也一个个沦陷了。日军立即向旅顺港口推进，打算去攻破海防炮台！

日军又在补充敢死队的人数。不过，他们将很快知道，这个行动是多余的。

因为龚照玙大人出场了。

旅顺驻军虽然都属于淮军，但各自负责海防和陆防，没有统一指挥。为了解决这一问题，驻军中设有前敌营务处，负责调配各军，也就是说，营务处负责人相当于统帅。前面我们知道了，领导叫龚照玙。

龚照玙是来自安徽的富二代，李鸿章的老乡，他既没有参加过科举考试，也没有参过军，一路靠花银子捐官和老乡提拔。金州失守的当天，龚大人就害怕了，自己坐鱼雷艇跑到了烟台，又从烟台跑到天津，投奔李鸿章。李鸿章见到这位狼狈逃回来的前军主帅，雷霆大怒，一口水也没给他喝，唾沫星子倒是喷了龚照玙一脸："滚回去！离旅顺一步即是你死地！"

见到老领导勃然大怒，龚照玙勉强回到他的军营。不过在他逃离期间，旅顺港内除了房子，其他能搬走的公共财物基本被他的下属搬走了，仓库和军营被洗劫一空，连控制地雷和水雷的电线都被割走了。

日军发动旅顺之战后，龚照玙在大营里坐等战报，人们发现他握住茶杯的手总是在抖。

当旅顺陆路炮台被攻占的消息传来时，龚照玙再也忍不住了，也不管李鸿章骂不骂，带着海防炮台总兵黄仕林（安徽庐江人）和白玉山炮台统领卫汝成（安徽合肥人），换了衣服一块儿跑——都是老乡，路上好有个照应。

来到码头后，黄仕林带着他打好包的家产独自乘船逃了，由于逃得比较急，船在大海上竟然翻了，黄仕林在海中扑腾扑腾喊救命，被路过的轮船救出。上岸后，他被捕了，以临阵脱逃之罪被判处斩监候，不过他的家产够多，后来以3万两银子疏通关节，不仅从死牢里被放了出来，还成功复出。

而龚照玙与卫汝成两个人挤在同一艘小船上，船小浪大，两人在海上整整漂流了4天终于到达了烟台。卫汝成很聪明，知道临阵脱逃是死罪，一上岸就化装成船工潜逃，从此亡命天涯，人间蒸发，大清刑部发出很多通缉令都没将他抓捕归案。而龚照玙又去找李鸿章了，这次李鸿章也无法保他，朝廷判处龚照玙斩监候，准备秋后问斩，不过这一"问"就问了6年，直到1900年，趁着北京城里大乱，龚照玙买通刑部大牢的主管，成功脱身。

在三位上司全部出逃后，得到消息的旅顺全城守军扔下武器，四散而逃。正在黄金山脚下准备发起冲锋的乃木希典茫然地看着这一切，他没有预料到胜利会来得如此之快，出征时没有携带国旗，只好以人血在白布上画了个太阳，作为临时旗帜升到军港上空。

1 天之内，"铁打的旅顺"就这样全部沦陷了。日军陆军在清国本土获得了一个坚实的根据地，海军获得了一个优良的军港，接下来将发动更大规模的作战。

在这一战中，日军还获得了数不清的战利品，仅大炮一项，从金州、大连湾到旅顺，日军就缴获了 278 门，这个数字是比较枯燥的，但如果我们了解另一个数据就知道了它的含义，日军全军所有的野战炮加起来也不过 300 门！

对清军来说，这就像一场故意输的比赛，实在匪夷所思。前面讲述中我们已经知道，清军在兵力上并不处于劣势（局部兵力过少是指挥调配的问题），在野战工事上更是处于绝对的优势，金州、大连湾、旅顺的工事都修了十几年了，以逸待劳，专门御敌，而日军根本没时间在陆地上挖工事。

清军还有一个优势是我们不容易想象到的，那就是单兵武器先进。

1870 年，日本将在长崎的一座制铁所（炼铁厂）迁往大阪，改为大阪兵工厂，以这个兵工厂为中心，日本在大阪建立了军事工业的基地。

虽然大阪兵工厂一开始也是从国外购买武器，但他们从来没有依赖进口：要自主研发。

11 年后（1881 年），兵工厂研制出了射程 5000 米的青铜野炮和射程 3000 米的青铜山炮。与此同时，陆军在进口步枪的基础上，进行自我设计和改进，研制出了完全国产化的步枪——村田铳（以研发者村田经芳命名）。从这个时候起，国产化的大炮、步枪包括后来的下濑炸药，成为日本陆海两军主要装备的武器。

日军的这些国产化枪炮在杀伤力和性能上都比清军进口的武器要差，大炮的性能比清军从德国进口的克虏伯炮要差，步枪跟清国从德国进口的 13 连发毛瑟枪更不在一个级别上。但是，日军一直在坚持吸收国外的技术，实现国产。直至后来研制出三八式步枪（产于明治三十八年，1905 年），反而可以出口到清国。

石田千亩，谓之无田；弱军百万，谓之无军。武器不差，天时地利不差，差的只是人以及人和（制度），很明显，清军的失败已经不能单纯地依靠"师夷长技"和改进武器来解决，因为这种失败越来越趋向于完败，随着战事的进行，一切都将揭开它的盖子。

而失败是要付出代价的，从第二军登陆的那天开始，在大山岩、乃木希典等人的直接命令下，一场罕见的大屠杀开始了。旅顺大屠杀发生在1937年南京大屠杀之前，这是一场震惊世界的惨案。

主持这场大屠杀的，正是大山岩、山地元治、乃木希典。

## 旅顺大屠杀

攻破金州后，日军将全城的男人捆绑成串，用于人体排雷，在踩地雷行动中的幸存者被日军押到一口大锅前，用刀割了身体往锅里放血，直至他们痛苦地死去。女人们被强奸，甚至连孕妇也不例外。金州城西街，一位姓曲的普通人家，家里只剩下7个女眷和3个未成年的小孩，当日军快要进入他们家时，为了避免被日军凌辱，一家10口全部跳进同一口井自尽！

在攻下旅顺后，大山岩下令：开始为期4天的全城大屠杀！

抓来的老百姓首先被绑成几排，然后往死胡同里赶，在胡同再也塞不下时，日军开始扫射，胡同很快变成血河。其他的难民被集中赶往湖边，步兵开枪射击，对于那些侥幸没死奋力游回岸边的人，等待他们的是岸上的刺刀，老百姓的躯体被砍得残缺不堪，很多的人被开膛破肚。

旅顺全城变为了一片血海，孕妇被刺刀剖开肚腹，婴儿的身体被锋利的铁钎钉在墙上，老人们的四肢和头颅被砍下，妇女被强奸，这是真正恐怖的人间地狱。

在4天的大屠杀里，总共有20000多名平民惨死于日军的刀枪下，全城留下来的活口仅有36人，而他们是日军特意留下来处理尸体的。全城死去的人的尸体后来全部被火化，埋在旅顺白玉山山麓，这个地方后来被叫作"万忠墓"。

这是日本人第一次在中国的领土上大规模地屠杀平民，而它似乎很少被人提及，似乎被埋在历史的尘埃里。

这些平民百姓并不是没有任何抵抗，他们用血肉之躯，用简单的武器，用抗击侵略者的意志，抵御外敌。

辽东百姓一向有抗击倭寇的传统，当日军在桃花浦登陆，清军不见踪影时，桃花浦周边800多名百姓扛着锄头、铁锹等各种农具，冲向了日军，日军用步枪射击，农民军被打散。但抗日没有就此结束，他们接下来面对的是暗杀。

当晚，第一师团师团长山地元治（一目失明，外号"独眼龙"）暂住在一位地主家里。他引起了地主家两位长工——来自金州的打铁匠的注意，铁匠虽然不知道山地元治是什么官，但判断他肯定是日军的头目，于是他们决定趁夜刺杀山地元治！夜深人静时，两位铁匠怀揣着打好的短刀摸到了山地元治睡房前，悄无声息地干掉了卫兵，冲进房内，但独眼龙被惊醒了，他大声喊叫，赶来的卫兵将两位铁匠射杀。

日军加强了警戒，但他们没有想到的是，就连大山岩也遭遇了暗杀！三名勇士悄悄接近了大山岩的住处，准备暗杀这位大模大样的高级军官。但司令部的森严戒备超出了勇士的想象，他们潜伏半夜，一直找不到下手的机会，三勇士不愿空手而归，冲向了哨兵，在砍死几个人之后，从容赴死。

日军不得不昼夜巡逻，加强戒备。不过在他们向金州进发的路途中，当地的猎人早已挖好了陷阱，陷阱里面插的是锋利的竹签！日军经过的时候，人仰马翻，死伤数人。

这些英勇的人都没有在历史中留下名字，但他们仍然是勇敢的无名英雄。从结果看，虽然他们起到的作用很小，无法抵挡日军的铁蹄，但在入侵的外敌面前，他们仍然表现出了勇气，表现出了热血。勇气和热血是不会死的。

## 日军战时大本营中的两种意见

旅顺失守的消息传到北京，朝廷震惊了，鸭绿江边的九连城和凤凰城的失陷还可以说是"边患"，但丢掉旅顺的心情就大不一样了，它已经威胁到了京师，旅顺隔着渤海就是天津和北京！

朝廷感到了真正的恐慌。

而在广岛，睦仁亲自给大山岩发来了贺电，祝贺他将旅顺一举攻下："天气渐寒，前途尚远，汝等宜自爱奋励！"

时节已经进入冬季，天气严寒，在东北作战的第一军和第二军下一步该怎么走？大本营产生了两种意见，一派主张乘势立即攻入北京，尽快与清军主力决战，直捣京师；而另一派主张冬季暂时屯兵，待到春夏时节再出击。

虽然大本营同意了前一派的意见，决定在辽宁开展冬季攻势，但这两派的意见，焦点都没有离开已经登陆的东北地区，并且只考虑到了陆军作战，睦仁对此觉得不满意。

谁能制定出更为理想的战略？睦仁想到了一个人，一个不是军人的人。

## 伊藤博文的战略

伊藤博文带着他的《进击威海卫、攻略台湾方略》来到了大本营。

按照大本营条例，大本营的会议历来只允许陆海两军最高长官和参谋长参加，伊藤博文虽贵为首相，但他没有资格参加大本营的会议。现在他得到睦仁的特许，以文官的身份出席大本营最终决策会议，并且将发表他的意见。

"一个文官能懂什么作战？"大家对于伊藤博文的到来毫不在意。

而所有人没想到的是，伊藤博文即将语惊四座。

对于这两派意见，伊藤博文都提出了尖锐的批评。他的观点是，战争一旦开始，最大的课题就是怎样结束战争。

从奉天攻入北京固然痛快，但可言而不可行，代价巨大。因为满洲天寒地冻，行军艰难，很容易陷入对日军极为不利的持久之战。就算日军能克服千难万险一路打到北京，但问题是，作为一个战略家，不能只考虑打下北京，更应该考虑的是：北京打下来了以后怎么办？

伊藤博文认为：很显然，北京的失陷将给清国带来亡国性的打击，难免暴民四起，清国朝廷土崩瓦解。以日本现在的国力，无法吞下一个无政府的清国，到那时，日本便要失去和谈的对手，白给西方列强以渔翁之利！所以，清国朝廷虽然很可恨，但对日本又是如此之重要，必须保证这个朝廷不灭亡。

而与此同时，又要给予清国朝廷切肤之痛的打击，只有这样，清国朝廷才能与日本签订条件苛刻的和约。

什么能够让清国朝廷感受到切肤之痛呢？

只有北洋舰队的灭亡。

这支舰队是清国花费了漫长时间、无数金钱堆积出来的舰队，是清国国防安全的寄托。从装备看，它在亚洲排名第一、世界排名靠前，清国朝廷中很多人都陶醉在这个幻梦里，是时候去粉碎他们的这个幻梦了。

伊藤博文认为，接下来的战斗，只应该围绕着如何歼灭北洋舰队展开。

为了达到目的，陆军应该以最小的兵力留守辽东，派出主力转战山东，这里不仅是比东北更适合冬季作战的地方，还有威海军港和北洋舰队这样绝好的攻击目标，能够以较短的时间和较小的代价获得巨大的战果，一举歼灭北洋舰队，威震清国京师。与此同时，派遣分队南下进攻台湾，使日本获得这个绝好的岛屿，最后迫使清廷签下最不平等的条约。

伊藤博文接着分析，全歼北洋舰队是完全有可能的。因为这支舰队在大东沟海战之后对日本舰队表现出极大的畏惧，去战胜一支怯弱之师相信是不需要花费多少精力的。至于台湾，一直是日本帝国魂牵梦绕之地，这次清日战争一定要保障日本得到台湾，而得到台湾的前提必须是先实施军事上的占领，哪怕将来讲和，也要先拿下再说。

大家都被他的战略惊呆了。

## 第八章

# 全军覆没：北洋舰队最后一丝希望被党争掐灭

## 进攻威海，日军倾全国之力

大本营立即决定组建山东作战军，从第二军抽调一部，由留驻本土的第二师团和第六师团组成，在旅大之战中表现出色的大山岩出任总司令，继续攻向威海。

此时的日本已经派出了国内的第一至第六师团，本土实际上只剩下了保护睦仁的御林军，可以说是连老本都搭上了。

按照大本营制订的计划，日军进攻威海将是进攻旅顺的翻版：陆军必须选择地点登陆，从后路包抄，再派出联合舰队从海上进攻，夹击北洋舰队。

伊东佑亨选择在离威海 30 海里以外的荣成湾登陆，有了旅顺的成功经验，这一次大山岩完全相信伊东佑亨选择的登陆点。1895 年 1 月 10 日上午，广岛的 50 艘运兵船出发了，它们将在由伊东佑亨率领的联合舰队的护卫下，将 3.46 万日军运往荣成。

## 兵力分布的秘密

大军压境，山东的陆上防卫此时已经显得尤为重要。朝廷在山东的陆军兵力为 2.1 万人，按照清国军队的特色，他们分属两位不同的领导。一位领导是李鸿章，管辖范围是威海军港和刘公岛陆军，兵力5000，而包括荣成在内的山东其他地区的1.6万名士兵，则是归另外一个人管。

当李鸿章得知新任山东巡抚是李秉衡时，他大叫了一声——"不好！"

山东巡抚主管着威海之外的山东陆军，而李秉衡是著名的帝党新锐人物，被帝师翁同龢和光绪极为看重，他跟李鸿章不仅分工不同，各自的利益集团也不同，一个是帝党新锐，一个是后党砥柱，两人分属朝廷死对头的利益派别。就像李鸿章只关心他的"北洋"势力一样，李秉衡也只会重点关心山东威海之外的其他陆路防务——丢了威海和北洋舰队，他没有多少责任，那是李鸿章的事，在关键时刻，李秉衡也不会为了"他李鸿章的威海"而赔上自己的精兵。

在日军出动前，李鸿章已经得到日军可能会在荣成湾登陆的情报了。于是他以商量的口吻发电请求李秉衡帮忙加强荣成一带的防御，多派些兵过去（荣成是归李秉衡管辖的）。而李秉衡的做法是把这个电报扔在了一边，然后他向朝廷上了另一道奏折：要求朝廷清算淮军之前跟日本作战失败的责任，将丁汝昌等淮军败将处死！

作为帝党势力的代表，李秉衡在就任山东巡抚前被光绪皇帝叫到皇宫密谈了三次，谈话的内容我们无从知晓，但从李秉衡的表现来看，他一定要做一件事——拆李鸿章的台。

如果朝廷处置李鸿章的淮军将领，那么谁来接替对日作战的指挥呢？当然是帝党的人。

大家都争着抢这个指挥，是不是因为大家很英勇，争先恐后地要去抗击日军，甚至不惜战死沙场？有这个原因，但这绝不是主要原因，主要原因隐藏在争夺指挥权背后的秘密里。

这个秘密就是：争夺到了作战的指挥权，相当于争夺到了军权！对皇宫里的光绪和慈禧来说，谁把住了军权，谁将是这个朝廷实际的统治者。

一切的秘密都已经揭晓了。尽管淮军一败再败，从朝鲜败到了清国，但作为慈禧集团的代言人，李鸿章不得不硬着头皮上——以便军权始终在后党阵营手里。如果淮军表现良好，能击退日军，哪怕能打上一次的胜仗，作为朝廷中弱势的帝党就没什么机会。但淮军太不争气，军事行动的失败也给了帝党可乘之机，随着清日战争的进行，帝党分子一面出动清流言官攻击李鸿章和淮军将领，一面寻找机会，伺机夺权！

这是李鸿章大叫一声"不好"的真正原因。在慈禧的撑腰下，李大人手忙脚乱地向朝廷"保"下自己的这些嫡系。然后，他惊奇地发现了李秉衡做出的兵力部署：烟台9200人，蓬莱3000人，莱州4000人，而荣成——没人。

在日军向荣成湾进军的过程中，伊东佑亨派出几艘军舰开往蓬莱海域，时不时往蓬莱打几炮。如果我们看一下地图就会发现，荣成位于威海的南面，而蓬莱位于威海的北面，伊东佑亨正是要达到声东击西的效果，诱使山东陆军误以为日军要在烟台、蓬莱一带登陆。果然，李秉衡似乎上当了，他将重兵集结在了烟台、蓬莱一带。

李秉衡的兵力分布是大有问题的，即使他没有预料到日军会在荣成登陆，最多的兵力显然也应该留驻北洋舰队的基地威海——而不是烟台。但在李秉衡看来，一旦威海有失，那是李鸿章的责任，朝廷会找李鸿章算账，而一旦烟台有失，则要由他这个山东巡抚来负责。

李鸿章只好再次发电，几乎低声下气地请求李秉衡"照顾一下荣成"。

于是在日军登陆前，荣成好歹出现了1800名守军。人数看上去不少了，但我们需要来了解一下这1800名士兵的构成。

在接到李鸿章的第二次请求后，李秉衡很大方：那就派1500人过去吧！但他们与其说是士兵，不如说是另外一种身份的人群——民工。

他们是平时负责修黄河大堤的民夫，以军事化组织和管理编成"河防军"，每300人编成一营，每营有一件共用的武器——鸟铳或者抬枪，其余的就是扁担锄头了。

见到李秉衡一直在敷衍，李鸿章也顾不得那么多了，只好命令自己的部下——威海陆路炮台统领戴宗骞想办法。荣成的防务是归李秉衡管的，不归戴宗骞管，戴宗骞只好"越权"向荣成派出了300名正规军，配备4

门行营炮，于是就有了这 1800 人。

面对这 1800 人的弱旅，荣成日军用几发炮弹就解决了战斗，然后轻松完成登陆。日军的行动是迅速的，3 万多名日军、三四千匹战马、大量武器弹药，只用 5 天就完成了全部登陆。

李鸿章没有求到李秉衡的援兵，但是，在日军登陆期间，光绪曾向李鸿章下达命令，要求北洋舰队出动，从威海基地开到荣成阻截日军登陆，而李鸿章也并没有执行这一命令。在他看来，北洋舰队只有老老实实待在威海基地，才是安全的。

日军登陆后，大山岩在荣成县城设立了上岸后的第一个司令部。日军接下来的行动连小孩子都知道：他们即将进攻威海。

由于威海兵力空虚，而李秉衡的重兵仍然集结在烟台、蓬莱一带没动，李鸿章只好再一次请求李秉衡增派援兵。但李秉衡表示："就算我把整个大军都派过来，总兵力也只有日军的一半，我要先向朝廷求援军，请军机处出面派大军驰援山东。"

李秉衡请求朝廷加派援军的急电发到了军机处。李秉衡和李鸿章都在等待着朝廷的援兵，等着吧，耐心一点，一定会有结果的。

有人可能要问了，作为国防大省，山东全省的兵力为何会如此之少？这个问题的答案是：山东原本的兵力不止这些，但他们被调走了。

调往了哪里？奉天。

当日军在满洲进攻危及奉天的时候，朝廷在奉天周边集结了 10 万兵力，现在，日军在东北战场还留有第一军和部分第二军，只要日军不撤，朝廷就不敢调走奉天周边的重兵，哪怕总兵力是日军的好几倍，也不敢调走一兵一卒——因为那里是"陵寝重地"。

所以，尽管在东北的日军采取了守势，而且离奉天还很远；尽管军机大臣们知道当务之急是将奉天一带的山东军调回，但没有人敢上这个折子。

还是别找骂了吧。奉天的死人是要比山东的活人还重要的，这就是朝廷的逻辑。

那么，就近调天津的吧？王公们更不会同意了。

天津乃京城门户，京畿重地，大家的金银财宝和豪宅名马都留在京城，万一京城有失，谁可担罪？虽然大部分迹象显示，荣成日军下一步将进攻威海，但谁能保证他们不绕道进攻北京？日军狡猾得很，不得不防啊！

所以，无论旧都奉天还是新都北京的守军，都是不能调的，前者是死去的权力阶层安葬的地方，后者是现在的权力阶层生活的地方，从这两个地方调一兵一马也不行。李鸿章很明白朝廷的心思，于是提出了他的战略：海军严防渤海以固京畿，陆军力保奉天以安陵寝。不出所料，这个战略很快得到朝廷（慈禧）的批准。还是李大人聪明啊！

军机处最终决定：调南方的！上次为协防旅顺，调动的是福建的部队，这次调贵州的好了。

李秉衡大人正眼巴巴地等待贵州古州镇总兵丁槐率领的云贵援兵到来。这支援兵最终在什么时间到达，我们稍后会知道。不过，在李秉衡看来，既然他没有得到朝廷的援军，而日本军舰仍然在蓬莱、烟台发炮，他就不能把大军派向威海。尽管从烟台到威海十分方便，但调兵又不是去上个班，不是路途方便就能起决定作用的。

好吧，从慈禧、光绪到李鸿章、李秉衡，从最高统治者到总指挥到中层将领，各有各的打算，各有各的账。所谓指挥混乱，没有统一的指挥，也没有一致的战略，它并不是来自别的地方，而是来自清国最高权力中心——皇宫。

这真是一场自上而下开始的大混乱。现在我们知道了，威海陆路防卫面临的情况是：无援军。威海的陆军只能依靠5000人去对付日军的3万大军，一个兵的援军也没有，你们守吧！

1895年1月25日，日军离开荣成向威海进发了。这将是一场炮台的攻击和守卫之战。当荣成的日军还在登陆状态，没有完全登陆时，威海陆军统领戴宗骞向他的领导李鸿章提出自己应该率军主动出击，去荣成阻截日军。即使不能阻截，也能够以游击之战骚扰迟滞日军向威海的进军，为威海等来援军赢得时间。

李鸿章把戴宗骞的这个建议毫不留情地拒绝了，因为威海陆路上有李鸿章十分看重的东西——炮台。

从战术看，戴宗骞这个想法属于积极迎战，不必死守炮台，发挥灵活机动的战术，袭扰日军，使他们疲惫。炮台虽然坚固，易守难攻，但任何事物都是有利有弊的，一味依靠炮台就会限制士兵的灵活性，从而限制战斗力，这种情况我们在电影中见多了。后来的"日本鬼子"也犯了同样的错误，在侵华期间，他们在据点修建了无数更加坚固的新式炮台——碉堡，却被手持老式步枪的八路军游击队袭扰得痛苦万分。

事实上，日军最害怕和担心的并不是进攻炮台，无论炮台如何坚固，它都是个不动产，日军都有信心去强攻拿下——大不了多消耗一点炮灰（敢死队）。他们害怕的不是清军固守某个阵地，而是采取灵活机动的打法，使日军不得不陷入对他们最为不利的持久之战。

摩天岭战场上的聂士成已经证明了这点。

但戴宗骞没想到的是，这个令他兴奋的"建设性意见"，从李鸿章那里换来的却是一顿骂。他只好硬着头皮回到威海，回到李鸿章大人心爱的炮台里。

威海陆路的炮台之战打响了。1398年，为防倭寇侵扰，在此地设立军事要塞，以威震海疆之意取名"威海"。在清国北洋舰队以威海卫为基地后，以威海城为中心，分别修建了南北两大炮台群——南帮炮台群和北帮炮台群，600年过去了，这里又成了抗倭中心。

## 威海陆路炮台失陷

3万日军向南帮炮台群发动进攻了。虽然日军占据兵力上的绝对优势，但在炮台攻防战中，清军之中仍然涌现了英勇的战士。日军没有想到，在兵力上处于绝对劣势的炮台群守军，发起了无比凶悍的反抗之战！

在摩天岭炮台攻防战中，400名守军在守将周家恩的率领下，殊死战斗，直至最后一刻。最终炮台守军全部阵亡，周家恩身负重伤，大腿被打断，小腹被子弹洞穿，肠子流了出来。抱着绝不做日军俘虏的信念，周家恩强忍剧痛，双手托着肠子，拖着一条断腿卧在冰雪中爬行10多里后，血尽而死。

在所前岭炮台攻防战中，驻守在这里的守军只有一哨（相当于1个连，100人），而大炮也只有3门，在炮台的帮带逃跑后，一名低级军官主动担负了指挥的重任，他姓徐，大家就称他为"徐帮带"。徐帮带和炮台守军战至无一人生还。徐帮带的妻子抱着刚满周岁的儿子准备跳海自尽，孩子却被日军夺走，在岩石上摔死，而徐帮带的妻子也被乱刀刺死了！

遭受顽强抵抗的日军就是用这种方法来解恨的。

南帮炮台群失陷，剩下的就是北帮炮台群了，当日军准备发起进攻时，丁汝昌做出了一个决定。

这个决定就是派遣北洋舰队陆战队将北帮炮台群全部炸平。

痛苦的丁汝昌不得不亲手毁去这些炮台，北帮炮台群离威海军港更近，里面的大炮只要掉转炮口就能攻击港内的北洋军舰，丁汝昌不得不炸，是为了避免这些炮台落入日军之手！

威海陆路全部失陷了，戴宗骞自知守土不力，赶在朝廷追究之前吞鸦片自杀了。而日军占领了威海港陆地，形成了对港内的北洋舰队后路的威胁。而在港口外的海面上，伊东佑亨率领的联合舰队已经拉开战势，北洋舰队正面临腹背受敌、双面打击的严峻形势。日军的目标是全歼北洋舰队。在大东沟海战中遭受重创的北洋舰队，走到了它的最后关头。

1895年1月30日，在漫天的大雪中，日军对北洋舰队发起了总攻。

### 日军鱼雷艇重创"定远"

伊东佑亨虽然想一举攻下北洋舰队，但并不容易。

威海港内的北洋舰队有13艘军舰，包括：战舰——"定远""镇远""靖远""来远""济远""平远""广丙"，炮舰6艘——"镇东""镇南""镇西""镇北""镇中""镇边"，另外还有13艘鱼雷艇。可以说，北洋舰队主力仍在，实力尚存。

在几天的炮战进攻失败后，伊东佑亨想起了一个生力军武器——鱼雷艇。

在大东沟海战中，伊东佑亨见识了鱼雷艇的厉害，发现了鱼雷才是对付"定远""镇远"有效的进攻武器，于是他在战后立即将全国所有的鱼雷艇都编入联合舰队，进行了与军舰协同作战的训练。在发起进攻前，伊东佑亨和他的参谋们已经专门为鱼雷艇量身定制了作战计划——《鱼雷艇队运动计划》。

这个计划的核心就是：偷袭。

当伊东佑亨了解了港口前的航道情况时，他的心又凉了，因为即使是比军舰小得多的鱼雷艇，也无法进入威海港内。为了防止被敌人偷袭，丁汝昌派人在港口前设置了极为厉害的防卫武器——水雷拦坝。

这种水雷拦坝是用一丈多长、几尺粗的木头排列在海口，用大铁索连起来，形成栅栏，每隔一定间距再用铁锚固定在海底，栅栏上挂满了水雷，当敌船靠近时，就等于自投雷网。

大家是不是觉得这种防卫武器很熟悉？对。它在三国时期的长江要塞上也曾用过，当时位于长江下游的东吴为了防备上游的西晋，选择了在湖北大冶西塞山一带，用一根根巨大的铁链横断长江，以阻挡西晋大将王濬巨大的楼船。后来王濬找来几十艘木筏，木筏上载着麻油火炬，生生将铁链烧得熔化，楼船才得以通过。唐朝诗人刘禹锡还在《西塞山怀古》中记录了这次战争的经过。

伊东佑亨没有用火攻，在军舰的掩护下，敢死队出动了，他们登上舢板，划到拦坝前，把铁索拉到舢板上，用事先准备的巨斧不停地砍，铁索拉得很紧，用力砍几下就砍断了，木栅栏失去依托，随潮水漂走，水雷拦坝就这样被破坏了。

凌晨3时，在伸手不见五指的寒夜，联合舰队鱼雷艇队满载鱼雷，全部熄灭灯光，以两艘为一组，悄悄驶进港口！在全部进港之后，北洋舰队哨舰终于发觉了异常情况，立即向鱼雷艇开炮！寂静的夜晚突然响起炮声，港内的北洋各军舰不清楚发生了什么情况，以为联合舰队开进来了，于是他们跟着稀里糊涂地发炮，港内一片混乱。

混乱之中，一艘胆大的日本鱼雷艇竟然插到了北洋舰队的鱼雷艇中，跟着队伍前行，而北洋舰队的鱼雷艇对此竟没有发觉！连日军也没有想到，北洋舰队的鱼雷艇是向旗舰——"定远"靠拢的！当这艘混进队伍中的日军鱼雷艇发现这一切后，前方300米外，就是"定远"巨舰！

天赐良机，鱼雷艇决定与"定远"同归于尽，舍艇炸"定远"！它以箭速从队伍中穿出，朝"定远"发射鱼雷！鱼雷破浪前行，同时，"定远"舰上的炮手也发现了偷袭的鱼雷艇，立即朝它发出巨炮！

两声巨大的爆炸声几乎同时响起。"定远"剧烈地晃动，舰体被鱼雷洞穿，海水突破了所有密闭水仓，喷涌而入。刘步蟾急忙命令砍断锚链，疾驰至刘公岛岸边使它不至下沉，从这一刻起，"定远"丧失了航行能力，只能在岸边搁浅。

而那艘偷袭的鱼雷艇怎么样了？它已经变成碎末了，艇上人员无一生还！其他鱼雷艇见状，全部加速逃出港外。

伊东佑亨接到战报大喜。用一艘鱼雷艇的代价换来了重创"定远"，值！

没有了"定远"，伊东佑亨胆大多了，他怀着激动的心情向全舰队下令：等天一亮，除了用三艘军舰担任外海的警戒外（警戒那永远不可能到达的南洋舰队），其余所有的军舰、炮艇等战斗船只全部冲向港口，一定要歼灭北洋舰队！

联合舰队其余两艘战船在港口外全部并排排列，对港口内的北洋舰队轮番进行炮击，北洋舰队在丁汝昌的指挥下立即发炮反击！当日本军舰无法发挥速度优势，只能互相比赛打炮时，它们仍然无法压制住北洋军舰巨炮的火力，始终不能靠近港口，伊东佑亨只好垂头丧气地命令：停止进攻，后撤！

北洋舰队又一次击退了敌人的进攻。但是，他们应该来不及高兴。

因为伊东佑亨的退兵举动是别有用心的。

当天晚上，尝到甜头的伊东佑亨决定依样画葫芦，用鱼雷艇再次偷袭。而丁汝昌和北洋舰队并没有从前一晚的被偷袭中吸取教训，他们认为日军刚进行偷袭，白天又激战了一天，第二天晚上就不可能再来了。但是，他们还是不了解日本人。

战争中的日本人根本不是人，或者说他们是另外一种类型的人。他们可以没日没夜地发动冲锋，轮番攻击，不需要吃饭，不需要睡觉，不需要休整。只要尝到了甜头，就会把它吞尽；只要发现了机会，就会把它榨干，想想一群饿狼是什么样子吧。

凌晨4时，日军鱼雷艇队又开始了偷袭行动，这次发起偷袭的时间特意比第一次晚了1小时，日军向来重视这样的细节。而这一次他们更加轻车熟路，北洋舰队却防备松懈，鱼雷艇集中朝"来远""威远"两艘军舰发射鱼雷，在十几枚鱼雷的同时打击下，"来远""威远"号沉没。

伊东佑亨趁热打铁，等天一亮，再一次命令联合舰队全舰队发起进攻。经过两次偷袭，北洋舰队能作战的大型军舰已经所剩不多了，他相信，全歼北洋舰队，这次一定会成功的。

而此时，在陆地上的大山岩已经命令陆军日夜赶工，修建好了临时炮台，并在炮台上新安置了速射炮，在联合舰队朝港口内的北洋军舰发炮的时候，陆地上的各种大炮也朝着北洋军舰狂轰滥炸，北洋舰队真正地陷入了最为不利的局面——腹背挨打。

丁汝昌仍然在沉着应对，他指挥北洋舰队分出几艘军舰，去对付陆地上的炮火，其他的军舰全力压制港口外的火力。"定远"虽然搁浅，但它的巨炮仍然可以发挥作用，巨大的炮弹一枚枚从"定远"舰上飞出，联合舰队四艘军舰都中炮受损——即使是腹背受敌，日军都无法占据上风，北洋舰队本来就是"船坚炮利",现在正是它们发挥优势的时候。

见到形势有利,此时的丁汝昌做出了一个决定:在炮战结束后,派鱼雷艇队夜袭联合舰队,以其人之道还治其人之身,让日军也尝尝北洋舰队鱼雷艇的厉害。

丁汝昌命令鱼雷艇队队长王平为晚上的偷袭做好准备,但令丁汝昌万万没有想到的是,正是他的这个命令,带来了一个意想不到的结果。

因为王平在接下来做出了一个令所有人都吃惊的举动。

双方还在炮战之中,北洋舰队鱼雷艇队 13 艘鱼雷艇突然发动,在王平的带领下,全速朝港口外开去!丁汝昌对王平这个突然的举动实在搞不明白:是叫你们等到晚上出战啊,现在还是白天,你们现在冲过去这是要干什么?

"松岛"号上的伊东佑亨也发现了这一幕,他迷茫了:这是要干什么?冲过来同归于尽?手忙脚乱中,伊东佑亨急令各舰做好准备,防御鱼雷!同时将炮口掉转,转向鱼雷艇,一旦鱼雷艇拼命,联合舰队将不得不面临很大麻烦。

丁汝昌和伊东佑亨都很快得到了答案:王平带领的鱼雷艇队不是去冲锋,而是逃跑!

这又是熟悉的一幕。前面我们已经说过,鱼雷艇队虽然跟随北洋舰队出战,但它们跟北洋舰队并不是一个单位的,它的上级单位是旅顺鱼雷营。从组织层面上讲,丁汝昌并不能指挥鱼雷艇队,当"定远"受损、"来远"和"威远"沉没后,对全军覆没的巨大恐惧占据了王平的头脑,丁汝昌要求鱼雷艇队当晚夜袭,但王平和蔡廷干想到的是如何躲过夜袭的任务,趁机逃跑。

蔡廷干这个人我们熟悉,他是"福龙"号鱼雷艇的管带,在大东沟海战中,桦山资纪就是在他手中捡回一条命的。

见到鱼雷艇只是逃跑,伊东佑亨悬着的一颗心放下了。接下来就是生擒这些鱼雷艇的时候了,之所以要生擒,就是舍不得炸,要把它们补充到自己的队伍中。

王平乘坐的性能最好的鱼雷艇"左一"号成功地逃走了，但其他12艘鱼雷艇全部被俘虏或者被击沉！北洋舰队鱼雷艇队几乎全军覆没，对日军来说，这是一个谁也没有想到的意外胜利。但是，对丁汝昌和北洋舰队来说，是雪上加霜！

## 最后的求救

从战斗开始，北洋舰队一直处于日军陆路和海路的围困之中，陆地上是3万日军，海面上是整支日本舰队，用困兽犹斗来形容一点也不为过。他们似乎成了被遗弃和抛弃的一群。王平率领鱼雷艇队首先逃跑引起了人心浮动。成群的士兵拥向丁汝昌，甚至连一向最忠于职守的炮手也离开炮座，他们围住丁汝昌，群情激愤：大家在这里苦苦支撑，对外面的情况毫不知情。是生，是死，还是已经被抛弃，请丁帅坦言相告！

说实话，丁汝昌也不知道。但面对群情激愤的士兵，他知道现在他要做的就是稳定军心，因为一旦处理不好，不给士兵们一个明确的交代，很可能就会酿成兵变。丁汝昌镇定下来，告诉大家：援兵很快就会到来的，请大家放心，只要我们坚持到2月11日，援军就会到来。

丁汝昌说的11日，正是军机处调派的贵州古州镇援兵预计到达的时间。

可是大家仍然不满意，心里都没有底。

"如果到时援兵还不到，汝昌一定会放大家一条生路！"丁汝昌痛苦地说。

在几日之前，为了确保援兵按时到达，丁汝昌已经派出了送求援信的人。

一名勇敢的水兵，乔装成普通百姓，在刺骨的冰水中游泳上岸，消失在夜色之中。他身上携带的，是丁汝昌写给烟台道台刘含芳的求救信，字字泣血：

> 我们现在只有拼死守住，粮食可以坚持一月，但弹药和药品
> 已经不允许……请速将情况电告各帅，我等急切盼望他们能星夜
> 前来！若 11 日救兵不至，则船岛万难保全……

然而，伊东佑亨并不会给北洋舰队喘息之机。2 月 9 日，联合舰队连续发动的海上进攻再一次开始。这一次，伊东佑亨连担任警戒的 3 艘军舰都撤了回来，所有的军舰全部集结在港口发炮，而大山岩也指挥陆路炮台一齐发炮，威海港口里，百炮齐鸣，水柱冲天，北洋舰队淹没在炮火之中。

丁汝昌将旗舰移到"靖远"，立在"靖远"的船头指挥军舰迎战！联合舰队的炮火立即集中发向"靖远"，"靖远"身中数炮，开始下沉，最终开到浅水区搁浅，丁汝昌在士兵们的掩护下才逃出一命。此时，北洋舰队主力战舰已经全部损伤。

2 月 10 日凌晨，在漫天的大雪中，伊东佑亨又派出了 4 艘鱼雷艇进港偷袭，但这次丁汝昌做好了防备，偷袭被打退了。然而北洋舰队已经到了生死关头。

北洋舰队的炮弹即将打光，已经无法再组织起一次有效的抵抗。

药物也已经用完了，伤员排着长队等着做截肢手术，更加恐怖的是连麻醉剂也没有。为了不使伤员伤口化脓，军医们只好在不使用麻醉剂的情况下为伤员截肢。伤兵哀号连天，受不了剧痛的伤兵用刀自杀，情景令人观之落泪！

而没有负伤的士兵因为没日没夜战斗，疲困至极，加上精神高度紧张，有人精神崩溃了，有人跳海而亡。受不了的士兵们冲到丁汝昌面前，厉声责问丁汝昌："你不是说有援军吗，现在，援军在哪里？"

激愤之中，有的士兵抽出战刀，想逼迫丁汝昌投降！

"你们要杀我现在就杀好了。"丁汝昌平静地说。

明天，2月11日，就是他承诺的最后期限，但援军仍然没有音讯，也没有要到来的迹象。

丁汝昌不知道的是，他和北洋舰队所有的将士苦苦期盼的援军，永远不会到来了，一切都将停留在传说之中。

2月5日，贵州援军已经到达黄县，按照正常的行军速度，11日之前他们是可以到达威海的，但是，贵州援军在这里见到了一个人。

他就是李秉衡。

李秉衡告诉贵州军：你们的援军太少，无法突破日军3万大军的防线，必须在此再招募20个营的新兵，等训练纯熟，一切准备妥当后，"再会同从辽东和天津来的大军，一同谋划如何驰援威海"。

应该说李秉衡的话有部分道理，就当时的情况来看，兵力较少的贵州援军是很难去突破3万日军的防线，但是，打不过就能不打吗？战场上的军情十万火急，救援如救火，对苦苦坚持的北洋舰队来说，哪怕只是见到日军有松动的迹象，哪怕只要听到有本国军队呐喊的声音，都无异于雪中送炭，让身处困境的北洋士兵们燃起生的信心和希望。

对于这个道理，李秉衡不会不懂，然而，李秉衡的信条是"不给李鸿章制造麻烦，也不要帮李鸿章的忙"。北洋舰队最后一丝求生的希望，最终在朝廷党争中给掐灭了。

最后关头，丁汝昌终于等来一个指示，这是一封电报，来自李鸿章，这封电报几天前就发出了，现在辗转到了丁汝昌手上。多少年来，丁汝昌一直习惯听从李鸿章的指示，但是对于这封电报的指示，丁汝昌万念俱灰。

烟台道台刘含芳接到了丁汝昌派出的求救信后，立即电告李鸿章，李鸿章已经明白，北洋舰队在劫难逃，而援军也不可能到达。他只好让刘含芳想办法给丁汝昌送回电：到万不得已时，丁汝昌率舰队趁黑夜突围，逃往上海吴淞口与南洋水师会合。

晚了，要冲早冲出去了，何必等到现在？如今战舰已毁，炮弹已尽，军心已散，联合舰队在外海严密封锁，凭着剩下的这些破损战舰去冲，谁都明白，这就是自杀性袭击。

李鸿章并非不知道这是自杀，但是他仍然命令丁汝昌去冲。对李鸿章来说，他最担心的并不是北洋舰队全军覆灭，而是另外一种结局：投降。

战争开始时，李鸿章是只想保存北洋舰队的实力，他一再命令丁汝昌"避战保船"，就是为了保存实力。然而，在最后关头，李鸿章已经绝望地发现，要保存北洋舰队实力是不可能的了，等待北洋舰队的就是全军覆灭的命运。这支舰队是李鸿章一手建立的，是他花费了朝廷大把大把的银子建立起来的，如果要毁灭，也要在有将领们当炮灰的情况下去毁灭！

因为这是李鸿章对朝廷的一种交代，也是朝廷对天下百姓的一种交代。李鸿章花的钱，是朝廷的钱，而朝廷的钱，就是百姓的钱。百姓们总是善良的，只要舰队最后不是逃跑，守军们英勇战死，李鸿章可以尽可能地保住顶戴，百姓们还可以保持对这个朝廷的信心！

将士们对这样的命令愤怒了，绝望的气氛开始在北洋舰队中蔓延。当丁汝昌召集舰长们开会讨论冲港方案的时候，终于再没有人发言，大家无言转身，默默离去。

舰队坐以待毙，朝廷没有援军，却让大家去送死！

士兵又开始围住丁汝昌，要求他兑现"给大家一条生路"的承诺。所有人都已经明白，所谓的"生路"，其实就是投降。谁能想到，亚洲排名第一、当年不可一世的北洋舰队最后的结局是：不可战，无力守，唯有降！

士兵们围住丁汝昌，声泪俱下，苦苦哀求，要求丁汝昌发话投降，既然朝廷无能，不能让大家都去送死吧……

丁汝昌已经没有任何语言能够劝阻士兵，在现实面前，语言都是苍白的。他的口袋里，放着一封由伊东佑亨亲笔写给他的劝降信，信中说只要他率领北洋舰队投降，日军保证优待。

丁汝昌知道，是时候该给自己、给北洋舰队，也给手下所有的士兵一个了断了。

丁汝昌也知道，一向唯命是从的他，也必将要违抗李鸿章的命令，这也许是他上任以来第一次违背李鸿章的意愿，是第一次，也将是最后一次。

## 北洋舰队管带集体自杀

投降是丁汝昌绝对不能接受的，他早已表示，作为北洋舰队的司令，自己决不投降，也不会让投降的一幕在自己的眼前发生。

在舰长会议时，有一个人缺席了，是永远的缺席，他就是"镇远"管带林泰曾。

平时沉默寡言、性情温和的林泰曾大概是丁汝昌在福建籍舰长中唯一一个真正的朋友。

而最先的自杀就发生在他身上。

在日军进攻旅顺前，北洋舰队在丁汝昌的率领下到了威海。此后，按照李鸿章的命令一直蛰伏在威海，因为实在受不了言官的攻击，11月13日，在旅顺失陷的前几天，丁汝昌率舰队抵达旅顺，却只是在旅顺外海游弋了一圈，当天就返航威海。

这个做样子的行动没有给日本人制造麻烦，却将噩运带给了林泰曾。

在返港时，由于连日的大风将港内泊位的航标推移，"镇远"不幸误入暗礁区，舰体遭到严重损坏，紧急赶修后虽然勉强堵塞漏洞，但已不能出海作战。对于在大东沟海战后刚刚修复的军舰又遭损坏，老实人林泰曾十分内疚，认为是自己的失职，他已经看到了丁汝昌承受的巨大压力，他不想让言官们说他是"为了避战故意损伤舰体"，于是决心以死谢罪，也以一死证清白。

当天晚上，林泰曾吞鸦片自杀。北洋舰队左翼总兵、在大东沟海战中英勇无畏的"镇远"舰舰长就这样离北洋舰队而去。

现在，接下来的是刘步蟾。

不要让军舰落入敌手！它曾经代表帝国的尊严，曾经是一群天之骄子的荣耀，在覆灭之前，它们要庄严地死去。军舰的上面，永远只能飘扬着大清国的龙旗，那是属于大清的东西，它可以毁灭，但不能成为日军的战利品。

将"定远"击沉！

接到任务的"广丙"舰出动了，它先朝"靖远"发射鱼雷，在刺耳的爆炸声中，"靖远"下沉。注视着这一切的北洋士兵已经没有眼泪，无人阻止，也无人出声，大家默默地看着这一切，但是，当士兵将"定远"绑上炸药，即将引爆时，有一个人出来阻止了。

他是刘步蟾。

刘步蟾最后一次站在自己心爱的军舰上，这艘军舰是他人生的光荣与骄傲，是他眼中神圣的力量。当年花费巨资打造的这个强大的武器，是北洋海军的精神支柱，是抚慰帝国心灵的神兵利器。如果现在将它炸了，那将是对所有人的一种绝妙的讽刺。"定远"舰长刘步蟾相信"定远"是永不会沉没的，它曾经令敌人心惊胆寒，它曾经是海上霸主，曾经多么威风凛凛！

刘步蟾对它的感情，就像关老爷对他的大刀。刀在人在，刀失人亡！朝"定远"投去最后一瞥，再看一眼这艘陪伴自己多年的伙伴吧，这是最后的机会。刘步蟾推开众人，缓步走进他的舰长办公室，摸出一袋鸦片，吞鸦片自杀。

士兵引爆炸药，"定远"下沉。

在"镇远"舰上，接替林泰曾成为管带的杨用霖坐在船舱内，他把手枪枪口伸进自己的口中，扣动了扳机。

李鸿章的外甥，刘公岛护军统领张文宣吞鸦片自杀。

丁汝昌表现得很平静，他知道，是时候轮到自己做了断了。

这一切丁汝昌早有准备，几天前他特意让人给自己买了一口棺材，还亲自躺进去试了试大小——活着有太多的痛苦、不满、恐惧和委屈，只希望在死后，在去往天国后，能睡得安详。

1895 年 2 月 12 日 0 时——在承诺的最后一刻，丁汝昌吞鸦片自尽。

自杀的过程持续了 7 个小时，他一口一口地吞着，似乎还在等待着什么，直到腹部胀到再也装不下为止，受尽痛苦的折磨后，丁汝昌离世。

北洋舰队的三位最高指挥官——主帅、左翼总兵、右翼总兵全部以自杀的方式结束了自己的生命。

而丁汝昌死后入土为安的遗愿却不可能实现了。

## 丁汝昌的归宿

死前，丁汝昌将他的帅印交给了牛昶晒，要他马上将帅印毁去，免得在他死后有人拿着帅印去向日军投降。牛昶晒答应了，丁汝昌安然地离世。

牛昶晒是威海水陆营务处提调，二品顶戴，此时他已经是活下来的最大的官。

当牛昶晒从丁汝昌手里接过帅印的时候，一个念头已经在他的脑海里升起，那就是：利用帅印投降。

丁汝昌死后，牛昶晒并没有毁掉帅印，在起草好投降书后，把丁汝昌的大印盖上去，交给了伊东佑亨。

投降书上盖的是丁汝昌的帅印，战后所有的清流言官再一次声讨丁汝昌。李秉衡又一次上了奏折，指明丁汝昌的自杀"仅能抵战败之罪"，希望朝廷不要心软为丁汝昌追加抚恤。而朝廷正需要正反两方面典型，在追封了林泰曾、刘步蟾等正面典型后，丁汝昌正是反面典型的人选。

丁汝昌全家被抄，财产充公，家人流离失所。在丁汝昌的棺材运回安徽原籍后，不许下葬，用砖头围砌在村头，棺材全身涂黑漆，用三道黑漆铜箍紧锁，以示在死后继续"戴罪"。他生前饱受非议，死后不得安宁。而北洋舰队，已经灰飞烟灭了。

## 北洋舰队全军覆没

1895 年 2 月 17 日，上午 8 点半，作为胜利者的联合舰队驶入威海港，接受投降。一直到最后，他们都没有攻进来，这一次却是坦途。"镇远""济远""平远""广丙""镇东""镇南""镇西""镇北""镇中""镇边"10 艘军舰，全部降下龙旗，改挂日本国旗。

"叫你们抛锚啦！"趾高气扬的日军用汉语对着北洋舰队官兵大声呵斥，每一个北洋士兵都低下了头。

这 10 艘军舰全部归了日本，被编入联合舰队，日军将它们保留了中文舰名，这是为了继续对北洋舰队的羞辱。强大的"镇远"舰被日军拖到旅顺修复，装上速射炮，10 年以后，它作为联合舰队的一等海防舰，出现在日俄海战的战场上。日军打捞起了沉入海底的"定远"，把舰体分拆后运回国内，舵盘成了一张咖啡桌的桌面，甲板成了两扇大门，其余的物品作为陈列品供游人拍照、观看。

伊东佑亨"特别恩准"练习舰"康济"号仍然属于清国。作为丁汝昌等人棺材的运送船，在接受检查后开往"华界"。哀鸣的汽笛响起，装载着丁汝昌、刘步蟾、杨用霖、张文宣、戴宗骞五具棺材的"康济"号，凄然离去。投降的士兵默然地看着这一切，在被勒令交出武器、保证再不参战、接受检查后，他们也将随"康济"号开赴"华界"——是的，和旅顺一样，威海现在已经不属于大清帝国的版图了。

牛昶昞来到伊东佑亨身边，请求伊东佑亨"再次开恩"归还"广丙"舰。牛昶昞说明"广丙"是广东舰队的，产权属于两广总督，不属于北洋舰队，只是因为前来北洋会操临时被征用，如果日方同意，"广丙"可以拆掉所有大炮武器，"虚舰而归"。这种在帝国官场看来很正常的逻辑，被日军大为嘲笑，伊东佑亨拒绝之后，特意命人将牛昶昞的这封乞求信刊登在日本报纸上，这在很长一段时间，都是日本媒体笑话的对象。

然后，日军在刘公岛上岸，刘公岛上除了泥土和石头，能搬走的物品都被日军搬走了，北洋舰队的总部基地成了一片废墟。

落日的余晖静静地照在威海港上，盛极一时的北洋舰队，全军覆没了。伊东佑亨带着胜利者的微笑离开了，也许他是有理由值得骄傲的，他在战争中学习了战争，最后竟然只以损失两艘鱼雷艇的代价，全歼了不可一世的北洋舰队。

对大清来说，现在是时候总结一下在这场战争失败的根源了。虽然之前分析了很多的原因，它们都是清国在这场战争中失败的原因，但是，它们都还没有涉及清国失败的根源。

这个根源就是，清国输在了起点——战略。

300年前，日军由丰臣秀吉带领进攻明朝，虽然他只打到了鸭绿江边，但是在明清两代对中华帝国的战争中，日本的战略都是一样的，这个战略可以用一个字来概括：速。

先抢夺制海权和朝鲜战略要地，再直插辽东半岛和山东半岛，速战速决，以迅速取得胜利迫使对方投降，换来和约。

对日本来说，这样的战略具有极大的赌博性质，完全是一个不计后果的亡命赌徒式的打法。但这也是没办法的，因为日本国小民贫，补给有限，无法进行消耗战，日本的国力无法支持一场长期的战争，只要在一处遭到对手的牵制，就将满盘皆输！

比较一下，大明和大清在战争初期都曾经战败过，但不同的是，大明很快清醒过来，那个万历皇帝虽然从来不上朝，但他对跟倭国战斗到底的信念是无可动摇的。在坚定的信念下，后来的明军开始改变战法，以消耗日军有生力量和延缓其攻击步伐为主要作战目的。大明"抗倭援朝"战争持续7年，日本被打到崩溃边缘，不久即爆发内乱，国内长年内战，国力一蹶不振达200年，以致后来的郑芝龙（郑成功的父亲）仅凭几条海盗船就能横行日本！

所以，在历史上，除了无比强大的唐朝和元朝以外，对日作战历来都要做好"相持以久，持久以战"的准备。

持久以战，这种想法是很符合现实情况的。一旦清国确定了要和日本长期作战，这对日本只能是个不幸的消息。

清日战争开始后，日本投入了本国几乎全部的陆海军，国内兵力空虚，更重要的是：他们快没钱了。

为了维持这场战争，日本已经花费了临时军费2亿日元，而当时日本全年财政收入才8000万日元。也就是说，为了打这场仗，日本把未来几年的钱都花完了，整个国家也变成了一个为战争服务的机器，在战争正式爆发后仅仅3个月内（至1894年11月），日本全国工业生产就减少了一半（51%），商业减少了1/3（31%），农业生产减少了13%。

打仗是需要钱的，为了继续打下去，日本准备向汇丰银行借款。

但大清朝廷并不打算打一场持久战。

不这么做的原因并不是朝廷没有这个想法，而是根本不可能这么做。对朝廷的实际最高统治者慈禧来说，她面对的事实是，淮军已经灰飞烟灭了，这支军队是李鸿章的，同时也是她的权力基础，淮军是属于后党的。这仗再打下去，只能由帝党的人来继续负责指挥。很显然，谁指挥战争，军权就会落到谁的手上，帝党掌握军权，这是慈禧和她的后党集团不愿意看到的。

正是因为这个原因，从战争一开始，李鸿章虽然明知这场战争绝无胜算，属于朝廷帝党一派的清流言官们又不断攻击，背后搞小动作，但他还是要硬着头皮打下去，只有清日之战是由后党集团的人负责组织和指挥的，才能确保朝政大权继续留在慈禧和后党集团的手中。而当战争进行到影响当权者权力的时候，这场战争就必须结束。

就这么简单。

那么就开始和谈吧。也许只要签个条约，赔点银子，所有的事情就都解决了。

李鸿章从他的直隶总督衙门动身，不是前往战场，而是日本马关，《马关条约》签订了，大清赔款2亿3千万两白银，台湾岛及其附属各岛屿、澎湖列岛割让给日本。这是自 1840 年鸦片战争以来，对清国条件最为苛刻的条约。

战争结束了。但这场战争的一个巨大的疑问没有解开，那就是，除了军事上的原因，还有什么原因让清国遭遇如此惨败？

谁也没想到，解开这个谜底的，竟然是一群日本人。

第九章

# 日本间谍的结论：大清全民腐败！

## 清国惨败之谜

要揭开这个谜底，我们需要从一个谜案说起，而我们的谜底就隐藏在这些谜案之中。

在前面的战斗中，这个谜案曾经多次出现，但一直没有给出答案，现在是时候来揭开这个谜案了。

清日之战中日军为何能够多次准确地获得清军的情报？

在 1860 年第二次鸦片战争后，清国朝廷被迫签订中英、中法《天津条约》。中英《天津条约》很长，总计 56 款，在我们经常注意的赔款之外，有两条是不那么被人注意的。第一条是：清国不能再以"夷人"称呼外国人，根据这一条，"洋人"取代了"夷人"，原来师"夷务"也变成了"洋务"，"师夷之长技以制夷"也就变成了向洋人学习。

另外一条更加没人注意，但跟我们的答案有直接的关系，它就是：外国人可以自由前往清国内地游历、通商和传教。

正是这条看上去毫不起眼的条款，为其他国家往清国派遣间谍提供了方便。而往清国派遣间谍最多的，就是日本。清日战争之前，清国境内早已经潜伏了一个庞大的日本间谍网！

1872 年，日本陆军部派出 3 名间谍潜入清国内陆，另有 2 名间谍潜入台湾，这是有记录的日本最早向清国派遣的间谍。他们的任务是猎取东北和台湾的地形、军备、政治、财力等情报，发回日本。

从这一年起，一批批日本间谍前赴后继地开赴清国秘密潜伏。10年后，1882年，专门培训对清国间谍的学校成立了，这个学校由参谋本部清国课专管，为间谍工作集中提供人才。在这所学校里，招收的日本学生留着辫子，学汉语，身穿长袍马褂，打扮成清国人。清国课和间谍学校也一直注意发现和培养间谍天才，他们知道，一个天才级别的间谍，抵得上一支间谍队伍！

## 日本的间谍

在日本参谋本部清国课培训的第一批间谍中，有一个叫宗方小太郎的人。这个人之所以能成为间谍天才，有一个很有利的条件：从外形看，他和一个真正的清国人几乎没有任何区别，他常年穿着长袍马褂，留着辫子，中文竟然说得比一些清国人还要流利。

宗方小太郎被誉为"日本间谍史上最杰出的天才"，至今仍有很多日本人去他的墓地"朝圣"。

1894年6月，清日战争即将打响，宗方小太郎认为收集北洋舰队的情报极为重要，他先是来到了靠近威海的烟台，后来发现此地还是不甚理想，就直接潜入威海军港，收集北洋舰队和威海陆路炮台的第一手情报，通过上海中转，源源不断地发回参谋本部。

在清日战争打响后，在清国境内的日本侨民开始撤离，而此时的宗方小太郎做了一个大胆的决定：留下。

为了防止被捕后将间谍网暴露，他做好了一旦被捕就能迅速销毁情报并自杀的准备。

冒着随时被暴露的危险，宗方小太郎竟然又潜伏了一个多月，而正是这冒着生命危险的潜伏让他成功收集到了清日战争中对日本最重要的情报之一：9 月 15 日，北洋舰队护卫运兵船前往大东沟前，宗方小太郎成功地刺探到了北洋舰队的出发时间和目的地，他把这个情报发给了参谋本部，得到情报的联合舰队由此前往大东沟海域搜索，大东沟海战由此爆发！

在从烟台发出这个情报后，宗方小太郎开始撤退。而这一次，危险终于降临到他的头上了。

宗方小太郎的情报是通过上海中转的，而上海当局已经截获了他之前的两封谍报信，随即向上海和烟台发出通缉令。通缉令到达烟台前，嗅觉灵敏的宗方小太郎已经登上了开往上海的客轮，但他可疑的行迹终于引起了清国密探的注意。他们一路尾随宗方小太郎上了船，而宗方小太郎镇定自若，用流利的汉语不停地与船上相识的清国人攀谈，终于躲过了一劫。船到上海时，上海密探上船了，举着通缉令到处捉拿，此时的宗方小太郎似乎只有等着被捕，然后被清国朝廷千刀万剐（凌迟）。

多年的间谍生涯让宗方小太郎拥有极为出色的心理素质，他仍然表现得很镇定，用易容术变装换貌，然后利用多年反侦察的经验，混杂在旅客中溜之大吉，从上海坐上英国客轮成功地逃回日本。宗方小太郎回国后，被直接接到了广岛大本营，在这里等待他的人，是睦仁。

睦仁在这里亲切地接见他，嘉奖他的"惊世之功"。

## 全民腐败之祸——日本统辖清国方略

在接受睦仁的接见后，宗方小太郎找了一个安静的住所，开始整理他在清国潜伏 10 年的情报，他把这些情报写成了两份总结性的报告。

在第一份总结性报告中，宗方小太郎强烈反对当时欧洲人正在鼓吹的"清国威胁论"。虽然清日战争刚刚打响，但他预言清国一定会失败："天朝（指日本）加兵之日，亦是胜利即来之时。"

原因是"大清之败，乃败于全民腐败，而非一人之过"。

宗方小太郎分析，洋务运动后，清国虽然在表面上在不断发展和进步，但"腐朽的风气源自明末"，全民丧失信仰，社会风气江河日下，所追求的不过是金钱、享受之事。在此风气之下，每个原本有良知的人都是可能的腐败者。"观察一个国家也和观察人一样，应当先'洞察其心腹'，然后再'及其形体'。"而清国的问题正是"人心腐败已达极点"。

1893年，清国政府公布的全年财政收入约为白银8300万两，根据实地调查，宗方小太郎对这个数字持有强烈的质疑，因为调查的结果是：清国老百姓实际缴纳的数额是这个数字的至少4倍以上！也就是说，还有巨额的税收被地方官和各种利益团体贪污截流了，那些数额巨大的大头一分钱也没有进入国库。

朝廷实行的征税政策是任务制的，在每一个年度，各省必须完成一定数额的税收，而地方官在完成这个任务后，就开始了巧立各种名目向民间乱收费，这些钱自然就落入了他们自己的腰包。

因此，清国的老百姓虽然明明多交了税，多创造了财富，国家却没有得到什么好处，富裕起来的只是各级官员。在"官富"之后，他们结成强大的利益集团，对影响他们进一步发财的政策进行明违暗抗。

利益集团最终给朝廷的统治带来了巨大的损伤。宗方小太郎总结道：清国的政局表面上是皇权一统，实际上却是政令无法出皇宫，统治者高高在上，与人民却是"上下隔阂"，"朝廷即使想施行仁政，美意也不能贯彻至民间"。不仅美意无法到达，而且，由于在各地金钱可以买通法律，受到盘剥的普通百姓即使想申诉也无路申，民怨积压很深。

久而久之，清国社会出现了全民腐败成风的现象。这几乎是所有在清国的外国人的共识，当时的美国驻华公使田贝写给美国总统的密信中就说，清国朝廷几乎已经到了"无官不贪，无事不贿，上下相欺，官民互骗的地步"。宗方小太郎认为这比朝廷政策失误还更可怕，政策失误尚且可以扭转过来，而全民腐败必使国家元气丧亡消尽——

"国家是人民的集合体，人民是国家组织的一分子，分子一旦腐败，国家岂能独强？"

清国虽然政治腐败、财政困难、军备薄弱、民心涣散，却又在"虚张声势"。宗方小太郎认为，清国绝对不能称为"真正的强国"，因为这个国家的圣人孟子早就说过——"上下交征利，则国危!"

"根据鄙见，我日本人多数对清国过于重视，徒然在兵器、军舰、财力、兵数等之统计比较上断定成败，而不知在精神上早已制其全胜矣，即使清日不战，早则 10 年，迟则 30 年，清国必将支离破碎呈现一大变化!"

宗方小太郎提出了对付清国的实际行动方案，概括起来就是"软硬两手"：先一手硬，后一手软。

宗方小太郎认为，国家的强大不能靠个人的勇武，更不是靠口水激情，也永远不要指望通过道德控诉就能战胜敌人，所以日本对清国需要硬的一手——实实在在的军事行动。

"清日之间，若无大战，则不能大和……故日本对清国人不必讲煦煦之仁、孑孑之义……一旦时机合适，日本军必须排除万难，攻陷北京，再进扼长江之咽喉，攻占江淮重地，断绝南北交通，使清国陷于至困至穷、万无办法之地，使清国政府和人民知晓真正之失败!"

在"硬"的手段成功后，就应该实行"软"的手段了，也就是"铁血之后再怀柔"。宗方小太郎再三提醒日本当局要注意这一点，"数亿之黎民待望仁政、仁人久矣"。战胜的日军要在占领地实行"仁政"，不能将战火延绵到清国人民的头上，不能屠杀清国人民，只有这样才能消除清国人民对日本的仇恨，实现日本对清国的长久统治。

宗方小太郎提出的"铁血政策"被日军很好地贯彻了下去，甚至多年以后，当日军攻入南京时，认为必须用强硬手段使中国人完全屈服，达到"万无办法"的境地，于是疯狂地开展了一场史无前例的大屠杀。而宗方小太郎寄希望的"仁政"，无疑是与虎谋皮，日本军部罪恶的屠刀一旦出鞘，是很难再收回来的。

这就是宗方小太郎第一份总结性的情报报告——《清国大势之倾向》。宗方小太郎将他的第二份总结性情报命名为《经略长江水域要旨》，他提醒日本政府观察清国政局要注意长江流域，尤其要特别注意当时一个并不特别起眼的地方——湖南。

长沙正是汉口乐善堂第一个设立"支部"的地方。宗方小太郎预言："今后主宰爱新觉罗命运的，必为湖南人。"他提醒日本当局，要"及时经营湖南，将来大清国中原鼎沸之时，如果湖南不能为我日本所用，至少也要让它不至与我为仇！英国数百年前就开辟湖南湘潭为商埠，并汲汲于经营重庆，难道没有原因吗？"

日本间谍给出的答案并不是完整的，因为他们的观察视角也只能局限于清国社会和地方政府，还有一个地方是他们永远不可能到达的。

这就是皇宫。

在皇宫，更加令人瞠目结舌的阴暗事件一直在上演。这件事发生在以慈禧为核心的利益集团和以光绪为核心的利益集团之间，也就是帝后两党之争，它不仅是清日战争中清军溃败的根本原因，是清国"全民腐败"的源头，也是这个朝廷即将走向迅速衰败的最重要的原因，它即将将整个清国推向万劫不复的深渊！

第十章

# 戊戌变法前奏：朝廷里的帝后两党党争

## 帝党代表人物翁同龢

爱新觉罗·载湉，原本是慈禧的侄子，在慈禧的亲生儿子同治皇帝去世之后，慈禧将载湉过继给自己为儿子，这样载湉就成了光绪皇帝，而慈禧继续当着皇太后，继续掌控这个庞大的帝国。

1889 年，清日战争爆发前 5 年，18 岁的光绪皇帝在紫禁城里大婚，在慈禧的安排下，他娶的是自己并不喜欢的慈禧的侄女静芬为皇后。大婚代表着光绪正式亲政，55 岁的慈禧退居二线了，她搬到了颐和园，用她自己的话来说，"以后的工作就是在颐和园遛遛猫和狗"。

光绪有了批阅奏折的权力。一切事情看上去都是那么顺利，光绪即将大权在握，像他向往的大唐君主一样，奋发有为，实现中兴之治，承前启后，继往开来。而事实并不是这样。

光绪仍然需要每隔一天就前去颐和园请安。"请安"并不是问问太后身体好不好之类，按照慈禧退休前定下的规矩，朝政大事仍然需要请示慈禧，也就是"寻常事上决之，疑难者请懿旨"。

需要请示的大事，其实只有两个方面：一个方面是朝廷的大政方针，另外一个方面就是人事任免。

在多年实际掌控这个帝国的过程中，慈禧提拔重用了李鸿章等一大批官员，这是她的权力基础，而不是光绪的权力基础。掌控人事任免大权对慈禧来说，这是一种极佳的权力安全设计。只要朝廷里里外外基本都是她的人，她就可以在颐和园遥控这个国家的最高权力，过着"退而不休"的生活。

而对光绪来说，现实就让他比较难受了。不能给大政方针定调和没有彻底的人事任免权牢牢捆住了他的手脚，这才是他真正实现亲政的最大障碍。作为新上任的领导，作为在朝廷中还没有建立自己权力基础的领导，如果想真正亲政，就必须撤换掉一批人，建立自己的亲信和嫡系队伍，但问题来了——无人事任免权，就暂时还没办法建立嫡系，形成自己的权力基础。

光绪要做的，也许就是等待。但他已经是亲政的皇帝了，还要等多久？

当然，随着亲政的到来，光绪毕竟已经是真正的皇上，"皇帝"这个名分是慈禧永远无法拥有的。一些大臣们也开始转向，盘算站队问题。

大部分大臣依然选择了继续团结在慈禧周边，因为他们深深地了解这个女人的手腕，明白她的野心，更知晓她的脾气。这一派人数众多，实力强大，几乎包括了朝廷所有的王公大臣和各省的总督巡抚，以及军队里的实权人物。

而另一派在深思熟虑后决定将宝押在光绪身上，这些人大部分是言官、清流、御史等，也就是说，他们就是那些目前不是实权人物，而希望自己能够拥有实权的人。既然他们想改变现有的权力格局，在实际权力场中插一腿，那么皇帝就是帮他们实现政治抱负、成功上位的最佳人选。

他们构成了帝党。帝党的阵营比较简单，简单到找不出几个重要人物，如果非要找出的话，那就是翁同龢，他是帝党的代表人物。

翁同龢其实一直是慈禧的人。在光绪登基之前，他曾经支持了慈禧的数次权谋行动，由此才得到慈禧的信任，担任军机大臣、户部尚书（财政部部长）、总理衙门大臣，并成为光绪的帝师，而正是这个身份的转变，加上光绪亲政，他才转向支持光绪。

## 后党代表人物李鸿章

后党的代表人物无疑就是李鸿章。

虽然慈禧一直是李鸿章的坚强的靠山，但李鸿章跟这位太后没有任何亲戚关系，一年也见不上几次面。实事求是地说，李鸿章能成为最有权势的后党代表人物，最大的原因就跟慈禧能站在紫禁城之巅一样——能做事。

朝廷毕竟是个庞大的政治机器，还是需要有人来做事的。

作为曾国藩的弟子，当年李鸿章和老师一起发起了清国的"洋务运动"，所谓的"洋务运动"，其实就是结束中华民族绵延千年的农业社会传统，引进和仿照西方科技来发展近代工业。在曾、李时代，清国的工业化进入了新的阶段。铁路、蒸汽航运、矿山、电报、电力、近代邮政等原先只有西方国家才有的工业，在清国大地如雨后春笋般出现，势头很猛。

做这些事情是要遇到很多阻力的，最大的阻力就是来自观念上的反对。一些人认为，所谓的"科学技术"，不过是"奇技淫巧"而已，强国之本，"在人心不在技艺"。持有这些观点的是当时的大部分人，当官的如此，老百姓也是如此。曾国藩和李鸿章就曾试图派遣一些留学生去国外学习科学技术，结果他们遇到了很大的困难。

在当时，出国留学生是"官派"的，只要你出国，政府不仅负担全部费用，甚至还给你家里补贴钱。不过报名者寥寥，因为传言"洋人"会把他们的孩子活活剥皮再把狗皮贴到他们身上，当怪物展览赚钱，于是家长们打死也不让孩子出国。其中有个叫詹兴洪的家长，他的邻居在香港做事，力劝詹家送儿子留学，没想到詹兴洪一口拒绝，还将好心的邻居大骂了一顿，最后邻居同意把自己女儿许配给詹家，詹兴洪这才勉强同意了。

这个孩子就是后来从耶鲁大学毕业的詹天佑。他同其他 29 名幼童作为清国第一批留学生赴美，学习科技。自此以后，出洋留学才渐渐成为热潮。而曾国藩并没有看到这一批小孩子远赴美国，他在 5 个月前去世，死前他向朝廷推荐了自己的弟子，那个因起不了早让曾国藩看不惯的安徽人李鸿章，继续他的事业。

在接下来的岁月里，李鸿章继承了曾国藩的遗志，一面大力加强国防，扩充和训练淮军，一面专心于"洋务"。在他的手里也创造了许多个第一，比如轮船招商局，不仅是大清最早的航运企业，还从仅有的三艘船起家，发展成全球著名的航运巨无霸，分支机构遍布东亚，甚至还收购了美国的旗昌轮船公司。

李鸿章发展洋务的这段时期正是慈禧垂帘听政时期，慈禧虽然深居宫中，但并没有被"满汉有别"的观念所禁锢，也没有极端排斥西方的科学技术。她主政的时期正是洋务运动发展最迅速的时期，李鸿章就是继曾国藩之后慈禧最为倚重的汉臣。

那么，这两人的关系是不是就铁到没有嫌隙，可以互相信任了？答案是否定的，并且永远是否定的。

官场是没有平等信任关系的，慈禧和李鸿章之间也是如此，但和别的君臣关系不同，它又多了一个实际情况。这个情况就是，慈禧的最高权力并不是名正言顺的，而是通过权势占有她的"儿子"光绪的，那个已经亲政的光绪就坐在朝堂上，只要他在，就会对慈禧继续霸占最高权力的"合法性"构成威胁。

这就注定了慈禧只能是一个和稀泥去平衡各派的人物，她最大的愿望就是"稳定"，只有朝局稳定了，不出什么乱子，她的权力安全才不会有什么乱子。所以，慈禧对李鸿章的支持也是一种政治需要，跟她的个人观念和喜好没什么太大的关系，也就是说，她喜不喜欢洋人的东西都不会影响她的选择。出于权力安全的需要，慈禧这个人既不可能绝对的保守，仇视一切"洋务"，也不可能绝对的开明，放手让洋务派去干。

对于李鸿章，慈禧一直在用，也一直在防。而李鸿章也心知肚明，他不仅一直在"能用"的方面让慈禧满意（争取更大的乌纱帽），也一直在"不需要防"的方面让慈禧放心（保住乌纱帽）。

现在，我们可以用一句话来总结慈禧与李鸿章之间的新式君臣关系了：在这个朝廷里，在皇权最高领导和最会做事的臣子之间，没有人像慈禧和李鸿章这样，互相了解、互相同情、互为灵魂知己，又互相利用、互相算计。

得出这个结论是为了解开接下来的这个谜底，关于在甲午战争中全军覆没的北洋舰队一个争议多年的谜底——

慈禧挪用军费的秘密：不是因为要修颐和园而挪用海军军费，而是为了挪用海军军费而修颐和园！

当慈禧把建设强大的北洋水师托付给李鸿章之时，她就已经明白，她实际上已经把自己的身家性命甚至整个国家的命运都托付给了李鸿章。水师太重要了，西方列强都是从海上进攻清国的，谁掌握了水师，谁就掌握了这个国家的命运。

所以在建立北洋水师之时，一开始慈禧对李鸿章的支持是毫无保留的。她强调"惟念海军关系重大，非寻常庶政可比"。只要是关系到北洋水师的事情，要银子有银子，要政策给政策，要人给人。花费这么大的投资，言官御史们风言风语，慈禧只有一个反应——不理睬。

正是因为有了慈禧的强力支持，北洋水师才迅速发展起来，成为亚洲第一。但是，在北洋水师建成那一年（1888年）后，慈禧的态度却变了，当李鸿章像往常一样奏请拨款购买军舰和大炮的时候，慈禧的回答是：没钱。

而暗地里，慈禧开始忙碌一件事情——修颐和园。

修颐和园的预算是2000万两白银，而费用是从海军军费里挪用的。这么多银子用于修园子，留给北洋水师的自然所剩无几了，别说再买舰买炮，买颗子弹的钱都没有。

所以，从1888年后，北洋水师再没有添置一艘新军舰，大炮也是旧的。

买了舰和炮就修不成园子，修了园子就买不成舰和炮，新舰新炮和颐和园，似乎是一对矛盾。

而真正的矛盾焦点只有一个——权力安全，准确地说是慈禧的权力安全。

挪用水师军费无异于削弱自己统治的根基，这一点精明的慈禧不会不知道。但是，作为专制制度里的最高统治者，慈禧要面对的现实是：如果不发展水师，国家要被西方列强打成殖民地，所以必须发展；但是如果水师过于强大，而且这支强大的海军只掌握在李鸿章一个人手里时，那么为了权力的安全，必须防备李鸿章拥兵自重，有谋逆之心。

另外还要防备的，就是李鸿章倒向光绪。

别看李鸿章是慈禧的嫡系，但官场上一切都是有可能的，在有条件的时候，谁不愿意站在权力之巅？

这就是慈禧对于北洋水师最真实的心态，既要让这支军队建立发展，又不能让它过于强大。

大家要问了，既然要防着李鸿章，那么一开始不让他掌控水师军权就好了嘛，让一个能够信任的满族王爷来领导不是更好？

先不说这些满族王爷是否真的值得信任（他们谋反更容易），就算是真的值得信任，慈禧也是没有选择。

原因前面其实我们已经说过了，李鸿章能办事，换句话说，能办事的，也唯有李鸿章而已。慈禧并没有把北洋水师的最高领导职务交给李鸿章，而是交给了她信任的海军大臣庆亲王奕劻，问题是奕劻跟其他满族王爷一样，只顾自己捞银子，对水师的事情，他没有办法实际控制。因为他是在办公室里听汇报的主，没有李鸿章的实际掌控，北洋水师估计到最后都只能打鱼。慈禧不得不将建设和掌控水师的重任（也就是大权）托付给李鸿章——就像当年太平天国起义后，朝廷也不是没让八旗和绿营上过阵，最后也是不得已才放权给曾国藩。

两害相权取其轻，永远是政治家的选择。级别越高，能做出一个"完美选择"的余地越小。对慈禧来说，她既要让李鸿章能做事，又要让他只能为自己做事——这是慈禧对李鸿章的最基本的态度。

费尽口舌说了这么多，结论已经渐渐清晰了。在史料中，人们把慈禧在北洋水师正要迅猛发展之际，挪走军费修颐和园这一举动，当成她作为一个女人贪图享乐、腐败堕落、昏庸无能而且荒淫无耻的证据。但是，事情可能还有另一面——慈禧并不是因为要修颐和园才挪用海军军费，而是为了挪走海军军费才修颐和园！

只有修颐和园，李鸿章才无法反对，因为这是一个令大权在握的李鸿章无法反驳的理由。1888 年是光绪亲政的前一年，慈禧即将退休，如果为她幸福的退休生活弄个住所李鸿章还要反对，那李鸿章是何居心呢，心里还有没有这个领导啊？

所以，只有打着为慈禧修颐和园的旗号，北洋水师的军费才能畅通无阻地从李鸿章手里弄出来，如果朝廷用于其他的用途，李鸿章是会跟他们拼命的。

当然，修颐和园不能完全排除慈禧有享乐的心态，但这并不是唯一的动机。因为对慈禧来说，建设北洋水师是为了国家（部分为了自己），而不让一支自己无法完全掌控的军队过于强大，则是为了她自己。北洋水师最终无法成为真正的强军，不是它技不如人（军舰是世界上最好的军舰），也不是没银子（花的钱比日本多），更不是没时间来发展（比日本起步还要早），而是从一开始，在源头上，它根本就无法强大！

当朝廷要挪用军费去修颐和园的消息传到李鸿章这里时，他的第一反应除了愤怒还是愤怒，水师刚刚建成，正是要加大投入的时候，现在却停止拨款了，这简直是卖国嘛！李鸿章按捺不住内心的愤怒给慈禧上了道奏折，要求停建颐和园继续发展海军。而慈禧对这封奏折的反应很奇怪——她严厉地批评了李鸿章，却没有给出任何原因，只是安慰李鸿章继续勤勤恳恳、任劳任怨。

经过一番思考，李鸿章终于心知肚明了。慈禧正是要以解决她退休后住房问题的名义，光明正大地挪走军费并让李鸿章无话可说。在幡然醒悟之后，李鸿章十分爽快地配合了。他不再上反对修园子的折子了，不再为国防去争了，他为把北洋水师军费挪给宫廷创造一切可能的方便，主动配合慈禧有所猜忌的心思，带头把北洋水师发展的势头压下来。

慈禧要保障她的权力安全，李鸿章大人也需要保护他握在慈禧手里的顶戴花翎，于是就形成这个局面了。当丁汝昌打报告给李鸿章，要求先在主力战舰上装备最新的速射炮时，虽然这只需要60万两银子，李鸿章的回答却是：没钱。

同样的，在清日战争之前，刘步蟾报告了日本舰队正在大肆购买最先进的军舰和舰炮，对北洋舰队造成了很大的威胁，要求继续买舰买炮，强大海军，防备日本。有苦说不出的李鸿章只是答了一句：你的心思是很好的。

事实上，李鸿章并不是真的没银子，即使朝廷没银子，他的小金库里也是有的。在清日战争结束之后，李鸿章向朝廷报告了北洋水师还有一笔存在汇丰银行的200多万两银子的"活动经费"，这些钱即使买不了军舰，进行速射炮的更新换代绰绰有余——但是，李鸿章不敢啊！

事实就是这样了。这样一支政治大军，它背负着各式各样的政治目的，各种利益集团的代表都会在这里插上一脚。如果军人不能纯粹为了战斗而战斗，即使它的编制和武器与国际接轨，也还是一支陈旧的军队，一支战斗力不断下降的军队，而这一切的源头是朝廷存在党争。

后党和帝党的基本格局就是这样了，但还有一个人是值得我们注意的，他是一个生力军，一个还没怎么进入朝廷高层视线，但从未放弃往权力中心去钻营的人。

他就是袁世凯。

## 袁世凯在北京的"活动"

清日战争爆发之际，袁世凯金蝉脱壳成功回到国内，然后被派去满洲负责清军的后勤保障工作——相当于粮草官。从心底里说，袁世凯对这个安排是很不满意的，但庆幸没有再把他打发去朝鲜。

在满洲，袁世凯目睹了前线士兵的大面积溃逃。虽然他也是从朝鲜逃回来的，但对于别人的逃跑，袁世凯很痛心，他每天都在大骂前军主帅，似乎只有他才适合当前军主帅。他自信自己有办法管理好一支军队，让这支军队特别守纪律、特别能战斗，而办法就是他的那个老办法——杀人立威。

"前兵溃逃，若影响运务，凯将痛杀之！"

他在等待着真正掌握军权的机会。他知道这个机会是会到来的。

契机很快就来了。旅顺失陷后，朝廷突然明白，勉强能打仗的最后一支军队——淮军已经是另外一支腐败的八旗了，必须着手建立一支新式陆军，否则大清将无兵可以打仗。经过一番讨论，朝廷任命广西按察使胡燏棻为总负责人，仿照德国的方法，在天津小站这个地方训练新式军队，先练5000人，取名为"定武军"。

胡燏棻当时在天津为前线军队做后勤保障工作，也就是说，他是袁世凯之外的另外一个粮草官。朝廷之所以任命他为负责人，是因为他可以就近上任，这也说明胡燏棻只是一个临时人选。1895年12月，在练了一年的兵以后，胡燏棻被调去负责修建天津至卢沟桥的津卢铁路，朝廷还需要选择一个正式的人来接任负责人。

袁世凯得到了这个消息，他知道他的机会来了。

袁世凯知道，他那半船黄金还没用完，它们的新主人又将到了。这些黄金送给谁呢？再去找老上级——李鸿章肯定不行了。李中堂的仗打得一塌糊涂，在朝廷上已经说不上什么话了，又因为签订《马关条约》，换来一片骂名，现在连慈禧都无法保他。

袁世凯敏感地意识到，是时候需要再投到别人的门下了。这个人会是谁？

袁世凯打听到有权决定人选的是朝中的这么几个人，按照先后顺序，分别是：庆亲王奕劻（后党）、清流派首领李鸿藻（不是李鸿章的兄弟，属帝党）、步兵统领荣禄（后党）。

按照袁世凯的级别，就算黄金再多，也是没有办法直接接触到亲王级别的，于是他决定从后两位入手。

对于李鸿藻，袁世凯并没有送黄金，而是呈上了一篇很长的文章。这篇文章系统地阐述了他关于训练和管理新式军队的想法，文笔华丽，主题突出，中心思想明确，气势磅礴，宛如饱学之士的心血之作。

"好文！"李鸿藻读完后，他大叫了一声。激动之余，李鸿藻拿着这篇文章去找光绪了，他向光绪举荐了袁世凯。

光绪皇帝第一次对袁世凯有了深刻的印象，从此记住了"袁世凯"这个名字。光绪也很心动，不过带兵的重任，还是需要谨慎的，更需要请示太后，于是光绪对李鸿藻说：先把这个人列为候选人，时机合适时由吏部带领入宫觐见吧。

在吏部的引荐下，袁世凯觐见了光绪。光绪跟他谈起了一件很重要的事情——变法，询问他的意见。出宫后，袁世凯回奏了一份长达1.3万字的变法方案，提出了一揽子计划，主要内容有开办银行、邮政，修建铁路、制造机器、办新式学校等，这些观点大合光绪的胃口，光绪对袁世凯的印象很好。

但袁世凯并不认为他见了皇帝就可以坐等升职，他知道只"活动"帝党的人是远远不够的。老袁又来到了荣禄府上，他很清楚荣禄并不像清流那么清高，黄金肯定是爱的，于是他带上了一箱黄金——另外还有一本书。

这是一本关于练兵的书，袁世凯很清楚，像荣禄这种人，并不像清流李鸿藻那样过分看重文章，会认为文章写得好，办事也就强。所以袁世凯干脆编了兵书，收集各国训练军队的方法，并提出自己的看法和见解，扎扎实实地阐述自己对练兵的心得和体会。

和前面给李鸿藻的文章一样，这本书也是袁世凯找人代写的，只是署上了他的名字。

袁世凯的目的并不只是借这本书让荣禄认为他有能力，他的办法是"认门生"。拿着书让荣禄指教，顺便拜荣禄大人为师。他要让荣禄明白：如果朝廷让我袁某人去负责练兵，那么这支军队只是世凯在替大人您看管，袁世凯一定唯大人马首是瞻。至于黄金，那也不是行贿之物，只是学生对老师的见面礼。

荣禄被打动了，作为慈禧的心腹，他有责任向慈禧推荐一个合适的人，现在这个人找上门来了，还是一个对自己表过忠心的人，那么，他有什么理由不推荐袁世凯呢？

荣禄向朝廷推荐了袁世凯，加上李鸿藻的推荐、庆亲王的挂名，帝后两党取得了一致，各方面都无人提出反对意见，袁世凯的职务便定了下来。

1895 年冬，寒风凛冽，袁世凯来到了小站。

## 下一个李鸿章

在天津东南 70 里的地方，原是一片盐碱荒地，人烟稀少，寸草不生。这样的地方适合驻军，于是后来有淮军驻扎于此，开垦荒地，引渠灌溉，种植水稻，出产"小站稻"。

袁世凯新官上任，便烧了三把火。先是把"定武军"改为"新建陆军"，简称"新军"。改名正是要"去胡化"，胡燏棻是创始人，但新军不能再有胡燏棻的痕迹。

然后是招兵，袁世凯把新军总人数由 5000 人扩张到 7300 人。对报名来应试的人，袁世凯亲自把关。在袁世凯眼里，年龄 20 岁左右的年轻农民是最理想的人选，这些人身体强壮，思想朴实，吃苦耐劳，很老实，也很听话。

人员齐整后，接下来就是加强制度建设。袁世凯成立了督练处，这是一个统领所有小站练兵工作的机构，总负责人自然是袁世凯。在这个机构的下面，按照职能分工，分别有参谋营务处、执法营务处和督操营务处，另设有粮饷局、军械局、转运局、洋务局、军医局、教习处等。这些中层干部，袁世凯找的都是能成为自己亲信的人。比如徐世昌（结拜兄弟）、张勋（以前的同学）、唐绍仪（以前的手下）以及冯国璋、段祺瑞、曹锟等人。袁世凯手里有了权和钱，就提拔了他们，给他们好处，这些人的共同点就是聚在袁世凯麾下，唯袁大人马首是瞻，唯袁命是从！

但袁世凯并不是只抓住这些中层干部，他很聪明，他知道如果自己不能亲临士兵一线，如果哪个中层干部培育自己的嫡系，那他老袁就不好直接控制了。于是，"为了和士兵打成一片"，袁世凯一改以前旧式军官的作风，亲下基层。

老袁以身作则，早晨，天不亮他就起床了，穿上军服，和士兵们一起出早操。晚上，和士兵一起晚归，甚至当士兵们休息后，他还要亲自提灯巡营，风雨无阻，从不缺席。他和士兵们混熟了，连各班班长的名字他都能直接叫出来，袁世凯深受士兵们的欢迎和爱戴。

每当老袁和士兵们一起出操或者督导训练的时候，他从不搞特殊，士兵暴晒他也暴晒，士兵淋雨他也淋雨，手下要给他打伞，就会给他骂回去。每到发饷银的时候，他会亲自监督，发放到士兵手中，避免基层军官贪污。而每个月，他还要拿出自己饷银的1/3，奖励优秀士兵。

当然，袁世凯并没有放弃他的传统特色——杀人立威。夜晚巡营发现有士兵在偷食鸦片时，袁世凯采取了当年入朝鲜时的办法——当场拔出佩刀将此兵劈杀。从此军中又多了一种对他的感觉——惧怕。

在一系列恩威并用的手段之后，袁世凯成功地将这支朝廷花大价钱训练的装备精良、战斗力突出的新军变成了自己的嫡系队伍。

"你们是在为谁刻苦训练？"袁世凯问。

"为大帅！"士兵们整齐地回答。

袁世凯"大惊失色"，说道："不，不，是为朝廷！"

袁世凯厉害的地方是，无论是在公开场合还是私下场合，他从不发表对朝廷帝党和后党的看法，决不谈"政治"，他的口号是"军人不懂政治"，他袁某人也不关心政治，只听从朝廷的命令。

不过，朝廷也并不是没有防备之心，练兵一年后，朝廷中有人弹劾袁世凯，名义是他练兵"花钱太多"，于是朝廷派出了荣禄前来调查。在袁世凯看来，这不过是他更进一步向荣禄表忠心的机会，于是在袁世凯的"活动"之下，荣禄高高兴兴地在小站住了几天，看了阅兵式，回朝廷复命：袁干得不错！

1897 年，袁世凯又一次升职了。最新职务是直隶按察使（相当于副省长），级别正三品，主要工作仍然是主持小站的练兵。掌握了兵权，就是掌握了最大的政治资本，到此所有人都明白，朝廷中再也没有人敢忽视他袁世凯，那个当年只想快点从朝鲜回国、快点拥有上朝资格的人，如今已成了即将取代李鸿章的官场红人。

袁世凯也没有想到，接下来连光绪皇帝都将"有求"于他。

对朝廷来说，与蕞尔小国日本的战争改变了一切，也暴露了一切，惨败的结果和《马关条约》带来的刺痛，深深地震撼了大清的宫廷、官场，直至民间。清国地大物博，历史悠久，如果说 1840 年打不过英国，还可以说自己的船不坚炮不利，可是洋务运动正是以"船坚炮利""自强求富"为目标的，全国上下在朝廷的带领下奋斗了 30 多年，花了大价钱买武器强军，船也坚了炮也利了，为什么连小小的"东夷"、以前根本不屑一顾的倭寇都还打不过？

所有人——首先是朝廷的高层，都深深地感受到，必须"变"了——变法。

变法，成了清日战争之后整个朝廷的大事，谁也不希望在这场大幕中落伍，因为落伍意味着被边缘化。在官员们的推动下，社会各阶层之间第一次有了"变法图新"的共识。

官员们自己当然要不甘落后，上至王爷大臣，中至总督巡抚，下至知府知县，大大小小的官员纷纷上书言事，要求变法。在慈禧的同意下，朝廷下达命令，令各级官员讨论变法，一定要拿出一个合理可行的办法出来。

1898年，这一年是传统的戊戌年，历史上的戊戌变法即将到来。

## 第十一章

# 戊戌变法：光绪和慈禧的权力博弈

## 慈禧的杀着

"亲政"多年的光绪仍然不能改变"寻常事上决之，疑难者请懿旨"的制度，坚持"事前请示和事后汇报"，重大的事情，需要先请慈禧的懿旨，而一般的事情也要事后汇报，汇报的方式就是将光绪批复过的奏折送往颐和园处。

为了表示对变法的强力支持，让光绪放开手脚去做，慈禧给光绪吃了定心丸，她告诉光绪：只要你不烧祖宗的牌位，不改服饰不剪辫子，随你去变（"汝但留祖宗神主不烧，辫发不剪，我便不管"）。

一直活在慈禧阴影下的光绪，终于有了一个证明自己和挑战自己的机会了。

1898 年 6 月 11 日，光绪颁布变法诏书，由朝廷主导，从国家层面上开始的变法正式开始。

6 月 15 日，变法开始后的第四天，慈禧以"太后懿旨"的形式一口气发布了四道命令。

第一道：变法期间及以后，凡新任二品以上大臣必须到颐和园慈禧太后处谢恩。目的：仍然紧紧把控朝廷高级官员的人事任免权。

第二道：任命荣禄为直隶总督兼北洋大臣。目的有三：第一是让心腹荣禄接替曾经的心腹李鸿章为自己守卫京畿，确保京畿稳定，变法是在朝廷进行的，只要首都不乱，其他地方也乱不起来；第二是让荣禄成为北洋大臣看守国门，在关键时刻成为与洋人沟通的窗口；最后，让荣禄成为袁世凯的直接上司。

第三道：太后和皇帝于本年秋到天津检阅军队，命荣禄预备一切。目的：为了预防将来有可能出现的动乱，荣禄可以借着准备阅兵的名义调动军队以及做其他军事方面的部署。

第四道：免去帝师翁同龢的一切职务，命其立即离京，回家养老去。

从分析来看，慈禧的前三个杀着已经够厉害了，基本把将来该想的事情都想到了，而最后一道命令也是最厉害的一着。

不是慈禧看翁同龢不爽，这个命令是慈禧在深思熟虑后发出的，它出于慈禧的一个需要——平衡权力。

前面我们说过，慈禧是后党集团的带头人，但同时她也是这个国家的最高统治者，她必须为朝政的稳定处处操心，这是她的责任，也是她无法逃避的事情。事实上，一个最高领导人看谁都不会特别舒服，也不会特别不舒服，但是，在慈禧看来，她在那个时候必须解除翁同龢的权力。

清日战后，李鸿章在朝中没有了一切职务，只保留了一个大学士的荣誉称号，自从李鸿章失势后，慈禧看到翁同龢就别扭了。翁同龢的官职和权势并不比李鸿章低多少，除了与洋人打交道和做实业，某些方面甚至还超过了李鸿章。在慈禧的眼里，翁、李二人的存在就是互相制衡、互相牵制的，避免一方独大。现在，李鸿章走了，翁同龢大人也必须走。

对手，托起成功的另一只手。在官场，有时候我们之所以存在，并不是因为自己有多强，而是因为有个对头。

慈禧还有更深一层的考虑，这个考虑就是：帮助光绪。

在慈禧的眼里，变法是由光绪主导的，而且必须只能由光绪来主导。翁同龢这个人慈禧还是比较清楚的，他曾经也是慈禧的心腹，在光绪亲政前后，才仗着自己帝师的身份转向支持光绪。清日之战中，翁同龢发动了一批清流言官，极力拆李鸿章的台，战后又极力主张变法，每一次的理由都很堂皇，什么"头可断血可流""外敌不可侵"，什么"为了大清自强"。不过慈禧比他更清楚，他所做的一切也只不过是为了他的权力。对于任何一个已身居高位而又极具野心的人，无论他是李鸿章还是翁同龢，慈禧都不得不防。在慈禧看来，光绪毕竟还年轻，太嫩，没有李鸿章的制约，翁同龢难免不会将野心之手伸得更长。免去翁同龢职务后，变法就只能真正由光绪来主导了。

这就是说，虽然光绪是慈禧潜在的政治对手，但好歹也是一家人，大家都是带"皇"的，所谓"家天下"，不是儿子坐天下，就是太后坐天下，变法无论成功还是失败，都还能保证权力在皇家手里。

可怜的翁同龢，他喊了多少年的变法，最后关头却发现自己只是个摇旗呐喊的。他只有打包好铺盖，跟皇宫说再见，一个人默默地回了老家常熟。李鸿章在清日战争中焦头烂额时，翁同龢一再鼓动弹劾李鸿章，然后成功地将李鸿章拉下马。见到李鸿章罢官，翁同龢曾经开心，他曾认为和李鸿章斗了这么多年，李鸿章终于垮了，他就可以平步青云了，现在，他终于明白了对手的意义。

皇宫里的慈禧接到翁同龢离京的消息，一脸平静。但她的内心其实并不平静，不过不是为了翁同龢或李鸿章，而是为了变法。一口气下达了这么多懿旨，都是源于她内心的秘密。

## 慈禧的心理

对光绪来说，在变法进入实际程序后，问题可以说是千头万绪。但谁是变法的真正支持者，谁是变法的继续观望者，这才是变法的首要问题。

而在其中，慈禧的态度是最关键的。皇宫里的光绪也许并没有意识到这个问题的重要性。毕竟太后不是已经退休了吗？

但慈禧到底是怎么想的呢？

要分析或者回答这个问题是比较有难度的。但是，从慈禧一连发布的四道命令来看，还是可以分析个大概的，这就是破解一个人内心秘密的根本方法——"听其言而观其行"。

慈禧的第一个心态是矛盾。在她内心的最深处，她是不愿意变法的，"维护社会稳定"才是她的第一需求，社会稳定，也就意味着权力稳定，现有的权力平衡就不会被打破，她就能继续掌控最高权力，这一点慈禧比谁都清楚。

但是，作为统治者，慈禧更加意识到变法势在必行，原因就是战后局势，谁也无法阻挡这个潮流，不仅阻挡不了，还要拿出切实行动，不然各地只怕要造反，自己的统治也不会长久。所以慈禧是在极大的矛盾心态中"不得不首肯"了变法。

第一心态引出了第二心态——旁观。变法的事情由光绪来干，名义上是光绪已经亲政了，实际上慈禧并不想干。虽然由她这个掌握着朝廷最高权力并且有着最广泛权力基础的人来主导变法，办起事情来方便一些，政令出紫禁城也快一些，下面的官员们也听话一些，但慈禧既没那个心情，也没那个能力，更不想去折腾——最重要的是：她不想承担这个风险。

几千年以来的事实无数次证明，对政治团体来说，变法虽然有很大的利益，但有更大的风险。实际上风险才是第一位的，被五马分尸的商鞅肯定同意这一点。对慈禧来说，她已经掌控了最高权力，实在没必要再去冒这个风险，所以对于这一场变法，她宁愿躲在幕后。一句话：要变你们去变，我是不会去变的。

她的第三个心态是等待，或者叫"静观其变"。统治者最基本的素质就是经得起等待，在这漫长而纠结的等待过程中，最重要的一条就是不预判事务，在最终结果到来之前，慈禧不会认定变法一定会成功，也不会认定就一定会失败。她在平静地等待这个结果，但不会被动地接受这个结果，她要做的就是躲在幕后，隔岸观火，将来变法成功了，她出来领功，表彰一下人员，宣布一下大家辛苦；如果不成功，那也不怕，她就会出来收拾残局，让局面重回稳定。

她的最后一个心态就是担忧。慈禧最大的担忧，并不是变法成功或者失败，而是权力平衡是否会被打破。作为权谋家，第一位的永远是权力，而变法才是第二位的。她希望变法最后能够取得成功，让政权得以延续，但她更希望所有的变法都是在她的权威下进行的，在颐和园睡几觉醒来，法变了，而大权仍然在她的手上。她警惕着光绪，也担忧着大臣，尽管李鸿章已经落马，翁同龢已经被罢免，但一定会有新的权臣从新的局势中冒出来，这些人会是她的心腹吗？

光绪也许没有深入地思考这些，太后罢免了翁同龢，他必须亲自出马，首要问题是找到一批人，一批能为他冲锋陷阵、将变法推行下去的人——帮手。

## 光绪的新帮手

等到光绪真正要去找帮手的时候，他才发现这是一件有难度的事，天子富有四海，四海之内皆臣民，但当他把目光投向庞大的官僚系统时，他最想说的一句话估计是：爱卿们，你们在哪里啊？

60年前，光绪的爷爷道光皇帝也曾碰到过这样的难题。

当时广东鸦片为患，道光皇帝每天都会接到来自两广总督的八百里加急，此时朝廷已经三令五申禁烟，道光朱批的禁烟令发了一道又一道，而鸦片屡禁不止。在京广之间的道路上，出现了一个有趣的现象：一边是广州发来的报告烟患的八百里加急，一边是紫禁城发出的禁烟圣旨，传递文件的人经常在半路上遇见。送来送去，都是这个结果。

原因只有一个，那就是鸦片并不是只有洋商在卖，地方官员也参与其中，然后从中分红分利。有的官员在烟行中占股，胆大的甚至自己当幕后老板。从表面看，这些官员与商人勾结，实际上，官员之间形成了互相保护——官官相卫。所以，朝廷的圣旨下来了，总是上有好政策，下有好对策。

洋商们开始公开嘲笑："你们连自己的地方官都管不住，又如何能管住外国人？"

在这种情况下，林则徐出场了。他手持尚方宝剑，代表道光去把鸦片一把火烧光。

经过 60 多年的发展，这一支基层官僚队伍更加腐败了。大小官员早已习惯了自己角色的利益定位，他们虽然"同情"变法，但要让他们自己去做是没空的，有空的是捞银子。

而光绪连自己的钦差大臣都没得派，宫廷权力一直是慈禧把持的，光绪在朝廷中并没有权力基础，在中高层很难获得实质上的支持。

不过，变法毕竟是朝廷的大事，太后也是点了头的。于是有几个人表示要支持变法，我们来认识下这几个人：

礼部侍郎（副部长）徐致靖；

户部左侍郎（财政部副部长）张荫桓；

礼部主事（处级干部）王照；

监察御史杨深秀。

当然，他们也不会比其他在继续观望的官员们傻，他们要做的工作是向光绪推荐合适的人，也就是说，是帮光绪去找合适的帮手。

对变法来说，什么是合适的人？

这是有要求的。

首先，他们必须是在行政系统之内，能保证基本可靠并有基本的行政才干。其次，老官僚不要，必须是新人，最好是什么候补官员之类，他们还没有受到官场的腐蚀，也没有受到利益集团的拉拢，比较能放开手脚，激起斗志；另外，由于不是某个利益集团中的一员，让他们出面办事也不至于引发各利益集团之间的直接对抗。

第一个站出来支持光绪的是礼部侍郎徐致靖。

礼部主要掌管教育考试、外交礼宾等事项，是一个容易出书呆子的衙门。徐致靖就是这样一个人，在其他封疆大吏都在观望的时候，徐致靖第一个站出来，公开表态支持变法，然后他上了《密保人才折》。

在这个密折里，徐致靖向光绪推荐了五位人才，其中最著名的是江苏候补知府谭嗣同。在徐致靖的带头下，内阁候补侍读杨锐、刑部候补主事刘光第、内阁候补中书林旭等人先后受到推荐。

从年龄和身份上看，这些人完全符合理想人选，他们都很年轻（最小的林旭才 22 岁），又都是多少有点行政经验的朝廷候补官员，有利于变法工作的开展，也有利于光绪建立自己的嫡系队伍。光绪亲自接见了他们，一番交谈了解后，光绪将谭嗣同、杨锐、刘光第、林旭统统转正，提拔为四品"军机章京上行走"。

"军机"就是军机处，"章京"相当于大臣的秘书，所谓"行走"，是朝廷中不专门设置的官职，属于临时抽调来帮忙的性质。也就是说，这四个人一下子成了朝廷最核心的权力部门——军机处的兼职秘书。

如果不是因为变法，这些人的级别永远不够见皇帝一面，更别说让皇帝给他们转正升职了。而在徐致靖等推荐的人里，有一个人，虽然他的名头很大，虽然人们对他的期望很高，但他在受到光绪的召见和交谈后，却并没有升职，这让人十分意外，他就是工部候补主事康有为。

## 康有为的上书之路

广东人康有为出身于读书世家，和别人一样，早年他一头扎进八股文的迷宫里。孔孟之道、四书五经都是他攻读的内容。他梦想着有朝一日能高中状元，光宗耀祖，封妻荫子，紫禁城跑马。

那个年代科举是唯一能改变命运的道路，正是因为这是所有人的唯一，所以所有人才觉得艰难。朝廷之所以严格控制科举的名额，实际上是为了控制一样每个人都向往的东西——机会。行政体系就这么大，官员的名额就这么多，当官的机会也就这么多，需要数以百万计的读书人去争，也需要数以百万计的读书人心向朝廷。

康有为天赋不能说不高，不能说不勤奋，但他的秀才连考了三次才考上，考上举人的时间更是可观——用了20年，六考六落榜。在这20年中，有一次考举人的经历对康有为来说是比较特别的，这一年康有为来到了北京参加顺天府乡试，虽然顺天府乡试的机会相对比较多，可这一次乡试，康有为仍然名落孙山。

这一年是1888年，康有为先生已经31岁了——过了而立之年。这一年正是袁世凯在朝鲜给李鸿章写回国报告的那一年。如果康有为知道有袁世凯这么一个人，他肯定不会同情袁世凯，而是会相当的气愤，这个连秀才都考不过的家伙，竟然已经是朝廷的三品官员了，而自己还在这里挤破脑袋参加什么乡试。京城满大街都是出身王公之家的八旗子弟，他们遛鸟狎妓，玩物丧志，级别却比袁世凯还高，这更让考得两眼冒星的康有为十分愤怒。

为什么是一群机会不平等的人去追求平等的机会？

在北京破落的小旅馆里，康有为按捺不住内心的激愤，奋笔疾书——他给光绪皇帝写了一封上书。在这封上书里，康有为委婉地表达了自己作为帝国读书人对机会不均等的不满，而造成机会不均等的原因就在于朝廷的政治体制，希望朝廷能够变法维新，万一要变法，也别忘了他康有为，他是愿意并且可以为朝廷去做点事情的。

康有为想象着这封上书到达光绪的案头，光绪看完后万分激动，一掌震飞了御桌上的笔筒，大叫一声"快，宣此人觐见"。于是，有两匹快马来到旅馆门前，说求见康先生，康先生大摇大摆地出来，去了紫禁城。

可是，在旅馆里盛装打扮等待召见的康有为最终失望了，门口不仅没有马，连驴都没有，什么都没有。

这封上书并没有到达光绪的案头，它的去向不明，最终也许是躺在某个衙门的垃圾篓里，甚至可能没有人拆开过。康有为回到了广东。这一年的冬天萧瑟，南方虽然看不到雪，但康有为的心里比雪后的泥街更加凄凉。

这不是康有为人生中的最后一次"上书"。

5年后（1893年），康有为高中举人，又过了两年（1895年），康有为来到北京会试，这次运气比较好，高中进士，被任命为工部候补主事，成为朝廷的六品官。虽然没有一举中状元，也算是光耀门楣了。

康有为却并不怎么兴奋，他已经快40岁了，从16岁中秀才开始，时间已经过去了20多年，他实在是乏了、厌了。

康有为中进士的这一年正是《马关条约》签订的时间，消息传来，全国的读书人都震动了，群情激愤。康有为又想起了他的那个老行当——上书。

在北京破落的小旅馆里，康有为又一次奋笔疾书，用了一个晚上的时间将上书写好了，全文1万多字，名字叫《上今上皇帝书》，主要内容仍然是呼吁朝廷改变现状，变法维新。和几年前相比，"这个国家需要变一变"已经成了社会上大多数人的共识，很多人即使无法说清楚他的观点，也有这样的感觉。既然已是社会舆论，和之前上书相比，康有为的语气也激愤了很多。他甚至警告光绪皇帝，如果再不改变，到时候您"求为长安布衣而不可得"，连做一个布衣百姓的机会都没有了。

几十年的科考之路也让康有为积累了丰富的社会活动经验。这一次，他学聪明了，他不再是一个人单打独斗，而是联合全国18个省的举人共同签名，然后发动这些举人在京城里到处找大官们投递，以示这是天下读书人的心愿。

投递的结果是，有些大官收了，有些大官没收。这都在康有为的预料之中，但有一件事情是他没有想到的，那就是报纸报道。

报纸是大清在洋务运动后出现的新鲜事物，也是潮流的集散地。康有为发动这样的事情是很受报纸欢迎的，因为它伸张的是"民意"，而报纸就是表达民意的。于是某份报纸在报道京城举人投递上书的时候，用了一个后来我们熟悉的标题——公车上书。

这是一个很有水平的标题。

自古以来，基本上每一个朝代的皇帝都是比较礼遇读书人的，这不是因为他们尊敬读书人，而是知道读书人不好惹。皇宫会派出一辆辆牛车驰骋于城郭乡间，专门收集读书人的意见。由于这种牛车有专门的经费供养，所以叫"公车"。后来，"公车"也代指关心天下大事的读书人。

可见以"公车上书"这个词语做标题，很有古香古色的味道，十分应景。

多年以后，当康有为和他的弟子梁启超写回忆录时，把康有为当作了"公车上书"的代名词，似乎一切都是康有为的功劳，"公车上书"说的就是康有为。

而事实并不如此。

当时的报纸着重报道的是"公车上书"这种现象，而不是作为发起人之一的康有为。签署《马关条约》的消息传来，全国都震动了，当时除了康有为的上书，在北京参加会试的其他举人的上书达到了十几起，更厉害的是，还有官员参与上书，"公车上书"指的就是这个现象，而不是单指康有为。

甚至就连康有为他自己的"公车上书"，康有为也没有最后参与。有一些史料认为，康有为虽然起草了上书，但最终没有在上书后面签下自己的名字。因为正当他写完文章后的那一天，他听到了自己考中进士的消息，而带头搞这样的上书影响社会稳定，很可能对将来的仕途不利。

报纸报道之后，"公车上书"甚至没有在官方引起轰动。当时的皇宫里和整个官场都在酝酿变法，清日战争的惨败对朝廷打击太大，首先做出反应的并不是读书人和民间，而是官场，大家都清楚，不能再这么烂下去了。官员们有了变法的"共识"，对于"公车上书"这样的民间情绪就不会大惊小怪了。法是要变的，但变法不可能由这些毫无行政经验、无实权又不懂得体制运作的读书人去完成，即使朝廷相信他们，老百姓也不会相信他们（无权威）。可以肯定的是，"公车上书"事件虽然很特别，对康有为对整个清国都算是一件大事，但并不是 1895 年的"公车上书"造成了 1898 年的变法，康有为需要接受的现实是，变法如果不是朝廷的主动选择，那么将永远不可能开始。

但是对康有为个人来说，"公车上书"对他的影响是很大的，他终于发现了报纸，发现了科举之外的另一条路——社会活动。

在当时的大清，虽然北京、上海等地已经有了报纸，但总体来说还是稀罕之物，能够意识到这一点的人还不多，康有为已经走到了他们的前面。

他自掏腰包，将没有传递到光绪手中的上书自费刊登在上海的一家报纸上。康有为需要的就是这样一个传播平台，他的文章文笔激昂，极具煽动力，还敢直接警告皇帝。这一招果然很灵，康有为几乎一炮打响，一夜之间，他成了大家共同的"老师"、民间著名的"意见人士"，他收获了很多的追捧者，在一些人的嘴中，甚至连"康圣人"的名号都喊出来了。

在接下来的 3 年里（ 1895—1898 年），康有为越战越勇，他的主要工作就是奔走于各大城市，写文章，搞演讲，发言论，不断在报纸上曝光，名头越来越响。1895 年之后，朝廷对民间结社的管控稍微松懈，康有为抓住大好时机，成立了一个打着学术名号的政治团体——强学会。

官场不得不注意到他，很多高官都明里暗里表态支持康有为，这实际上是支持他们自己，因为这 3 年中朝廷高层一直在酝酿变法，官场的下一个主题就是"变法"二字，一些人亲自加入了强学会，就连李鸿章也想加入，却被狂妄的康有为拒绝了，因为他觉得李鸿章签署《马关条约》是"卖国贼"。老到的袁世凯还在观察朝廷风向，没有亲自入会，却向强学会捐了自己半个月的饷银——500 两银子。当康门弟子梁启超到武昌时，湖广总督张之洞打开总督府所有的大门迎接梁启超，还准备放礼炮，这原本是地方大员迎接钦差大臣时才使用的礼仪，梁启超真是吓得够呛。

官场上的风，刮得异常猛烈，虽然他们只不过是刮刮风而已。

康有为也没有放弃他的老本行——上书。他又连续给光绪写了两封上书，结果仍然是石沉大海。如果这么容易与皇帝直接搭上线，那么读书人也就不用科考了，但康有为仍然梦想着这一天。

就在康有为苦恼着皇帝注意不到自己的时候，徐致靖注意到了他，并在密折里向光绪推荐了他。

对康有为来说，他人生真正的曙光来了。之前他搞了那么多次上书，就是因为没有一个中间人，没有一个介绍人。现在由一个朝廷的高官向皇帝推荐，可以说，他终于打通了通向皇宫的道路！

看过密折后，光绪决定召见康有为。

康有为来到了皇宫外，一步步走向大殿，他终于实现了自己的梦想。

这次召见并没有在宫廷档案中留下任何记录，我们也无法确切地知道他们谈了些什么。康有为后来的回忆录记录了这次谈话的内容，但由于是"孤证"，把康有为为自己脸上贴金的这些对话搬上来是没有意思的。可以肯定的是，尽管这次召见的时间比较长（秘密召见2小时15分钟），但在召见后，光绪并没有重用康有为。

召见之后，光绪任命康有为为"总理各国事务衙门章京上行走"，也就是说，光绪让康有为到外交部秘书处去兼职。这是一个候补职位，而且康有为的级别也没有提升，还是六品。这跟谭嗣同等其他四人受召见后提升为四品，任命为"军机章京上行走"是不同的，军机处和总理衙门不可同日而语。

这也就意味着，以后康有为在公开场合见到皇帝以及上折子的权力都没有得到——朝廷四品以上的京官才能上朝。

为了在追随者面前破除尴尬，康有为告诉他们：皇上虽然没给我升官，但给了我"密折专奏"的权力！今后我就可以随时给皇帝上密折了。

在宫廷档案和记录中并没有康有为任何的"密折专奏"。相反的是，这次召见之后，康有为所有的奏折都是找人"代奏"给光绪的，比如监察御史宋伯鲁和杨深秀。

看来，在徐致靖等密荐的人中，康有为确实没有受到光绪的重用。

对于这个结果，康有为很是想不通。原本以为凭着他的名气和"社会影响力"，光绪一定会把领导变法的重任交给他，让他在官场上叱咤风云，正如他在社会上叱咤风云一样。但光绪并没有这么做，他既没给康有为相应的权力，也没给康有为相应的平台，这是骄傲的康有为万不能接受的。

而令康有为更想不通的是，光绪不仅这次没有重用他，以后也没有。在徐致靖他们推荐的人里，康有为是最早一批受到召见的，却也是最没有受到重用的人，这是康有为第一次见到光绪，竟然也是最后一次！

自此之后，他再也没有受到任何召见。

而康有为无法想明白的秘密，也许就隐藏在另外一次有记录的谈话里。

## 康有为与荣禄的一次谈话

这是康有为和荣禄的谈话。

荣禄是慈禧绝对的心腹，是被慈禧刚刚任命的直隶总督兼北洋大臣。当荣禄见到康有为时，两个人谈起了变法。

荣禄是慈禧的人，康有为是知道的。他知道跟荣禄说话也就相当于在跟慈禧说话，荣禄一定会把他们的谈话告诉慈禧的。康有为想当然地把荣禄和慈禧当成了反对变法的人，却不知道变法是经过慈禧首肯的，也是荣禄等"顽固派"大员关心之事（要不然就不会来问了）。在潜在的反对者面前，康有为决定抓住机会，慷慨陈词，一定要说服他。

"时事维艰，不变法不行啊！"康有为说。

荣禄显然不想听这样的废话，谁都知道法要变，问题是怎么变。

"法是要变，不过几千年的祖宗之法不是一下子就能变过来的吧？"荣禄问。

实事求是地说，荣禄这句话说的是实情，是一种从实际情况出发的忧患考虑。他这句话并不是要反对变法，而是询问康有为有什么办法，希望康有为能给出一个建设性的意见。

康有为知道真正厉害的问题来了，这个问题如果回答不好，那些"顽固派"就会见不到变法派坚定的意志和决心，必须拿出一点雷霆万钧的手段让他们瞧瞧！

于是，康有为大手一挥，用慷慨激昂的语气说道："这有何难？杀几个一品大员法不就变了？"

四周一片安静，康有为突然察觉到有什么不对，但具体哪里不对他也不知道。荣禄并没有再说什么，他"嘿嘿"干笑两声，说了句"康大人请"，转身就走了。走的同时摸了摸自己头上的顶戴。

康有为说出这句话是很平常的，就跟以前在很多的演讲集会场合对追随者说的一样，意气风发，正气凛然，说完之后场下欢声雷动。但是，康有为忘记了，这是在皇宫，面对一个刚刚被慈禧升为一品大员的人。

这样的谈话如果正式一点，就相当于朝廷高官在就如何变法，向康有为这个智囊请教，而康有为给出了这个答案。

康有为嘴下的一品大员是指贪腐的高官，出于对政局的失望，人们常常会痛恨腐败官员，以为杀贪就能正道，"杀几个贪官就能变法"，这正是那些不懂变法的人才会说的话。如果变法真的只是杀贪就好，那历史上的那些变法就不会无比艰难和反复了。

康有为并不知道，在这个朝廷里，他心目中圣洁无比的变法，只能通过这些贪腐的高官完成。康有为没有意识到这些，不是他的名气不够，也不是他的书读得还不够多，只是因为他恰恰缺少一个最致命的条件：做官的经历。

康有为表现出了浓厚的书生气。

所谓"书生气"，就是很容易拿想象去替代真实，越简单的东西越容易被弄得复杂。看似抓住了问题的实质，实际上离实质越来越远。

所谓"书生气"，就是一个人的脑子里很容易出现"别人不对、现实不对、就我最正确"的浮华或者悲壮，很容易认为靠嘴上标签就能打败一切。

所谓"书生气"，就是只具聪明而不具智慧。一个聪明但不具智慧的人常犯的错误就是处处只为自己着想，只顾自己的感受。

荣禄一定会把他对"康圣人"的观感告诉慈禧的，光绪一定会在召见后得到差不多的感受。他把康有为调到总理衙门，而排除在核心圈之外，也许只是看中了他的活动能力。

光绪虽然没有重用康有为，却抛出了康有为之前上过的一个折子。

## 制度局：光绪的人事改革

在这个折子中，康有为提出了著名的设置"制度局"的建议。

按照康有为的设想，所谓"制度局"，是朝廷总揽一切变法事宜的机构，是皇帝专门的咨询机构，帮助皇帝来做决策。跟制度局一起设立的，还有法律、铁路、农商、邮政等 12 个局，制度局决定的事情，交给这 12 个局分别去执行。

至于进入制度局的人，不能用原有的旧官僚，全部起用新人——那么原来的旧官僚怎么办呢？康有为的办法是给他们朝廷散卿的名号，可以给他们加薪晋爵，但没有实权。

谁都能看出来，制度局一旦成立，就夺了军机处之权和六部之权，排挤掉了旧官僚，这是釜底抽薪的重大变革。

康有为的这道折子当时是通过总理衙门代奏的，而光绪反应迅速，当天就做了批示。现在，他又把这件事情重提，催促大臣们快点给出意见。

很明显，光绪对设立制度局很重视，要大过对康有为本人的重视。

康有为实在很聪明，他抓住了光绪真正的难题——人事上的难题。

制度局一旦设立，光绪就有人员、有机构形成自己的权力基础。

所以光绪不过是借康有为的折子，把官员人事制度改革的绣球抛出来，试探大臣们的反应。

## 旧官僚的反击

大臣们的反应出奇一致：安静。

光绪等来的是一阵谣言。京城里谣言四起，议论纷纷，说皇上受到了康有为的蛊惑，设置制度局是康党一伙别有用心的阴谋。康有为这个家伙野心一直很大，设立制度局不过是为了满足他的私欲，想绕过传统的官场途径，入阁拜相，一步登天。

于是光绪下了一道上谕：令康有为前往上海，督办《时务报》。

这是为康有为洗脱嫌疑，光绪用上谕把康有为赶出京城，是向大臣们表明：康有为没有机会实现他的野心，设立制度局是变法的需要，不是受康有为的蛊惑。

但接下来让光绪失望的，却是康有为。

康有为没有遵办这道圣旨。按照规矩，皇帝下达旨意后，臣工必须上个"谢恩折"，然后不折不扣地去执行。但康有为既没有上"谢恩折"，也没有离开北京。半个月后总算上了一道"谢恩折"，但还是没有离开北京。

他不愿意离开权力中心。

光绪万万没有想到，自己的圣旨大臣们不听，连康有为也不听。但光绪也没有拿康有为怎么办，毕竟他还是变法派里的人，这个阵营里的人少得可怜。

光绪只能寄希望于大臣们看到这道谕旨后，能有所反应，把他之前交代的事给认真办一办。

结果再一次令光绪失望了。高官们紧密团结，仍然安静，集体静默。

见大臣们不动，光绪再一次下圣旨，将对设立制度局的讨论范围扩大到中层和基层官员，命令大小臣工各抒己见，各部院的基层官员有上奏的，由各部堂官（部长）代奏；普通读书人和老百姓有上书的，可以到督察院呈递。光绪严格规定：无论是官还是民的上奏，必须直达御案，各级机构如有任何阻挠，将受到严惩（"毋得拘牵忌讳，稍有阻格"）。

可是，光绪等了等，仍然没有什么反应。他并不知道，大臣们不动，小官们怎敢动？小官不动，小民们又怎敢动？

光绪再一次下旨，这一次他打起了感情牌，以情动人，声明变法是"不得已"之苦衷，为了朝廷，为了大清，为了国家，希望诸位大臣体谅和理解，切实行动起来。

然而光绪又一次失望了。大臣们看来是要反抗到底了，甚至连讨论一下都没有，连个折中的方案都没有提出。

光绪遇到了变法以来的最大难题。他曾以为他最大的阻碍是颐和园里的太后，现在他明白了，最大的阻碍是一群看不见的人，一个强大的组织。

这就是官僚集团。在王朝的统治过程中，它悄无声息地形成了，不动声色地壮大了，成为庞大的既得利益集团。朝廷对它的态度是既恨又爱，恨它把持着利益，官员们贪污腐化，捞银子不作为，长此以往损害着朝廷的长治久安；而另一方面，又离不开它——专制统治，不是皇帝一个人的专制，而是整个体制的专制，专制王朝之所以能维持专制，也是因为有官僚集团。杀死他们，将杀死自己。

光绪会有新的办法吗？

## 光绪的撒手锏

光绪失去耐心了。他原本希望通过官僚系统里的"群众运动"来收回自己的权力，建立自己的权力基础，推进变法大业，但在一再地试探之后，这个如意算盘落空了。

那么，这个顺序是不是该对调一下？只有先运用权威，才能发动起官员？——因为你本来就是皇上啊！

必须拿出撒手锏！

光绪下旨对朝廷最重要也最有权的三位总督——直隶、两江和两广总督全部严加斥责。第二天，光绪再一次下旨，这一次除了继续骂，还要求各地方督抚对交代的事情，必须每日请示汇报（"以前交办各事，必须迅速奏议；以后交办各事，必须依限赶办，并每日请示汇报"）。

但大臣们仍然把光绪的命令当成耳边风，看来是不见棺材不掉泪。

光绪行动了，他下旨：

> 在中央裁撤詹事府、光禄寺等六个闲散衙门；
> 裁撤湖北、广东、云南三省督抚同城的巡抚；
> 裁撤不办漕运任务的省份的粮道；
> 谕令各省在一个月内拟出其余应下岗的闲散地方官员，严加
> 裁汰。

这些措施仍然围绕着一个中心：人事制度改革。先吐故，后纳新，从中央到地方都有。光绪雷厉风行，铁面无私，此时被裁撤的湖北巡抚，还是谭嗣同的父亲谭继洵。

然而，官僚系统的反应仍然是冷淡的。特别有代表性的是两广总督谭钟麟，他被骂了一顿之后，竟然连光绪以后的圣旨都不看了，甚至禁止在他的两广总督府里谈论变法。当有人问起："你办得如何？"他回答："啥变法？本官不知啊！"

光绪不得不拿他开刀了。但是，要拿这种总督级别的大臣开刀，总要找个动刀子的人，光绪找到了一匹"黑马"，他就是朝廷太仆寺少卿岑春煊，光绪提拔他为广东布政使（副省长），安插在谭钟麟身边。

在拿地方大员开刀的同时，光绪的帮手、一直躲在幕后的礼部主事王照也在朝廷出手了。他写好了一道奏折，交给礼部尚书怀塔布，请他代为转奏皇上。

按照光绪之前下达的"各部院官员如有上奏，由各部堂官代奏"的圣旨，王照的程序没有错。怀塔布也只能把这道奏折交上去。

但当怀塔布看完这道奏折后，惊得满头大汗，他认为，这道奏折是万万不能交上去的，只能扣下来。

王照的这道奏折的主要内容是围绕如何变法，夸夸其谈，没什么新意。问题是他还有一个补充建议，其中提到：为了更好地变法，请皇上奉皇太后圣驾巡幸中外。

请太后和皇上走出国门，去国外实地考察各国政治经济体制，这无异于石破天惊之语，太后是女人，女子是不能抛头露面的，她连在朝堂上听政都要挂个帘子，又怎么可能出国，在洋人面前抛头露面？奏折递上去，慈禧如果追究，这就是怀塔布这个做尚书的责任，所以在跟其他侍郎商量后，怀塔布私自将这道奏折压了下来。

私扣奏折的事很快暴露了，光绪勃然大怒，将礼部的六位尚书和侍郎统统撤职，王照升官，赏三品衔。

让人觉得敏感的是，怀塔布是慈禧的心腹，后党的中坚人物，还是慈禧的表亲，尤其是他的夫人是慈禧的玩伴，没事就陪慈禧逛园子吃饭，聊天解闷。

大臣们觉得，这是光绪在间接向慈禧还击了。

光绪的撒手锏并没有停止。3天后，他再一次下旨令李鸿章今后"毋庸在总理各国事务衙门行走"，也就是免去李鸿章的这个职务。从这一天起，李鸿章失去了在朝廷中的一切官职，只剩下一个"文华殿大学士"的荣誉称号——曾经权倾朝野的李鸿章，如今只是闲人一个了。

太后不是收回了二品以上高级官员的任命权吗，那他撤职总可以吧？光绪反击的套路已经渐渐清晰了：他没有任命提拔的权力，却有撤职的权力。

光绪的这些行动是十分迅速且斩钉截铁的，他使出了组合拳，怀塔布和李鸿章倒台的象征意义是不言而喻的：皇上要立威，哪怕是太后的心腹，也要受到惩处。

一场人事大战即将来临。

## 光绪的四大亲信

慈禧的懿旨是，光绪没有任命提拔二品以上官员的权力，从表面上看，确实如此，但亲政一段时间后，光绪很快找出了窍门，连他这个皇帝都学会了上有政策，下有对策。

就在免去怀塔布职务的第二天，光绪提拔谭嗣同、林旭、杨锐、刘光第为四品官，任"军机章京上行走"。

任命四品官，光绪是有自主权的，不需要请示太后。但请注意，他们进入了帝国最核心的权力部门——军机处。光绪规定，四人"奉特旨"筹办变法事宜，所有到军机处的奏折，都先由这四个人看；凡是光绪要下达的圣旨，都由四人拟稿。也就是这"四小军机"架空了军机处，他们可以阅读奏折和拟旨，光绪给了他们二品以下的官，却给了他们一品以上的职权，成功地绕过了慈禧。

相信颐和园里的慈禧是不太舒服的。

怀塔布被撤后，他的老婆整天到颐和园哭诉，哭着喊着太后不能不管自己的亲戚和嫡系。但慈禧反过来让他们不要胡闹，她没有干涉光绪，变法是大事，是得到了她首肯的。变法开始后，光绪看上去能够独立处理的事情多了，事实上只不过是慈禧对他的支持更多了，光绪请示和汇报的事情慈禧一般都会同意，变法中的很多"新政"就是在慈禧的同意下以光绪的名义发出来的。

她也知道变法不得不威胁到她的部分利益，她也希望能有一个好结果。为了朝廷，为了大清，更为了她自己。

在慈禧不舒服的时候，另一个人却兴奋得手舞足蹈。他是康有为。皇帝命令一下，康有为所住的南海会馆里就响起一片大笑之声，康有为笑得尤为开心。在康有为看来，"四小军机"不仅在皇帝的掌控之中，也在他老康的掌控之中。

四个人当中，林旭是康有为的弟子，谭嗣同虽然没有拜过师，但他很崇拜康有为，自认是康门私淑弟子，对康有为交代的事情几乎都遵照办理。刘光第曾经是康有为在强学会后办的另外一个组织——强国会（保国会）的会员，也算是康有为的追随者。杨锐的情况复杂一点，他曾经担任过湖广总督张之洞的幕僚，是张之洞的得意门生，但他也曾经加入过保国会，对康有为也很尊敬。

想想看，朝廷最有权势的四个人都把他当作"老师"，看来康有为真的可以指点江山了。

在康有为无比兴奋的时候，危险已经悄悄向他靠近了。

朝中的明枪暗箭已经对准了康有为。他们认为，皇上就是受了康有为的蛊惑，才如此冒进，用"四小军机"变相地成立了一个制度局。大臣们毕竟不敢明目张胆地反对皇上，但整康有为是很容易做到的。

他们上了一个奏折，弹劾康有为和他的弟子梁启超谋反。

谋反是杀头大罪，搞不好还要株连九族。这样的大罪，经常是被用来冤枉别人的，但这封奏折里说的，却是事实。

故事还得从上一年（1897年）说起，那时梁启超受聘于湖南新式学校时务学堂的中文总教习。梁启超在批改学生的作文时写下了一些批语：百姓们纳税，只要它（朝廷）为百姓们办事，人民即使多交一些也不会怨恨，但如果不为百姓办事，哪怕你的赋税很轻，人民也会怨恨的。

还有一条更厉害，梁启超以《扬州十日记》提到的当年清军入关后的屠城行为，指出"这是独夫民贼的做法"。

真是太"反动"了，这是直接攻击朝廷合法性的言论。看来说图谋不轨一点都没冤枉他。那时候康有为和梁启超根本没想到还有能为皇上做事的这一天，所以在社会上的言论都比较尖锐，以此来吸引追随者，没想到留下了把柄。

按照"事前请示和事后汇报"的制度，这个奏折是要送往颐和园处的。对于这样攻击朝廷的大逆不道之言，即使光绪能网开一面，但慈禧和其他满族王爷是无论如何都不能容忍的。

康、梁危矣!

奏折到了军机处,而军机处的折子,是"四小军机"先看。所谓"看",并不只是读读而已,还要写下初步的处理意见,供皇上参考。四人看完后,也是大惊失色,吓出一身冷汗。他们想救康、梁,但也很为难:如果把折子交给皇帝,康、梁二人只怕必死无疑,但私下扣奏折,那更是死罪,怎么办?

胆大的谭嗣同先写下意见:臣谭嗣同愿以性命担保康、梁的忠诚,如果奏折所言属实,臣谭嗣同恳请皇上您先杀了我。

然后刘光第也签了名:如果属实,臣刘光第也请皇上先杀了我。想了想,谭嗣同把奏折中作为证据的附件一把火烧了,只保留了奏折的主要部分。

谭嗣同还是不放心,他知道最好的防守就是进攻。清白无法自证,让泼污水的人也沾上污水才是最好的方法。于是,谭嗣同又写了一道附折:皇上您是知道的,现在有很多人攻击变法,写这封奏折的人是在诽谤变法,请皇帝杀之,以儆效尤!

光绪看到之后,即刻明白奏折中所说属实。但变法阵容小,他也只能保康、梁,更重要的是,他刚刚提拔的"四小军机"里有两位死保康、梁,他也不得不保,反正证据已经被谭嗣同烧了,即使别的王公大臣听闻也可以说得过去。光绪考虑再三,将这道奏折抽了出来,没有和其他奏折一起送到慈禧处,自己也没有往下追究。

康有为就这样侥幸逃过了一劫。要不是谭嗣同后来告诉他,他还被蒙在鼓里,但是当谭嗣同告诉他后,康有为立即跳了起来:看来我很危险!请你立即催你那些"道上朋友"到京,片刻都不要耽误了!

谭嗣同的那些"道上朋友",就是长江流域最大的秘密组织——洪门哥老会中成员。洪门中的一位头目毕永年,是谭嗣同的同乡和结拜兄弟,手下有一帮行走江湖的死士。

谭嗣同有这些黑道朋友,康有为是知道的,之前他就提出过由他们来负责安全问题，于是谭嗣同就给毕永年发了电报，要求他带上人手来北京。看来，康有为想立刻就见到这批人。

在康有为等待毕永年的人马到达北京时，皇宫里的光绪也开始行动了。他在按照他的计划进行下一步，这是难度极高的一步，也是光绪梦寐以求的——抓军权。

4年前的清日战争本来是一个很好的抓军权的机会，但不说帝党系的军队战斗力比淮军还烂，就算他们能打，慈禧也比光绪更老谋深算，在关键时刻让李鸿章出面签署《马关条约》中止了战争，清日战争没有变成持久战，光绪也就再也没有用战争抓军权的机会。

战争结束了，和平时期抓军权只有一种方法：提拔。通过大力提拔军方将领，建立自己的嫡系。

那么，谁是可以提拔的人？或者，谁是可以信赖的人？

徐致靖又不失时机地上了一道密折。

在《密保统兵大员折》里，徐致靖向光绪推荐了一名军方将领。徐致靖介绍，此人目前掌控着一支新军，属于军方新派人物，不仅工作能力强，而且一向有维新变法思想，是可以信赖的人选。

他叫袁世凯。

光绪又想起他来了，立即批复："电寄荣禄，着传袁世凯即行来京陛见！"

光绪能够立即想起他，是因为对他的印象很好。3年前，袁世凯成为练兵统领后，在小站开始了他的变法之路——编练新军。在这3年的时间里，他不像康有为整天鼓噪着变法，他干的是实实在在的变法之事——军事制度改革。这是一支真正的"新军"，从军队编制、管理到训练方法，甚至连军服都是新式的，面貌焕然一新。而袁世凯虽然号称"不问政治"，却也不妨碍他经常发表一下对变法的看法，比如他主张变法从地方开始，先建立一个政治特区，这和康有为主张变法从朝廷开始又是不同的。

看来，在变法问题上，袁世凯属于低调实干型。

接到用电报发出的"电旨"，荣禄立即通知了袁世凯。袁世凯并不意外，他知道自己又要升官了。

在用《密保统兵大员折》推荐袁世凯之前，徐致靖派他的儿子徐仁录去了小站，亲自见到袁世凯。官场讲究的是你来我往，我推荐你，至少你要明白是我的功劳，大家互相给点好处，所以徐致靖的儿子是去"运作"的，而袁世凯也派了他的幕僚徐世昌来北京"继续运作"。

所以，袁世凯并不是偶然成了徐致靖的人选，在官场，没有那么多的"偶然"。

带着满心欢喜的袁世凯进京了，而他并不知道，等待他的，将是巨大的凶险。

## 光绪提拔袁世凯

北京报房胡同法华寺，这里闹中取静，晨钟暮鼓，木鱼声声，离皇宫很近，袁世凯下榻在这里。

两天后，光绪在颐和园召见了他。光绪专门询问练兵的情况，袁世凯一一作答，让光绪十分满意，气氛十分融洽，君臣两人其乐融融。

回到法华寺的当晚，激动人心的消息传来了，圣旨下：袁世凯练兵有功，着由直隶按察使升为工部侍郎候补，仍专办练兵事务！在旨意中光绪还特别交代：对于练兵中的事务，袁世凯"应随时详奏"——这是给了袁世凯专折奏事的权力。

直隶按察使是正三品，而工部侍郎候补是从二品，自己果然升了官，这一切跟袁世凯事先得到的情报分毫不差。

不过在激动之余，袁世凯还有隐隐的不安。第二天，光绪再一次召见了袁世凯。这次，光绪笑着对袁世凯说："人人都说你练的兵、办的学堂甚好。以后你可以与荣禄各办各事。"

荣禄是太后的人，不仅是袁世凯的领导，之前还保荐袁世凯升为直隶按察使，相当于是太后给袁世凯升的官，现在，皇上也给他升官，要他"与荣禄各办各事"，光绪不过是想绕过荣禄，直接领导袁世凯及手下的新军，逐步实现抓军权！

对光绪来说，这只是他的第一步，抓军权这项工作是循序渐进的。光绪也不傻，他也知道，不是给人升了半级官，人家从此就归入了自己的麾下，死心塌地为自己卖命，这是需要时间来进一步考察和检验的。

袁世凯并不是自变法开始以来光绪提拔的第一位有军方背景的人。

光绪提拔的第一位就是前文所说的岑春煊。此人出身武将世家，自小就跟随担任云贵总督的父亲镇压云南地区的回民起义，立了不少军功。由于两广总督谭钟麟带头抵制变法和官员人事制度改革，光绪提拔岑春煊为广东布政使，把他成功地安插在谭总督身边。岑春煊自然没有辜负期望，他积极收集谭钟麟的罪证，上奏给了光绪。

在光绪看来，提拔袁世凯除了有可能直接掌控新军，还能起到岑春煊第二的作用。因为袁世凯的身边，就是另外一位不听话的总督——直隶总督荣禄。和岑春煊一样，光绪也给了袁世凯专折奏事的权力，希望袁世凯接下来好好表现。

无论是抓军权还是掺沙子，这都是一项长期的工作，只能循序渐进，着急是要坏大事的。光绪很清楚这一点，他并不需要袁世凯立刻就效忠自己（事实上做不到），也不会立即就把袁世凯当作自己的心腹，这个人和"四小军机"不同，他是官场上的老狐狸了，收买不是那么容易的，就看他后面的表现吧。

由于不是立刻就收买袁世凯，也不需要让袁世凯去搞什么阴谋，袁世凯的到来就是正常的大臣觐见活动，光绪连召见他都是走的正常程序——先通过荣禄。然后又在慈禧眼皮底下（颐和园）第一次接见。有人认为袁世凯进京引起了荣禄和慈禧极大的警觉，所以在光绪召见之后，慈禧又特意召见了袁世凯打探消息。从当时的情况看，这个说法并不能成立，袁世凯这样"小小的地方官"进京，就算是求见慈禧，慈禧也不一定见他。

正常，一切都还算正常。变法虽然有了些曲折的杂音，但大局还算稳定，慈禧还是积极支持的。然而，袁世凯并不知道，有一个人已经在他的身上掀起了一场惊天动地的阴谋。

## 康有为的惊天阴谋

康有为的身边出现了毕永年。他终于从湖南赶到了，而且还跟康有为住到一起，住进了南海会馆。

康有为认为，是时候把自己的计划告诉谭嗣同和毕永年了。

在康有为看来，慈禧是旧式官僚的头头，那些抵制变法的大臣都是慈禧提拔起来的，所以慈禧就是反对变法的带头人。有她老人家在，变法就很危险。不杀死慈禧，慈禧迟早就会杀死变法。总之有她无变法，有变法无她。

南海会馆里，听康有为说完计划的谭嗣同和毕永年半天没回过神来，他们不敢相信，康有为让毕永年带人来京，并不是负责安保工作，而是要去刺杀慈禧！

康有为说，慈禧这个"老妖妇"一直对变法抱有成见，按照她的政治见解是不会真心支持变法的。现在，朝廷上下已经有流言，"老妖妇"九月（阴历）要和皇上去天津阅兵。这是一个阴谋，那时她会叫心腹荣禄废去皇上，杀掉皇上，彻底扑灭变法大业。为今之计，为了救皇上，也为了自保，只有先下手为强。唐朝张柬之有废武后之举，他们可以效仿他实施斩首行动，让毕永年带领死士去刺杀！

张柬之曾经带领 500 名御林军闯入武则天寝宫，逼迫年老的武则天退位，恢复李唐江山，看来康有为想做第二个张柬之。康有为一定是史书上的那些关于书生借兵、巧取天下的故事看得太多了。

而"天津阅兵阴谋"是一个故意制造出来的谣言，制造这个谣言的人并不是康有为，而是另外一伙人，康有为听信了这个谣言，这正好是实行刺杀的借口。

看来，康有为之前跟荣禄说要杀一品大员，还是有所保留的，他的真实意图是要杀掉慈禧。不知道在受光绪秘密召见时，他有没有说出这个想法。

毕永年惊呆了。虽然他是黑道分子，但也没有胆大到去刺杀朝廷最高领导人的程度，这可是诛灭九族的大罪。他提出了一个疑问：颐和园守卫森严，即使武功再高的江湖高手也很难接近，怎么刺杀？

这一切早在康有为的考虑之中，他告诉毕永年："只用你们这些人去当然是不行的，也不会成功，但是我可以先调集军队包围颐和园，然后你率领百余名死士趁乱杀掉那个老妖妇。简称'围园杀后'。"

调谁的兵？这个事情很有难度。很显然，为了调兵方便，只能去策反那些驻扎在京郊、京津之间的卫戍部队，而其中的一支，在康有为看来是很有希望的。

这就是聂士成的部队，清日战争之后，聂士成率领他的军队驻扎在京津之间，成为卫戍部队。聂士成是王照的拜把子兄弟。而王照算得上康有为的追随者，一直对康有为礼敬有加，言听计从，王照又属于变法派阵营，刚刚在罢免礼部六位堂官中大出风头，康有为认为说动王照去策反聂士成是很有把握的。

没想到王照的反应大大出乎他的意料。

王照果断地拒绝了这个要求。不仅拒绝，据说还把康有为这位曾经的偶像大训了一通。

在王照这里碰了一鼻子灰，不过康有为这个人的人生字典里是没有"绝望"二字的，他的脑海里又浮现了另外一个人。

袁世凯因皇上给他升官儿正处于兴奋中，而此时康有为想到了他。

虽然袁世凯也是著名的变法人物，但支持变法和谋反是两回事，这谁都知道。"袁世凯怎么会听我们的呢？"毕永年仍然大惑不解。

康有为手上还有一件神秘的东西。

这是一封袁世凯亲笔写给康有为的感谢信。里面对康有为表示了感谢，并说道："以后但凡有用得着我袁某的地方，赴汤蹈火，亦在所不辞！"

由于这个官升得实在有点让袁世凯担忧，在离开皇宫后，他又使出了他的那一招：两头讨好。用银子开路，拜访各位王公大臣，他和他的银子一起进了庆亲王奕劻的府中，又拜访了如今是闲人一个、谁也不待见的李鸿章。此举是在向慈禧和后党示好。

既然是两头讨好，当然不能忘了变法派阵营。袁世凯给康有为写了一封感谢信。徐世昌在北京为他跑官时，康有为就经常找徐世昌表明他在积极推进徐致靖的保荐活动。如此一来，袁世凯自然要感谢一下康有为。而且康有为是变法的一面"旗帜"，谢了他，就等于把好印象带给了很多人。

多交朋友少结仇，袁世凯不过是在继续他的骑墙政策。

毕永年分析之后，仍然强烈反对这个计划，他认为袁世凯的这两句话是不可信的，对袁世凯这样的官场老手来说，别说是让他写几句话，就是要他当面对天发誓又如何，官场上的话是不能信的。

毕永年认为他至少应该亲自去见见袁世凯，探清楚袁世凯真正的想法。

一听到这个要求，康有为火了："我的判断你还信不过吗？"

在大名鼎鼎的康有为面前，毕永年不再争辩，他向谭嗣同说出了自己的担忧：袁世凯不一定可靠，康有为计划的风险太大了！

谭嗣同一开始也不同意康有为的这个计划，但他也说不过康有为，只好安慰毕永年："我也觉得这件事情根本不可行，但康先生一定要这么做，我能怎么办呢？"

看来谭嗣同也同意了，毕永年建议这事即使要办，也要再叫些人手来北京，于是谭嗣同给在湖南的另外一位结拜兄弟、同样跟黑道很熟的唐才常发电报，要他召集更多人马来京！

南海会馆里的气氛空前紧张，康有为下达指示，要在光绪和慈禧去天津阅兵之前先动手。正在这时，一个意想不到的消息传来：光绪再一次颁布上谕，要求康有为立即离京！

## 光绪的密诏

跟上一次不同，光绪这次令康有为迅速离京，不容有商量的余地（"着康有为迅速前往上海，毋再迁延观望"）。康有为并不知道皇宫里发生了什么。事情发生在光绪接见袁世凯之前，而性质是比较严重的。

事情开始于光绪去颐和园。按照"重大事情事先请示"的制度，光绪皇帝去颐和园就是向慈禧请示一件比较重大的事情——开懋勤殿。

懋勤殿是一座大殿，位于皇宫内，最早幼年的康熙曾在这里读书，名字来源于"懋学勤政"。后来继位的雍正、乾隆等皇帝也常常把这里当书房，在读书的同时，他们会叫上一些儒学饱学之士在这里谈古论今，议论大政方针。可以说，这是一处历史古迹了，"开懋勤殿"的意思就是要把那些支持变法的"英勇通达之才"聚集到光绪身边，来参政议政。

"开懋勤殿"的主意仍然来自康有为。光绪要坚定地推进官制改革，而康有为也一直在动脑筋，请官场上不同的朋友（避同党嫌疑）上奏朝廷，先后提出了开议院、议政局、议政处、制度局等。在都没有下文之后，他结合丰富的历史知识，把朝廷的祖宗都拉进来，援引他们的事例，于是想到了懋勤殿这个地方，既没有"议院""制度局"这些新名词让人觉得刺激，又能实际起到类似制度局的作用。

开懋勤殿大大有利于康有为，在"开懋勤殿"的折子递上去之后，康有为已经叫王照和徐致靖等人开始向皇上推荐"英勇通达之才"，其中就有他康某人，以及其弟子梁启超等人。

自朝廷宣布变法以来，对于光绪前来请示要办的事情，慈禧还没有拒绝过。但这一次不同了，慈禧不仅明确地表示拒绝，甚至连拿到大臣中去讨论都不行。光绪皇帝语气激动地与慈禧争辩起来，而慈禧的态度很坚决，没有商量的余地。

也许正是康有为一次次的操作，让慈禧有了警觉，但这并不是慈禧态度坚决的原因。慈禧之所以明确拒绝，缘于光绪准备开设的懋勤殿跟之前的制度局还是有些不同的。按照计划，在开设懋勤殿之后，将会出现另外一个人。这个人让慈禧感到了深深的恐惧，这是一个连她也十分忌惮的人，却无法对光绪言明。

慈禧拒绝的结果让光绪十分不安，他闷闷不乐地回到了皇宫，自变法以来，太后第一次明确驳回了他的请求，第一次和太后直接闹僵，这个打击确实有点大，而更令人不安的是，光绪并不知道慈禧为何要坚决拒绝。

第二天，光绪再次来到颐和园请安，这次是真正来请安的，不谈国事，也为昨天顶撞了慈禧表示歉意。慈禧的态度十分冷淡，看来正是开懋勤殿的要求惹恼了她，她的气还没有消。

慈禧也希望她的态度能让光绪打消这个念头。

慈禧的态度让多年惧怕她的光绪感到一阵惊恐，他有点手足无措。对于推进官制改革，他的决心是坚定的，但光绪很清楚，如果没有慈禧的同意，这件事是绝对没有可能做成的，怎样才能想出一个两全其美的办法，让自己既干成这事，又不影响和太后的关系？

失魂落魄的光绪又一次回到了他的皇宫，召见了一个人——"四小军机"里的杨锐。

光绪把"两全其美"的任务交给了杨锐。没想到杨锐这一次却拒绝帮忙，他说："皇上，这是您的家事，臣不能管。"

杨锐说的是实情。按照规矩，"皇帝的家事"臣子不仅不能过问，甚至连评论都不允许，否则容易引来杀头之罪。

光绪之所以先找杨锐，是因为杨锐在"四小军机"中办事最稳重；另外，杨锐还有张之洞的背景，这个人是朝中的老人了，跟慈禧的关系比较好。光绪很清楚，北京城里有什么事，杨锐是会向张之洞报告的，看来光绪是想借这两人之力。

光绪让杨锐大胆地去管，于是他写下一道密诏交给杨锐，表明这是皇帝让你管的，万一将来有人说你闲话，你还可以拿来当证据。

密诏写得很长，摆事实讲道理，有理有据。光绪首先说明了一下慈禧对他坚决推进官制改革的反对（"近来朕仰窥皇太后圣意，不愿将法尽变"），然后中心意思仍然是表达了既不得罪慈禧，保全自己的权位，又能将官制改革推进到底的渴求（"今朕问汝：可有何良策，俾旧法可以全变，将老谬昏庸之大臣尽行罢黜……而又不致有拂圣意"），这里的"圣"，指的是"慈圣"，也就是慈禧。

至于如何想出这个办法，光绪要求杨锐与"四小军机"的其他成员妥善商议（"尔其与林旭、刘光第、谭嗣同及诸同志妥速筹商"）。皇帝能够真正信任的人，能够成为他真正帮手的人，大概只有他亲自提拔的这几人了。

光绪虽然写的是"密诏"，但并不认为这是件不能光明正大进行的事，在密诏的最后，他规定"四小军机"想出良策后应该走正常的程序，而他也会稳妥地来处理这件事情（"密缮封奏，由军机大臣代递，候朕熟思，再行办理，朕实不胜十分焦急翘盼之至！特谕"）。

看来，在最初的惶恐和不安之后，光绪的心情也平复了很多，他"焦急翘盼"的，只是一个好的办法。

杨锐感到事情很重大，在走出皇宫后，他并没有着急地把密诏给其他三人看，而是决定自己先认真考虑两天，给光绪一个很好的回复。

两天后，杨锐的建议出来了，他的核心意思是劝导光绪不要着急，尤其不要跟慈禧去急："皇上您遇事要顺从太后的意见，千万不要固执己见；变法应该有轻重缓急，着急不得的；提拔新大臣，撤职旧大臣，不宜太急太多。"

杨锐提出的这个建议来自他一贯的主张，他的主张和支持变法的"稳健派"张之洞很相近，认为变法要稳妥地推进，不能急于求成。正是出于这个原因，杨锐和康有为的关系比较疏远。

在这些大的建议之外，杨锐还提出了一条实质性的建议："现在康有为已经成了各种矛盾的焦点，大臣们很仇视他，他留在北京对变法不利，皇上您应该让康有为马上离开北京，缓和一下矛盾。"杨锐把这一点当成了一条重要的建议，据有关史料记载，杨锐甚至认为康有为继续留在北京会使后果变得十分严重（"康不得去，祸不得息也"）。

光绪同意了，他比较赞成杨锐提出的办法，也认为必须让康有为马上离京，于是令康有为离京的第二道谕旨下了。这是采用"明发圣旨"的方式，公事公办，上谕的颁发是朝廷所有人都知道的。而光绪很了解，只凭这一道谕旨，那个书生气的康有为恐怕是不足以认识到事情的紧迫性，不会那么快离开北京的，于是，他又想到了一个办法。

这个办法是让人从私底下转达他的口谕，去劝说康有为，真是用心良苦。光绪想到的这个人是林旭，因为"四小军机"中，只有林旭才是康有为真正的弟子，跟康有为关系最近。于是光绪把林旭找来，给了他一道口谕，要求林旭私下转告康有为。我们把这道口谕稍微翻译一下：

> 我命你去（上海）办报，实在有不得已的苦衷，这不是用笔墨能写出来的，你应该速速外出，不得延误。你一片忠爱热肠，我是了解的，现在不重用你，不代表以后不用你，你应该保重身体，争取将来发挥更大的作用，我对你是有很高的期望的。

这段话令林旭也很动容，只是为了让一个候补官员离京，皇帝又是下谕旨又是私底下苦苦相劝。林旭决定马上去劝康有为离开北京。这时，杨锐已经把那道密诏交给了林旭等其他三人看，但杨锐这个人确实是很稳重，他把密诏的原件交给了自己的儿子，然后给大家看的是手抄的。此时的康有为已经接到那道"明发圣旨"了，但还是没有离开北京。

林旭就这样带着光绪的口谕以及看到的密诏的内容去找康有为了。

## 五人绝密会议

听完林旭的讲述后，康有为立即关起门来召开了一次绝密会议。

参加这次会议的还有另外四个人，康有为的弟弟康广仁，两个弟子梁启超和林旭，以及对康有为几乎言听计从的谭嗣同。

康有为的判断是：连皇帝都已经下了密诏，形势紧迫，"围园杀后"刻不容缓了，必须马上动手！

派谭嗣同去策动袁世凯，只要袁世凯同意带兵围颐和园，事情就成功了一大半。于是根据林旭的口述，大家又抄了几份皇上的密诏，由谭嗣同带着去找袁世凯。

康有为认为这还不够，最好的办法是让皇帝同意这个计划，明确命令袁世凯，那样袁世凯就不得不从。于是谭嗣同开始写密折，这道密折是他准备"死谏"给光绪的：皇上请您在袁世凯进宫请训时，给袁世凯一道朱谕，令袁率领新军诛杀荣禄，然后从天津开进北京，一半围住颐和园，一半保卫皇宫，变法大业可成。"皇上如您不听臣策，臣立即死在您的面前！"

康有为估计，皇上顶多会同意令袁世凯兵围颐和园，杀慈禧是万万不会同意的，所以密折中隐藏了计划中最关键的一项内容：诛杀慈禧。而诛杀荣禄虽然没有在最开始的计划里，但他是必须要杀的，否则袁世凯无法带兵进京。

袁世凯进宫请训的时间是在两天后（9月20日上午），这是朝廷的惯例，新提拔的官员在上任之前，需要到皇宫向皇帝"请训"。只要光绪同意了谭嗣同的"死谏"，他就可以将朱谕当面交给袁世凯。

密折虽然写好了，但还不能马上去"死谏"，这样的事情，需要的是"下面的人"先安排好了，才有上奏的意义，如果连具体办事的人都没有策动，又如何能"策动"皇帝呢？看来，现在的关键就是能否策动袁世凯同意执行兵围颐和园的计划！

所有人都在等待夜晚的到来。

### 谭嗣同夜访法华寺

夜晚，袁世凯居住的法华寺。袁世凯还能在这里住两个晚上，他准备在请训完成后回到天津。一切看起来都很正常。

下人突然来报："军机章京谭嗣同谭大人来访！"

对于这个大名鼎鼎的巡抚公子，皇帝跟前的红人，袁世凯自然不敢怠慢，他把谭嗣同请入了密室。

谭嗣同的怀中藏有两样东西。

第一样东西他立即拿给袁世凯看了。这就是那道准备"死谏"的密折。

看完之后，袁世凯吓得魂飞魄散，他不明白谭嗣同为什么要上这道密折，更不明白为什么要扯上他袁世凯，把他往火坑里推。

谭嗣同把那个"天津阅兵阴谋"告诉了袁世凯，表明这是在救皇上。袁世凯迅速冷静下来，看来目前最紧迫的，就是趁着这一道密折还没交给皇帝，阻止谭嗣同去上这道折子。不然到了那时，即使皇帝不同意，他在荣禄和慈禧那边有一万张嘴也说不清；而如果皇帝同意，他袁世凯可真是要变成炮灰了。

正准备说服谭嗣同，袁世凯突然意识到："不对呀，谭嗣同敢写这样的折子，是不是原本就有光绪的授意？"

一想到这里，袁世凯又犹豫了。

谭嗣同似乎看出了袁世凯的心思，他说："我雇有好汉数十人（毕永年和他的死士），并电湖南召集好将多人（由唐才常率领的另一批人马），不日可到。去此老朽（慈禧），在我而已，无须用公。但要公以二事：诛荣某，围颐和园。公如不应允，我即死在公前。公之性命在我手，我之性命在公手。今晚必须定议，我即诣宫请旨办理！"

袁世凯只好试探："此事关系太重，断非草率所能决定。就算您今晚杀了我，也不能决定。况且您今晚进宫请旨，皇上也未必允准呀！"

"我自有说服皇帝的办法，皇上不会不准我们的计划。"谭嗣同十分坚定地回答。

袁世凯又不得不再犯嘀咕。康有为那种浪荡才子的话还可以不听，但谭嗣同等"四小军机"已经是光绪最亲近的心腹之臣，朝廷的四品大员，绝对不会乱跟他开玩笑。如果这是光绪皇帝派他来刺探自己的，自己明确拒绝，岂不是得罪了皇上？

袁世凯目前最难的，是判断不清形势。

考虑了一下，袁世凯只好指出实际困难："天津的军队还有四五万人，京城里有八旗军数万，我能指挥的不过只有六七千人，如何能办成此事？只怕我军队一动，京内立刻设防，那皇上的处境不就更危险了？"

袁世凯说的是实情。谭嗣同按照他密折中的预备方案回答："您可以在动兵后，立即将皇帝的朱谕给各个将领看，同时照会各国，看他们谁还敢动？"

袁世凯觉得不能在这个问题上纠缠，皇帝的朱谕到现在连影子都没看到，谈论这些根本没有意义，将来还得落人口实。还是先稳住谭嗣同，表表对皇帝的忠心。

老袁真诚地说："我个人，死不足惜，只是恐怕一旦泄密，必将连累皇上。您可千万别让皇帝给我朱谕，一经纸笔，便不慎泄密。您先回去，容我熟思，布置个十天半个月，再告诉您我准备怎么办，好不好？"

对于这种官场上惯有的踢皮球方式，谭嗣同还是知道的。看来必须让袁世凯进一步相信这是光绪的意思。于是，谭嗣同拿出了他怀里的第二件东西。

这是光绪给杨锐那份密诏的抄本。谭嗣同说道："皇上很着急，我有朱谕在手，必须即刻定准一个办法，方可复命。"

袁世凯看了一眼那份密诏，心里差点骂起来。"这不是皇上的朱谕。"袁世凯平静地指出。

不管内容如何，朱谕首先是皇帝用朱笔写的，而眼前的这道密诏是用毛笔写的，如果是没有见过朱谕的人，可能还看不出差别，但是他袁世凯已经是从二品的官员。

这时候，谭嗣同只能说明情况了："这是抄件，我用性命担保确有此朱谕。"

一听这话，袁世凯不得不仔细看了一遍内容，他发现一个疑问："上面只说让你们去想个良策，并没有诛荣相、围颐和园之说啊？"

谭嗣同回答："皇上这道朱谕内所称'良策'，即有二事（诛荣禄、围颐和园）在内。"

老练的袁世凯很快判断出，光绪的这道密诏实际上只是受了慈禧冷遇的一点刺激，希望四位心腹想个稳妥的办法，他密诏中原本就是这个意思，想想他连得罪慈禧都不敢，哪敢去杀慈禧？

康有为、谭嗣同他们为什么会想出来这样一个要兵变的"良策"，袁世凯真是百思不得其解。

袁世凯迅速思考：既然已经基本判断兵变不是皇上的意思，那就更不能答应了，免得上了他们的贼船。虽然谭嗣同用性命担保皇上给过朱谕密诏，但他拿来的只有抄件，说明皇上的密诏也不是给他的，这就更加能说明兵变并不是皇上的意思。退一步讲，即使真的是皇上的意思，他们连真的朱谕都弄不来，怎么能成事？如果是因为不相信自己，不给看真的朱谕，那就更不能跟他们干了。

总而言之一句话，无论从哪方面考虑，都必须拒绝。

袁世凯主意已定，正考虑着要怎么拒绝谭嗣同的时候，他突然发现谭嗣同衣服里面高耸着一个东西，看来谭嗣同的怀里还有第三样物品——剑。

袁世凯突然意识到自己今晚很危险，谭嗣同经常行侠仗义，行走江湖，如果明确拒绝，闹翻了，对方恼怒之下，自己很可能会被灭口！他们连诛杀慈禧都敢，难道不敢诛杀他袁世凯？

袁世凯哭也不是，笑也不是，只有继续推诿。

"七月（阳历9月）皇上不是要巡幸天津（天津阅兵）吗？到时候所有的军队都汇集了，只要皇上一寸纸条，谁敢不遵？何事不成？"

这话说出来连袁世凯自己都不信。果然，谭嗣同回答："等不到九月，他们就要废弑皇上了，形势危险得很！"

"太后既然下达了皇上七月巡幸之命，在这之前，必然不会有意外。"

袁世凯考虑片刻后说道，他的话很有道理。

"若七月不出巡，怎么办？"

"不会更改的。为出巡的事天津方面现在已准备妥当，花了数十万两银子。而且我可请荣相力求太后，必定出巡，不会停止。此事在我，您可放心！"

此时的谭嗣同也已经明白，袁世凯今晚是无论如何不会答应立即行动的，好在他没有明确拒绝，只是把时间推到了以后。谭嗣同决定用话语来激袁世凯。

"袁公，报皇上之恩，救皇上之难，建奇功大业，掌握天下事，在公此举！"说着，谭嗣同看看袁世凯，"当然，如您到颐和园告变今晚之事，杀我，害及皇上，也可得富贵。"

"你以为我是什么人！"袁世凯十分激动，慷慨激昂地表态，"袁某三代受国家深恩，断不至丧心病狂、贻误大局！但能有益于君国，必当死生以之！"

谭嗣同从座位上站起，向袁世凯连连作揖："公真乃千古奇男子！"

带着复杂的心情，谭嗣同离开了法华寺。他的脚步很沉重。不知道谭嗣同是否对自己的冲动而有所懊悔，康有为曾信誓旦旦地说，袁世凯绝对可以信任，只要一跟他挑明，就会立即倒入自己这边阵营中，看来袁世凯的实际表现并不是如此。

既然策动袁世凯不成，那么"死谏"也进行不下去了。看来这个计划就这么失败了。

历史上著名的"谭嗣同夜访法华寺"就这样结束了，虽然史料基本来自袁世凯日记，但根据多方考证和种种材料分析，它是接近于历史事实的。此外还有另外两种说法。

第一种说法是，谭嗣同夜访华法寺的时候，并没有向袁世凯提出要兵围颐和园，只是商讨天津阅兵时如何保护皇上，也就是说，这把主动的兵变变成了被动的防御，否定了康有为有一个"围园杀后"的计划。这个说法来源于梁启超流亡海外后写的回忆性小说，目的是掩盖他们的阴谋，不符合历史事实。

第二种说法比较离奇，认为袁世凯事先就通过在北京为他跑官的徐世昌参与了兵变的阴谋，谭嗣同到访法华寺并不是意外行为，而是由徐世昌带领前来商量如何具体实施兵变计划的。他们认为，如果袁世凯没有在事先表现出一点迹象，谭嗣同不会如此冒昧地去找袁世凯。

这个说法看上去很有道理。但是这个说法的重点是想表现袁世凯后来对变法派的背叛，给他扣上一顶"叛徒"的帽子。如果说袁世凯事先有什么"迹象"，那就是他原本就是变法阵营中的人，支持变法，自己干着变法的事，又加上跑官的缘故，积极向变法派和皇帝靠拢，皇帝又给他升了官，这给了康有为一个幻觉。

我们并不能排除袁世凯也有用兵变去获取更大权力的野心，但作为一个官场老手和军事将领，凭远在天津的区区7000人发动兵变成功的可能性会有多少，没人会比他袁世凯清楚。如果说他通过徐世昌知道康有为有兵变的计划，但当时变法势头正盛，为了跑官成功和在帝、后两党之间继续两头讨好等待时机，袁世凯之前并没有明确反对过这个计划，甚至还做出过空口许诺，这是有可能的。但要让袁世凯真的去兵变，这是他无论如何也不会做的。

回来后，谭嗣同把见袁世凯的经过告诉了毕永年。

一听到这个情况，毕永年惊得几乎要跳起来，他感觉如晴天霹雳！

"事情完全失败了！完全失败了！这是何等样的事，能说出口而停止不办？公等恐怕要有灭族之祸了！仆不愿和你们同罹此难，马上就搬出南海会馆，住到别处去。我劝兄也该自谋，不可与他们同归于尽，无益呀！"毕永年说（毕永年日记记载）。

毕永年当即就搬了家，离开了原先居住的南海会馆，也离开了康有为，住到不远的宁乡会馆，正是这次及时的搬家让他躲过了后来的一场血光之灾，及时逃离北京。几年后，有一位俗家名曾叫毕永年的僧人平静地离开了人世。

毕永年所说的"他们"，就是指骄虚狂躁、野心吞天、不顾一切的康有为以及他的核心团队。和谭嗣同一样，毕永年曾经对康有为很崇拜，毕恭毕敬，但经过这番实质性的交往，毕永年觉得他必须远离康有为，变法也必须远离康有为。

而毕永年和谭嗣同都不知道的是，在康有为那里，策动袁世凯的失败还并不意味着"围园杀后"计划的全盘失败，他还留有更深的后手。

这一切，康有为都没有告诉谭嗣同和毕永年。

## 袁世凯的惊恐

当袁世凯走上大殿时，他突然察觉气氛不对。

袁世凯是前来请训的，大殿里的气氛却有些莫名其妙的反常，他跪在地上，而应该发表"圣训"的光绪皇帝很久都没有开口说话。与前两天谈笑风生的状态形成鲜明对比。

袁世凯头脑飞快地转动，他突然意识到："完了，皇上可能是被太后的人给监视起来了！"

皇上不开口，袁世凯只好自己开口，他说道："皇上，古今各国变法都不容易，为何要变法？原因不是有外患，就是有内忧，还请您忍耐待时，步步经理。如果操之过急，必生流弊，而且变法尤在得人，必须有真正明达时务、老成持重，比如张之洞这样的人，来帮助主持变法，方可仰答圣意。近来新提拔和起用的臣子中，固然不乏明达勇猛之士，但阅历太浅，办事不能缜密。倘若疏误，累及皇上，关系极重。总求您十分留意，天下幸甚！臣受恩深重，不敢不冒死直陈！"

这番话，无论是光绪还是慈禧的人听了，都不会特别不舒服。

但袁世凯是真心推荐张之洞，在来之前，他特意给张之洞发了一封电报，说明他会向皇上举荐张之洞来京主持变法大业。这封电报发出的时间正是谭嗣同夜访华法寺的那个白天，那时袁世凯虽然还没有被谭嗣同惊吓，但他已经认识到如今这些人不足以成事。

张之洞的回答很有文采："本人才具不胜，性情不宜，精神不支，万万不可，千万，千万！"

如今敏感时期，即使是张之洞这样号称"国家梁柱"的人，也不想挺身而出，去蹚这浑水了！

御座上的光绪尤为动容，他欲言又止，想说什么，却没有张口。

他默然地示意袁世凯跪安。袁世凯终于解脱了，他早没有了升官的喜悦，只想早点回小站，继续练兵，京城里的事情，实在已经让他惧了，怕了！

袁世凯万万没想到，就在他跪安时，光绪似乎毫不在意地扔下来一样东西。

这是一封普通的奏折。皇帝扔给大臣奏折，并不用多说话，意思就是让大臣按批示去办理。

看到是奏折，袁世凯又舒了一口气，看来谭嗣同是吓他的，皇上并不会给自己一道带兵围颐和园的朱谕。担心解除了，袁世凯拿着奏折走出了大殿。

可是当袁世凯把这道奏折从头到尾仔细看了一遍后，他大叫了一声："不好！"

连同这封奏折一起的，还有个"附片"，这个附片和朝廷的一个神秘传说有关。

这就是"圆明园宝藏"传说。

大清一直流传，当年乾隆爷和雍正爷在修建圆明园时，曾经在圆明园的一些地窖里埋藏了无数的金银财宝，这些地窖是极其隐蔽的，大概只有皇帝知道。所以大家也一直把它当作一个传言，传了几代大家也就忘了，直到一件事情的出现。

这就是1860年英法联军火烧圆明园，当时他们真的在某个地窖里挖出了价值不菲的金银锭！于是传言的可信度又进一步增强了，大家又相信在圆明园的地底下，真的有宝。

附片正是请求皇上同意去圆明园发掘宝藏，如果能挖出来，就充作袁世凯编练新军的费用（袁世凯军费吃紧）。

"四小军机"写的处理意见是：既然此事和袁世凯有关（挖出来的宝藏要给他作军费），而且皇上您不是就要召见袁世凯吗，就把这事交给袁世凯去办好了，让他带一些士兵去圆明园搜索一番，能发现宝藏自然是好事，不能发现也没有损失。

毕竟只是个传说，而且也不是专门上的一封奏折，是附片说事，估计光绪对此也没多大在意，于是他在这些意见后面朱批了"照办"二字。也就是说，皇帝要让袁世凯带兵去圆明园"寻宝"。

光绪并不知道的是，袁世凯在得到这个奏折之前，已经被谭嗣同告诫：皇上会有让你带兵进京的朱谕给你！

要是在平时，袁世凯会觉得这没什么，能挖到宝还是好事。然而，经过谭嗣同大人在那个晚上一闹，他已经有心病了。袁世凯现在的心病是：对于所有让他带兵进京干点什么的事情都十分警觉！

袁世凯不得不考虑，这虽然只是皇上批复的一道普通奏折，虽然上面没有说是让自己带兵去颐和园，但是皇上没有给我朱谕，莫非是原本要给的，只是因为受到了监视才没给？

带兵去圆明园挖宝，真的是挖宝吗？

袁世凯并不知道，上这个奏折的是御史杨深秀，而出主意的当然是康有为。康有为以他丰富的历史知识，先让杨深秀写了奏折，然后让"四小军机"写了那个意见。

袁世凯的猜测没有错，在这封普通的奏折里，在这平静的文字下，隐藏着巨大的凶险——圆明园的旁边，就是颐和园！

康有为真正的计划是：只要光绪把奏折给袁世凯，而袁世凯执行光绪的命令，以"寻宝"为目的带兵入京，到了圆明园，如果袁世凯对执行"围园杀后"誓死不从，就由毕永年、谭嗣同伙同死士胁迫袁世凯，解除他的武装，接管军队，将权力掌握在变法派——准确地说是他康有为的手里，直取帝国权力中枢，接管朝廷大权，连光绪皇帝也不得不听他康有为的！

天才般的计划。在这个计划中，从袁世凯到毕永年、谭嗣同甚至光绪本人，都只是康有为要利用的棋子，如此精深的算计，却又是通过堂堂正正地向朝廷上奏折来实现的。

孝庄皇后曾说过，"在这世界上最不能相信的，就是奏折"。

袁世凯自然是不知道这些背景的，现在这封奏折成了烫手的山芋，他丢也不是，留也不是，执行也不是，不执行也不是。袁世凯一直在思考这个问题：要不要把"围园杀后"的计划向朝廷检举告发？

对袁世凯来说，告发还是不告发，都已经是欺君之罪。不告，欺的是慈禧这个"君"，而且将来万一事情败露，自己包庇重犯肯定死罪；告，万一这个计划真的是光绪参与过的，那么"欺"的就是光绪这个君。

考虑良久，袁世凯决定还是不告。第一是这个事情太过于天方夜谭，只要自己不参与，料想谭嗣同他们也无法行动起来，事情也许就会不了了之，当作一个秘密。

另外，目前局势不明，光绪虽然没什么实权，但他毕竟才是名正言顺的皇帝，而且也正在通过变法逐步收回权力，自己还是需要静观其变，只能继续骑墙。

最后，告发对已经开始的变法很不利，这一点也是属于变法阵营的袁世凯必须在意的。

袁世凯决定先回天津见荣禄再说。之前袁世凯接到了荣禄的电报，要求他在请训完成后立即赶回天津面见，理由是大沽口外的外国军舰有异常举动，袁世凯必须回天津布防。

在袁世凯走出皇宫之时，另外一个心事重重的人走进了皇宫。

第十二章

# 自救变法，却在百日内无疾而终

## 伊藤博文介入戊戌变法

半个月前，几乎在徐致靖密荐袁世凯的同时，光绪另外一个智囊张荫桓也向他推荐了一个人，一个日本人——伊藤博文。

恰在大清开始变法的 6 月，日本国内发生了一场政治风波，伊藤博文被迫辞去内阁总理之职，成了日本的前首相。伊藤博文下野之后的第一件事就是来到清国，进行参观和访问。

作为曾经的敌人，伊藤博文为何对大清如此感兴趣？

这自然是和当时的国际国内局势有关。

1895 年清日战后，《纽约时报》发出这样的评论，代表了西方各国对清日之战的普遍看法："日本人打开了世界的眼，让人看到了清国真正的无能。"

一年后（1896 年），西方又开始大肆流传一种观点，这就是著名的"黄祸论"。

意思是，黄种人是世界的邪恶轴心，世界上的白种人必须联合起来，战胜黄种人。

"黄祸论"在西方国家中流传的原因虽然很复杂，但跟清日战争也有很大的关系，它正是列强瓜分清国、把清国变成殖民地的理论基础之一，既然是"黄祸",那么就要去征服。

最先行动的是两个国家——德国和俄国。这两个国家勾结在一起,彼此支持,互相配合。俄国在 1897 年支持德国占领青岛,建立他们在亚洲的第一个海军基地;而德国支持俄国占领了辽东半岛的大连湾、旅顺。

日本人无比愤怒,辽东半岛正是俄国迫使他们从《马关条约》中吐出来的。而更令日本人恐惧的是,他们也是黄种人。如何选择一条适合自己的道路,成为日本迫切的问题。

明治维新之后,日本国内有两种观点,一种以福泽谕吉为代表,主张"脱亚入欧"接受西方文化,全盘西化。只有成为一个完全西式的国家,西方国家才会"以兄弟之国待之",打破"黄祸"。

而另外一种观点历史悠久,那就是"中华情结"。

千百年以来,日本都是以中华帝国为学习对象,强大的中华文明和威武的中华帝国彻底征服了这个民族,他们向往中华文化,崇拜中华制度,完全以中华为师。虽然进入近代以后,清政府统治的中华帝国衰败了,但这并没有改变这种"中华情结",而是产生了变种。

从表面看,"中华情结"和"脱亚入欧"是完全对立的,但厉害的是,这些人虽然思想对立,却都知道无论哪一方都只有一个根本目的——强大日本。表面上的观点之争,实际上是如何强大日本之争。

这个变种就是从过去的崇拜中华文化,到统治中华文化,先用武力征服清国,然后由日本人来统治中华,改造中华,让所有的黄种人联合起来,去对付白种人,这就是后来我们熟悉的那个词——大东亚共荣圈。

"脱亚入欧"在日本政界很火,"大东亚共荣"却在军部大受欢迎,因为这为他们侵略朝鲜和清国提供了方便,能够把侵略行动转为"正义",获得强大的思想武器。追捧者有间谍宗方小太郎、山县有朋,以及军方的大山岩、东乡平八郎等人。这些人酷爱中华文化,经常读《三国演义》《孙子兵法》等。

伊藤博文是个例外,他来自政界,但对"大东亚共荣"深深迷恋,由此对清国的兴趣也很高。

来清国之前，伊藤博文拜会了睦仁，两人秘密谈了 3 个小时，又是没有留下任何记录。但很显然，伊藤博文的清国之行，"怀有不可告人的目的"——让日本的国家势力向清国朝廷渗透，为将来实现"大东亚共荣"打下基础。

而俄国和德国在清国的活动，也严重影响了世界老大——英国在清国的地盘和利益。根据国家利益的需要，日、英两国正逐步走向同盟。在日、英两国看来，为了对抗俄国，必须扶植清国朝廷中自己的利益代言人。

而朝廷掌握实权的后党一派，此时已经投入了俄国的怀抱，"向俄国一边倒"。

在《马关条约》签署时，俄国强迫日本向清国"归还"了辽东半岛，这在实际上给了李鸿章帮助，而给李鸿章帮助，就是给慈禧帮助。后党的朋友们从此开始对俄国人感恩戴德。为了对付日本，一年以后（1896 年）两国之间竟然还签订了一份极其绝密的《密约》，史称"中俄密约"。

按照这份《密约》，清国和俄国结成秘密的军事同盟关系，共同防范和对付日本，以后日本无论进攻哪一国，另外一国都要出兵。

这份《密约》是李鸿章亲自去签的，签的过程极为保密，当时朝廷只有极少数人知晓。签好的文件装进保险柜，直接放进慈禧的卧室里。

《密约》看上去很完美，在朝廷看来，终于找到了一个强国来防范日本再一次发起战争。不过，这份《密约》才是俄国人真正的阴谋，《密约》签署仅仅一年以后，俄国就露出了真面目，在德国的暗中支持和配合下，趁机侵占了清国辽东半岛的重要港口旅顺、大连湾。

朝廷吃了哑巴亏，但已经是骑虎难下，只好吞下苦果，外交政策还不得不继续向俄国倾斜，一时难以下战车。

对想扶植新势力的日、英两国来说，由于朝廷后党已经投入了俄国人的怀抱，他们就必须扶持帝党，扶持变法派。变法派虽然目前实力较弱，但在青年官吏与知识分子中拥有大量信徒，这很有扶持价值。

而帝党自然也需要日、英作为强援。

既然双方都有强烈需求，那么只需要一个中间人，在伊藤博文和光绪皇帝之间牵线搭桥，这个人会是谁？

他就是张荫桓。

在朝廷的部级高官中，张荫桓是少数几个"见过外面的世界"的人之一，他曾担任清国驻美国、秘鲁和西班牙大使。纽约自由女神落成仪式时，他有幸成为唯一受邀到场的清国人（1886 年），在场的只有他一个人拖着辫子。1897 年张荫桓还曾经代表清国在伦敦出席维多利亚女王继位 60 年的庆典，女王赐给他大十字骑士勋章。张荫桓的英语说得很流利，他向往西方世界，和英国驻北京公使窦纳乐关系密切，在朝廷中是著名的"亲英派"。

亲英就是亲日。张荫桓决定把伊藤博文引见给光绪皇帝，公开的说法是学习交流明治维新的经验。

总理衙门把这一天定在 9 月 20 日，光绪皇帝在接见前来请训的袁世凯之后，接着接见了伊藤博文。

伊藤博文的到来，也让另一个人"密切关注"，他就是康有为。此时的康有为正在制订"围园杀后"计划，但是伊藤博文的到来又让他看到另外一个机会。

康有为认为，对于伊藤博文这样的大人物，好不容易来到清国，只交流经验是远远不够的，朝廷应该留住伊藤博文，由他来指导大清的变法。在康有为看来，伊藤博文既然能领导日本明治维新成功，也必定能够帮助大清变法成功。

聘任伊藤博文的机构就是懋勤殿。在康有为看来，懋勤殿一开，除了聘请他这样的国内智囊，还需要聘请伊藤博文这样的外国智囊。当然，也不能少了英国人，康有为已经叫他在上海的一位英国传教士李提摩太来京"候命"，等待入值懋勤殿。如此一来，懋勤殿的分量就足了。

于是，康有为一边动用他的官场朋友上奏折，要求朝廷开设懋勤殿，聘请国内国际顾问，一边在报纸上大肆报道。在康有为看来，借伊藤博文的名头，足以震慑朝中的保守派。

光绪对于聘请伊藤博文十分感兴趣。这对光绪来说似乎也是没办法：一场他亲自发动的变法，本国人不支持，请不动本国人，就只有去请曾经的仇敌日本人吧。如果伊藤博文能参与，等于取得了日本和英国的强力支持，对自己和对变法都十分有利！

只可惜慈禧很紧张，正是因为伊藤博文，慈禧严厉地拒绝了光绪开懋勤殿的请求。

接下来的事情就是，光绪皇帝受了一点打击，写密诏给杨锐，接受杨锐的建议，第二次命令康有为离开北京。而康有为按原计划实行"围园杀后"，谭嗣同夜访袁世凯，直到袁世凯进宫请训完成。

而在这些天里，报纸上关于伊藤博文的报道更加热烈了。马上就有人上奏称仅仅聘请伊藤博文为顾问是不够的，应该让他担任"相"；然后有人认为这还不够，为了更好地发挥这些国际友人的作用，清、日两国，或者干脆清、日、英、美四国应该成为一个"合邦"，大家结成同盟，亲如一家，那些外国人也就会真心出力，事情也就好办了。

这些消息严重地震动了颐和园里的慈禧，她感到了一种从来没有的恐惧。

## 慈禧的恐惧

在慈禧看来，伊藤博文不过是一个探路者，如果变法派和皇帝认为日、英两国真心来帮助清国搞变法，或者真的与清国结成盟国，那真是太天真了。与俄国结成同盟《密约》的条约就摆在她的卧室里，没有人比慈禧更清楚，跟这些列强"合邦"或者同盟，实际上只会让朝廷接受别的国家的控制，与俄国结盟就是最好的例子。日、英两国只不过也想和俄国一样，试图渗透势力，培养代言人，甚至控制朝廷。

最令慈禧恐惧的是，至少目前为止，日、英两国的势力并不支持她。他们跟俄国很不一样。

对慈禧来说，只要有一支还听她话的军队在，国内的人包括皇上再怎么"变"，她都还有信心掌控，所以她才敢"放手"让光绪亲自去领导变法。但慈禧也有她害怕的东西。

她唯一惧怕的就是洋人，因为大清打不过洋人。"只要不涉及洋人，就没有我办不成的事！"这是她的公开名言。

外国势力的介入是对她权力安全的极大挑战，如果这股势力不支持自己，慈禧只能认为她对朝廷的掌控也就到头了——搞不定的外国势力会搞掉她至高无上的皇权。

这才是她真正惊恐的地方。

甚至问题的严重性不止如此。在心腹奕劻等人看来，一旦按明治维新的模式走君主立宪，朝廷权力无疑会被转移到新兴的汉人手中，而那些人只是一些康有为式的不负责任的政治煽动家。到那时，连光绪皇帝也会被架空，大清的江山就要变色，朝廷就要走另外的道路，这与改朝换代已经没有什么两样了！

这个问题慈禧也不得不考虑。毕竟变法的初衷之一是要抓紧皇权，而不是丢掉皇权！

一直以来，慈禧对变法是有一定程度的支持的，这种支持是建立在她认为还能对朝政控制——大权还在她之手的基础上，也是建立在列祖列宗的江山不变色——还是爱新觉罗家天下的基础之上的。而光绪这玩着玩着，似乎也把自己给玩进去了，难道他忘了他还是爱新觉罗的子孙？

就算站在变法的角度，朝廷需要伊藤博文这样的人，但不需要伊藤博文本人。

"我必须去管一下了。"慈禧在颐和园里自言。

颐和园里已经是一片热闹。当变法派们利用伊藤博文狂热地制造舆论之时，意识到权力危险的王爷和大臣们纷纷拥入颐和园，他们开始反击，上奏折的上奏折，哭诉的哭诉，中心意思只有一个：太后，您老人家不出山已经不行了！

## 李鸿章的反击

首先做出反击的是李鸿章。与俄国的《密约》是他亲自签的，一旦朝廷转向日、英，他不仅将彻底遭到排挤，从此靠边站，而且还将遭到调查和清算。

替李鸿章出面的，是一个叫杨崇伊的人，这个人不仅是朝廷御史，还是李鸿章儿子的亲家，他给慈禧上了一道奏折。

这道奏折的核心意思是：形势严峻，皇太后，请您老人家即日起开始训政吧。

而另一伙人开始哭诉，他们告诉太后：皇太后您危矣！日、英两国已经联手，在必要时候，会用武力支持伊藤博文掌控清国朝政，再扶持变法派上台，建立亲日、英的傀儡政权。传言康有为已经蛊惑了伊藤博文，请伊藤博文命令天津大沽口外的日本军舰派兵进京，包围颐和园，劫持太后送上军舰。伊藤博文已经答应了，只提出了一个条件：光靠你们说的这些日本还无法行动，必须在皇帝接见我的时候，亲口向我提出这个要求。

按照这伙人的意思，慈禧不仅要立即临朝训政，而且还要废去光绪皇帝。因为康有为"很可能得到了皇上的授意"。

在伊藤博文进宫之前，康有为去拜访过他（跟皇上没有关系），虽然伊藤博文的日记里没有留下上述内容，但日记里没有公开记录并不等于这件事没有发生，因为从种种迹象看，凭空捏造这个谣言也很有难度。康有为既然可以利用袁世凯在京城制造混乱，也可以利用日本人，这不过是日本人版的"围园杀后"，看来很有可能康有为为他的计划设计了袁世凯和伊藤博文的"双保险"。

慈禧对这个谣传是半信半疑的,造谣的这伙人貌似忠心,掌握着大权,却并不在慈禧的信任范围之内。他们将很快露出真实的面目。

对于谣传,她需要证实;对于光绪即将接见伊藤博文,她必须监控。局势已经到了十分紧急的关头,如果她再不出手,向日、英等国证明只有她才是严格控制这个国家的主人,以此绝了列强们蠢蠢欲动的那颗心,一切都将变得无可挽回!

所以,她必须赶在光绪和伊藤博文见面之前,从颐和园回去看一下情况。

慈禧并不知道,她这一去,就再也没有回头路了。

## 变法无疾而终

按照总理衙门制定的时间表,光绪接见伊藤博文的这一天是 9 月 20 日,在接见入宫请训的袁世凯后,他将和伊藤博文会面。

9 月 19 日,慈禧从颐和园动身,回到了皇宫。

袁世凯的猜测没有错,光绪接见他时,御座背后,坐着慈禧派来监听的太监。

接下来接见伊藤博文,慈禧亲自坐到了御座后面。

9 月 21 日凌晨,光绪被太监从龙床上叫起,来到大殿,去参加一场朝廷最高层的小范围会议。

大殿上灯火通明,慈禧坐在御座上,满族王爷、军机大臣等朝廷高层站在一侧,光绪自己孤零零跪在另一侧。

他是皇帝,但只有他跪着,他是来听训的,因为他犯了错。

慈禧开始了对光绪暴风骤雨般的痛骂。

骂完了,出完了气。王公大臣们向慈禧跪下,高呼:"恭请太后临朝训政!"慈禧没有说话。

沉默,这个时候绝对要保持沉默,一定要有风度地沉默。

"请太后临朝训政！"光绪微弱的声音传来。

是啊，这话必须等皇帝亲自开口说。

结束了。在一场朝廷最高层的小范围会议之后，一切都结束了。慈禧宣布，因为光绪还不足以担当国事，她将重新出山，采取临朝训政的方式来亲自指导光绪处理以后的朝政。

这就是史称的"戊戌政变"，从实际情况看，这实在不能称作"政变"，权力本来就一直在慈禧手里。如果光绪夺权成功，那才是真正的政变。

这只不过是"变政"。

光绪既然被拉下了马，那么他推行的变法自然要停止，在宣布变法开始后的 103 天里颁布的大部分政令要废除，朝廷的大政方针又将回到老路上。只有那曾经令多少人热烈讨论、欢欣鼓舞、雄心万丈的变法，真正受到了损害。

虽然这个晚上发生的事情称不上政变，朝廷内部却一直存在着一群有政变图谋的王公大臣，他们正是在慈禧面前造谣的人，此时的他们还没有露出真面目。

步军统领衙门接到了捉拿康有为和康广仁的命令。康有为的罪名是"结党营私、莠言乱政"，"屡被人参奏"，即行革职捉拿，交刑部按律治罪。至于康广仁，只因为他是康有为的弟弟。

南海会馆里只抓到了康广仁。9 月 19 日，在谭嗣同夜访法华寺的第二天，康有为在安排好一切后，乘火车去了天津，然后在天津乘轮船去上海。在上海，康有为并没有能够上岸，听到消息的英国人将他从船上截下，送往香港。为了防备朝廷大内密探的刺杀，康有为被英国方面安排在皇家香港警察署里，躲过一阵时日后，他将去日本，开始漫长的海外流亡生活。

康有为最终用这种方式离开了北京，也算是从结果上最终执行了光绪的命令。我们再见到他的时候，已经是在海外的场合了。

多年以后，在变法期间被光绪接见过的另外一位大知识分子严复，评价康有为在戊戌变法中的作为："轻举妄动，虑事不周，上负其君，下累其友……况杂以营私揽权之意，则其罪愈上通于天矣！"

对慈禧来说，该处理的都已经处理完了，接下来，一切照旧。史料记载，慈禧在9月21日当天甚至还回了一趟颐和园，朝政又趋于平稳，这场风波似乎已经平息。

由于步军统领衙门报告康有为没有抓到，故朝廷将要求在天津缉拿康有为并防止他从天津出逃的电报发给了直隶总督荣禄。然后，慈禧派出了杨崇伊到天津向荣禄通报北京的情况。

杨崇伊去往天津。而正是这次平常的天津之行，让原本趋于平静的朝廷局势，再一次掀起波澜，直至流血！

## 袁世凯的秘密

前一天（9月20日傍晚），有一个人坐着火车，失魂落魄地回到了天津。

他就是袁世凯。

如果此时有人遇见他，见到的一定是一个目光呆滞、神情恍惚、心事重重的人。那个问题仍然在困扰着他。虽然在北京没有向朝廷检举告发，但马上要见直属领导荣禄，难道还不该说出秘密吗？

这个问题折磨着袁世凯。在直隶总督府，袁世凯见到了荣禄。他并没有说出那个秘密，虽然袁世凯怀疑荣禄叫自己立即赶回天津，应该不是为了"布防英日军舰"这么简单，而是很可能听到了什么风声。但袁世凯仍然压制住满腹的心事，装作若无其事。

荣禄把袁世凯急着叫回来，就是想看看他被光绪提拔后对自己的态度。因为袁世凯是他手下的军事将领，皇上越过自己提拔，荣禄当然会起疑。不过，消除领导的怀疑对袁世凯来说并不是难事，反而是他的特长。荣禄十分满意，两人谈了一些"布防英日军舰"的事情。会见结束，袁世凯走出直隶总督府。一夜无话。

然后，杨崇伊到达了天津。

杨崇伊的行程和目的都是保密的，但是，这一切仍然没有躲过袁世凯的眼睛。从在朝鲜时期开始，他一直都是搞情报的高手，天津城以至总督衙门里，都有他的情报人员。袁世凯终于在第一时间里知道了杨崇伊来天津的目的，也知道了这天凌晨皇宫里发生的变故：太后临朝训政，更重要的是，康广仁已经被捉，康有为被通缉！

这个消息对袁世凯来说简直是晴天霹雳，一旦康广仁供出"围园杀后"的计划，供出谭嗣同曾经就这个计划找过他袁世凯，那么，他袁世凯将面临杀头的谋逆大罪！

所以必须立即向荣禄报告自己在北京遇到的一切！不再做任何隐瞒！立即汇报，全部汇报！耽搁一刻也不行！

袁世凯马上意识到要告别骑墙派的生活了，从此必须坚决站在慈禧这一边，拥护以慈禧为核心的领导。"皇上啊，这不能怪我，皇宫里的结果都出来了，我还能骑墙吗？先自保吧。"

袁世凯走向了直隶总督府。

当袁世凯来到总督府时，他发现这里的气氛似乎很紧张，总督衙门里增加了许多卫兵。康有为早已经是荣禄眼中的危险分子，当初可是说过要杀一品大员的，现在他有可能逃到天津，荣禄不得不防。

袁世凯跪在地上，向荣禄告发了一切。

他首先说起了关于天津阅兵的那个谣言，也就是荣禄会在9月天津阅兵时，按照慈禧的旨意杀掉光绪。袁世凯强调谭嗣同是因为这个谣言，才来找他的。

这样的大罪，即使是莫须有，荣禄也担当不起，必须澄清。果然，荣禄大惊失色，立即发誓："荣某若有丝毫犯上心，天必诛我！"

成功了。对袁世凯来说，这是他的第一步。虽然是根据事实全部汇报，但汇报也是有技巧的。他已经成功地把荣禄绕到这件事情里，也就是把他跟自己捆绑到了一起。接下来自己的洗脱也就轻松一些了。

"求荣相做主！"说完法华寺之夜发生的一切后，袁世凯诚惶诚恐，长跪不起。

"昨天为什么没报告？"荣禄严厉地问。

一听这话，袁世凯大哭，哭得几乎断气："荣相，此事与皇上毫无干涉，如累及上位，我唯有仰药而死耳（喝药自杀）。"

袁世凯这话是在暗示他考虑到"围园杀后"计划可能涉及光绪，所以他才不好处理。这个理由正大光明，荣禄也无法反对。接下来估计就是向荣禄表表忠心了。

袁世凯有向荣禄表忠心的本钱，他和荣禄早已经是深度绑定了。荣禄不会真正为难他。果然，荣禄让袁世凯站起身来，他表示不再追究，而且就算以后慈禧再追究，他也会竭力为他开脱。

"围园杀后"的阴谋终于暴露了。后来袁世凯把这段历程写成了日记——《戊戌纪略》，以上的事情大部分都记载在《戊戌纪略》中，虽然《戊戌纪略》也有问题，因为它并不是真正的"日记"，而是袁世凯在事后"补记"的，但综合多种史料来看，其部分内容还是值得信任的。

《戊戌纪略》展现的历史事实是：不是袁世凯的告发导致了光绪失权、变法失败，而是光绪已经失权、变法已经失败才导致袁世凯的告发。袁世凯一直在隐瞒着变法派的秘密，一直到自己有被杀头的危险之时，这是其他人在遇到这种情况时必然的选择。

三年以后的1901年，那个将变法大业重新开始，把戊戌变法想做却做不到的事情去变成现实的人，正是袁世凯。

但毋庸置疑，袁世凯的告发直接导致了接下来流血事件的发生，他保住了自己的性命，也葬送了变法阵营里更多人的性命。他头上的顶戴乃至性命，都是用以下这些人的性命换来的。

得知内情的杨崇伊，把这个情况带回了北京。

## 戊戌六君子

惊恐的慈禧马上做出了反应，她首先下令将光绪身边10多位太监全部抓起来杀掉，这些太监原本就是她安排的眼线，而眼皮底下谋杀的阴谋竟然没被发现，她怀疑这些太监不忠。

然后慈禧命令将有重大合谋嫌疑的光绪囚禁在西苑（今中南海）一座四面环水的孤岛——瀛台。等抓捕到乱党，审讯查明光绪是否合谋后再进一步发落。

抓捕的范围迅速扩大，第二份通缉令名单迅速增加了9个人，包括：

> 户部侍郎张荫桓；
>
> "四小军机"谭嗣同、林旭、刘光第、杨锐；
>
> 礼部侍郎徐致靖，礼部主事王照；
>
> 监察御史杨深秀；
>
> 康有为弟子梁启超。

王照和梁启超成功地逃到了日本大使馆，在日本人的帮助下化装去了东京，他们将在那里与康有为会合。而其他人员全部落网，加上之前的康广仁，步军统领衙门共抓获8个人。

荣禄来到了北京，他来北京带有一个重大任务：劝说慈禧对这些乱党不审不问，立即杀头。

慈禧同意了。

排在必杀名单第一名的是张荫桓，慈禧亲自把他列为第一名，这并不是因为他的级别最高。张荫桓直接将伊藤博文引荐给光绪，这犯了慈禧的大忌，必须杀掉。

然而英国驻北京公使窦纳乐代表英国政府警告朝廷："必须留下张荫桓，如果慈禧太后坚持要杀，英国将可能会对清国动武！"

看来英国要留着这面"亲英"的旗帜。

慈禧忍下了，只好又一笔划掉张荫桓的名字，改为流放新疆。但这种隐忍只是暂时的，两年以后，在一个终于不怕得罪列强的时刻（1900年），慈禧竟然还记得远在新疆的张荫桓，下令将其秘密处死，可见慈禧对此人的心头之恨。

李鸿章也开始行动了。徐致靖的父亲和李鸿章是科场"同年"，并且还帮助过李鸿章。当时徐致靖的父亲和李鸿章同场进京赶考，李鸿章在考场上突发疟疾，全身发抖，连笔都拿不稳，徐致靖的父亲在自己交卷后，帮李鸿章誉抄好了卷子，李鸿章这才高中进士。对于这份"恩情"，李鸿章是不能忘的，他要去营救徐致靖。

李鸿章找到了荣禄，请他在慈禧面前求情。荣禄告诉慈禧："徐致靖是个礼部的书呆子（事实如此），他搞变法纯粹就是跟着瞎起哄，也没有参与谋杀阴谋，请太后饶过他吧。"

徐致靖的名字也被勾掉了。

斩首名单上还剩下6个人。

"有心杀贼，无力回天，死得其所，快哉！快哉！"

9月28日，刑场上响起了谭嗣同洪亮的声音。

谭嗣同、林旭、杨锐、刘光第、杨深秀和康广仁，史称"戊戌六君子"，皆被杀于菜市口刑场。


## 义和团运动爆发前夜


行刑完毕。军机大臣、监斩官刚毅的脸上露出微笑。

朝廷里的那伙人终于露出他们的真面目了。这是一群处于最高层的人，而刚毅只是其中的一员，并不是他们的核心，他们的核心是一个显赫的人物：端郡王载漪。

端郡王，人们常常叫他"端王"，他是光绪的堂兄，团结在端王周围的是一伙满族王公贵族和八旗子弟。他们组成了朝中最有权势的政治集团——端王集团。

端王集团的强大不仅在于他们在朝廷中有强大的政治势力，军队中也到处是他们的人。端王本人掌控着朝廷的禁卫军之一——武胜新队。除了禁卫军，整个守卫京城的八旗军也都是偏向端王集团的，毕竟大家都是同一个出身，有共同的利益。

王爷身份，再加上有军队在手，载漪的身边逐渐围拢了一批满族亲贵中的"少壮派"。他们包括：贝勒载濂、辅国公载澜、庄亲王载勋、贝勒载滢、怡亲王溥静、贝子溥伦等。

总之，这是一群地位特殊的人，他们在朝中的势力根深蒂固，又有军队做保障。

为了政治利益，端王集团不仅排斥洋人，也排斥汉人，他们认为天下是满人的，只能由满人来分享成果，所以要警惕汉人和外国势力，也根本不要搞什么变法。为了这个目的，端王集团隐藏的政变阴谋就是：鼓动慈禧废去光绪，改立端王的儿子为皇帝！

光绪宣布变法开始以后，这伙人也没闲着，他们干得最多的一件事就是造谣。他们既不是朝廷中的变法派，也不是一般的顽固派，而是属于造谣派。

天津阅兵的谣言，就是他们造出来的。造这个谣言的目的是要在朝廷中制造"光绪被废"的舆论氛围，那时候的慈禧在支持光绪搞变法，她是不会废去光绪的，即使要废，大权在她手上，在皇宫就能办成，并不需要多此一举跑到天津去，所以这是一个彻头彻尾的谣言。而端王集团并不死心，他们会寻找造谣的新机会。

机会很快来了。这就是伊藤博文来到北京，野心不死的端王集团又造了第二次谣，告诉慈禧光绪将勾结日本人劫持慈禧，这又是逼迫慈禧废去光绪。

慈禧回到了皇宫，开始了临朝训政。然后"围园杀后"的计划暴露了，光绪背上合谋的重大嫌疑，这对端王集团来说，是一个真正的机会！在端王集团的强大压力下，愤怒的慈禧终于动了废去光绪的心思，默许了端王集团的小动作，由于光绪一向是体弱多病的，于是朝廷以光绪的名义颁布上谕：朕已重病，请各地推荐名医。

在专制朝廷里，皇帝生病本来是最高级的机密，而皇帝在上谕中公布自己的病情，这更加异常。这一反常事件的背后就是端王要为废去光绪做重要的准备，这次已经不仅是舆论准备，还有程序上的准备了。

我们需要注意一下的是，颁布这个上谕的时间是 9 月 25 日，此时，荣禄进京了，他劝说慈禧对谭嗣同等人不审不问，直接杀头。

荣禄的第一个目的是保护袁世凯，而他还有一个更重要的目的——保护光绪。

一定要想办法保护光绪，端王集团正等着审讯那些"乱党"，给光绪加上一个合谋的罪名，成功废帝。但是，荣禄并不是端王集团的人，一旦光绪被废，端王的儿子上台，这对荣禄绝无好处，同时对慈禧也绝无好处。

慈禧终于醒悟了，一旦废帝，再立新君，端王的儿子成为皇帝，端王成为太上皇，慈禧再无以太后的名号临朝训政的名义，无论她如何憎恨光绪和洋人，她的权力是跟光绪深度绑定的，一旦光绪死去或被废，她的权力也就到头了。这一点慈禧其实一直都很清楚，只是一时被愤怒冲昏了头脑。

冷静下来的慈禧向瀛台加派了几十名心腹太监，日夜监视光绪，不是防备光绪"再生异心"，而是要防备光绪一时想不开自杀。

而对于乱党，为了避免端王集团将光绪参与谋反的罪名坐实，只能不审不问，立即杀头。

端王集团的废立阴谋失败了，但是他们仍不甘心，于是谣言再一次在京城流传。根据当时美国驻北京大使康格的夫人（萨拉·康格）的日记记载，这最新的谣言是："皇帝病得很重！""皇帝被洋人害死了！"

很快，北京城里出现了普通百姓攻击洋人的事件，他们朝洋人扔石子，追打洋人，而当洋人去找清兵时，那些八旗子弟说：你们是洋人，我们保护不了你们。

想害死皇帝的明明是他们，却嫁祸到洋人头上。端王集团造这个最新谣言的目的就在于：利用老百姓的民族情绪，再一次寻找废立的机会！

端王集团不会等得太久。

清国社会很快将发生一场前所未有的动荡，这个动荡来自民间。从1894年起，这个国家的人民先后经历了战争和朝廷内乱两件大事，虽然对于过程他们不是很清楚，只是听到了一些流言和目睹了部分的闹剧，但结果是生硬而冰冷的：清日战争证明了后党不行，戊戌变法又证明了帝党不行。太后不行，皇帝也不行，那么，这个朝廷到底还行不行？

一场大规模的骚乱在酝酿、忍耐、聚集，然后爆发！

这是从北方的一个省开始的。这里原本是孔孟之乡，但清日战争改变了这里的一切。它是被日军直接攻击的省份，也是受战争打击最为严重的省份之一，北洋舰队在这里覆灭，《马关条约》在这里换约。而整个战争中，来自这个省份的士兵是最多的，阵亡人数也是最多的。这里的人们遭受了战败屈辱和失去亲人的双重打击。战后的形势又一天天坏下去，激愤的人群和滚滚而起的烽火终于出现在了这里，为了保护自己的切身利益，他们打出了"扶清灭洋"的旗帜。

而朝廷里的端王集团也即将开始废立阴谋，因为这是他们最后的机会。

义和团，起山东！

第十三章

# 强拆血案：武术大师赵三多自创义和拳会

## 强拆血案，案发梨园屯

在山东省的最西部，山东、直隶、河南三省交界处，有一个叫冠县的地方。它土地贫瘠，人们靠在盐碱地上种植棉花为生，思想封闭。自从1861年（咸丰十一年）第二次鸦片战争允许传教士进入清国内陆地区传教之后，在冠县总共24个村中，有11个村建起了教堂。

梨园屯就是这11个村其中之一，这是一个总共有300多户人家的大村，其中入教的教民有20多户。

而村民和教民的相处并不和谐。

1861年，第一批传教士便到达梨园屯，之后陆续有其他传教士到来。外来人口到来，首先要解决的就是住房问题，他们见屯子中心有一座已经破败的玉皇庙空着，便打起了这座破庙的主意——想在这座玉皇庙的地基上建一座教堂。

但要拆迁掉这座玉皇庙，还是会有不小的麻烦的，因为这座庙也是有主人的。

在康熙年间，梨园屯当地的富人捐出了一块地，总共有41亩左右，分作两部分。

一部分是3亩多的宅基地，主要用于修建义学和义学旁边的玉皇庙。

另外一部分是大约38亩的耕地，这是"学田"，用来维持义学的日常开支。

玉皇庙的房产和地产是屯子里公产的一部分，属于全体屯民所有。村民的想法是，如果传教士不打这块地皮的主意，换别的地方修教堂，那就最好；如果一定要拆迁玉皇庙重建教堂，那么至少要给一笔补偿费。

这个要求并不过分，村民们最担心的就是：传教士仗着他们是洋人，强拆了玉皇庙，还不会给补偿费。

接下来发生的事情似乎证明村民们想多了，传教士并没有强拆，只有20多户教民向三街会首（相当于街道办事处主任）提出了一个请求：将那41亩地和房产分了了事，并且他们这些教民只要包括建了玉皇庙的那三亩多宅基地。

教民们虽然入了洋教，但他们世世代代也是梨园屯的人，祖辈留下的公产自然也有他们的份儿。于是三街会首召集当地士绅研究，确定了分配方案：20多户教民如愿以偿地分到了那三亩多宅基地，而其他近300户村民分得了38亩耕地。

虽然宅基地是教民自己想要的，但三街会首搞出这个分配方案还是别有用心的。他并不是教民，自然要维护村民们的利益，宅基地是薄田，不能种棉花，又只有三亩多，把它们分给教民应是村民占了便宜。正是出于这种考虑，三街会首还让大家立了个分地清单的字据，以防教民将来反悔。

但谁也没想到，教民们得到地之后，把地集体捐献给了传教士！玉皇庙被推倒，一座小教堂赫然耸立！

三街会首和村民们都有一种上当受骗的感觉。特别是主持分地的三街会首和士绅们，他们的权威受到了挑战，原本能拿到更多的补偿银子也落了空，是可忍孰不可忍！

而村民们的愤怒也是补偿款落了空，他们原本指望能从传教士征地修教堂这件事情中分得一笔银子，没想到狡猾的传教士还是通过曲线无偿获得了地基。作为天然的弱势群体，每当外来势力入侵时，底层农民一直对自己的利益可能遭受的损害十分敏感。村民们感觉他们既遭受了损失，又受到了屈辱，一种传言又散播开来：洋人其实是给了屯里教民人家 40 两银子的，只是教民们偷偷私分了，并没有给屯里。这让村民们更加愤怒了。

三街会首和士绅代表 6 个人，带领愤怒的村民来到了县衙——上告。从这一天开始，义和团运动拉开了大幕！

## 从"六大冤""八大讼"到"十八魁"

村民告的是教民没有权力将"屯里的地献给洋人"，但关于这个问题，本来就是一笔糊涂账。朝廷因在第二次鸦片战争中战败，被迫允许基督教传教士进入内地传教，而教民拿他们自己的地献给教会修教堂到底可不可以，总理各国事务衙门夹在民族感情和洋人之间，一直支支吾吾，问题悬而未决。聪明的县老爷只好将此回避，他根据三街会首签下的分地清单判定：传教士拿地有效，修建教堂行为合情、合理、合法。

三街会首签这个分地单子原本是为防止教民反悔，现在吃了一个哑巴亏，村民们继续上告，有人负责变卖家产，筹集资金；有人背着干粮，躲过地方官的围追堵截，从东昌府、济东道，一直上告到山东巡抚衙门。

几年、十几年的时间过去了，上告一直没有得到村民想要的结果，为首的 6 人中有人坐牢，有人家破人亡，有人被革去功名，他们也变成了梨园屯的"六大冤"。

但教民毕竟是人少的一方，最后他们妥协了。在县衙的调解下，经过漫长曲折的谈判，双方终于达成了协议：教民把玉皇庙的地基退还给村民，县衙专门拨出白银 200 两，为教民在其他地方买块地皮，修建一座崭新的教堂。

最终还是官府买单。

在村民和教民们看来，这件事情已经解决了。但他们忘了此事牵涉到的另外一个机构——教会。

教会是传教士的组织，他们对这个调解的结果很不满意。教会认为，既然教民们已经把地献出来了，按照西方的契约精神，那么就连教民也不能再对这块地进行处置，能做主的只有接受献地的传教士和教会。事情闹到这个地步，已经不再是一个纯粹的地皮问题，而是关系到今后在乡村中的威信，威信一下降，传教工作就不好开展。

问题又拖下去了。几年后，山东主教越过山东巡抚衙门，直接找到西方列强驻北京的公使，请公使们出面向总理衙门"提出抗议"，要求重新解决。

总理衙门很快批示给山东，山东巡抚衙门指示东昌府解决。在东昌知府的干预下，冠县县衙的调解裁决又变了：由县衙专门拨出白银 200 两，为村民在其他地方买块地皮，修建一座崭新的玉皇庙，但村民要同意玉皇庙的地基归教会。

还是官府买单。

村民、教民、教会，这下三方应该都满意了，但事实又不是这样的。

当初教民之所以妥协，并不是他们真心想妥协，而只是因为没有入教的村民人多势众。现在，看到县衙在教会的压力下不得不偏向教会，他们开始有了自己的打算，要求必须严惩那些"无知愚民"，将为首的"六大冤"全部通缉捉拿，才算完。

连县衙都觉得这个要求比较过分，不打算理睬。而在梨园屯，拿人的谣言已经满天飞，这些谣言正是教民发出来的，为的是给村民们一个警告。"六大冤"赶紧去做一件事情——搬武器。

1853 年，太平天国运动高涨的时期，山东巡抚衙门曾经下过一道指令，要求通省办起民间武装的团练，以抵御太平军。当年梨园屯的团练首领正是"六大冤"之一，现在，他们把原本用于团练的武器搬到了玉皇庙，准备一旦官兵来捉人，就发动镇民大规模武力对抗！

民众的大规模聚集事件再一次惊动了山东巡抚衙门，省衙迅速派出以道台（副省长）牵头，东昌知府、临清知州、冠县县衙组成的四级官员进驻梨园屯，找到"六大冤"做思想工作。

"六大冤"同意不再上告，也保证不再武力抗教，玉皇庙的地基给教会。然后，"六大冤"相继带领他们的家人，远走高飞，不再回梨园屯。

然而，事情的发展已远非"六大冤"所能控制了。

在"六大冤"离开之前，屯里还有8位并不甘心的落第秀才想继续上告，他们找"六大冤"帮忙，被"六大冤"拒绝了。8个人最终也没有再闹起来，在梨园屯的教案史料中，他们留下了一个统一的外号——"八大讼"。

有知识的"先生"们不再闹事了，梨园屯的人们一时间没有了主张，没人带头，贫穷的村民不再闹事，不再上告，不再拦轿喊冤，梨园屯恢复了暂时的稳定。教会得到了地皮，他们开始组织人马扩建教堂，原来的小教堂再次扩建，变成了大教堂。这个建筑深深地刺痛着梨园屯的人们，又有人开始行动了。

在几十年的时光中，梨园屯以阎书勤为首的18位年轻人成长起来了，他们家境贫寒，没有读过什么书，从小他们就从父辈的口中听到玉皇庙的争地纠纷，小时候躲在树后用弹弓袭击教民和传教士，现在，他们决心用行动来捍卫家乡人民的财产和尊严。

他们不会再上告了，因为他们已经不再相信官府，18人公开宣言：官已经不讲法，我们就不守法！

村民们把他们称为"十八魁"。

"十八魁"包围了教堂，对教堂发起了进攻，阻止教堂的扩建，还试图推倒教堂，重建玉皇庙。然后，"十八魁"冲击教民家，把教民们赶出了梨园屯，直到教民们搬来了教会的洋枪队阻止。

无奈的东昌知府只好下了一道命令：双方都不得修，就让那块地荒在那里吧。

"十八魁"并不甘心，但悲情的是，他们只有肉躯，没有洋枪，如何才能战胜教会的洋枪？

"十八魁"想到了传统的中华武术，希望能够打败洋人。到哪里去习武呢？

在位于大清北方的直隶和山东境内，有三大与武术相关的民间组织。

一是白莲教。这是一个带有反清任务的秘密组织，一旦发现，朝廷将严厉镇压。

二是大刀会。清日战争时期，山东内陆的大量兵力被抽调到奉天前线保护陵寝，导致当地兵力空虚。富人和地主为了保护家财，花钱雇用一些武术高强的人做保镖，这些人干脆成立了一个组织——大刀会。

大刀会是反教会的，这也属于给官府找麻烦，于是也属于被官府严厉打击的对象。

三是梅花拳会。只有梅花拳会是一个真正属于老百姓自己的传统武术组织，有着良好的宗旨（"好练之家可传也，不好练之家仅仅收藏也，不可传匪人也"）。每年春天梅花盛开的季节，各大梅花拳传人都要聚在一起，组织自己的门徒进行拳法套路表演和切磋，称为"亮拳"。这是老百姓的传统活动，官府是默许的。

在与冠县相邻的直隶威县，赵三多是大名鼎鼎的梅花拳传人。"十八魁"前去拜师，赵三多收下了他们。

## 赵三多将队伍改为"义和拳"

1897年4月27日，梅花盛开的季节，在传统的"亮拳"之后，"十八魁"带领近2000人攻打了冠县教堂，其中大部分人都是梅花拳的弟子。在冲突中，一名保护教堂的教民被打死，梨园屯所有教民的家遭到洗劫，20多户教民全部逃离了梨园屯。

"十八魁"将教堂捣毁，重新夺回了这三亩多地基。

山东巡抚衙门又一次被震惊了，此时的山东巡抚李秉衡很快做出批示，要求冠县县衙认真处理好此案。

冠县县衙看到如今村民的势头高涨，打算默许"十八魁"的夺地行动，但又不敢太得罪教会，考虑之下，发布告示：无论是村民还是教会，地基都不能要，必须收归县衙所有，用于盖义学，同时县衙负责为教会另外购买一块地修教堂。

绕了一圈，玉皇庙地基所有权又变了，这次干脆收为了官府所有。果然，在土地收归县衙所有后，县衙顶不住"十八魁"等梅花拳弟子的压力，又被迫允许在地基上修建新的玉皇庙。庙宇很快就修好了，竣工的那天，梅花拳会举行了盛大的庆祝典礼。

闻讯的山东主教找到了各国驻北京的公使。公使向总理衙门施压，提出了四点要求：限定山东官府3日内拿办"十八魁"；赔偿教堂损失白银2万两；将亲自负责此事的东昌知府撤职；将负有领导责任的济东道道台调换。

与此同时，山东巨野县发生了著名的"巨野教案"，导致两名德国传教士被杀，财物被抢。德国的军舰开到了胶州湾，准备用武力解决问题并趁机侵占山东。

在德国的压力下，李秉衡被革去山东巡抚之职，由原陕西布政使张汝梅接任。山东官场顿时一片风声鹤唳，冠县县衙的态度来了个180度大转弯，他们将刚刚建好的新玉皇庙强制性拆掉，宣布地基归教民，县衙为教民拨付白银400两再修教堂。同时，官兵开始捉拿"十八魁"，清查"乱党"。

"十八魁"和大部分"乱党"都是梅花拳弟子，梅花拳师门已经深深地卷入了民教冲突之中，师门中的头领紧急开会。他们意识到赵三多已经为师门闯下了滔天巨祸，很可能会给师门带来灭顶之灾！

赵三多不能再继续使用梅花拳的旗号，他为他的队伍想了一个新的名字——义和拳。义和拳既不是起源于白莲教，也不是起源于大刀会，而是和梅花拳有着更加直接的联系，是一个自发的基层组织。它起源于老百姓的利益纠葛，起源于大清基层官僚组织的跨陷，起源于传教士时代的民教互仇。

继任的张汝梅指示东昌知府洪用舟，要将梨园屯的动乱消灭在萌芽阶段。洪用舟找到了赵三多，要求赵三多将队伍解散。

## 绝境中的赵三多

在官府的压力下，赵三多陷入了深深的矛盾之中，他左右为难，为弟子们出头的决心动摇了，准备将队伍解散。有史料记载，赵三多甚至还想过加入教会，自己去入教了事。

义和拳的队伍里混进的著名"反清分子"姚文起和"十八魁"绑架了赵三多一家老小，甚至还烧了赵家的房子，逼迫正在犹豫不决的赵三多不要解散义和拳，亮旗起事！

赵三多不得不同意，但"反清"要落得个千刀万剐、株连九族的下场，这是打死他他也不会干的。赵三多能够同意的只是继续反教反洋，为"十八魁"争回土地，现在，赵三多必须为他的反教反洋但不反清打出一个响亮的口号，这就是——"扶清灭洋"！

赵三多宣布：义和拳只灭洋人，不反朝廷，只要朝廷不站到洋人一边，义和拳决不与之对抗！（"但戮洋人，非叛国家！"）

"扶清灭洋"这个著名的口号出现了。当然，它也有可能是"助清灭洋""顺清灭洋""兴清灭洋""保清灭洋"等，这是在赵三多的亮旗仪式现场，由一名路过的法国传教士用法语记载下来，再回译成中文的，必然有多个版本，而"扶清灭洋"是最响亮的。

不论赵三多们如何标榜"扶清""保清"，在朝廷眼里，因为已经拉起了一支队伍，就都是反民。亮旗的消息很快被报告给了地方官府，地方官府层层上报，山东紧急发电给直隶，要求直隶出兵对匪徒"合力围剿"（《直东剿匪电存》）。

在巨大的压力之下，在姚文起和"十八魁"逼迫的风头过后，赵三多做出了一个惊人的举动。他把那些徒子徒孙叫到了集市上，当众向他们跪下，请他们解散回家！徒子徒孙们动容了，他们大部分自行解散。随后赵三多逃出威县，沉寂江湖，直到 1901 年，才被袁世凯的部将段祺瑞率军抓捕，后来又在牢房里绝食自杀。

清军开始抓捕有命案在身的"十八魁"和姚文起等人，"十八魁"中的大部分人逃走，从此流落江湖，杳无音信，姚文起等 19 人在这次行动中被捕，姚文起被枭首示众，以震慑闹事分子，而阎书勤在 1900 年被捕处死。

旗帜仅仅飘扬了十来天，义和拳队伍就被迫解散。然而一个人的出现，又让义和拳的名号响彻华北，直至进入京城。

他就是茌平县人朱红灯。

## 义和拳的"神化"之路

时间进入了 1898 年，山东黄河沿岸发生大水灾。

农民们的庄稼颗粒无收，饥饿的灾民成群出现，连丢在路边的死婴都有可能成为灾民的食物。

在贫穷的州县，地方官府不是在忙着调粮赈灾，而是在忙着进行一件事情——杀人。监狱里都没有余粮，死刑犯就只好不等到秋后了，先处死，为狱卒们省下口饭吃。

此时的京城正在进行戊戌变法，而在与京城近在咫尺的山东，大部分农民对变法没有任何感受，他们只想吃饱饭。

洗劫教民是吃饱饭最便捷的一种方式。

教民中有不少流民地痞，更有不少家境殷实者，更何况他们还能够得到教会的灾粮补助，抢他们才有效果。更重要的是，在大清的土地上，只要打着"反教"的旗号去抢劫教民和教堂，不仅没有道德负担，甚至还有优越感。

但是那个一贯的难题仍然没有解决：如何战胜教会的洋枪？

朱红灯找到了他的办法。朱红灯个子矮小，人们都叫他小朱子，但他有一项备受灾民尊敬的技术——看病。正是在行医看病的过程中，朱红灯很快积累起了巨大的威望。

和朱红灯一起的，还有另外一个人——心诚和尚。他自小出家，练习了20多年的少林硬气功，大家又叫他"铜头和尚"。"铜头和尚"当众表演时，运起少林硬气功，大刀砍不进，长矛刺不进，犹有神灵附体，"刀枪不入"。但是，洋人手里的"枪"并不是长矛，而是洋枪，如何能让拳民相信神拳可以挡子弹呢？朱红灯他们也有办法。

演示时，枪是真正的鸟枪，可以当场验货。问题出在鸟枪的子弹上。在表演过程中，只要用偷梁换柱的手法将铁砂换成黑豆，如此一来，"挡子弹"就变成了挡黑豆，自然就安全了。

神话已经流传开了，一传十，十传百，最后的结果是朱红灯的人不仅能挡子弹，甚至连炮弹也不怕！

大水之后，神拳兴起。它让饥饿的灾民们相信，只要加入队伍，练习"神拳"，经过一定的程序，就可以让神仙上身，获得神力，面对洋枪洋炮，刀枪不入——这叫"降神附体"。

越来越多的灾民开始练习神拳，然后去洗劫教民。他们走到和当初赵三多相同的那一步：既不想得罪官府，又要进行"灭洋"。由于之前赵三多的"义和拳"已经打出了"灭洋"的名气，朱红灯等人又把"义和拳"的名号拿了过来，用"义和拳"来称呼神拳。

"扶清灭洋"的义和拳终于又再一次发展，甚至有了降神附体、刀枪不入的神秘色彩。

借神力相助的义和拳转战各村，见教堂就烧，见教民就抢，山东的教会都在大量购买枪炮，加强武力戒备，在北京，各国公使又不断对总理衙门施压。

直隶和山东的事件已经惊动了朝廷。

## 毓贤"平乱"失败

张汝梅又被撤职了，朝廷派出了毓贤担任山东巡抚。很显然，他的主要工作是处理义和拳问题。

当毓贤雄心勃勃地准备大干一场时，他才发现李秉衡和张汝梅先后被撤是有原因的，自己遇到了一个很大的麻烦。

义和拳并不同于那些普通的"乱党"，他们举着"扶清灭洋"的爱国旗帜，只与教民和洋人为难，老百姓确实感觉到义和拳是为自己出了气，更加拥护，因而一味剿拳会有很大难度，也会引发更大的动荡。但是，洋人也是不好惹的，朝廷既要防备百姓动乱，又担心洋人动武，每次都是夹在这两者中间小心翼翼地踩钢丝。

毓贤第一次感到了六神无主和左右为难。现在他终于能够体会当年李秉衡和张汝梅的苦楚了——朝廷无论怎么做，最后都是对的，他毓贤却是一点都错不得啊！

毓贤是个实在人，他开始认认真真地研究前两任巡抚的做法，研究朝廷曾经发布的可能与如何处理义和拳相关的各种上谕，也认真听取各地官府汇报，最后还是认为：必须把义和拳掌握在可控的范围之内，不能造成更大范围的轰动事件，要让朝廷满意，也要让洋人满意，稳定第一。

毓贤开始为了这个目标而努力，他制定了针对义和拳的两手政策：一手"剿"，一手"抚"。

"剿"不用多说了，就是打击动乱事件。毓贤的重点在"抚"的方面，他向朝廷提出了前任张汝梅曾经提出过的一个建议：如果要从根本上解决义和拳问题，只有将义和拳招安收编，纳入朝廷承认的地方性合法武装——民团。也就是说，将非法的拳会"义和拳"改为合法的民团——"义和团"！

在官场上，毓贤其实是一个著名的酷吏，他出任曹州知府时，曾经在3个月内杀掉1500人，平均每个月杀500人。这次一反常态地重"抚"，实在是因为山东兵力空虚。

清日战争中，山东是损失兵力最多的省份，战后，山东也分到了偿还《马关条约》赔款的任务，为了缩减开支，只好裁军。比如按照编制，冠县至少应该驻守1名千总、7名骑兵和26名步兵，官兵总共34人。而裁军之后，只剩下了1名千总、1名副千总、8名步兵，官兵总共10人。人数减少了，却还多裁出了一名副千总出来，清军的兵力和战斗力可想而知。

毓贤手头无兵，只好如他的前任一样重"抚"，当然，这种"剿抚兼施"的手段，是很难在短时间里平息动乱的，朝廷要的是迅速恢复局面稳定，于是毓贤又和他的前任一样，被撤职了。

朝廷终于想起了一个有实力迅速稳定局面的人，他就是袁世凯。

## 袁世凯以"政治手段"平乱

1899年12月底，新任山东巡抚袁世凯率领新军从小站开进山东，所有人都认为，袁世凯一介武夫，平息动乱不过就是开动军队，而事实是，最后袁世凯让所有人都刮目相看了。

一位义和拳的"大师兄"被请到了袁府，然后袁世凯拔出手枪，亲自朝他开了一枪，结果可想而知，"刀枪不入"的神话不攻而破。

接下来，袁世凯以巡抚衙门的名义发布《禁止义和拳匪告示》和《严禁拳匪暂行章程》，明确宣布"义和团"非法——并没有什么"义和团"，只有"义和拳匪"。政策上明确了，然后袁世凯就开始着手发动所有的官员、半官员（地主、乡绅和团练等），命令他们都要对"拳匪"进行排查。这道命令是不奇怪的，前几任巡抚也发布过，袁世凯的特别之处是他想出了一套新的制度——日报制。

巡抚衙门规定：各州府每天必须把当地"拳匪"的情况直接上报给巡抚衙门，由袁世凯本人亲自处理，出现一件事处理一件事，绝不拖泥带水。

跟"日报制"配套的还有另外一项制度——考核制度。为了鼓励"先进"，鞭策"后进"，对在平乱中表现良好的地方官立即给予奖励，不好的立即处罚，造成严重后果和不良影响的官员立即革职。

当然，袁世凯对官场里的各种"小九九"是很清楚的，他太清楚只听取汇报也是不行的。于是，他派出了多个督导组分赴各地，层层检查、层层督导，责任落实到人，而督导员考核地方官的依据就是考核细则，通过制度去管官。

如此一来，各级地方官就不得不拿出十二分的精力去对付义和拳，官员们下乡的热情很高，加上地主、士绅和团练的力量，擅长于"人民战争"的拳民陷入了"官员战争"中，剿灭"义和拳匪"取得了很好的效果。

然后，新军出场了。

一部分士兵去保护各地教堂，大部分士兵用来对付拳民，与前几任不同的是，袁世凯给士兵的任务不是直接剿灭拳民，而是阻止拳民聚集。新军驻扎在各乡、县之间的交通要道，对来往行人进行检查，拳民们被迫分割在一个个的区域，无法聚集，就无法闹事。

袁世凯发布告示：凡是聚集拳民数量达到40人以上的，拳民头领被捕后不审不问，直接砍头示众！强大的震慑作用让拳民不敢聚集了。

1900年2月——上任不足三个月，袁世凯便在巡抚衙门宣布：原来的"日报制"终止，改为"有情况随时上报"。也就是说，通过这一系列的组合拳，山东的局势在较快时间里得到了控制，袁世凯较快地实现了山东的稳定。

义和拳的起源和重心地区，一直都在山东和直隶交界处。袁世凯恢复了山东的稳定，却只不过是将拳民大批大批从山东赶往了直隶。1900年4月前后，直隶的义和拳运动终于达到爆发式的高潮，大量拳民如雨后春笋般冒出来，迅速遍布整个直隶，直隶取代山东成了义和拳运动的中心，更是在数量和规模上远远超过山东而成了拳民的天下和红头巾的海洋。拳民们自然要称自己为有合法意味的"义和团"，从构成看，他们可以分为三部分：一部分是从山东境内过来的"老团民"，一部分是与山东交界的直隶南部原有的团民，而更多的，则是在直隶不断新加入的团民。据史料记载：

> 义和团，起山东，
> 不到三月遍地红。
> 孩童个个拿起刀，
> 保国逞英雄！

朝廷里的端王集团终于发现他们的机会又来了。

第十四章

# 慈禧的布局：荣禄崛起

## 慈禧的忌惮

慈禧临朝训政之后，光绪失权，帝后两党的党争也结束了，端王集团顺势崛起，而又野心膨胀，他们意图废去光绪，改立端王儿子为皇上的废立阴谋已经威胁到了慈禧本人。

对于这群人，慈禧之所以比对当初的帝党更加忌惮，不仅因为他们都是满族的王爷亲贵，而且八旗军开始站在端王集团这一边。

八旗军是大清最早创立的军队，虽然早已堕落不堪，战斗力下降，但是，八旗军依然有一项朝廷其他军队永远无法比拟的优势——驻扎京城和全国各战略要地，分别被称为"禁旅八旗"和"驻防八旗"。

京城分为三大区域：宫城、皇城和京城。

宫城就是皇宫，又称为"紫禁城（今故宫）"，它有四个正门——南面的午门、北面的神武门，以及东西两侧的东华门和西华门。四周是高大的围墙，里面的人很难出来，外面的人更难进去，终年阴森肃穆。

围墙之外，又是一道更大一点的圈禁之地——皇城。这里住着皇亲国戚、王爷王公。皇城也是由高大的围墙圈起来的，总共有七道门。

皇城围墙之外，才是跟普通老百姓有关的地方，它就是人们常说的"京城"，京城分为内城和外城。皇城的围墙之外是内城，它是专门给满人和八旗子弟居住的。内城的围墙之外，才是外城，这是专为汉人修建的居住区域。

内城的城墙上共有九道城门，北面的德胜门专走兵车；南面的宣武门专走囚车，出去就是菜市口；东面的朝阳门正对着京杭大运河的终点通州，专走粮车；西面的西直门正对着玉泉山专走水车。而外城并不是环绕着内城修建的，它只是在内城以南的区域，因为北面为"尊"，所以北面是不能有的。内外城之间除了隔着一道围墙，还有一条护城河。外城也有城墙，从最西面的广安门到最东边的东便门，总共有七道门。

这就是京城的军事布局。从外城到皇宫，北京城总共有四座城墙，二十四道城门，宫城和皇城各四道，京城中是内九外七。这些城墙高大雄伟，最高处可达3余丈（约10米），顶部最厚竟然可达5余丈（约16米），可以并排走几驾马车。遇到战争，它们就是高大坚固的堡垒。

守卫北京的禁旅八旗有三大主力：神机营、武胜新队和步军营。

神机营守卫皇宫以及旁边最重要的皇家娱乐场所"三海"（北海、中海、南海）的安全，总兵力1万，统领神机营的是庆亲王奕劻，他同时还是总理衙门首席大臣。

奕劻并不是端王集团的人，慈禧也不会让端王集团的人来出任如此重要的职务。1894年，慈禧亲自将奕劻晋升为最高级别的亲王爵位，比端郡王还高出一级。自从晋升为亲王之后，奕劻知道他这辈子的核心工作就是紧跟慈禧，不犯大的原则性错误就行了。

奕劻最大的特色就是贪财，端王集团的废立阴谋，他自然是不会掺和的，但他也不会得罪这些皇族近支里的"少壮派"，得罪他们对他能有什么好处？只要慈禧那里过得去，他就安心地当他的"神仙王爷"。

在神机营的外围，就是端王载漪亲自率领的"武胜新队"。

再往外，负责守卫和保障内外城治安的就是步军统领衙门，简称"步军营"。这是进入皇家的最后一道屏障，步军营统领叫"九门提督"，他的重要性不言而喻。此时的九门提督是戊戌变法时曾率兵捉拿过康有为的崇礼，崇礼对慈禧来说还是基本可靠的。

表面看来，端王集团能够掌控的也只有一个武胜新队了，并且还夹在奕劻和崇礼的军队之间，并不能影响整个禁旅八旗，而实际情况并不是这样。

无论是奕劻还是崇礼，他们领导的都是八旗军。八旗军最大的特色是腐败，他们仇视汉人，仇视变法，也仇视洋人。慈禧不得不警觉，洋务运动30多年来，由于重用新兴汉臣和触动了八旗的利益，八旗军的不满是一直存在的，对慈禧统治的威胁可以说也是一直存在的。

随着清日一战，李鸿章的淮军覆灭，慈禧手中失去了制衡的力量。从权力安全的角度来说，她必须着手打造一支新的制衡八旗军的军队，在军方安插和提拔一个"自己人"，来组建和统率这支军队。

这个人，就是荣禄。

## 荣禄组建武卫军

1898年9月28日，慈禧发布命令：免去荣禄直隶总督兼北洋大臣的职务，调往北京，授予军机大臣兼练兵钦差大臣，并管理兵部事务。就这样，荣禄名义上成了包括八旗军在内的朝廷军队的统领，而他最重要的任务仍然是组建一支新的军队。

重新编练一支新军的代价是很大的，需要很多的时间和银子，最好的办法是，将现有的可能掌控的军队进行整编扩编，使它们全部归于自己麾下。既然八旗军基本上被端王集团掌控，那么荣禄能够打开缺口的，自然就是汉军了。

汉军，首先是淮军残部。清日战争后淮军残部主要有两支：一支是在满洲战场上的残部，由宋庆统领；一支是聂士成军，聂士成由于表现出色，被补授为直隶提督。而荣禄又做过直隶总督，虽然他们级别是相同的（都是从一品），但提督是武职，总督是文职，朝廷以文御武，提督要受到总督的节制，荣禄相当于做过聂士成的上司。

宋庆和聂士成都是李鸿章系统的，李鸿章是慈禧这条线上的，现在慈禧通过荣禄来让他们继续忠诚于她自己，没有问题。

除了聂士成，荣禄任直隶总督时还节制过另外两位军方将领，袁世凯和董福祥。

董福祥是甘肃固原（今属宁夏）人，原来在西北靠贩驴为生，后加入了西北的回民反清队伍，又被左宗棠的部将刘松山招安。在刘松山的赏识下，董福祥继续招募西北地区的回民，组成一支作战勇猛的队伍——甘军，然后再掉转枪口帮助朝廷去"围剿"回民反清队伍。董福祥对付自己曾经的"匪友"十分凶残，他公开叫嚣："红顶子是要用血染红的。"

清日战争时期，甘军也曾奉命开赴京畿地区作为预备队。虽然后来仗没打成又重回甘肃，但这次短暂的京畿之行让董福祥发生了很大的转变。

这应该是西北汉子董福祥第一次来到京畿。来到北京，董福祥也学着别人去"拜会"高官，不太懂官场规矩的他两手空空地去登门拜访，满怀期望地去汇报军务，而在国难当头之际，这些满族亲贵、王公大臣对战事没什么兴趣，却对辛辛苦苦前来驰援的董福祥公开"招贿"。

后来董福祥说："我从前以为京师贵人不啻天上神仙，今乃得知不过是想得我们外官几文钱罢了！"

董福祥深受刺激，从此以后他开始肆无忌惮，越来越跋扈，也越来越"独树一帜"。除了给士兵们装备洋枪外，董福祥在军中禁用一切带"洋"的东西，提起洋人就咬牙切齿。1897年，当时朝野上下充满了变法氛围，连平时不知洋务为何物的大臣都在畅谈如何学习西方。董福祥却在觐见时语惊四座地说："臣无他能，唯能杀外人（洋人）耳！"连八旗将领都没敢这么说的，董福祥和甘军的"排外"竟然比八旗还厉害！

董福祥说到做到，后来甘军再次奉慈禧之命进驻北京南苑，这里也是芦保铁路（芦沟桥至保定的铁路，芦沟桥后改名"卢沟桥"）的周边地带，不少洋人铁路工程师时常出现在这里，董福祥竟然率军围攻芦沟桥的洋人铁路工程师宿舍，在朝廷大部分军队见洋人就跑的情况下，这真是另类。

董福祥就是一直在极力打造这样一支甘军：这是一支很有缺点的军队，

一支连洋人都敢惹的军队，他们谁都不怕，也谁都不在乎，但只服一个人——慈禧。同时董福祥本人也是以天不怕地不怕但忠于慈禧的军方老粗人物出现的。

董福祥知道，对慈禧来说，一个军方人物如果不忠于她，什么都可以是缺点；而如果忠于她，什么都可以是优点。如果董福祥和他的甘军完美无缺，她反而不能放心了。

就这样，董福祥以别出心裁的方式，以剑走偏锋的表现，反而获得了慈禧的欢心，跟"匪军"差不多的甘军竟然是最受慈禧信任的军队之一。

1898年初变法前夕，慈禧调董福祥的甘军移驻近京——直隶正定府，6月15日变法开始4天后，荣禄成为直隶总督，节制聂士成军、董福祥军和袁世凯军这"北洋三军"。9月，慈禧终止戊戌变法，开始临朝训政，慈禧立调董福祥军从正定进驻京郊南苑。

慈禧这次调军并不是很多人认为的"镇压变法"，因为调军的时候变法已经终止了，而是和立召荣禄进京有相同的目的：牵制和监视端王集团。他们曾经是政治盟友，一起反对帝党，支持慈禧实现临朝训政，而当帝党倒台之后，有实力的端王集团自然成了忌惮的对象。

也就是说，董福祥本来就是慈禧信任的人，现在由荣禄进行整编，只不过是给他的甘军换个番号而已，没有问题。

现在，荣禄的手中有了宋庆军、聂士成军、董福祥军和袁世凯军。袁世凯又为荣禄送上了一个建议："大人，您只有这4支军队是不够的，还需要组建一支您自己的亲兵队伍，让一些八旗子弟加入进去，然后再将5支军队整编成军（相当于集团军），由您担任总统（相当于总司令）。"

袁世凯政治头脑敏锐。4支军队都是汉军，如果只孤零零地将这4支汉军整编，把八旗子弟全部撇在一边，动静太大，树大招风，一定会引起端王集团和八旗军的警觉，最终很可能会因为他们的强烈反对而使整编工作泡汤，所以不如先向他们做点妥协，让他们没有话说。

在荣禄整军的同时，端王载漪也开始将他的武胜新队扩编，荣禄特意向载漪提出建议："王爷，您不妨将它改名为'虎神营'。"

"虎"能吃"羊"（洋），"神"能制"鬼"，蕴含着"端王集团能把最忌惮的洋人赶尽杀绝，让满人过无忧无虑日子"的意思。载漪十分满意，对荣禄印象很好。

3个月后（1899年6月），荣禄的整军工作完成了，一支命名为"武卫军"的新军横空出世。总兵力超过5万，人数和禁旅八旗军相当，军机大臣荣禄担任总统，所属5支军队统领分别如下：

前军：聂士成，兵力1.4万，驻扎天津芦台，兼顾大沽、北塘等海防重地。

后军：董福祥，兵力1.1万，驻扎天津蓟县，兼顾通州防务。

左军：宋庆，兵力1.2万，驻扎山海关，防卫关外。

右军：袁世凯，兵力1.1万，驻扎天津小站，协守天津。

中军：荣禄兼任，兵力1万，驻扎北京南苑，镇守北京南大门。

五支军队中战斗力最强的自然是袁世凯的右军，而战斗力最差的就是荣禄的中军。这支军队是向八旗妥协的产物，袁世凯眼疾手快，继向荣禄提出组建中军的建议后，又向荣禄提出从中军中挑选一些可以受管教的士兵（大约2000人）跟右军一起训练，由他"代训"。至此，袁世凯的军队又扩充了人数，实力又增强了。

从整体看，武卫军保卫国门，拱卫京师，但它的政治地位和禁旅八旗仍然不在一个级别上，汉军一直都是被防备的对象，这是朝廷百年来的规矩，连慈禧也没有办法。如果没有特别的命令，作为非八旗的军队，武卫军仍然连进入北京的资格都没有，只能在周边打转，也只能眼睁睁地看着禁旅八旗在北京城内耀武扬威。

6个月后，1899年12月19日，在荣禄的上奏保荐下，李鸿章正式复出，被任命为两广总督。这意味着在荣禄的协助下，李鸿章终于又找到了出路，这也是他的"北洋班底"正在复出的积极信号。更重要的是，在李鸿章入主两广之后，他和两江总督刘坤一、湖广总督张之洞终于连成一片，以汉人的身份主宰了大清的东南半壁，再加上入主山东的袁世凯，汉臣们在地方与在朝廷的满人亲贵分庭抗礼。

汉臣由于是洋务运动的先锋，普遍和洋人的关系比较好，自然就成了端王集团和八旗排挤的对象。这些汉臣，在端王集团和八旗的眼里，就是"汉党"。

戊戌变政之后，当端王集团开始造谣"皇帝病得很重""皇帝被洋人给害死了"之时，位于皇城东交民巷里的各国公使们向总理衙门提出照会：要求调遣军队进京，保护洋人和使馆。1898年10月初，在慈禧临朝训政不到半个月的时间里，洋人军队开进北京，以"保护使馆"之名驻扎在使馆区周边。

军队进城后，公使们又向朝廷提出，必须由他们的代表给光绪进行体检，以正视听。

体检的结果是：皇上的健康状况虽然比较差，但绝没有传言中的生命危险。

体检结果公布，光绪既没有被毒死，也没有被洋人害死，谣言不攻自破，北京的局势也渐渐稳定，又恢复了往日的宁静。1899年3月，在驻扎半年后，洋人的军队开始撤出北京，意味着端王集团的废立阴谋又一次失败了。

在巨大的权力诱惑面前，他们是不会退缩的。由承恩公崇绮、大学士徐桐和礼部尚书启秀出面，他们写了一份请求废立的密折，面奏给慈禧，他们表面上是"跪请太后同意"，但大臣轻言废立，不过是背后的端王有逼宫的意思。

慈禧自然是不会当面拒绝的，她看完之后似乎同意了（"太后可之"），但要求他们先去找荣禄"商量一下"（"谕曰：你两人须先同荣禄商定。"）。

于是，崇绮和徐桐两位大人冒着风雪来到了荣禄府上，徐桐已经是80岁的老人了，看上去仍然精神矍铄。

"太后有旨，让你看看这份奏折。"两位把密折给了荣禄。

荣禄看了几眼，突然丢掉奏折，手捂肚子，大叫一声："不好！"然后不由分说地朝茅房跑去，边跑还边喊："哎呀！我怎么又拉肚子了啊！刚才你们来时，我正在上茅厕，听到你们有要事相商才出来的，现在还容我再去茅厕啊……"（"荣相接稿，甫阅折由，以手捧腹大叫曰：'啊呀！这肚子到底不容啊，适才我正在茅厕，泻痢未终，闻二公来有要事，提裤急出，今乃疼不可忍。'"）

荣禄"言毕踉跄奔入，良久不出"，其实是找幕僚紧急商量对策去了，也希望两位大人知难而退。

荣禄再一次出来了，把密折拿过来，又看了几行，突然，趁两位大人不注意，荣禄将折子一把扔进火炉里，并且用铜火筷子迅速将折子拨拉烧为灰烬，边烧边喊："我不敢看，我不敢看哪！"

徐桐大怒："此稿太后阅过，奉懿旨命尔阅看，何敢如此！"

荣禄立即回答："我知太后不愿做此事！"

"这就是太后的意思！"两位大人力争。

"我即入见，果系太后之意，我一人认罪。"荣禄也硬了起来。

崇绮和徐桐这才知道小看了荣禄，真是哑巴吃黄连——有苦说不出，看来荣禄并没有被他们两位吓倒。而且自古以来，废立是"人臣所不能言之事"，荣禄烧折子虽然很不地道，但也合情合理，两位大人只好结伴"怏怏而去"。

荣禄单独进宫求见慈禧，恭恭敬敬地问道："传言说将有一场废立之事，此事可信乎？"

慈禧答："没有的事，这种事能行吗？"（"无有也。事故可行乎？"）

荣禄继续说："如果这是太后想办的事，哪有办不成的？只是皇上罪名不明不白，恐怕外国公使会出面干涉，此事不可不慎重。"

慈禧问："但是这件事情现在（已经被他们）传得沸沸扬扬，怎么收场？"

荣禄回答："不妨事，皇上已到极盛年华，仍无皇子，不如在近支为皇上选个皇子，立为'大阿哥'，让他同时认作是同治皇帝的儿子（'兼祧穆宗'），带到宫中培养，以后再考虑继承大统之事，这也师出有名啊！"

立谁为"大阿哥"？当然是端王的儿子，慈禧和荣禄都清楚，这不过是向端王集团妥协，又能堵住端王集团的异心。

慈禧高兴地答："汝言是也！"

1900年1月24日，慈禧以光绪的名义下诏：立端王之子溥儁为"大阿哥"，并在第二年农历大年初一替代光绪到"两殿"行礼（"明年元旦大高殿、奉先殿行礼以溥儁代"），史称"己亥建储"。

端王集团绞尽脑汁苦苦追求的废立，就这样被官场艺术大师荣禄给轻巧地化解了。光绪一直没有生育，而且很可能永远不会生育，溥儁成了光绪最大的皇子，也是唯一的皇子，他就是将来皇位的实际继承人。

荣禄将端王集团的野心推向了"将来"。

端王集团又高兴又失落，皇位还没有到手，是不会死心的。又一版本的谣言出场了，京城里流传，光绪即将禅位给大阿哥（"都下流言将下诏禅位"）。谣言中，甚至连溥儁继位后的年号都有了——宝庆。"大阿哥"将成为继光绪皇帝后的下一任宝庆皇帝。

端王府在忙着准备一场庆典，表面上自然是庆祝溥儁晋封"大阿哥"，实际上却是为"禅位"做准备和造势。为了试探洋人的态度，他们向各国驻北京公使发出了"喜帖"。


## 公开警告！汉党和公使联手将废立野心扑灭

端王集团首先等到的是一封电报，公开警告的电报。

1900年1月28日，在京城的谣言正盛传之际，千里之外的上海，处于洋务前沿的上海电报局总办（局长）经元善联合上海和江浙地区1200多名大大小小的官员、士绅和蔡元培等社会著名人士共同签名发电，强烈表示支持光绪。经元善等人还通电各省：如果真的要废帝，各省工商界就一致罢工，共同抵抗！

收到"喜帖"的公使们反应出奇一致：不理。没有一个公使上门道贺，甚至没有一个公使回帖，连起码的礼节都没有。

不来朝贺，这就是一种态度，表示不认可和强烈抗议。甚至连回个帖子的公使都没有，这是一点都不给端王面子啊！

英、法、德、美四国公使还向总理衙门发出了联合照会。他们当然是不会去干涉朝廷立"大阿哥"的"内政"的，但他们是可以继续拿义和拳说事，因为"义和拳攻击洋人"，和他们的切身利益相关，四国公使指责朝廷"支持义和拳"，要求"禁止所有的拳会组织"。很显然，这是四国公使团借机向朝廷施压。

端王集团梦碎了，废立野心又一次被汉党和洋人公使无情抹杀。他们内心愤恨难平，他们最恨的是洋人，因为在他们看来，汉党的后台就是洋人。

还有什么新的势力可以利用呢？

端王接见了从济南来京的前山东巡抚毓贤。

## 端王集团决定利用义和团

端王府，毓贤叫来了一名义和团的"大师兄"，让他当众表演"刀枪不入"。

在所有人面前，拳民确实可以"刀枪不入"。表演者希望在场的人相信，在场的人也愿意相信。

端王对义和团称赞不已，他表示：如此义和团民，不仅忠勇爱国而且神通广大，值得肯定，应该重用！

端王集团也终于不用把希望寄托在造谣上了，他们找到了"灭洋"的义和团作为新外援。直隶义和团的迅猛发展，也有端王集团在幕后扶植、策应的功劳。

党争和权斗的战场终于不再局限于皇宫内部，而是投向了广袤的民间。受到朝中有政治野心的权势集团扶植的义和团，将走出乡村，进入北京！

直隶涞水县高洛村，团民一把火烧掉了教堂，然后把村里70多间教民的房屋烧为灰烬，杀死了30多名教民！

事件迅速层层上报，直隶总督裕禄迅速派出直隶练军分统杨福同（总兵衔，相当于中将）率军前往平乱，谁也没有想到，结果却是杨福同的军队遭到伏击，杨福同本人被砍死。团民似乎在一夜之间洗掉了山东时期的流民气质，令人怀疑队伍中有"高人"指点。

看来依靠练军无法平乱，拱卫京师不是还有一支强大的武卫军吗？但此时也是指望不上的，因为武卫军总统荣禄又病了。

从3月30日，荣禄就开始请病假，然后竟然以"请假""续假"的方式，连续请假两个月！重臣连续两个月没有上朝，这是很不正常的，估计荣禄也怕别人说闲话，于是他专门在官报《京报》上登载了自己的病情——这次不是拉肚子，而是"手足之疾，不能动转"，已经严重到走不了路了。

于是，团民开始离开县城，挺进大城市！

1900年5月26日，他们到达直隶高碑店，团民直奔火车站，想坐火车北上，车站方面自然禁止他们进京，团民将铁路拆毁，拔了电报线杆子（"烧高碑店火车，亦因赴涿州时，往买火车，付价，无客座与之，次日又如之，激怒放火。"——《高枏日记》）。

这是团民第一次破坏教堂以外的设施——铁路。破坏铁路后，他们继续北上。第二天（27日），团民到达距离北京只有70千米的涿州，此时涿州城外已经聚集了3万多名团民，涿州驻军四处逃散，团民第一次从朝廷手中占据了一座城市！他们又要坐火车，又受到阻拦，于是将从涿州至京城方向的50多千米长的铁轨全部扒掉，涿州火车站站长全家被杀。

5月29日，团民大军行进到丰台，此地距离北京不到15千米，荣禄迅速"销假"上朝，所有人都知道，谁也无法抵挡义和团入城了。

## 骚乱大爆发，端王集团武装政变在即

6月3日至8日之间，义和团突入北京，北京城里的商人们率先做出反应，在团民入城的同时，一夜之间，商铺里的洋货被销毁了，甚至连店铺招牌上都再也见不到一个"洋"字。

照相馆、眼镜店、洋布店、洋伞店等都被砸坏，洋货砸完了，最后连招牌中带一个"洋"字也要被砸。

而那些来不及销毁洋货或换掉带"洋"字招牌的，除了赶紧老老实实销毁货物外，还不得不戴上红头巾，或者在店面门口挂上义和团的红头巾，表示"自己心向义和团"。

在团民那里，所有的"洋"字消失了，"洋货铺"改叫"广货铺"，"东洋车"改叫"太平车"，"耶稣（主）"改叫"猪"，"天主教"改叫"天猪教"。连"洋人"的"洋"字都变成了"羊"，而洋人就是"毛子"。

大清的教民在被团民抓获之后，他们首先要被绳子绑住手脚，以抬猪的方式游街，然后以诸如"剉、舂、烧、磨、活埋、炮烹、肢解、腰杀"的方式被杀害。有的团民甚至将女教民"挖坑倒栽填土，而裸其下体，入一蜡烛，取火燃之，以为笑乐"（柴萼《庚辛纪事》）。

被杀的教民是死不见尸的，他们的尸体基本被烧掉了，因为团民中传言信教的人三天后会复活，所以必须焚尸，让他们复活的灵魂找不到肉体。

除了教民，只要是"毛子"，也是要被杀的。在大街上有六位秀才，被团民搜身时搜出一支铅笔、一张洋纸，这六位倒霉的秀才当场被砍死。有户人家中被搜出一枚"洋火"（火柴），全家八口被杀。另一户人家中被搜出一袋刚剥好的荔枝，在场的人都不知道这是什么，有人突然想起了传教士挖小孩眼珠子的传言，于是愤怒的团民一把火把房子烧了，暴打了户主，直到证实这东西原来还可以吃，户主才侥幸保住一条命。

所有市民纷纷把家里的"洋油"（煤油）泼到大街上，整个晚上家家户户都不敢点灯。有人当街大喊一声"来了"，商店老板不知什么来了，纷纷关门谢客，然后又大喊一声"泼水"，几条街的居民不知发生了什么，纷纷朝大街上泼水。

整个北京都处于这样的恐怖氛围中，人心惶惶，到处风声鹤唳。

团民大部分人都还住在庙里，不冲击官府衙门，还自发组成了治安巡逻队伍，帮助官府维护秩序和稳定。为了表明和朝廷严厉打击的"邪教"白莲教的区别，义和团张贴了大量的传单（"非是邪，非白莲，念咒语，法真传……"），他们甚至还清理出混进队伍的70多名白莲教教徒，乱刀砍死（仲芳氏《庚子记事》）。

神奇的一幕出现了：入城的义和团既在制造骚乱，又在"维护社会稳定"；既在施暴，又在制止另外的暴行；既是打手，又是巡警。种种的行动都证明了一件事情——义和团只针对"洋"，见洋就灭！

也就是说，在疯狂的打砸抢烧之下，这是一伙有组织、有目的的人，他们进行的是一场目的性明确、在自己的目标之下并没有失控的"灭洋"行动。北京变成了"灭洋"的天下，义和团喊出了自己新的口号——"杀一龙二虎十三羊！"

"一龙"，就是光绪皇帝；"二虎"指的是汉党的核心李鸿章和庆亲王奕劻，奕劻从此被吓得再也不敢与端王集团作对，在朝堂上保持沉默；"羊"就是"洋"，"十三羊"泛指朝廷中所有亲"洋"派的官员。

端王集团的手段已经暴露无遗。


### 洋人的反击：史上最强保安队非法进京

东交民巷里的各国公使早在做应急准备。4月6日，公使团向朝廷发出通牒：限令在两个月内将团民剿灭干净，否则他们将出动各自国家的军队，在直隶和山东"代剿"。随后,英、美、法、意6艘军舰开到大沽口外,在海上举行了联合军事演习,各国军舰开始源源不断地开赴大沽口外,停泊在外海。

杨福同被杀后,公使们感到了无比恐惧。现在谁都知道义和团将进京了。

公使夫人们通过各种渠道,把自己的孩子送往日本,而十一国公使馆都在储藏面粉、大米、大豆、煤油、煤炭等生活用品。

5月29日,团民大部队到达丰台,公使们经过紧急磋商,决定由八国紧急调兵进京。他们向总理衙门提出了调一批他们自己的使馆卫队进京的要求。

洋人又要调兵进京,这让人想起了戊戌政变后他们调兵进京并给光绪体检一事,这个消息深深地刺激了慈禧和朝中大臣,总理衙门拒绝了这个要求。

谣言再一次在北京城里涌现,传言是朝廷其实"已经剿不了匪",义和团做好了攻城的准备,他们要在6月1日(农历端午节)这天杀尽北京城内所有洋人!

与此同时,5月29日当天,保定的团民围攻了在芦保铁路上的洋人铁路工程师,40多名洋人工程师和家属向天津方向逃窜,团民一路追杀。当这个消息传到北京的时候,这些洋人和他们的家属已经全部遇害!

公使们再也坐不住了,他们决定不顾朝廷批准与否,自己调兵进京。总理衙门无奈提出了一个条件:能不能像上次(1898年10月)那样,规定每个国家进京的军队不超过30人?

然而,朝廷这个可怜的愿望最后也破灭了,各国公使都完全没有理会30人的"上限"。5月31日至6月3日,八国军队以护卫使馆为名,携带枪炮,分批强行进驻东交民巷。八国军队总人数在450人左右(据当时不同当事人的记录,准确人数各有出入),平均每队接近60人,没有一个国家遵守人数不超过30人的规定(有个别记录称日本出兵未超过30人)。这是史上第一批进入北京的八国联军，称为"使馆卫队"。

使馆卫队进京时，携光绪正在颐和园"消暑"的慈禧被吓得六神无主，甚至差点想丢下京城而逃。6月2日，法国公使从权威方面了解到，慈禧太后准备逃往陕西西安府，因为义和拳对她本人采取了敌对的示威行动。(《英国蓝皮书有关义和团运动资料选译》)

荣禄来到了颐和园，"哭请"慈禧回宫。很显然，慈禧如果回皇宫，风险很大，端王集团挟义和团向她发难、逼她废立，使馆卫队也会对她有武力威胁。但荣禄的考虑是：所谓"最危险的地方最安全"，越是危险，太后越是要回到大本营，只有坐镇大本营，原本属于她的权威才会附加在她身上，也才有更多的安全和胜算。

慈禧同意了，京城地面治安不稳，她也需要一支军队护送其回皇宫。禁旅八旗和端王集团有关系，在慈禧看来不可信任，那调谁的军队来护卫呢？

调她最信任的董福祥军。虽然按照祖制，一支非八旗的军队，是不能轻易进京的，朝廷也不能无缘无故调一支汉军进京。撇开八旗军调董军进京，明显有不信任八旗军的意思，但是事出紧急，慈禧不能对她和皇上的安全问题大意。但现在端王集团在京城内权势冲天，董福祥会不会变节？慈禧是有点拿不准的，她在颐和园召见了董福祥，董福祥说："臣不仅能杀外人，也能杀义和拳。"

放心了，董福祥已经做出了不会和端王集团混到一起的口头保证。接下来就是做好回宫的准备。

6月6日，慈禧发布一道对义和团表示安抚的上谕，劝说团民不要上了混迹于队伍中的不法分子的当，尽快解散回家过日子（"应即遵奉一齐解散，各安生业"）。当天，慈禧派出与义和团关系很好的端王集团核心成员、军机大臣刚毅赶赴保定等地，宣讲这道"柔和"的上谕，试图安抚招安团民。

6月8日，在回宫的前夜，慈禧在颐和园颁布了一道"史上最严厉"

的剿匪上谕，上谕显然是专门针对已经进入了北京的义和团，要求各相关部门迅速清剿进入北京的团民，语气空前严厉，警告端王集团，并敲打那个已经被端王他们吓回去的奕劻：

> 乃近来京城地面，往往有无籍之徒三五成群，执持刀械，游行街市，聚散无常，若不亟行严禁，实属不成事体！除谕饬管理神机营、虎神营王大臣（即奕劻和端王载漪），将所部弁兵全行驻厂，并遴派马步队伍（骑兵和步兵），各按地段昼夜梭巡，觉有匪徒聚乱生事即行拿办外，并责成步军统领衙门、顺天府、五城严饬该管员弁兵役人等各分汛地，严密巡查。遇有形迹可疑及结党、持械、造言生事之人，立即严拿惩办！勿稍疏纵，以消乱萌而靖地方。

慈禧这两道上谕表面上看来矛盾，实际上是面对复杂的局势，她采用了一个地方大员在处理义和团问题上的成功经验。

他就是袁世凯。

山东的经验已经证明，当团民出现人数多、分布散、不可控的时候，袁世凯那种严厉打击加安抚分化的两手政策是十分有效的。义和团人数众多，群众基础强，如果短时间内很难从人数上去消灭，那么最好的办法就是从"组织"上去瓦解。

慈禧采取的正是这两手政策，具体来说，是在北京地界上严厉打击。慈禧希望北京城内能够迅速恢复稳定，好让洋人退兵，洋人的武力是最让她感到恐惧和戒备的。同时在北京地界之外分化安抚，如此才能断了义和团的源头。

6月9日，慈禧的车队在董福祥军的武装护卫之下，浩浩荡荡地回到皇宫。然而，当天，一个让她心里凉了半截的消息又传来了：团民和洋人发生了流血事件！

慈禧回宫之际，一部分团民来到了北京西南郊的英国公使馆赛马场，开始围攻，英国公使馆见习翻译包思德拔出手枪，当场打死了一名团民（休利特·威廉·梅里克《公使馆的围攻》）。

愤怒的团民们立即聚集，将赛马场看台全部焚毁，然后人潮涌向西山（今香山），将英国公使窦纳乐在那里的度假别墅一把火烧光！这是义和团第一次与公使馆方面的直接冲突，就在慈禧回宫的当日。局势不仅没能如慈禧所愿，反而越来越失控。

使馆区的公使们正在为董福祥军进京感到紧张，虽然总理衙门的官员已经透露给他们，董军进京绝对不是针对洋人，只是为了"剿匪"。但现在，团民已经与公使馆发生了严重的冲突，公使们是无法相信朝廷还能"剿匪"成功的。更何况，只要来到使馆区外的大街上，听到关于慈禧调董军进城可不是为了"剿匪"，而是与官方说法完全相反的消息——"董大人的军队能杀洋人，进城来是帮我们杀光洋人的！"

## 第二支侵华军队：西摩尔联军向北京开进

6月9日当晚，英国公使窦纳乐做出了一个与慈禧前一天相同的决定：调军。这次调军不会像上次调遣"使馆卫队"那样向总理衙门申请了，甚至连通告一声都没有，直接从大沽口外的军舰上调遣大部队！三封加急电报发给了大沽口外的英国军舰。

接到电报的这个人，是英国海军中将、东亚舰队司令西摩尔。

西摩尔立即开始行动。第二天（6月10日），总人数达2066人的八国联军召集完毕，立即开赴北京。

为了不在天津陷入与清军的纠缠，西摩尔联军绕过大清国门大沽口炮台，在塘沽登陆（当时大清的海防是修了炮台的地方就有重兵，没修炮台的地方基本就无兵），然后，他们急行军到天津火车站（位于天津老龙头，又称"老龙头火车站"），要求火车站立即交出几辆火车作为他们的运兵专列，否则他们直接抢火车！

站方立即将这个消息上报给了（山海）关内外铁路局，关内外铁路局总办唐绍仪又立即向直隶总督裕禄报告，裕禄接到这个消息后感觉很难办。

这是一个突发情况，洋人向来是得罪不起的，朝廷的规矩：不能"衅自我开"。裕禄只好命令火车站方面去想办法"拦截"洋人！赤手空拳的火车站员工自然挡不住西摩尔大军，他们成功地抢到5列火车，士兵们坐上火车向北京进发。按照时速，火车到达北京需要5个小时左右，6月10日当晚就能抵达北京，西摩尔志得意满地给窦纳乐发了封电报："你们等着，我们马上来！"

裕禄只好又向他的上级——总理衙门报告。接到总理衙门电报房转奏的裕禄的电报，慈禧又一次陷入了那个熟悉的感觉——既惊且恐。

第二批八国联军的性质与使馆卫队是完全不同的。他们没有提前打招呼，如果不加阻拦，让这一支全副武装的2000多人的大军开进京城，慈禧的一切都将在八国联军的控制之下！

慈禧决定：不惜一切代价，阻截西摩尔军进城！

第十五章

# 被内外势力逼到绝境，慈禧进退失据

## 调董军阻截西摩尔

慈禧的头等大事已经变成了阻截洋人，自然要重用端王集团的势力。在听到西摩尔大军到来后，慈禧立即颁布上谕，命端郡王载漪管理总理衙门，着启秀（端王集团核心成员之一）、工部右侍郎溥兴、礼部侍郎那桐在总理各国事务衙门大臣上行走，并且命令所有人对于新差事都不许推辞。

第二天（11日），慈禧撤销了比较"亲洋"的礼部汉尚书廖寿恒在总理衙门的职务，并且发布告示：我已经任命端王管理总理衙门了，即使端王因为"公务繁忙"，不能去总理衙门坐堂，但凡有涉及洋人的事务，也要去找他商量（"该郡王差务繁重，未能常川进署，如该衙门遇有紧要事件，仍着随时会商"）。

管理总理衙门的原来是庆亲王奕劻，慈禧并没有撤掉奕劻的职务，却把端王给升了上来。但很显然，慈禧已经把管理总理衙门的权力交给了端王。慈禧把端王集团拉上战车，同时推向前台了——你们不是平时叫嚣着"灭洋"吗？现在洋人兵临城下了，该你们去与洋人战斗了，好好表现！

在擢升端王的同时，慈禧调刚刚护卫她回宫的董福祥军去北京火车站（马家堡火车站，位于外城永定门外约3千米处）布置军事防线，一定要阻截西摩尔军进城！

6月11日清晨，董福祥率军出城，与他同时前往火车站的还有另一批人，他们是使馆区派出的前去迎接西摩尔军的几批人员，其中有意大利公使萨瓦戈，还有日本公使馆三等书记员杉山彬。

## 杉山彬被董军刺死

董军士兵正在紧张忙碌地建立军事防线，他们看到使馆区洋人一批接一批地前来迎接"敌军"，似乎有挑衅的意味，很多人已是怒火中烧。萨瓦戈等不到西摩尔军到来，返回之时，董军士兵对他进行了盘查，并要动手，多亏萨瓦戈身边带着护卫，他自己就先逃了。而这一切，仍然在火车站单独等待的杉山彬是不知道的。

等到下午，杉山彬还是没有发现西摩尔军到来，于是他也准备回去了。

当他往回走的时候，被巡逻士兵喝令站住，验明身份，士兵发现他不是公使，只是迎接西摩尔军的"书记生小官"，众兵大哗！

杉山彬顿感大事不妙，他立即提出要见"大帅"（董福祥），或者请董福祥去日本公使馆，由日本公使向他谢罪。

"吾大帅乃天上人，岂汝倭矮子所能见！"士兵们喝道。于是众人"已抽刀向前，直刺其腹，杉山彬遂死"。

这就是《西巡回銮始末记》记载的杉山彬之死的详细过程。《西巡回銮始末记》虽然不是官方正史，但据证其可信度还是比较高的，而萨瓦戈和杉山彬虽然确实刺激了军纪不好的董军，但群起动刀杀死一个洋人也是比较严重的事件，董军士兵真的是因动怒而失控？有没有被人收买，故意刺死洋人以激发事态？《西巡回銮始末记》接下来是这么记载的：

事闻太后（报告给慈禧），召董责之，且欲派员查办（有没有士兵被收买），董力辩其无，并谓："即果有之，斩奴才无妨，如斩甘军一人，定然生变!"后闻奏,默然良久……董至端王府,端抚其背,并伸拇指而赞美之曰:"汝真好汉!各大帅能尽如尔胆量,洋人不足平矣!"董大喜,益自夸不已。

看来,董福祥这个"老粗"也不是"死忠"于慈禧的,局势大乱,前景不明,谁都会给自己留条路,连荣禄也不例外。慈禧要调查董军,碰了董福祥一个软钉子。正是用人之际,慈禧只好在两天后(6月13日)发布命令,要求"各有关部门"(各该衙门)限期破案,如果限期不能破,"定行严加惩处",又派荣禄代表她本人去日本公使馆致歉。

但令人惊奇的是,一贯嚣张的日本人这次在自己的外交人员死了之后却表现得相当"克制",日本公使西德二郎只是冷静地要回了杉山彬的尸体,对朝廷"追查"的下文也没有过问。

无论是慈禧还是公使们,最关注的是西摩尔大军到来的情况,可是,又等了一日,大军仍然是杳无踪影。既然西摩尔军还没有来到北京,还在京津之间,那么正好令裕禄等天津方面的军队一起阻截。

6月13日,慈禧发布上谕:

> 着裕禄迅将聂士成一军,全数调回天津附近铁路地方(此前聂士成军在津芦线上保护铁路),扼要驻扎,傥有各国兵队欲乘火车北行,责成裕禄实力禁阻(如洋人一意进京,可以开火),并着聂士成整齐队伍,备豫不虞。其大沽口防务,并着督(裕禄)饬罗荣光一体戒严,以防不测(大沽口外还有洋人的军舰),如有外兵阑入畿辅,定惟裕禄、聂士成、罗荣光等是问!将此由五百里各谕令知之。

这是慈禧明确授权裕禄可以动武的命令,对于裕禄,慈禧是非常了解的,不给他一道可以动武的明确上谕,他是不敢动手的。现在,有了这道上谕，估计他能够为阻截西摩尔军进入北京尽点力了。

在命令裕禄武力阻截西摩尔军的同时，慈禧又调山海关的武卫军左军前来对付义和团"剿匪"——"近来畿辅一带拳匪滋事，扰及京城地面……着宋庆督饬马玉崑（宋庆年纪太大了）克日带队驰赴近京一带，沿途实力剿捕，仍以严拿首犯解散胁从为要义！"

然后，慈禧又派出总理衙门的大臣许景澄、那桐（这两位比较"亲洋"）以及刑部尚书赵舒翘等，分头前往各国公使馆，希望能够劝说和请求他们令西摩尔"退兵"——很显然，西摩尔军是公使叫来的，能退兵的也只能是公使。

这就是慈禧的秘密，她虽然责成裕禄等人，做好了"武力抗洋"的准备，但对慈禧来说，这是万不得已时才能进行的，是被逼上梁山才不得已行动的。正如她后来所说："我本来是执意不同洋人破脸的，中间一段时期，因洋人欺负得太狠了，不免有些动气！"（吴永《庚子西狩丛谈》），洋兵入城，慈禧的心中充满着恐惧、不安和担忧，在内心的最深处，她最不希望与洋人动武。只要有一丝希望，就绝不放弃。因为与洋人动武的后果，她很清楚。

对于城里的义和团，慈禧最担心的是团民们突进内城，这里不仅是使馆区所在地，离皇宫也近。6月13日，慈禧再次发布上谕，特别严令九门加强守卫（"至城门稽查，本有专责，不得稍涉疏纵"）。

然后，慈禧开始做第二件事——撤换顺天府府尹（北京市市长），"以内阁侍读学士陈夔龙为顺天府府丞并署顺天府府尹"。原来的顺天府府尹是偏向端王集团的何乃莹（没有他的配合，义和团也不会那么方便突入外城），而陈夔龙是荣禄的心腹。

对于这一天，慈禧等得太久了，终于借着杉山彬事件把端王集团把持的顺天府的府尹替换掉了。

但是，慈禧想不到的是，她这个时候动手，似乎有点太晚了。

## 义和团突进内城

6月10日，在"被升职"之后，端王并没有高高兴兴地去总理衙门坐堂，他知道，洋兵大队又要进京了，太后又被吓到了，朝廷对于义和团的清剿又不会像以前那样严厉了，朝廷的政治环境也有利于义和团和"抗洋"了，更何况原本调进来震慑他们的董军又被调出去了。

这是将团民继续引到内城的机会！

但是，进九门毕竟不像进外城七门，慈禧也已经多次给步军统领衙门下过严令了，崇礼也只听慈禧的。端王集团又需要一个导火索，一个既能造成大规模骚乱又不会被追责的导火索。

令端王集团没有想到的是，这个导火索很快就来了，而且是洋人送上的。

6月12日，有一老一小两个人出现在了内城使馆区外的道路上，他们头戴红头巾，带着马刀——这是使馆区周边第一次出现义和团装束的人。他们不一定是团民，因为此时头戴红头巾、携带武器已经成为京城普通百姓的一种自保措施，但从安全角度来说，他们此时实在不该在这个时候出现在使馆区附近。

此时的使馆区有使馆卫队守卫，他们也正在等待西摩尔大军的到来，两抹红突然出现在周边，德国公使克林德正好发现了这两个人。

克林德这个人的暴躁和傲慢在使馆区是出了名的，连其他公使都在私底下称他为"粗鲁的日耳曼人"，平时他爱冲动，从来不把大清和清国人放在眼里。

见到义和团那标志性的红色，克林德立刻勃然大怒，他追赶过去，举起手中的文明杖就开始殴打两人。年纪大一点的被打跑了，而那位可怜的少年被拽进使馆，绑在树上继续殴打（时任大清海关英国雇员的普特南·威尔《庚子使馆被围记》）。

几乎就在克林德绑架这名少年的同时，混进内城的少量团民首次在内城烧教堂（"今晨探报，东华门外教堂起火……是为义和团入京第一次肇祸也"——杨典诰《庚子大事记》）。

听闻教堂被烧，克林德等人更加愤怒了，他们将少年打得死去活来。第二天（6月13日）中午，克林德将少年的血衣和一封警告信送往总理衙门，要求总理衙门限时赎人（"过两点钟，匪命休矣"）。

总理衙门上奏慈禧，慈禧令步军统领衙门三位最高领导——九门提督崇礼、左翼总兵英年和署右翼总兵载澜，前往德国使馆请求放人。载澜还是端王的弟弟，朝廷的辅国公，慈禧把他都派出了，可见给足了德国人面子，而克林德斩钉截铁地拒绝放人，他给出的理由是——"朝廷没有采取有效的剿拳措施"。

原来克林德是不满意朝廷剿拳不力。

在步军统领衙门与克林德交涉的同时，使馆卫队在使馆周边戒严，"一支德国和意大利的特遣队袭击了附近一座庙宇中正在习拳的拳民，缴获了一些武器和大量红带"（仲芳氏《庚子记事》）。

崇礼等人空手而归，少年被德国人绑架的消息迅速传开了，并且迅速从内城传到了外城，传言那位少年已经被德国人打死（此少年后来下落不明），更加恐怖的是，传言使馆卫队将出城，屠杀所有的拳民和百姓！

又是谣言。谣言四起，人心惶惶。夜幕降临之际，内城前三门——正阳门、宣武门、哈德门（即崇文门）开始爆发人潮大规模挤进内城的骚乱！

"酉正（下午5时至7时）……方由署散值（刚从单位下班），拳匪不知何时闯入前三门，倏聚数千人……是夜子初，崇文门外，拳匪麇集千余人，喊叫开城，神机营兵把守，并上城堵御，洋兵随亦上城，放排枪击毙拳匪十余名……"（袁昶《上庆亲王请急剿拳匪书》）

前文所述，13日这天慈禧是已经下过一道严旨强调九门守卫的，太常寺卿袁昶虽然平时是"亲洋派"，但他也指出正是克林德绑架少年事件产生了团民突进内城的导火索——"门吏等方与步军统领议弹压京城内外，遵旨严拿首要，以靖地方而弭邻衅，不意德克使（克林德）闇于事机，擅自拿办拳匪，以致激变！"

义和团进入内城，双方冤冤相报的打杀也将到来。

## 暴力升级：洋人上街剿杀团民

入城的团民首先直奔使馆区而去，使馆卫队架起马克沁机枪扫射，团民改为远离使馆区，放火烧教堂作为报复。"既受洋人枪弹，遂向北而奔，见有礼拜堂即放火烧之！"（普特南·威尔《庚子使馆被围记》）

13 日夜，四大教堂中的三座——宣武门内的南堂、哈德门内的西堂、王府井大街的东堂全部被烧毁，剩下的只有北京城里最大的教堂——皇城西安门内的西什库大教堂（俗称"北堂"），这里有法国主教和许多传教士，使馆卫队分出了 43 名士兵守卫。

2000 多名教民逃进使馆区紧急避难，另外 3000 多名教民拥入北堂。使馆卫队全军出动，开始在使馆区周边戒严。"东交民巷、前门东城根、南御河桥、中御河桥、台基厂、东长安街、王府井大街，皆不准清国军民人等往来，有洋兵看守。东城往前门者，只有北御河桥北半桥可以东西往来行人，南半桥有英兵持枪站立。"（石涛《石涛山人见闻志》）

整个使馆区周边已经很难见到清国人，使馆区清静了，也安全了，然而，如果以为他们只是要在使馆区周边戒严那就错了。6 月 15 日起，使馆区在兵力有限、周边环境对他们还很不利的情况下，开始了一项使局势进一步恶化的行动——主动上街射杀团民。

洋人把这次行动取名为"猎取拳民行动"，由于 6 月 15 日这天是礼拜五，《圣经》中的耶稣受难日，也称"礼拜五猎取行动"。

参加行动的有三类人。

第一类是使馆卫队。作为正规军，他们是"剿匪"的主力。6 月 15 日当晚，法美使馆分队士兵"为援救 400 名教民，开枪打死拳民 60 多人（时任日本公使西德二郎记载）"。6 月 16 日，英、美、日分队在使馆区以东，一次性射杀了近50名拳民（翟兰思《北京使馆被围日记》）。

第二类是公使本人。克林德就不用说了，他是所有公使里最强硬和最嚣张的，早在6月14日下午，按捺不住的克林德就主动带领士兵"巡街"，他们登上城墙，朝城墙下俯射，至少打死了7名拳民，打伤近20人（普特南·威尔《庚子使馆被围记》）。

比利时公使姚士登本来有心脏病，5月份刚刚来北京上任，但杀起拳民来也毫不含糊，"比使姚士登亦开枪，东单牌楼迤北大街上击毙者有数十人"（石涛《石涛山人见闻志》）。

第三类就是内城的"其他所有欧洲人"，此时他们全部进入了使馆区避难，而他们也参加了"猎取拳民行动"，这些人中有生意人、记者、游客等，使馆区内北京饭店的老板瑞士人沙莫和他的美国太太把饭店所有的住客都组织起来，成立志愿者队。英国《泰晤士报》驻北京记者莫理循也杀人了（"我们杀掉或者说宰掉四五十人……我自己至少干掉了6个"——珀尔《北京的莫理循》）。

几天之内，被枪杀的团民有100人以上（另一项统计数字为350人以上），死去的人是团民和被无辜波及的百姓。

局势在失控。荣禄却向慈禧报告了一个好消息：帮办铁路大臣张翼（李鸿章任命其为开平煤矿总办，清日战争中却给丁汝昌碎煤），这几天一直在天津租界同各国驻天津领事谈判，并同领事团团长、法国人杜士兰已经达成约定：只要朝廷发布谕旨，拿出切实行动"剿匪"，并且切实负起保卫各国使馆之责，西摩尔大军等外国军队就可以暂缓进京。

这真是一个令人意外的重大好消息！慈禧仿佛垂死之人看到了生的希望！既然张翼是李鸿章的人，自然少不了李鸿章出面，慈禧立即发布上谕："李鸿章着迅速来京！"

"袁世凯着酌带所部迅速来京！如胶澳（即胶州湾）地方紧要，该抚不克分身，着拣派得力将领统带来京！"

自签订《马关条约》之后，李鸿章还没有受到过如此重视，召李鸿章进京自然有一线希望。但问题是，这也意味着几乎要向端王集团摊牌。义和团的口号，"杀一龙二虎十三羊"，其中就有李鸿章，连奕劻都不敢得罪端王集团，李鸿章敢来吗？

袁世凯的新军也是慈禧最需要的，它是武卫军中战斗力最强的。但袁世凯早就提前跟荣禄打过招呼了：大沽口的八国军舰也可能会开往山东，他很可能"要在山东守海防过不来"，于是慈禧只好在上谕中先堵住他的嘴："袁世凯，你可以不来，但你总要派点兵来！"

慈禧在抱着最后一丝希望，她热切地希望京津间的快马能够快一点，将她的这道旨意快点送达天津直隶总督衙门，然后再由裕禄分别电告广东和山东——咦，慈禧为什么不直接向李鸿章和袁世凯发报呢？

原因是已经发不了电报了。

6月10日，端王入主总理衙门，他干的第一件事就是把北京对外的电报服务全部切断了，端王是仇洋和排外的代表人物，看不惯电报线似乎也是情理之中，但停掉电报服务这么大的事，他一个人还真做不了主。

切断电报服务是朝廷得知西摩尔大军正向北京进发后的军事反应。朝廷认为，使馆区还有很多洋人，还有使馆卫队在驻守，为了防止他们与西摩尔军里应外合，互通情报，自然要先切断电报。

令人诧异的是，不知道朝廷是怕洋人说故意针对他们，还是做贼心虚，他们竟然连自己的电报服务也停掉了！所以，从6月10日起，从北京接发外地的一切消息，包括慈禧的谕旨和天津的军报，都是用快马传递的，比如13日慈禧授权裕禄万不得已时可以动武的上谕，用的是500里加急，而这两道上谕，用的是600里加急。

就在慈禧焦急地盼望裕禄迅速电告李鸿章、袁世凯的时候，裕禄的奏折却到了。"不会这么快吧？我的谕旨刚刚送出去不久啊！"慈禧感到有些疑惑，但她马上又意识到这是军报，是裕禄送来的关于天津前方消息的军报。慈禧怀着忐忑不安的心情打开了，然而，上面的一行字瞬间就让她感觉回天无力，不亚于晴天霹雳！

裕禄报告："闻得各国除已去之兵外，尚有续去之兵！"也就是说，除了使馆卫队，除了西摩尔大军，还有第三批八国联军开赴北京！

一个使馆卫队就已经够难对付的了，一个西摩尔大军就已经够紧张的了，洋人为何一逼再逼？

张翼不是已经和杜士兰达成协定了吗？洋人为何出尔反尔？

慈禧已经万分绝望，万分沮丧，也万分愤怒！

第十六章

# 开战决策的秘密：最后的御前会议

## 慈禧的明旨和暗谕

裕禄报告了坏消息，而慈禧最关心的仍然是裕禄有没有勇气抵抗的问题。自鸦片战争以来，如何解决对洋人"怯战"的问题，都是每次战前的核心问题。慈禧令军机处向裕禄发出一道廷寄（相当于内部文件）：

> 现在各国使馆已饬荣禄派武卫军中军等认真保护，明降谕旨矣。此后各国如有续到之兵仍欲来京，应即力为阻止，以符张翼等与杜士兰约定原议（这件事情在慈禧心目中很重要），如各国不肯践言，则衅自彼开，该督等须相机行事，朝廷不为遥制（可未经请战而开战），万勿任令长驱直入，贻误大局，是为至要！

这是明确地告诉裕禄："你要有勇气有行动在天津抵抗，千万不要让洋人大军都拥到北京来。"然后，慈禧又发布了一道明发上谕（相当于公开文件）：

> 著荣禄速派武卫军中军得力队伍，即日前往东交民巷一带，将各使馆实力保护，不得稍有疏虞！如使馆眷属人等有愿暂行赴

津者，原应沿途一体保护，唯现在铁路未通，若由陆遄行，防护恐难周妥，应仍照常安居。俟铁路修复，再行察看情形，分别办理。

这就是在廷寄中告诉裕禄"明降谕旨矣"的事情。慈禧就是要用这一道明谕给洋人一个明确的信号：虽然你们出尔反尔，但我们仍然在执行张杜约定，希望你们退兵吧！

武卫军中军原本是进城"剿匪"的，现在变成了"保护使馆"，荣禄亲率中军迅速开至使馆区周边，用士兵排成人墙式岗哨，将使馆区与外界隔开，划定防区，中军发布告示：在夜间7时至次日凌晨4时，任何进入防区的清国人——无论是军是民，一律格杀勿论！

所谓"军"，指的就是端王集团的虎神营和其他八旗军，团民已经进入内城了，可以直达使馆区，慈禧再不防着端王集团和八旗军趁势生乱，那又将是一个血泪教训。

使馆区就这样被严密保护起来了，它的里层是使馆卫队，外面是武卫军中军，绝对安全。外面的人无法靠近，但是里面的人也无法再出去。就连公使们的家眷想去天津避避祸都不行，慈禧的上谕中早就说了，现在铁路未通，不安全——使馆区里的所有人被慈禧的一道上谕"礼貌地"强留在了使馆区！

在慈禧的命令下，总理衙门大臣许景澄、那桐立刻出城，沿着津芦铁路搜索西摩尔等军，如果相遇，则以朝廷命官的身份阻拦；如不成，让在马家堡火车站的董福祥军阻拦；如果还不行，那就只有决战了（"派许景澄、那桐前往马家堡以南，阻止洋兵入城；如不听命，则立调董军拦阻，再不服阻，则决战"——袁昶《乱中日记残稿》）

问题是，许景澄和那桐如何阻拦，这正是慈禧的"组合拳"：如果西摩尔等军执意不退，那也就没有办法了，就是洋人首先"开衅"，慈禧也就只好去打牌了——人质牌。

在内城，荣禄的武卫军中军"保护"着使馆区，"保护"的意思也是"隔离"，也是"挟持"，万不得已之时——挟公使以令退兵！

在慈禧的眼里，这些在自己眼皮底下软硬不吃的公使，一直是作为一种可能的人质而存在的，特别是从荣禄率军围住使馆区的这一天起，他们的命运便已经注定了，慈禧的这种"人质"定位，将决定公使们在北京的最后命运。

如果在天津前方的裕禄足够聪明的话，他应该是能够看得懂慈禧旨意中"使馆已认真保护，明降谕旨矣"的另外一层意思的：叫你在万不得已的时刻动武，不仅是没有违反"不得衅自我开"的铁律，朝廷将来不会追究你，不会拿你当替罪羊，更重要的是，不用顾虑北京这边。中军已"认真保护"使馆区的意思也就是已经"控制住"了使馆，不要有后顾之忧。大胆地战斗吧！切实为京城、为朝廷设置一道安全屏障！

看来，慈禧的布局已经完成了，从慈禧的角度来看，不能不说是完美，而慈禧不知道的是，她的布局要能变成现实，必须有一个最基本的前提：许景澄和那桐能够出城。

## 大敌当前，两派仍在为利益而争斗

6月16日，内城已经挤满了团民，看来慈禧派出去的那些巡街王爷并没有起到多少作用，团民们来到了前门大栅栏——这里是内城最繁华的商业步行街。

团民们来到这里，自然是因为此处"洋店"很多，正待点火。

他们准备烧掉一家西药房，招牌名：老德记。周围有围观群众若干，邻家的店铺准备去找水桶、脸盆救火，避免被大火波及，而团民告诉他们：你们不用怕，我们的法术可以让这火只烧洋人的东西！

悲剧发生了。大火迅速蔓延，先是延烧至广德楼茶园，然后是旁边的钱庄、当铺、饭店、酒楼、茶馆、澡堂、妓院和民房等，包括著名绸布品牌"瑞蚨祥"店面、著名中药品牌"同仁堂"店面、著名布鞋品牌"内联升"店面，尽数被毁；大栅栏以东的珠宝市，是京城专门熔铸元宝和银锭的炉房汇集地，20多家炉房毁于一旦（"焚正阳门外四千余家，其地皆富商所萃聚，京师二百数十年菁华扫地尽矣，毁及城阙，火三日不息"）。

炉房停业了，钱庄周转就不方便了。第二天（6月17日），京城四家最大的钱庄"四恒"（恒利、恒和、恒兴、恒源）不得不同时歇业，钱庄歇业，又会严重影响朝局稳定，刚刚成为顺天府府尹的陈夔龙被慈禧紧急召进宫商讨办法。

慈禧对他说："我本来是要让步军统领衙门来办理这事的，不想他们推脱这是顺天府的事，你看咋办？"（"我命步军统领崇礼设法维持，他与四恒颇有往来，又系地面衙门，容易为力，讵彼只有叩头，诿为顺天府之事。"）

陈夔龙的办法是："四恒并不是没有钱，只不过为炉房所累，银根见紧，官家可先借银给他们，从速开市，免得穷民受苦。"

当然，陈夔龙所说的"官家可先借银给他们"，并不是由官府出钱，而是处理这类问题的传统手法：由官府出面向当铺摊派——"京师城厢内外，当铺约一百十余家，均系殷实股东，若命两县传谕每家暂借银一万，共有一百十余万，可救暂时四恒之急！"

慈禧觉得这个办法好，吩咐陈夔龙赶紧去办。

陈夔龙出宫后，刚毅大人在等着他。刚毅对陈夔龙的态度很亲切："四恒事太后曾向我谈过，我谓非君不办。但奉托一言：勿论如何，切勿牵累当铺。至嘱！至嘱！"（陈夔龙《梦蕉亭杂记》）

大敌当前，刚毅为什么要特别保护当铺业？原因并不复杂。

当铺业是大清最为暴利的行业之一，能开当铺的人非富即贵，当铺业暴利的原因也很简单——低税。

1898年之前，朝廷对每家当铺的年征税只有区区5两银子。1898年之后年税虽然涨到50两，但和巨额利润相比仍然是九牛一毛。多年以来，这个不合理的征税是朝中各路言官、御史弹劾的热点问题，希望推动当铺行业征税问题改革，但这样的折子一律遭到否决，没人清楚原因。

根据公开的史料，刚毅在北京的当铺至少有三处，而投资在这个红利产业中的其他大臣不计其数。于是，尽管这是一次向端王集团追责的好机会，但是，荣禄怕了，他怕得罪端王集团，也怕得罪其他大臣，更不知道这里面的水有多深，比如步军统领崇礼是不想管、不敢管还是不能管？这都是很有问题的，背后的靠山荣禄大人要息事宁人，陈夔龙自然也只好不"牵累当铺"了，最后是内务府和户部各出库银 50 万两。

对陈夔龙来说，他是很气愤的，刚刚和慈禧太后商量好的事情，刚毅竟然在宫门口就对他提出了警告，而他这个顺天府府尹还不得不遵办！而这还不是端王集团最无法无天的事情。

6 月 17 日，许景澄和那桐奉慈禧之命开始出城，城里很乱，他们走得小心翼翼，然而他们刚走到永定门附近，就被周围"闻讯赶来"的团民给揍了回来！

许景澄和那桐被大清自己人拦住，出不了城！混乱的背后，总有一只手将局势引向更加混乱！

见许景澄和那桐被阻拦，慈禧又派出其他三位"主和"派的大臣（内阁学士联元、户部满尚书立山、兵部汉尚书徐用仪）前往使馆区，劝说公使，希望他们能够退兵。

至于要不要开战，慈禧还在等待一样东西——裕禄的军报，事实上她的决定不是听主战派和主和派哭诉，而是建立在军事情报基础之上。6 月 18 日，继上次报告有"续来之兵"之后，裕禄的"续来之报"也终于来了，情况又一次紧急。

裕禄的这封奏折叫《大沽口炮台紧急情形折》，他报告：洋人不仅没有履行"张杜约定"，杜士兰还转交给他一份最后通牒，而这份通牒是大沽口外的第三批八国联军给大沽口炮台守将罗荣光的，要求罗荣光在 6 月 17 日凌晨 2 时之前主动交出大沽口炮台，否则他们将"以力占据"！

　　果然不出所料，来的都不是好消息。接到这个报告，慈禧又陷入了惊怒之中，这天已是 6 月 18 日了——离八国联军最后通牒上的时间已经过去了 1 天多！但裕禄的这份军报只说了这件事情，他既没有报告洋人最后是否强攻了大沽口，也没有报告大沽口炮台还在不在罗荣光的手里，慈禧最想得到的关键信息仍然没有得到，对于国门的情况，她只有靠猜了。

　　慈禧相信裕禄的后续军报很快就会到来。而奇怪的是，18 日等了 1 天，裕禄的军报仍然不见踪影，这很不正常，即使是快马，也不会这么慢！

　　慈禧的心中突然严重不安，她突然意识到，大沽口乃至裕禄本人，可能都已经出了意外，无法向朝廷报告消息了。6 月 19 日，慈禧主动发 800 里加急询问裕禄情况，并再一次警告他：你必须想尽一切办法给我顶住，否则你自己掂量一下能承担这个后果吗？（"该督须急招集义勇，固结民心帮助官兵，节节防护抵御，万不可畏葸瞻顾，任令外兵直入。设大沽炮台有失，定唯该督是问，该督若再贻误，试问能当此重咎乎？"）

　　既然目前为止朝廷得到的明确消息是洋人发了最后通牒，慈禧宣布：立即给使馆区的十一国公使也发一份最后通牒，宣布他们为大清"不受欢迎之人"，限定公使以及使馆区所有洋人（包括使馆卫队士兵），在 12 个时辰内离京前往天津，途中由荣禄率武卫军中军提供保护并妥为约束，否则，朝廷将撤走使馆区外的武卫军中军，不再负责保护使馆区的安全！

　　慈禧发这道最后通牒，又深藏着用心，她的真正想法是：让荣禄率军"护送"十一国公使到天津——与八国联军对峙的前线！再次发挥"人质"的作用。

　　总理衙门的官员带着最后通牒，走向了使馆区，所有人都在等着最后的结果。

第十七章

# 向十一国开战

## 德国公使克林德在大街上被枪杀

6月19日，使馆区内，接到最后通牒的十一国公使把这份文件从头到尾看了半天，才确认这确实是一份最后通牒！原来大清真的是会发最后通牒的。

等到明白了朝廷绝不是在开玩笑，十一国公使感受最多的不是意外，而是恐慌。他们赶紧聚集在一起，召开联席会议。

如果不接受最后通牒，朝廷肯定就要翻脸，到那时，处境绝对很不妙，虽然有使馆卫队守着，但使馆区孤悬于北京百万军民之中，只要这些人冲过来，别说使馆卫队抵挡不住，就连使馆区都要被踏平！

要知道，之前他们所有的嚣张，进行"猎取拳民行动"，都是建立在一个心理基础上的，那就是无论他们做什么，大清朝廷都不敢拿他们怎么样。

胆小的荷兰公使忍不住哭起来，他告诉大家：我千万不能死啊，我在荷兰还有80岁的老母亲！

其他人开始骂对方以前做得太过分，"猎取拳民行动"为何不知道收敛？杀人太多，没给大清朝廷留面子。

骂来骂去，大家又开始骂如今已经不抱希望的西摩尔大军。这位海军中将 6 月 10 日发电报说"马上就来",现在 10 天过去了,大家还是没有马上见到他,看来他的"马上"还没完。公使们只好纷纷给西摩尔起外号:什么"See-No-More(再也看不见)",什么"找不到的海军中将",什么"从地平线上消失了的人",反正已经不指望他来"解救"了。

讨论来讨论去,他们也终于认清楚了眼前的现实,要想保住人头,唯一的出路就是:接受大清朝廷的最后通牒,乖乖前往天津!于是公使们各回各馆去做准备,使馆卫队也乖乖准备跟随出发。几十年来,这是绝无仅有的场面:大清朝廷强硬了一次,而洋人也乖乖听话了一次。

正准备出发的时候,问题又来了:行李太多。

每名公使的手头都有不少行李。文件可以毁掉,但这么多年在北京收集的珍宝古玩、瓷器字画是不能毁的,必须打包装箱,另外还有公使夫人的衣服、鞋子、化妆品等,要运走的东西很多。美国公使康格就粗略地计算了一下:他的美国使馆至少需要 100 辆大车才够运送那些行李。

如此一来,1 天的时间不够,车子也不够,于是大家又决定给总理衙门发一个联合照会,要求把 24 小时的时限延长,并要求总理衙门提供更多的车子,否则他们无法按时离京。对于这两个要求是否能够满足,希望总理衙门在第二天(6 月 20 日)9 时之前做出答复。

而这一次又让他们失望了,一直等到早上 8 时,总理衙门那边还是没有动静,不知道是还没有做出答复,还是根本就不想再答复了。

德国公使克林德想前去总理衙门问个明白。

英国公使窦纳乐认为不能去,"因为到总理衙门去坐等有失我们的尊严"。法国公使提醒克林德注意安全:"现在连整个北京的城墙都在仇恨我们,离开荣禄军队保护的使馆区是有危险的,还是等总理衙门的人过来。"

但克林德"大怒,用拳头猛击桌面"(窦纳乐后来回忆语),他嘲笑了一番其他公使的胆小,就带上自己的手枪,只带了一个随身翻译柯达士准备出发。使馆卫队德国分队队长要求带人一同前往,被克林德拒绝。

傲慢的克林德出发了,他和柯达士一人乘坐一顶轿子,由使馆区两名清国仆人骑马开路，出了使馆区，向今东单方向的总理衙门走出。他们还没有走出多远，在一处胡同口，克林德永远停住了脚步，他的头部被正在巡逻的清军士兵子弹打穿，一枪毙命，腿部中枪的柯达士慌不择路地逃出几个街区，最终回到使馆区获救，而骑马的清国仆人不顾一切地飞奔回使馆区，告诉大家克林德已经被枪杀。

开枪者是神机营"霆"字枪队满人章京恩海，当时恩海正带领枪队巡逻，与克林德的"洋轿子"骤然相遇，由于不清楚来意，负有警戒任务的士兵不得不要求巡查，举枪相对。而克林德也是有枪的，依据这个人的脾气，他很可能条件反射地拔枪指向士兵，甚至有可能首先开枪示威，恩海同时还击一枪，于是悲剧便发生了（继昌《拳变纪略》）。

继昌（时任军机处满人章京）留下的记载应该是符合当时案发现场的情况的。根据总理衙门的记录，枪击案发生当天，总理衙门接报后曾派人在第一时间内赶到现场，根据克林德手枪里遗留的子弹认定克林德曾开过一枪，并且是先向士兵开枪，当天还向德国公使馆提出了交涉。

也就是说，恩海很可能是出于"正当防卫"而枪杀了克林德。但令人惊奇的是，关于克林德之死，当时竟然还有一个神奇的"预言"。

6天前（6月14日），远在千里之外的上海英租界里一份叫《北华捷报》的英文报纸，当时就已经报道了一个震惊的消息：德国公使克林德在北京遇害！这则消息立即震惊了世界，世界各大通讯社纷纷转载，就在大家你求证、我辟谣的过程中，克林德真的在6天后遇害了。

从《北华捷报》的报道时间来看，恩海的作案动机可能并不是"正当防卫"这么简单，克林德应该是死于一场谋杀，这份英文报纸不过是提前捕获了消息。几个月后，恩海在北京被抓，由柯达士负责审理，根据柯达士在审后提供的报告显示：恩海招供，克林德死于谋杀。恩海曾经在6月19日下午四五点钟时得到一位"王爷"级别的人的指示，对方下令"看到洋人，格杀勿论"，只要杀洋人，就可以升职，还有70两银子的报酬，但恩海事后既没升职，银子也只拿到了40两，于是他一直在北京等着对方兑现承诺，这才被抓。

至于这位幕后指使的"王爷"是谁，按照一般的逻辑，恩海是神机营的，神机营的统领是庆亲王奕劻，似乎他的嫌疑最大，但奕劻一贯是"主和"的，他不太可能发出谋杀洋人的指令，于是大家都有了怀疑对象——自然是那位端王。

而无论德国人怎么审讯，希望恩海说出端王的名字，恩海被执行枪决前都只说他的上司是庆亲王奕劻，端王领导不了他，其他的概不招供。德国人审来审去，也没有审明白谁是那位幕后的"王爷"，在德军的审讯史料中就成了历史悬案。

但即使是克林德死于"谋杀"，也并不是说他就是完全无辜的，在现场他挑起了事端，他本人的死他自己负极大的责任。

使馆区方面也责任难逃，从杉山彬到克林德，外交人员在大清首都连续被杀，说到底这都是"使馆卫队"进京激发动乱局势的结果。"使馆卫队"进京时，萨拉·康格就在家信中写道："外国部队在一个国家的首都驻军真是一个罕见而可悲的景象。我们能真正意识到这种情形对一个国家来说意味着什么吗？"

至于那张"神奇的报纸"，它报道的其实是克林德"死于拳匪之手"。6月10日之后，使馆区与外界的电报联系断了，远在千里之外的上海英文媒体对使馆区的报道就只能靠捕风捉影了，而克林德的好勇斗狠是众所周知的，在"猎取拳民行动"中他是杀掉拳民最多的公使，《北华捷报》的报道既是巧合，其实也预言了克林德本人宿命的某种"必然"推论。

1900年12月31日，东单，在克林德被杀的地方，恩海被德军执行枪决。克林德的尸体后来被德国远征军运回了德国国内，下葬于明斯特中央公墓，而恩海的人头据说也被运回了德国，以示德国人的严谨。原有的东单牌楼被拆除，重新修建了纪念克林德的四柱型的汉白玉"克林德碑"。

"50码外，集贸市场照常进行，在饭铺吃饭的清国人不愿意中断他们的进食，一个说书人在讲他荒诞不经的故事，他吸引的听众要比恩海受刑

吸引的观众多得多。"（瓦德西《拳乱笔记》）

克林德的死亡带来的最直接后果是，再没有洋人敢走出使馆区了，也没有人敢去天津了——使馆区外几百米都有危险，更何况是要到天津。

更让慈禧感到不安的是，裕禄竟然还没有新的报告！这太不正常了，慈禧又发出一道 600 里加急问情况——"裕禄于二十一日（6 月 17 日）后并无续报，究竟大沽炮台曾否开仗强占？连日洋兵作何情状？……着即迅速咨明总署转呈，并遵前旨随时驰报一切！"

在这道上谕发出后不久，慈禧也终于在 6 月 20 日这天等到了裕禄新的军报，这是裕禄继 17 日《大沽口炮台紧急情形折》之后的最新军报。看完这个军报，慈禧既没有难过，也没有愤怒、沮丧和恐惧，她只有一个感受——解脱。

## 开战

军报是裕禄从天津直隶总督衙门发出的，名叫《接仗获胜折》，写得又长又啰唆，但裕禄明确地告诉慈禧：洋人进攻了大沽口炮台，守将罗荣光正在竭力抵抗，战况"尚未获得确信"。据大沽口方面报告"击坏洋人停泊兵轮二艘"，但也"传有（弹）药库被毁之信，危急可想而知"，而他本人正在天津率领军队和团民攻打租界，大家作战十分勇猛，有望占领租界。

看来，裕禄的"获胜"也是指的他指挥攻打租界之战"有望获胜"，他还是没有把大沽口方面的情况报告得十分清楚——不过，这一切对慈禧来说暂时都不太重要了。

重要的是，她已经确定：战斗已经打响，洋人已经向大清开战！从使馆卫队到西摩尔大军，再到大沽口外的第三批八国联军，双方军队的直接交火终是发生了，战争已经是事实！

那还说什么？战吧！

慈禧颁布上谕，命令军机处给各省督抚发 600 里加急廷寄，告诉他们"中外衅端已成"，要求他们"通盘筹划于选将、练兵、筹饷三大端"，请他们思考："如何保守疆土，不使外人逞志，如何接济京师，不使朝廷坐困，事事均求实际，沿江沿海各省，彼族觊觎已久，尤关紧要，若再迟疑观望，坐误事机，必至国势日蹙，大局何堪设想！是在各督抚互相劝勉、联络一气、共挽危局，事势紧迫，企望之至！"

这是帝国官僚系统在做战争动员令。那么再接下来，需要向亿万臣民宣告与洋人的战争状态和做战争总动员，需要起草一道诏书，一道慷慨激昂、气势磅礴、鼓奋人心的诏书，明发上谕，昭告天下！

军机章京连文冲奉命起草，一气呵成。

第二天（6 月 21 日），慈禧将上谕昭告天下。这道上谕中特别提到了杜士兰，并说洋人是"诈谋"（"彼仗诈谋，我恃天理"），看来慈禧对于洋人没有履行"张杜约定"仍然是耿耿于怀。上谕中也没有提到要跟大清交战的具体是哪些国家，而是采用了"远人""彼等"这样的朝廷习惯性的用语（"朝廷柔服远人，至矣尽矣！然彼等不知感激，反肆要挟"）。昭告天下，自然也不能漏了洋人，于是这道诏书也被送往了十一国公使馆，这就是历史上著名的所谓"慈禧向十一国开战"！

事实上，慈禧只是"应战"，这道上谕也只是慈禧处理团民进京和洋兵进京的众多上谕中的一道，是面向全国军民发出一个战争总动员令——由于西方国家进攻大清，大清不得不奋起反抗，而不是慈禧"脑袋一热，要灭了十一国"。由于找不到足够宣战的理由，八国也一直在避免"宣战"，他们和大清进行的是一场奇怪的战争：大家打得不可开交，但都没有严格意义上的宣战。

这篇慷慨激昂的上谕刚刚发布不久，裕禄关于大沽口的第三封军报就来了，这次不再是"接仗获胜"，而是"奴才裕禄跪奏：为大沽接战失利、炮台被陷，请将防护不力之员治罪，并自请严议"，也就是说，大沽口炮台失陷了，并且早在 6 月 17 日就已经失陷！裕禄为何延迟到 21 日才报告，他又如何能躲开罪责？裕禄自有他的办法。

对慈禧来说，这个消息改变不了开战的命令，大沽口炮台失陷，更加要战。战，有可能代价巨大，也许尚有一线希望。但是，不战，就要失去一切！

战争动员做完了，接下来最重要的，就是如何处理义和团。

政策很简单——联拳抗洋！噢，对了，从这一天，朝廷不应该再称他们为"义和拳""拳民""拳匪"，而也应该称"义和团""团民"了！慈禧发布上谕，首次在朝廷层面承认义和团为"合法组织"，为他们拨出专项资金——粳米2万石、白银10万两，令团民先去庄亲王载勋的府上登记注册，只有登记注册后的团民才可以称作"官团"，每天可领官钱1600文，否则便为"私团"，不能领银子。

对慈禧来说，她收编义和团，是对洋人开战带来的附加反应，一是与洋人交战的天津前线需要这么多"精壮的汉子"；二是，几天前"求和"大臣无法出城的事件已经给了慈禧很大的警觉，收编之后，义和团肯定还是掌握在端王集团的手中，但如果能"用更大的手段去制住他们"（慈禧后来语），为他们在京津间有个"灭洋"的出口，送去前线打仗，那么情况就很不同了。

对端王集团来说，义和团终于合法了，"扶清灭洋"只是手段，废立才是目的，趁着朝廷刚刚开战，朝廷上下对义和团"抱有厚望"之际，他们要加紧让团民"为我所用"，孤注一掷！趁乱杀掉光绪，一举完成废立！

6月24日，大阿哥溥儁在宫内首先向光绪发难，称光绪帝为"鬼子徒弟"，"帝泣诉于太后"，溥儁就被慈禧臭骂了一顿。25日一大早，端王集团核心阵容集体出动：端王载漪、庄王载勋、贝勒载濂、贝勒载滢带上约60名团民，以寻找"二毛子"为名，闯入光绪临时住处宁寿宫门，大声呼喊"请皇帝出宫！"而身后的团民们一片喊杀之声，高呼："杀洋鬼子徒弟！杀洋鬼子朋友！"

端王集团的野心终于彻底暴露了，以前是造谣光绪被杀，现在他们亲自来杀了!

刚刚起床的慈禧听到喊声,立即赶到宁寿宫,她亲自站在台阶上阻止,对着端王破口大骂,命人将一名团民首领就地正法!("太后大怒,叱载漪等出,斩匪首一名于宫门外。"——《清史纪事本末》)

看来慈禧之前把光绪接到皇宫暂住,放到她眼皮底下亲自保护,还真是有先见之明。

团民们不愿出城去前线打仗,又不能让他们去使馆区"坏事",那么只能让他们去干老本行——烧教堂,让他们去攻打北京城里的最后一座教堂——北堂。

慈禧发布命令,荣禄仍然亲率中军围困使馆区,但不再是"保护",而是"进攻",由董福祥后军一部协助,使馆区周边仍然要严禁其他军民靠近(慈禧仍然在留着她的"人质牌"),对于进攻北堂的义和团民,由端王的虎神营协助进攻。

## 西摩尔大军"失踪"之谜

北京城里的局势告一段落了。现在我们来关注一下那支久闻其名不见其人的西摩尔大军了,很多人已经忘了他出发的日子:6月10日。这一天,在接到窦纳乐的电报后,西摩尔立即率领大约2066名八国联军士兵,在天津火车站强行征用5辆火车作为运兵专列,向北京进发。

前4辆用来运兵,最后1辆是后勤保障车,考虑到当天就能到北京,所以保障车上装的给养比较少,另外的物资是修复铁路的器材,车上还有雇用来的清国苦力。因为西摩尔早听说了,津芦铁路线上可能会有团民出没,破坏铁路。

火车沿着铁路线向前,很快到达了第一站——杨村。西摩尔军在这里碰到了正在保护津芦铁路的聂士成军。这也是八国联军与朝廷正规军的第一次照面!

对于突然到来的西摩尔军，聂士成的第一反应是阻截。而裕禄大人的电报不失时机地到了：不要"启衅"。前面我们知道，此时慈禧对是否与洋人开战的决定还迟迟未下，裕禄很怕承担这个"启衅"的责任，于是电报追到杨村了。

聂士成虽然心有不满，但他从来就是一位以服从命令为天职的纯粹的军人，对于裕禄的指示，他执行了。于是，裕禄的电报化解了两军可能的擦枪走火，西摩尔军运兵专列顺利通过聂军杨村防区，继续往前。

火车不久后顺利抵达落垡车站，这是津芦线上的中途站。去往北京的行程已经接近一半了，照这个速度，当晚抵达北京是没有任何问题的，西摩尔手下的军官们已经开始讨论使馆区的欢迎晚宴，舞会上会有多少姑娘。

正是从落垡车站开始，西摩尔军的噩梦即将到来。

前方开始断断续续出现铁轨被扒的现象，列车不得不时常停下来，而车一停，旁边埋伏的人便一拥而上，用手中的石块、长矛、大刀、鸟铳等武器勇敢地攻击火车！

他们是京津间的义和团，之前破坏津芦铁路原本是为了阻止聂士成军向北京"进剿"，同时也对铁路这种"洋玩意儿"充满仇恨，当他们发现西摩尔大军到来之后，毫不犹豫地将武器对准了这支洋人的军队。

有些受惊的西摩尔军赶忙架起马克沁重机枪扫射，人群这才退去。

第二天（6月11日），落垡车站前的铁轨铺好了，西摩尔留下一部分人留守后路，车队继续向前。他的一号指挥车开在最前面，每列车厢里的士兵都做好了随时应对偷袭的准备，机枪手架着机枪对着窗外——奇怪的是，前方的铁轨再没有遭到破坏，铁路两侧也再没有出现团民，一切又恢复了平静。

看来经过前一天交战，团民已经被重机枪打跑了，西摩尔的心情又愉快起来。火车继续呼呼向前，前面就是廊坊车站，这里离北京只有40千米了，也是进入北京地界前的最后一座车站，军官们又放松了。

而火车快进站时，西摩尔突然发现了一个令人不寒而栗的现象：前方铁轨上开始出现稀稀拉拉的人群！先是一个，接着是几个、十几个、几十个，然后是几百个、几千个，最后是上万人！他们中有白发苍苍的老者、有十几岁的小孩、有光脚的妇女，他们都沉默着，大部分人的头上都戴着红头巾，手里拿着长矛、大刀、鸟铳等最原始的武器，盯着火车。

这种景象令人不寒而栗。西摩尔立即命令：准备战斗！

士兵们架好机枪，屏住呼吸，火车缓慢地往前开。然而，人群并没有发动攻击，当火车开过来时，他们便迅速分散，但仍然注视着火车开过。

气氛令人窒息！

西摩尔很快就知道为什么这些人并不急于进攻了。

因为前方所有的铁轨都消失了。

在廊坊车站以外，几乎连1米长的完好铁轨都没剩下，它们全部被掀翻、扭曲，连枕木都被翻了过来！火车只好"当"的一声停下——这是给团民们进攻的信号！

所有人全部站成了一横排，黑压压地冲向火车，车上机枪响了，冲在前面的团民一批批地倒下了，然而后面迅速跟上，前仆后继！

几轮冲锋过后，团民们终于发现一号车是指挥车，洋人最大的官应该就在这辆车上，于是冲锋队伍改变策略，他们不再横向分散冲击，而是以纵队集中人群，全部冲向一号车！

冲在前面的人手中多了一把大锤。在其他人掩护之下，他们猛冲到车厢边，抡起大锤朝车窗砸去。然而，近距离下车上机枪和步枪的火力也更猛，在密集的子弹中，一个个举着大锤的人倒下了，西摩尔指挥车旁顿时尸体堆积如山，血流成河！

这个时候，"大师兄"出现了。

他们来到队伍的前面，庄严地烧符、念咒、施法，然后带领身后的团民再度冲锋！然而，每一个"大师兄"都被子弹击穿，再也无法站起，毫无例外。很多的人疑惑地摇晃着他们的尸体，不相信"刀枪不入"的他们会死，但这一切都是徒劳的。

很快有人过来将"大师兄"的尸体抬走，很显然，不能让"刀枪不入"的神话在人们心目中破灭。几次交战后，西摩尔军也发现了这个秘密，他们开始抢"大师兄"的尸体，然后把残肢断体故意挂在车窗上！

神话破灭了，但没有人被吓倒，也没有人动摇进攻的信念，在再也无力发起猛冲的时候，他们就躲在火力射程之外远远地包围着火车，站在远处投掷标枪、扔石块。只要西摩尔军开始修铁路，他们就立即再发起猛冲！

西摩尔痛苦极了，铁路修不好，火车就开不动，就要被困在原地。西摩尔从来没有想过放弃火车步行，在这位海军中将看来，火车就是在陆地上的军舰，"舰"在人在，千万不可弃"舰"而走。

双方开始了对峙：西摩尔2000多人的正规军被只有简单武器的团民大军围困在廊坊车站，动弹不得，别想再前进一米！为了阻止西摩尔军发电报，团民开始拔电报线杆子——6月10日，朝廷只是停掉了电报服务，京津间的电报线还是通的，而从6月14日起，京津间的电报线真的就完全断了。

从此西摩尔军真正地"困守廊坊"了，夜深人静之时，5名意大利兵站岗，无聊地玩起了牌，夜色之下，团民们摸近，手起刀落，顿时将5人剁成了肉酱。两天后轮到几名英国士兵站岗，他们精神紧张地守卫，此时有两名俄国士兵提着水桶去给机车加水，一名英国兵突然失控，大喊："有拳匪！"车厢里被惊醒的其他士兵一顿乱开火，这两个俄国士兵就这样被打成了蜂窝。

7个人，这就是6月10日发起阻截以来，义和团首次给西摩尔军造成减员，虽然人数不多，但减得不明不白。西摩尔军已经风声鹤唳，士气低迷，更重要的是，补给车上的补给也快吃完了。而团民为了防止西摩尔军在附近村庄抢到食物，把周边村庄所有的食物全部运走了，甚至把整村的房子都烧掉了。士兵们只好饿着肚子。

6月18日，饿得两眼冒星星的西摩尔终于明白：再这样耗下去是不行的。看来只有弃"舰"，海军中将终于想到一个办法：丢掉火车，沿着1860年英法联军进京的路线——京杭大运河水路进京。

从出发之日起，西摩尔军已经被义和团阻截在廊坊整整8天了！这就是北京一直传言西摩尔军"即来"，但又始终不见身影的原因。6月13日，慈禧在北京给裕禄和聂士成发布命令，要求对试图进入北京的八国联军"实力禁阻"，调聂士成军回天津扼守。6月14日，聂士成命士兵协助落堡的团民袭击了西摩尔留在后路的军队，这是朝廷的正规军第一次对八国联军采取行动。除此之外，在这8天的时间里，廊坊车站自始至终都是来到京津间的这部分义和团民和当地百姓在战斗，他们以简单的武器抵挡精锐的多国部队。

他们和受端王集团收买、进入北京疯狂打砸抢烧的那部分义和团民，是完全不同的。义和团并没有完全被收买，他们中还有一部分人，是真正的爱国，真正的勇敢，也真正的寻求公道！

而朝廷的另外一支正规军也终于到了，他们是从北京马家堡火车站出发的董福祥军。董福祥派出了他的部将姚旺率领2000名士兵，沿津芦铁路一路往天津方向搜寻，18日，他们到达了廊坊车站。

姚旺立即命令部队加入义和团的战斗。

正规军的威力果然是要强悍些的，继上次的7个人后，西摩尔军再一次出现减员：这次战斗中共有6人被打死，48人受伤。而清军方面伤亡400多人，团民和正规军各占一半。

西摩尔军粮草不继，士气低迷到极点。前方出现了正规军阻截，水路进京的计划自然也泡汤了，没有人再敢去往北京，唯一的决定办法就是：撤，撤回天津，并且只能走水路往回撤，因为火车也无法倒开，回天津的铁路线也被破坏了。

这是迫使西摩尔改变进军方向的关键一战——廊坊之战。后来朝廷称它为"廊坊大捷"。

6 月 20 日，西摩尔军在杨村火车站集结，然后开始沿京杭大运河向天津方向撤退。残兵败将们挤在抢来的几条破船上，当然，并不是所有人都能有"登上破船"这个高级待遇的，非负伤人员还是要沿着河岸步行和拉纤。此时的西摩尔只有一个愿望：早日回到出发时的大沽口。

## 大战之前

在 6 月 10 日西摩尔大军开向北京后，各国就开始增兵，俄国人是最积极的，他们离大清最近，派兵也最方便。6 月 12 日，1700 名俄国海军陆战队士兵在大沽口上岸，开进天津租界（位于天津城外"紫竹林"，也称"紫竹林租界"）。还没有接到慈禧明确命令的裕禄只好恪守不能"衅自我开"。俄军到来后，天津租界的军队自使馆卫队出发后又猛增到 2500 人。

俄国在向租界派兵的同时，也在向大沽口外派军舰，俄国太平洋舰队副司令勃兰特就坐镇在大沽口外的俄军军舰上，他也是西摩尔出发后各国舰长中军衔最高的人。6 月 14 日，电报线中断，各国的军舰与西摩尔军以及北京使馆区同时失去联系，勃兰特就把八国舰长叫到他的旗舰"俄罗斯"号上举行舰长联席会议，勃兰特告诉大家：我们不能再在海上干等了，必须上岸采取军事行动！

要上岸，就有两种方案：一是像之前的西摩尔联军那样，让军舰绕过大沽口炮台，开到塘沽、北塘甚至是北戴河，找个地方登陆。反正大清的海防总是找得到空当的。

而第二种方案就是：先攻占大沽口炮台，就从大沽口上岸。

这种方案当然是"最好"的，原因很简单，大沽口炮台是离北京最近的出海口，如果不先摧毁大沽口炮台，出海口到北京的交通线就无法保证畅通，将来各国再从海上增兵就极为不便。

但是，如果攻占大沽口炮台，它就不是一个单纯的军事问题了，而是一个政治问题。

如果向清国的国门大沽口炮台发起攻击，很显然，这是向整个大清开战，意味着八国要跟大清进行国家间的战争，就要涉及宣战等问题，而宣战又得有个理由。理由是什么呢？是西摩尔军和使馆区失去联系？是公使的人身安全得不到保障？这些理由并不充分，如果担心他们的安全，应该先让天津领事馆派个人去了解一下情况，而不是发动对清国的单边战争。

各国驻天津领事也极力反对攻打大沽口炮台，他们不是军职人员，恰恰是从驻大清的外交人员立场来考虑问题：如果八国联军强行进攻大沽口炮台，就难保大清朝廷不会对北京使馆区和天津领事区动手——"进攻大沽口不亚于给在清国内地的欧洲人签署一张死刑证！"

在勃兰特等人的坚持下，各国舰长最终同意了先进攻炮台——只有美国舰长在最后一刻退出。

美国舰长之前接到了美国总统的指示：如果要发动对清国的国家战争，需要正式宣战，那按照美国宪法，这需要获得国会的批准。现在国会还没有批，所以，美国军舰恐怕不能和其他国家一起行动。

总统说的这个原因其实只是表面上的说法，事实上美国此时在大清推行独具特色的"门户开放"政策，这是一项外交政策，其实更是一项经济政策，显示了美国人正在成为世界新老大的咄咄气势。总之，此时与清国作战是有损这一政策的，也是有损美国国家利益的。于是，美军舰长最终做出决定：美国军舰不参战，但可以派一艘军舰去接走大沽口岸上的外国侨民。

一支即将上岸开赴北京的多国部队又成形了。他们是第三批八国联军——准确地说是七国联军。也就是6月15日裕禄给慈禧的奏折里所说的，"闻得各国除已去之兵外，尚有续去之兵！"在以英国人西摩尔为指挥官的第二批八国联军开赴北京后，俄国对指挥另一支八国联军开进北京，实在是迫不及待。

军舰上的气象报告显示：6月17日，大沽口潮水将上涨，有利于军舰靠岸！进攻之日确定。但如何解决那个"无法宣战"的难题？

　　七国舰长们最终商量出一个结果：发最后通牒。

　　在七国联军所有的作战准备完成后，6月16日，亥时（晚9时至11时），一名俄国军官带着翻译上炮台"拜访"了大沽口炮台守将罗荣光，他把事先准备好的最后通牒递了过去，通牒上的内容就是裕禄曾经向慈禧报告的：限定罗荣光在6月17日凌晨2时之前自动交出大沽口炮台，否则将"以力占据"。

　　距离最后通牒规定的时限只有不到5个小时的时间了，罗荣光已经没有多少时间备战了，这就是七国联军发最后通牒的作用：促使双方急促开战进入实际战争状态，将来还可以拿着这份最后通牒去告诉世人：我们不是不宣而战的，事先通知了守将罗荣光。

　　按照正常程序，罗荣光需要立即向天津的裕禄汇报，然而此时，潜伏在炮台后方的七国陆战队已经把电报线割断了。罗荣光立即传令：派快马赴天津飞报消息！请求裕禄支援！各炮立即准备战斗！

　　罗荣光并非仓促应战，他一直在监视大沽口外洋人军舰的动向，派出士兵在白河入海口布置水雷，并将大沽口炮台的防务情况和洋人的情况都通报给了附近的北洋舰队，希望万一情况有变，他们可以协同作战。

　　清日战之后，朝廷又花重金组建了新的北洋舰队，任命在清日战争中表现神勇的原"靖远"管带叶祖珪为新的统帅，而此时，叶祖珪正率领5艘北洋舰队军舰驻泊在水雷营旁的大沽口船坞，加上船坞中两艘正在修理的鱼雷炮舰，北洋舰队一共有7艘先进的军舰可以参战！

　　洋人的外海上虽然总共停留了30多艘军舰，但是由于吃水问题，能够开到大沽口炮台所在的白河口的军舰只有10艘，既然能开进来，也就说明吃水比较浅，军舰中排水量最大的才1213吨，不到北洋舰队新旗舰"海容"号的一半。

　　在给裕禄报告的同时，罗荣光立刻亲自给叶祖珪写信，务请北洋舰队"协同作战，共御外敌"。北洋舰队跟大沽口炮台并不属于一个系统，罗荣光能够调动北洋舰队的方法只能提前请旨。于是紧急之下，他派人送上了这封亲笔信，他相信 6 年前的孤胆英雄叶祖珪是不会见炮台危急而不救的。

令罗荣光绝望的是，裕禄的回复始终没有来，战斗打响后，援军更是不见踪影，在罗荣光率领士兵浴血奋战时，叶祖珪命令北洋舰队军舰全部熄火抛锚，不准发炮，负责监视他们的两艘英国军舰趁机迅速俘虏了北洋军舰，除了叶祖珪的旗舰"海容"号，其余 4 艘驱逐舰分别被英、俄、法、德抢走，而俄国人后来还进入船坞，把另外两艘正在修理的炮艇给拆了运回去。

6 月 17 日上午 7 时左右，在近 8 个小时的战斗之后，大沽口炮台沦陷，罗荣光自杀。

## 租界之战：裕禄的一场政治表演

6 月 16 日晚，罗荣光向裕禄发出了紧急军报。津沽间的距离只有 50 千米，快马应该很快就会把军报送达裕禄手中。

到了 17 日卯时（凌晨 5 时至 7 时之间），也就是大沽口战斗快要结束，七国联军即将占领炮台之时，紫竹林租界方面突然给裕禄送来一份照会。这份照会是各国领事以领事团团长杜士兰的名义发来的，他们告诉了裕禄与罗荣光军报里同样的事情，只不过是以外交文件的方式告诉裕禄的：大沽外的七国联军已经给罗荣光守将发出了一份最后通牒，要求罗荣光在 17 日凌晨 2 时前交出炮台，否则他们将开炮轰夺！

裕禄看到所谓的这份照会简直气炸了。很显然，洋人玩了很大的花招，给罗荣光的最后通牒时间都已经过去了几个小时，才把这件事情通知给他这个最高行政长官。而更可气的是，这份照会上面的落款日期竟然是 16 日，也就是说，是在给罗荣光的最后通牒时间之前，洋人的解释是路上耽搁了一点时间——反正我们是早点送过来的，只是路上耽搁了。

洋人也会使连环计啊，两国之间交战，如果要"师出有名"，不在国际社会上留下什么把柄，除了军对军，还需要政府对政府，裕禄的身份是直隶总督，正好代表政府！

难怪后来慈禧在战争动员的上谕中要特意强调洋人靠的是"诈谋"，看来也并不是冤枉他们。

此时的裕禄简直悲愤不已，他也突然意识到大事不好——头上的顶戴可能不保。

很显然，洋人有把握又是发最后通牒，又是发照会。照这种情形来看，大沽口炮台危矣，十有八九是要被占据了！洋人是很"狡诈"，但这并不是说他裕禄就没有责任。

早在6月15日之前，因为发现大沽口外的军舰有异动情况，罗荣光就派专人向裕禄报告洋人很可能会进攻大沽口炮台，而除了向慈禧报告了这则情报（"闻得各国除已去之兵外，尚有续去之兵"）之外，他什么都没做了，没有向大沽口方面发一兵一卒帮助守卫大沽口炮台。

16日晚，在接到罗荣光的紧急军报后，裕禄也没有派援军。按照裕禄后来报告给慈禧的，他是在接到照会后才接到这封军报的，也就是说，在接到照会之前，他"并不知晓"大沽口之战已经打响了，等他知晓的时候，大沽口炮台已经失陷了，所以他也没有派援军。

难道津沽间50千米的路程，快马走了十来个小时？由于军报的接收方是总督府，罗荣光已死无对证，也只能由着裕禄去说了。

而裕禄没有派出援军，因为他很紧张——天津城外紫竹林租界还有2500名洋兵。在裕禄看来，他不能分兵，要手握重兵，如果天津城破，他必然要自杀以谢罪，"保"住天津城，才是他直接的职责。

租界联军并没有被裕禄的"重兵"吓倒，17日上午，在大沽口炮台已经被攻占的消息正式传到租界后，他们立即开始准备主动出击！

在协助京津间的义和团阻截西摩尔后，聂士成也率武卫军前军回师天津助战，裕禄有了真正的"重兵"了。聂士成认为，应该先去城外包围租界联军，一鼓作气歼灭他们，然后再对西摩尔联军和已经在大沽口上岸的联军各个击破。

而裕禄听说西摩尔军正从杨村开始往天津方向撤退，有可能进攻天津城，他竟然命聂士成分兵前往阻截西摩尔军！

很显然，裕禄又是"保"天津的心理在作怪，对于裕禄这道命令，聂士成强烈质疑。但没有办法，聂士成是直隶提督，裕禄是直隶总督，朝廷向来是以文御武，文臣指挥武将，对于裕禄的军令，聂士成只能执行。

果然不出聂士成所料，分兵的后果是严重的，清军贻误战机，不再具备人数上的优势，也就再也没有战斗力的优势。租界联军、西摩尔联军、大沽口联军在租界完成合兵，他们将组成更强大的八国联军进攻古老的天津城。

守卫天津的聂士成终于收到好消息。6 月 13 日，慈禧曾经命马玉崑立即带队从山海关进京，现在，马玉崑率领 5000 人终于来到了天津，这给聂士成带来了极大的鼓舞，八国联军一见这情况，又赶紧退回到租界。

双方都在进行同一件事：待援。

第十八章

# "东南互保"：大臣的算计

## "东南互保"出台背后的隐情

自从北京的局势恶化之后，从 5 月份开始，东南地区的汉人总督们就在做应急准备。刘坤一、张之洞纷纷上折子，请求慈禧立即"剿匪"，格杀勿论，否则一旦造成局势无法收拾，与洋人开战，朝廷将大祸临头。

汉大臣们的意思是，既然和洋人的仗是打不赢的，那么就不能打，必须想尽一切办法避战。他们不知道的是，慈禧并不是不"剿匪"，避战一直是她的最高目的，只是她也身不由己。

6 月 15 日，京津局势极其紧张，刘坤一和张之洞二人再次联名上奏，这一次他们是豁出去了，强烈警告朝廷：如果再不速速"剿匪"，祸在眉睫！

在这次警告之后，刘、张二人开始为自己也为东南区打算：既然朝廷无法避战，那么洋务运动的前沿地区东南区只好避祸。

这时候，有一个人发电报给他们，这个人就是盛宣怀。

太常寺少卿盛宣怀虽然在官场上的职务不算很高，但他是著名的"红顶商人"，李鸿章的绝对心腹，替李鸿章掌管北洋产业（电报、铁路、矿山等）。所谓"红顶商人"，就是说他们的生意是时局的生意，时局好的时候他们利用时局来赚钱，而时局不好的时候，他们就会影响时局，保护能够赚钱的机会和环境。

对盛宣怀来说，在李鸿章因签署《马关条约》而受千夫所指的风头过去之后（大约从 1899 年起），他最重要的一件事情就是"运作"李鸿章再次出山。必须利用"北洋班底"的财富和力量，让李鸿章官复原职。

直隶总督是必须由慈禧亲自任命的，盛宣怀是一个连慈禧的面都没什么机会见到的"商人"，如何能够影响这项朝廷重大人事安排？不过，对盛宣怀来说，这件事情也很平常，他并不需要去求见慈禧，并不需要等到被慈禧召见后再出手，他只需要去说动慈禧的心腹大臣。

盛宣怀是大清电报局的实际控制人，官场上的很多电报其实都是盛宣怀第一个看到。借着这个有利条件，盛宣怀一直观察着北京的局势和官场。义和团进京后，他的机会来了。

6 月 10 日，盛宣怀通过电报在第一时间得知了西摩尔大军正向北京进发的消息，立即给刘坤一和张之洞发电，要他们上折子力荐"李傅相重回北洋"。

刘坤一和张之洞虽然极力反对朝廷与洋人开战，但让李鸿章"重回北洋"，会引起端王集团强烈反弹，这么敏感的问题他们也是不想掺和的，于是先把盛宣怀的请求给放一边了。

盛宣怀锲而不舍，转而给荣禄上书："中堂，洋兵进京，局势更加危急，看来目前只有让李鸿章大人回京，让他重镇北门，与洋人和谈，才能解决问题。"

荣禄迅速上奏，6 月 15 日，荣禄向慈禧报告有"张翼、杜士兰约定"，促使慈禧下定决心和谈。慈禧发布上谕：着李鸿章迅速来京，袁世凯（带兵）迅速来京！

由于电报线已断，天津局势紧张，朝廷外发的所有电报改由快马送到袁世凯的山东巡抚衙门，再由袁世凯转发各地，在广州的李鸿章接到这道上谕时已经是 6 月 18 日。

李鸿章和他的幕僚紧急商量："我是去，还是不去？"

很显然，虽然上谕只要求李鸿章"迅速来京"，并未明确的任命，不过大家都知道，"李傅相"一出马，那就意味着和谈，看来慈禧已经做好了和谈的准备。李大人此去，看来必受重用，直隶总督确为囊中之物矣。

当然也有另外的担忧：朝廷现在是端王集团的天下，他们其实早就在防备李鸿章进京与洋人和谈，要不然团民在北京也不会公开喊出"杀一龙二虎十三羊"了，李大人此去，无政治风险，但可能有生命风险。

大乱局之中，这些都是必须提前安排应对的。

考虑良久，李鸿章还是认为机会比较大。于是李鸿章在他的两广总督衙门高调地宣布要立即进京（"君父急难，何敢延迟"），不过此时，又有两封电报到了。

第一封是李鸿章之子李经方发来的，他强烈反对父亲进京：父亲大人，召您进京是让您和洋人和谈，但此次和谈的难度比以往几次都要大（不仅端王集团还在把控朝廷，洋人此时也绝不会和谈），和谈不成，您的结果会更坏，所以建议您谨慎行事。

而另外一封电报让李鸿章彻底打消了进京的念头：盛宣怀向他报告大沽口炮台已经失陷！前文所述，慈禧6月20日才接到裕禄的报告，知道炮台失陷——也就是说，坐镇广州的李鸿章竟然比坐镇北京的慈禧还要早知道大沽口炮台失陷的消息。而对李鸿章来说，这个消息是对他北上和谈的沉重打击：如果洋人攻不下大沽口炮台，还有和谈的可能，炮台都已经攻下了，洋人更加不会和谈了。

于是李鸿章在广州的说法又变了，这一次他强调了北上的路程不安全，而且广东人民也对他极力挽留（"津沪路梗，粤民呼吁攀留"），连总督府的大门都没有出，告诉左右：不要急，等等看！

在整整一个月之后（7月17日），李鸿章最终离开了两广总督衙门北上，而那时候，一切都已经万劫不复了。

再看盛宣怀这边，他已经急坏了，他急的倒不是李鸿章复出的希望又一次破灭，他急的是由于裕禄向慈禧报告"洋人尚有续去之兵"，慈禧突然又由和谈转向主战。北洋产业中最赚钱的航运、铁路、电报等都是经受不住战火的，而且也基本上是离不开洋人的，一旦开战，将遭受致命打击。

和谈看来无望了，只能转而求其次：把战事严格限定在京津区域，保住东南区不开战，把损失降到最小。

对于这个异想天开的计划，盛宣怀是有把握的，两江总督刘坤一和湖广总督张之洞不是也有东南区"避祸"的想法吗？盛宣怀坐镇上海电报局，为两位总督出主意、做策划，为他们和洋人牵线搭桥。

盛宣怀的主意是：刘、张二人可以先和各国驻上海领事签署一项协议，双方承诺一旦将来朝廷和八国开战，洋人的军队不进入两位总督管辖的地方，而各国侨民和商人的生命财产安全由总督们负责保护。这就是所谓"我保洋人商务，洋人保我领土"，大家"互相保护"。

对于"互保"，英国人最积极，自从1842年签署《南京条约》以来，他们在长江流域的财产最多，做生意发财的人也最多。英国人担心长江流域一旦发生战乱，很可能导致他们最强大的竞争对手——俄国人趁机南下，染指长江流域，所以他们很积极。

美、日基本上站在英国这一边。

俄国人很早就有对长江流域趁火打劫的打算，不过，他们一贯是极为狡猾的，他们暗中怂恿德国出面，希望能够破坏"互保"计划，在长江流域也烧起战火。

德国人本来也想行动，不料北京发生克林德被杀事件，这给了德国在北方领衔八国联军作战，让德军军官最终出任八国联军总司令的绝好机会。而出任八国联军总司令，是会给本国带来巨大利益的。当然，这绝对离不开英国的支持，于是英、德互相支持的交易达成了，俄国人的盘算落空。

意大利和奥匈帝国一贯跟随德国行动，德国人跟英国人交上了朋友，他们也和英国人交上了朋友。俄国只剩下一个不那么坚定的盟友——法国，孤掌难鸣，于是俄国人不再坚持反对"互保"，八国全部同意。

而"互保"对八国还有一个重大的好处：只要东南区"互保"，就可以腾出手来专心在大清北方进行战争，这对攻陷天津，攻进北京极为有利。于是，"互保"的谈判是1840年鸦片战争以来，大清方面和西方国家谈判速度最快的一次。

6月20日，正当大家很快就要签约时，一件意外的事情到来了。这一天，慈禧给各督抚发了一道战争动员的紧急谕旨，宣布大清与列强进入战争状态，要求各督抚积极备战，"通盘筹划于选将、练兵、筹饷"，"接济京师不使朝廷坐困"，"联络一气、共挽危局"。第二天，慈禧在北京向全国发布战争总动员令。

这对刘坤一和张之洞来说很难办，慈禧已经要求开战，他们却在这里和洋人握手签约，先不说这已经是"叛国"，自古以来，人臣无外交，挑战朝廷权威的大员都没有好下场，抗旨不遵的是杀头大罪，弄不好还要株连九族。之前刘坤一和张之洞乐于躲在幕后，让盛宣怀这个"商人"去跟洋人谈判和运作，但与洋人"互保"协议的签字画押总要刘坤一和张之洞自己签的，这是明显抗旨，怎么办？

各国驻上海领事也在紧盯着刘、张二人的态度，只要他们表现出丝毫的犹豫，签协议之事说不定就会泡汤，因为现在大家都很紧张。

关键时刻，又是盛宣怀站了出来，他给两位总督打气：上谕要求你们"联络一气、共挽危局"，你们联合起来和洋人"互保"，这不正是"联络一气、共挽危局"吗？

盛宣怀的建议是：刘坤一和张之洞先把慈禧那道给全国军民总动员令在各自的辖区里私自扣下来，并且严格控制在只有他们自己能够看到的范围之内，先把与洋人"互保"的协议签了，然后再把它公开，这样生米煮成熟饭，也就自然没有"抗旨"的嫌疑了。

计划是不错，但这道总动员令是明发上谕，按规定，总督接到谕旨后要立即宣告，不然就是私扣圣旨的杀头大罪。想来想去，刘、张二人想起了李鸿章大人：你李大人总不能老深居幕后啊，不能所有的风险都让我们来承担，在这个节骨眼上，您也应该发句话啊！

盛宣怀又及时给李鸿章送上了他的主意："大人，其实您只要说这份诏书是假的，不是太后的本来意思就可以了，大家又不是不遵守太后的旨意，只是不遵守这份'矫诏'嘛，将来还有谁敢追究责任？"

这话简直说到李鸿章的心里去了，他对此深表赞同。6月25日，李鸿章当即向盛宣怀复电，一锤定音——"二十五诏（6月21日），粤断不奉，所谓矫诏也！"

其实李鸿章和刘坤一、张之洞都知道，慈禧虽然一时决定开战，但最终会回到与洋人和谈的道路上来，此时以"矫诏"的名义不与洋人撕破脸，实际上是在未来帮了慈禧，有了这个对未来朝政走势的关键判断，李鸿章才如此断然。

有了李鸿章的表态，刘、张二人也就大胆干了。6月26日，两江总督和湖广总督衙门与各国驻上海领事团的《互保章程》终于签署，江苏、江西、安徽以及湖北、湖南进入"和平"状态。而在两天后（28日），慈禧的总动员令才在清国南部的中心——上海公布。很多人都是在这一天才知道朝廷已经与洋人开战了，不过《互保章程》已经"事先"签署，大家不必惊慌。

接下来就是"互保"的连锁反应。

在上海的浙江商人很多，而且多是有钱有业的富商，他们有意见了：既然两江和湖广可以和洋人"互保"，为何浙江就不能"互保"？于是浙江巡抚刘树棠代表浙江加入了"互保"阵营。

浙江一加入，福建又成了关键。因为浙江是属于闽浙总督管的，闽浙总督许应骙虽然很想加入，但他又不想让朝廷认为他和刘坤一与张之洞抱团（这是朝廷大忌，总督抱团的严重性甚于与洋人"互保"），于是福建方面仿照《互保章程》，最终与上海领事团单独签署《福建互保协定》。

湖南、湖北已经加入，与它们相邻的四川又成了关键，四川总督奎俊原本是很想加入的，不过由于四川历来是"教案"大省，战前洋人和传教士害怕被报复，早已经纷纷离开了四川，以至于成都和重庆最后只剩下了几个洋人，再签一份协议就没有意义了，四川最终就没有签。

而两广也没有签，"互保"是与洋人的"互保"，李鸿章本人就是洋人可依靠的金字招牌，洋人绝对相信李鸿章，而李鸿章也相信洋人，有李鸿章这块招牌在，签不签字都无所谓。当然，对李鸿章来说能不签就不签，老大一般是要深居幕后的——两广实施的是没有签字的"互保"。

就这样，"互保"的阵营已经扩展至了大清整个东南地区——史称"东南互保"。东南区的各位总督对它极为重视，认为这是"外交"的重大胜利，以致后来八国联军之战结束后，总督们还想再和洋人"续约"，以约束洋人的军队再也不能进入大清领土，不过各国政府断然拒绝。

盛宣怀一直在密切注意北京局势。他已经做了最坏的打算，也就是"非常之打算"。慈禧开战之后，他曾向李鸿章、刘坤一、张之洞等人建议：分三步。

第一步，各省响应慈禧战争动员的号召，但以"矫诏"为出发点，组建"勤王之师"。刘坤一和张之洞等人坐镇东南，稳定后方，由山东巡抚袁世凯统率"勤王之师"进京"清君侧"（清除端王集团）、"护两宫"（其实就是把皇权抓到手里）。

第二步，由李鸿章迅速北上，以朝廷的名义直接与各国政府和谈，实现停战和稳定。

这第三步，才是盛宣怀策划的关键：到了那时，李鸿章就不再是什么两广总督、直隶总督了，而是取慈禧而代之，参照洋人的国体、政体，成为有史以来第一位中华"总统"！

也就是说，在"东南互保"的背后，还布下了一个"东南共和"的局！绝对的大手笔，不愧为一个"商人"想出来的计划，只可惜真正愿意上这条船的只有盛宣怀，刘坤一、张之洞和袁世凯都认为这个方案太冒险，北洋舰队和淮军覆灭前，李鸿章或许还有希望，现在他无兵无势，还有多少人会接受一个签了《马关条约》的"总统"？刘、张、袁只是暗中约定：
如果将来洋人攻陷北京而慈禧太后和光绪帝遭遇不测，他们再行动，并推
选李鸿章当"总统"。

皇宫里的慈禧和天津前线的聂士成自然等不来东南区的援军。当然，
刘、张二人毕竟和李鸿章不同，他们没有李鸿章那么高的声望，又是在
"互保"协议的白纸黑字上签了字的，如果将来慈禧追究，恐怕也逃不了
干系。他们也不准备将慈禧的战争动员令违抗到底，他们自己不派兵，却
"借"了500名士兵给朝中的另外一个大臣，鼓动他积极带兵北上，这就
是因义和团问题而被撤职的前山东巡抚——李秉衡。

李秉衡将带领这些人北上，区区500人，于天津前线是杯水车薪。现
在，所有人都盯住了一个真正手握重兵的人——武卫军右军统领袁世凯。

## 袁世凯的算计

在东南区的总督们运作"互保"的时候，袁世凯比他们中的任何一个
人都急。因为他在山东的局势要比东南难处理一百倍。

山东才是义和团的热点难点问题所在，东南区基本上没有团民，而山
东是义和团的起源地。如果不将团民打压下去，即使与洋人签再多的"互
保"也是没有用的，最终还是要引发骚乱和战争。而随着朝廷的开战，
慈禧发布上谕，义和团又"合法"了，也就是说，袁世凯以前打击义和
团的那些政策统统失效了，原本清静下来的山东又有死灰复燃的迹象，怎
么办？

而袁世凯作为武卫军右军统领，在武卫军的前、后、中、左军都已经
派上用场，只剩下他的右军的情况下，慈禧明令他带兵驰援，他又有什么
理由不北上？

跟东南区的总督们事到临头才被动反应不同，袁世凯很早就在考虑自
己的出路了。自从1900年2月宣布山东局势稳定，不再实行"日报制"以

后，他一直与他的上司荣禄保持密信联络。

到了 5 月，袁世凯敏锐地注意到直隶的义和团越来越失控。为了避免将来波及山东，袁世凯立即给荣禄写信："大人，我从小站带了近 1 万名新军过来，山东本省还有原来的驻军 1 万多名，我请求把他们都编入我的新军队中，作为右军的'先锋队'，扩大咱武卫军的队伍，如何？"

袁世凯提出的要求总是会站在对方的角度去想，荣禄又同意了。就这样，袁世凯吞并了山东原有驻军，手下的军队已经达到 2 万人。

6 月，义和团进北京，袁世凯又"敏锐地"意识到慈禧很可能要命自己带兵进京。军队是自己的，无论是"剿匪"还是"灭洋"，袁世凯都不愿去折损兵力。于是，他又提前向荣禄打招呼："据我得到的情报，英、德两国对山东虎视眈眈，他们的军舰也可能开到胶州湾，进攻山东，如果太后命我带兵进京，您一定要在太后面前帮我说明这个情况啊！"

这就是 6 月 15 日，慈禧命令"袁世凯迅速来京"时，还要加上一句"如胶澳地方紧要，该抚不克分身，着拣派得力将领统带来京"的缘由。3 天后（6 月 18 日），慈禧的上谕改了，不仅袁世凯不用来，他手下也不用带兵来（"惟山东海防紧要，胶澳事件亦恐不克分身，该抚着毋庸北上，并毋庸派令将弁带队来京"）。慈禧这道上谕的发出，相信荣禄私底下起了关键作用。

接到这份新的上谕，袁世凯简直长出一口气，终于逃过一"劫"。不过，多年的官场"敏锐意识"也使他清楚"危险"并没有过去，还必须想个根本之法！

此时，盛宣怀正在积极运作"互保"，山东虽然不在东南区，但袁世凯手中有精锐重兵，盛宣怀自然不能忘记他这个官场实力派。于是盛宣怀把消息也透露给了他，袁世凯大喜过望，立即与盛宣怀保持密电联系，抓住这根救命稻草——"公请随时教我！"

6 月 25 日，裕禄、聂士成在天津苦战，慈禧再次发布上谕，令袁世凯"派军星夜赴津"，增援裕禄和聂士成。

这是道明确的军令，要是在平时，袁世凯是无论如何也不敢违抗的，但此时袁世凯已经明确知道东南区的"互保"即将签约。李鸿章还发电报说慈禧的战争动员令是"矫诏"，有了这些定心丸，袁世凯也有底气了，他当机立断：决定山东也要"互保"，"不派一兵一卒北上"（怕影响"互保"）。就官场级别来说，袁世凯不如刘坤一、张之洞和李鸿章。他们是多年的总督，官场的参天大树，而袁世凯刚刚当上山东巡抚，军事实力突出而政治根基未稳，绝对不能有任何闪失，慈禧的命令也不敢不从，但有汉大臣集体撑腰，还怕啥？

当然，袁世凯还是袁世凯，他的特点就是胆大心细脸皮厚，虽然明明是抗旨不遵，但他也要给慈禧一个面子。袁世凯开始不停地写奏折，反正想各种原因拖延，什么"东省防务日紧，兵力难分"，什么军队染病了，无法行军，什么从山东到天津的路上到处是义和团，军队路过都要受盘查，难保不生事端。最后，居然连"他很热爱山东，舍不得擅离"这个理由都搬出来了（"臣守山东，如不顾山东安危，贪功驰援外地，臣实在是不敢！"——《袁世凯奏议》）。

而袁世凯也小看慈禧了，在危难面前，她是要牢牢抓住这根救命稻草的。7月1日，慈禧再发上谕。7月3日，慈禧又发上谕，催来催去，居然有要撕破脸面的意思。

袁世凯再不"表示表示"，实在是说不过去了。

其实袁世凯最担心的倒不是派些兵北上损兵折将，而是从此与洋人结怨而把右军整体拖入战争的危险。既然慈禧不顾体面一催再催，他也只有明从暗抗，只说不做了。

袁世凯高调地宣布山东将"组军北上"，当然小站新军的精锐他是不会动的，就从先锋队里挑选了6营共3000人。7月7日，这3000人奉袁世凯之命"北上"了，不过不要以为他们是"驰援前线"的，袁世凯的命令就是要"北上"，但不要与洋人交战。7月19日，在出发12天之后，该部到达沧州，平均每天行军约20千米，离天津还有120千米，而此时的天津已经不在朝廷手中了。

和李鸿章一样，虽然在事实上和洋人"互保"了，但袁世凯一直没有在"互保"协议上签字。对于签这个字，袁世凯不得不慎重。

他的官场实力无法跟李、刘、张三人相比，他们都是总督，只有他是新晋巡抚，所以这个字才不能签。万一将来慈禧追究，按照官场上"官小倒大霉"的原则，他不仅要被开刀，还是李鸿章、刘坤一等那些总督的替罪羊，这一点袁世凯不得不防。

所以在"互保"问题上，袁世凯的做法既和两江、湖广不同，也和闽浙不同：他先是动用新军将山东本省所有的洋人全部护送到通商口岸烟台，派兵保护，然后让烟台地方官府出面和各国驻烟台领事签了一个类似"互保"的条约。

对于义和团，在慈禧宣布"合法"之后，山东地区原本沉寂下去的义和团组织自然又开始蠢蠢欲动了，他们已经准备大闹一场，出一口几个月前被"袁鼋蛋"打压的恶气。而让袁世凯比较难办的是，之前他对义和团的清剿主要是依靠地方官府的力量，现在即使他能和慈禧顶着干，地方官府也不会听他的命令去"剿匪"。

袁世凯手中有一支绝对听从他命令的队伍——新军。

袁世凯先派人在各州县张贴给义和团的告示：朝廷已经承认你们合法了，让你们杀洋人，那么你们都应该奉命"北上助战"，真正的义和团都已经去了京津，山东境内已经没有了，留在山东的都是"伪团"、乱匪，杀无赦！

袁世凯就是以这个连慈禧都无法反驳的理由，在山东开始了对团民的大规模清剿。山东各地血流成河，人头满地，山东的团民别说再出来闹事，逃命还来不及。杀到最后，彪悍的新军甚至越过边界，进入直隶去杀！袁世凯就派人在直东边界石壁上大书"山东地界"几个大字，在直隶横行无忌的义和团硬是不敢再回山东！

就是从这时候起，袁世凯有了一个令人闻之色变的外号——人屠。他这一时期到底屠杀了多少团民，这在历史上是有争论的，根据9月袁世凯给张之洞的电报，"先后诛戮四千人"，这个数字应该比较接近事实吧。

对付完团民，袁世凯接着就对付教民。在袁世凯看来，教民并不等于洋人，教民说到底也是清国的百姓，只要是清国的百姓，只要是在山东境内的清国百姓，都必须服从他袁世凯的领导！洋人不好对付，本国的百姓还不好对付？

于是在袁世凯的密令下，新军大规模地屠杀团民的同时，也顺便去恐吓了一下教民：现在朝廷都宣布义和团合法了，我们不能再保护你们，你们还不退教，等着被杀吗？于是大批的教民乖乖地退教了，重拳下来，山东地区不仅团民的数量急剧减少，连教民数量也急剧减少——而"良民"的数量成倍增加。

难怪后来就连李鸿章都对山东的局势赞叹不已——"幽蓟云扰，而齐鲁风澄"。袁世凯作为一个军界出身的大员，竟然在短短几个月里将先后换过四任巡抚的山东"收服"，又将慈禧三番五次的调军命令轻轻化解，保存了武卫军中唯一剩下的精锐军队。洋人也对他刮目相看。

第十九章

# 八国联军在京津的暴行

## 八国联军派遣援军的秘密

与聂士成的命运不同，八国正源源不断向天津派出援军。俄国总共派遣了 6627 人的兵力到达天津，却派出了超过 17 万的大军开进满洲。这是在趁大清京津有事时趁火打劫，占领满洲。

在全面占领满洲之前，他们还要做一件事情。

几十年前的《瑗珲条约》和《北京条约》，沙俄只是得到了大清外兴安岭那 100 多万平方千米的土地，还没有来得及清走那里的清国人。俄国对这片远东土地是不放心的，哥萨克骑兵出动，一场前所未有的大屠杀开始。根据盛京副都统晋昌后来给朝廷的奏报，各地"枪毙、水淹、火焚不下 20 余万"，相对于八国联军进北京的"庚子国难"，历史上把这场俄军大屠杀称为"庚子俄难"。

然后，俄军占领满洲。

当时，英国是世界老大，按照道理，它需要派出最多的兵力，领衔各国作战。但此时的英国还在南非殖民地进行和布尔人的第二次战争，在那里投入了 40 万的军队，无暇兼顾清国。

在付给日本 100 万英镑的军费后，日本将打过清日战争的精锐第五师团 2.2 万人全部派出！不算俄国在满洲的大军，日本就是八国中派兵参战最多的国家，竟然占八国联军最终参战总兵力 4.7 万人的一半。

虽然雇用了日本兵，但英国也不可能一个兵不派，通过七拼八凑，英国最终派出的是一支真正的杂牌军。

首先还是老办法，从南亚殖民地国家——印度和孟加拉国征用雇佣兵。这是可以以假乱真的，印度有长得很像欧洲人的锡克族人，他们身材高大、高鼻梁、白皮肤，唯一不像欧洲人的就是锡克教的一个传统——蓄发蓄须，然后用红头巾包头。这些人一直被英国雇用到香港和上海租界做巡警，被称为"印度阿三"，英国就从这些"阿三"中挑选精壮者，加上孟加拉国雇佣军，终于凑齐了 2000 人。

而另外一部分雇佣军来自英国在大清的一个租界——威海。

1899 年，为了管理好威海租界，英国招募了一支全部由清国人组成的军队。他们主要来自威海、山东其他地方以及直隶，总共 400 多人。现在就让这支清国的雇佣军在头上包上红头巾，打扮成"印度阿三"的模样，以英军"第一军团"的名义参加对大清的战斗。

也就是说，在攻击大清的八国联军里，有清国人！

接下来就是德国。克林德的死讯传到柏林后，德皇威廉二世无比愤怒，命令立即组建德国远征军，将德国开赴清国的总兵力增加至 2.37 万人。不过，实在是离得有点远，一直到两个多月后（9 月 27 日），瓦德西才率军抵达天津。由于克林德被杀，大家也把八国联军的总司令留给了瓦德西。

7 月 7 日，天津的八国联军已经集结起超过 1.5 万人的总兵力，正好与天津地区所有清军的数量对等。7 月 9 日凌晨，总攻天津的战斗开始，没有等来援军的聂士成在天津城外战死。

7 月 14 日，京东重要的屏障、建于明永乐年间的天津古城沦陷。

8 月 4 日，八国联军留下 1 万日军守天津，2 万兵力向北京进发。裕禄没有办法阻止洋人的进京了。没有办法完成慈禧交给他的任务，在京津交界的杨村，裕禄自杀。

8 月 11 日，八国联军攻下北京东南门户通州；13 日，八国联军在通州制订了进攻北京的计划；14 日，联军攻破北京。联军攻到正阳门下，爬上城墙，在城墙上架起大炮。

北京城里是什么情况呢？从 6 月 21 日起，荣禄一直率领武卫军中军在"围攻"使馆区，加上协助进攻的部分董福祥军，进攻的兵力有 1 万多，而他们在将近两个月的时间里都没有攻下一个只有区区几百名使馆卫队守护的使馆区。

6 月 21 日，慈禧发布战争总动员令的同时，命令武卫军中军进攻使馆区，并由荣禄亲自指挥。面对使馆区这个烫手的山芋，慈禧是绝对不能让荣禄再请"病假"了，慈禧无人可用，只好将荣禄大人推到一线。

而荣禄大人就面临真正的难题了：虽然是慈禧的心腹，但荣禄也是袁世凯的上司，与李鸿章关系也很好，一直都是私下里的"反战派"，他是不愿意与洋人开战的。更加严重的是，此时如果真正放手让中军进攻，一旦结果掉使馆区里那些公使的性命，将来洋人清算，他荣禄岂不是在劫难逃？

但问题是，如果他不放手让中军进攻，暗中监视的端王集团肯定不会放过他，慈禧一开战，端王集团的权势和声势就已经达到了顶峰。6 月 25 日，他们连带领团民闯入皇宫企图谋杀光绪的事情都做出来了，还怕拿不下一个要跟他们作对的荣禄？更何况，即使荣禄自己不下令让中军放手去攻，端王等人肯定也是要插手的，毕竟进攻使馆是太后亲自下的令，王爷插插手也是天经地义。

果然不出所料，端王以"太后上谕"的名义调天津总兵张怀芝率开花炮队进京，炮轰使馆区。张怀芝自然觉得这是一个"立功"的大好时机，于是他也没多想就在使馆区外布炮。这时荣禄也来到现场了，他亲自巡视、亲自视察，并且还告诉张怀芝，城墙上居高临下，最便俯攻，如果要炮轰使馆，张怀芝可以将大炮布置在那里。

视察完毕，荣禄离开了。张怀芝便带领大家把开花炮抬上城墙，将炮口对准使馆区，想到就要炸平所有的使馆，一举歼灭使馆区里所有的洋人，士兵们都很兴奋，跃跃欲试，大家就等着张怀芝一声令下，万炮齐发。

"等一等！"张怀芝突然感觉哪里不对劲，然后他才突然发现：奉太后之命进攻使馆区的是荣禄，而荣禄虽然来"视察"了前线，却自始至终没有对他下达过炮轰使馆的命令。如果自己一声令下，炮兵开炮，使馆区被夷为平地，不说将来遭到洋人清算的就是自己，即使是在朝廷这边，自己也可能是替罪羊——谁叫你当初擅自开炮的啊？

张怀芝顿时惊出了一身冷汗！于是他赶紧命令炮兵暂停发炮，自己一路小跑，跑到荣禄府上请示，到底要不要发炮，请荣禄给他一道手谕。

荣禄很客气地接待了张怀芝："张将军，来来来，看座，看茶。"

做完这些，荣禄就微闭双目，无论张怀芝如何请示、如何请求，荣禄就是不开口，就像是入定的高僧。

不过张怀芝也不傻，他一边喝茶一边说："大人您今天要不给我一明确指示，我就不走了。"（"中堂今日不发令，怀芝终不肯退"）

荣禄睁开双眼，徐徐说道："横竖炮声一出，里边总是听得见的。"

张怀芝明白了，荣禄大人要的只是"炮声一出"，只是皇城"里边"能够听见炮声。于是，神奇的一幕出现了：使馆区外百炮齐发，炮声隆隆，但使馆区内基本无恙，因为那些炮都是朝天炮——"很奇怪，清军总是很喜欢在晚上发动进攻，而那些炮弹基本打向了月亮。"（萨拉·康格《北京信札》）

如此一来，除了不能走出使馆区，公使们的生活和以往也并没有多少区别。月光之下，法国公使一边享受着牛排，一边咕咕哝哝："Nous sommes perdus！（我们完了！）"公使们喝着事先储存的香槟，吃着牛排和鱼子酱，而夫人们以弹钢琴、唱歌剧、在遮阳伞下野餐来打发时光，而使馆区中央的钟楼底座亦成了一面诗墙，各种格言、打油诗都贴在上面。

只有跟洋人真的有仇的董福祥是真心进攻的，不过，正是因为他真的要攻，荣禄给董军的枪炮是有限的，董福祥向荣禄申请给董军开花炮，荣禄说没有，以土炮对付之。

也就是说，荣禄已经成功地将"进攻使馆"转换为"隔离使馆"，这叫"围而佯攻"，或者叫"实围虚打"。但"围攻使馆"毕竟是慈禧亲自下达的命令，荣禄难道就不怕慈禧追究吗？

正如李鸿章对未来朝局的判断一样，荣禄也是很有自信的。

在接近两个月的围攻时间里，使馆区共有66名洋人死亡，看上去伤亡也不小了，而了解一下清军发射的弹药就能说明问题了——清军总共发射了4000枚以上的炮弹，以及100万发以上的子弹！4000多枚炮弹攻不下使馆，这正是荣禄的秘密。武卫军中军打出的那些大炮，其实大部分都落在了同一个方向，一个很少有洋人的地方——肃王府。

在6月义和拳进北京时，北京城里5000名左右的教民紧急避难，其中大约3000名教民去了北京最大的教堂——北堂。而2000人左右汇聚到使馆区外，希望能够得到使馆的保护。

一开始，使馆区方面想赶走他们，但是后来，他们改变了主意。因为使馆区里也需要很多的苦力，于是这2000人最终被允许进入使馆区。

肃亲王善耆的家正好位于使馆区四面围墙之内（英国公使馆对面），当时在使馆方面的逼迫下，善耆乖乖地搬了家，于是肃王府就成了2000名教民的"避难之地"。使馆区外武卫军中军的炮火就集中于此。

在"围攻使馆"将近两个月的时间里，这2000名左右的清国教民就承受了围墙外大清军队大部分的炮火，他们的死亡人数应该远远超过洋人（具体数字在史料上没有记录），而除了要躲避炮火，这些教民还要忍受其他的死亡威胁——饥饿和惊恐。

粮食被洋人拿走了，教民们挖壕沟、灌沙袋、修工事、灭火、背尸体、搬运枪支大炮，每天必须干各种繁重的体力活，才能领到一小块食物。当公使们享受西式美餐的时候，教民们常常饿得两眼发昏，马肉归洋人，马皮就被教民捡起来吃掉。臭水沟里的死尸引来的乌鸦，被他们捉来吃掉了。教民们吃遍肃王府里的树皮、树根和树叶，最后开始吃泥土。

在使馆区外的围困有所放松之际，使馆卫队的士兵们喜欢在夜晚来肃王府游荡，他们当然不是来送粮食的，也不是来王府的花园呼吸新鲜空气的，而是来搜寻教民中是否有容易上钩的女子，一些女教民被侵害的事件就在夜色下发生和被掩盖了。

教民们也许从来不会想到，跟他们有同样信仰的洋人，也保护不了他们！

这就是"使馆之围"的真相，清国的军事问题，往往是三分政治、七分军事，这次只不过是"政治"的成分占得多了点，让人无法从军事的角度理解。正如慈禧后来说的："我若是真正由他们（指端王集团）尽意地闹，难道一个使馆有打不下来的道理？"〔吴永《庚子西狩丛谈》〕

使馆区就这样炮口余生了。而对北京城的义和团民来说，却是另外的结局。

在武卫军中军"围攻"使馆的同时，端王的虎神营和北京城里的1万多义和团民联合攻打北堂，北堂里只有原先从使馆区抽调来的43名洋兵守卫，此外就是几百名传教士、神父和洋人，另外还有约3000名逃难到此的清国教民。

北堂是一个规模宏大的建筑群，除了主教堂，附属建筑有孤儿院、修女院、教会医院、学校、印刷厂，甚至还有博物馆。这些建筑都无比坚固，洋兵和教民就将所有的楼房、塔楼围墙都修上了掩体和枪眼。

和荣禄在使馆区明攻暗保不同，这里是真正的进攻。虎神营的八旗士兵押着团民先上，团民虽然人多，却没有什么有效进攻的武器，每当他们靠近教堂时，就会被里面的士兵开枪打死；他们放火，就会被里面的教民扑灭；他们挖地道炸墙，由于教堂非常坚固，又始终炸而不倒。

然后，虎神营的士兵和团民联军打着打着，他们自己先打起来了——火并。

所谓的义和团从来就不是一个整体，也有混入其中的流氓盗贼，内部也有派别争斗，有的很懂端王的意思，懂得灭洋只是端王集团实现废立的手段，但也不排除某些团民是真心想灭洋的，他们一心一意灭洋，就灭到了端王集团的身上。

导火索从八旗军将领庆恒开始。庆恒在神机营、虎神营、武卫军中军中都身兼数职，是个在八旗子弟中呼风唤雨的人物，他有不少结拜兄弟就是虎神营将领，甚至跟端王本人的关系都极好。而庆恒实际上是个"暗通洋人"的人，他倒不是出卖军事情报，主要是跟洋人倒卖点货物，发点洋财。

庆恒的秘密却被一部分团民发现了，他们十分愤怒，在捉住庆恒后先是公开殴打，然后将庆恒一家灭口。团民的这个举动可捅了娄子了，虎神营很多的将领当即就要找义和团去拼命，据说连端王都雷霆大怒，要亲自去跟义和团打群架（"操刀出欲与义和团长相斗，刚、赵诸人力阻之始罢"）。虽然最后被劝住了，但从此以后，虎神营的将领开始在北堂报复团民。在进攻北堂时，他们故意将团民引至绝地，先令团民进攻，然后故意在后面发炮"误伤"。

双方火并，慈禧是乐见其成的。自从与洋人开战之后，如何调团民出京对慈禧来说是最重要的事，事实上她对义和团从来没有信任过。

7月22日，慈禧干脆在廷寄中叮嘱各省督抚——在与洋人作战时，要让团民打前锋，朝廷的军队在后方（"各该省如有战事，仍应令拳民作为前驱，我则不必明张旗帜，方于后来筹办机宜可无窒碍"）。

看来天津沦陷之后，天津团民中流传的"朝廷不再信任我们，要杀我们出气"的传言，也并非空穴来风。

7月31日，慈禧再次发布上谕，开始以"赴前敌助战"为名，调团民出京，而一旦出京，那就是"令其为前驱"，"少有退缩，迎以大炮，一炮休矣，升天矣，实露半抚半剿之法"。（石涛《石涛山人见闻志》）

从这时候起，北京城里团民的数量开始明显减少。8月10日，八国联军进驻通州之前，北京城里10万团民只剩下了5万，并且每天都在锐减。

又有和八旗军的内乱，又自身难保，那么义和团攻打北堂的效果也就可想而知了——和使馆区一样，在将近两个月的时间里，他们从来没有攻进过北堂！

而北堂内的情况十分惨烈，43 名洋兵基本已经全军覆没，弹药用尽，教堂里只剩下最后一头没杀的骡子和 400 磅大米，但这是洋人的食物。教民只能吃北堂各建筑物间的树叶和草根，300 名教民和 75 名孤儿在饥饿和疾病中死去。

## 八国联军在京津的暴行

八国联军入城了，慈禧带领光绪和大臣一路向西安逃去。8 月 28 日，八国联军在天安门前举行了一场阅兵式，八支军队在金水桥前集结，然后依次列队通过天安门、午门、神武门，由南向北穿过皇宫，一旁的军乐手吹吹打打，好不热闹，似乎就是要向全世界宣告：我们通过了皇宫。

八国联军这样做，是因为在大清的老百姓中，流传着一个神话，皇宫是天子住的地方，宫门和宫内都有神灵护佑，"洋鬼子"的军队是无法进去的，一进去就要遭受雷劈。现在，八国联军公开打破了这一神话。

在天津，八国联军将天津城墙拆除，建于明永乐年间、有 500 年历史的天津古城墙从此不复存在，天津也成了大清第一座拆除城墙的城市。自天津之后，汉口、上海、广州、长沙等地纷纷仿效，一场几千年来前所未有的拆墙运动正式开始。几千年以来，各城都只有拼命加修城墙、加高城墙的，天津拉开了千年的大变局。

八国联军不只是要拆城墙，他们重点要拆的是更加直接的军事设施，从山海关、大沽到天津的大片军营以及 20 多座炮台，全部被炸掉拆除。因为拆除这些设施，八国后来向大清索要了 17.7 万美元的"破坏费"。

除了城墙和炮台，八国联军最为恐惧的是团民（清军已经跑了）。于是，他们在天津及其周边开始了"清剿"活动，天津独流、新河、塘沽的街道几乎全部被烧毁，多年以后这些地区还流传着一句顺口溜："塘沽一扫光，新河半拉子庄。"

百姓们不能再穿红衣服了，八国联军只要发现穿红衣服的人一律杀掉，连天津城里有一对正在办结婚喜事的新郎新娘都被枪杀。而人们在街上不能彼此作揖，这本来是一种中华民族传统习俗，但神经过敏的八国联军把它当作了义和团练功的一种仪式，凡是见到街上有作揖的人，立刻出动士兵"围捕"，即使能证明自己的清白，也要交一笔罚款才能放走。天津开始流传一句顺口溜："大年初一别作揖，一碰碰见法兰西，洋钱罚了两块一，你说点儿低不点儿低？"

在消除了安全方面的威胁之后，八国联军开始了抢劫。抢劫主要集中在财富之地北京。

除了皇宫，能公开去哄抢的地方有很多，首先是"三海"，这里有自乾隆年代以来数以千计的珍宝、金石碑册和书画。英军和法军抢北海；德军抢中海，包括紫光阁等各处；日俄军合抢南海。天坛已经被英军事先占领，那里的财宝和文物自然就是他们的了。俄军抢先一步来到了颐和园，将颐和园里的物品用马车队浩浩荡荡地拉了3天，光是从马车上颠落下来的财物，就让跟在后面的人们捡了不少。

除了这些皇家园林，接下来就是社稷坛以及皇家寺庙，各种各样的祭件、佛像被搬走了，法军甚至连清西陵都没放过。

然后是官府衙门，北京各衙门损失库银6000万两以上，日军抢走了一半，他们比其他各军都聪明，第一个到达户部库房，搬走了300万两左右的现银以及无数绫罗绸缎。搬完银子，又去皇仓运米，最后运走32万石左右的大米。其他部门中，如翰林院4.6万册古籍——包括《永乐大典》607册被抢走，正阳门古观象台上10件精美的青铜天文仪器被法军和德军一件件拆下运走（后归还），就连光禄寺（主要管理宫廷筵席的机构）里吃饭用的金银碗筷都不知道被哪支军队给拿走了。

接下来被抢的是王公大臣的宅子，法军从被杀的户部满尚书立山家搜出价值约 300 万两白银以上的文物古董，运走；1891 年去世的前军机大臣宝鋆家，被日军从水井里捞出了 30 万两现银，运走；首席军机大臣、礼亲王世铎家，被搜出 200 万两现银，还有数不清的古玩珍宝，运走，最后用大车拉了 7 天。

再接下来是钱庄、当铺、各色商号等有值钱家伙的地方。在大栅栏大火中遭受打击不久的"四恒"钱庄再次被抢光。而北京城里其他近 300 家钱庄也难逃被抢劫的命运，不得不关门破产，北京的钱庄业遭受空前打击，清国的金融中心开始由北京移往上海。

最后寻常百姓家也难逃厄运，他们遭受的财产损失无法统计，英属军中的印度兵抢红了眼，他们连洋人"保护"的教民也没有放过，见女教民头上一小根银簪亦抢之。（普特南·威尔《庚子使馆被围记》）

在内城，从西四到东四，从前门到虎坊桥，形成了一个文物大卖场，很多人瞬间变成了文物贩子，出手兑现，卖的人太多，就形成了买方市场。

据史料记载，这里的文物不是论件卖，而是论筐卖，一册《永乐大典》还不到一吊钱，扔下一两银子，就能换来一筐文物，连筐都归你。更多的文物后来出现在大英博物馆、法兰西博物馆以及美国纽约大都会美术馆内。

参与抢劫的除了八国联军官兵，还有公使、公使秘书及使馆其他工作人员、传教士、商人、外媒驻北京记者，以及在传教士"上帝助自助者"口号的鼓舞下的部分清国教民。

1901 年 9 月，康格的秘书回美国时，他所携带的"个人收藏"塞满了几个火车皮，其中的一部分捐给了美国政府，然后成功地跃升为美国驻古巴公使，就连使馆区内北京饭店的老板瑞士人沙莫也发了大财。很多洋人都住在北京饭店里，这里成了第二个文物交易市场，沙莫自然也要趁机再大发一笔。1903 年，在美国加利福尼亚州，一座三层复式海景别墅出现了，别墅主人沙莫在客厅里摆放着的是大清皇帝乾隆使用过的屏风，在卧室里挂着的是慈禧曾经使用过的头饰。

天津的情况也好不了多少，各支军队从这里就开始表现"不一样的抢劫风格"。平时很沉默、不爱与人交朋友的日军在大洗劫中也是特立独行，他们都是集体出动，为了装作"军纪好"一般不去抢老百姓家，但专抢有钱的官府衙门，他们就在天津盐道衙门不声不响地搬走了几百万鹰洋和纹银。而除了现银，古董是日军的另一大所爱，天津城各衙门里一半的古茶杯、瓷碗、陶器、古画等，估计都是被日军"低调"地搬走了。

美军最爱的是现钱，他们对古董文物的兴趣不是特别大，抢来的古董文物只要一找到买家，就立刻转手兑现。大概是凭着对现银特别的嗅觉，在日军刚刚洗劫过的天津盐道衙门，美军让40名清国俘虏挖了4天，竟然又从地库里挖出几百万两纹银来。

俄军最爱珠宝，不管在哪里，一见到珠宝肯定是要冲上去的。而且他们还特别爱摔东西，似乎能得到特别的快感，尤其爱摔钟表和瓷器，只要是有俄军经过的地方，一定是满地的碎片。

法军喜爱的是女性首饰，只要看见卖女性头饰、发卡、雕花之类用品的商号，法军一定会直奔进去抢上一番，以便将来回国送给情人。而食物也是他们的所爱。在天津，法军洗劫了天津城里几乎所有的火腿店，抢来的火腿在军营里堆成了一座山。

英军中印度兵和孟加拉兵抢东西时也要受欺负，好的东西都被其他军队抢走了，于是他们只好在农家后院里狂追鸡鸭。后来听说清国人有用财宝陪葬的习惯，于是，天津郊区几乎所有的新坟都被刨了一遍，棺材被劈，尸体丢在一旁，各种陪葬品被洗劫一空。

就这样，天津古城遭受了和北京一样被彻底洗劫的命运。在八国联军动手之前，天津城里原有的那些洋人代办、洋商等趁着城破大乱，跑到造币厂、总督衙门、珠宝店等财富集中地，将元宝、纹银和金条打包搬走，趁着黑夜逃遁，他们才是在天津抢得最多的人！

## 令人发指的大屠杀和强奸

8 月 11 日攻下通州后，八国联军开始屠城，通州所有的人家不是被杀就是四散逃命，10 万人口的大邑几成空城。

在通州失陷整整 2 个月后，一个法国军人来到通州，他发现这座城市仍然如一座鬼城，走进一个早已人去楼空的富裕人家的院落，院子里只有一个水桶，里面是一截被削去了皮的女人的大腿，而她的头滚落在一旁的椅子下面，只剩下了白牙。头的旁边，是一个小孩的玩具。然后从通州到北京 20 多千米的路程中，他竟然"没有看到一个清国人的身影"，很多地方变成了无人村。（毕耶尔·洛谛《庚子外记》）

而在 8 月 14 日攻破北京后，八国联军随即开始了大屠杀。为了报复，越是在内城，他们杀得越狠，在街上看见清国人就开枪。日军开枪的时候，故意不打心脏，就是要看着中枪者痛苦地倒地死去。如果抓到的人是团民，必定是先刑后杀。酷刑方面日军比较擅长，他们发明的酷刑有跪角铁、轧杠子、先鞭打后背再敷盐、用纸卷辣椒面熏鼻子、用长钉刺眼睛、倒埋等。许多人想逃走，但已经来不及了，内外城门紧闭，护城河里塞满了试图逃走的人的尸体。

在屠杀的同时，搜索女人的行动开始了。在通州，就有"573 名富贵人家妇女"因不堪忍受或者害怕遭到八国联军士兵污辱而纷纷跳井自杀，各处的水井和水缸中塞满了女子的尸体。在八国联军攻进北京之后，长得漂亮的妇女被集中到胡同或者大院内，成为专供军官奸污发泄的"官妓"，而士兵也是不会放过作恶机会的，"每至夜间，必闯入人家，奸淫妇女"。（陈守谦《燕晋弹兵记》）

裕禄遭到了惨无人道的报复，他的七个女儿全部被抓到天坛轮奸，然后被迫沦为"官妓"；承恩公崇绮一家的女眷十多人被轮奸，疯狂的士兵们甚至连老太太都没放过；文华殿大学士倭仁的妻子受尽凌辱虐待而死，当时她已经 90 岁了。而印度兵和孟加拉兵把抓来的妇女剥去衣服，猥亵戏辱，不停地问："你身上为什么这么白？我身上为什么这么黑？"轮奸完后，他们割下女人乳房，挑在刺刀上到处走。

在八国联军的奸掠焚杀中，整个北京城的景象恍如隔世，全城见不到一点红色，不仅洋货铺纷纷恢复招牌，就连原来的国货店也纷纷改名，有向德国人致敬叫"德兴""德昌"的，也有叫"日昌""英盛""义昌"的……康格甚至还得到了一块匾和一把"万民伞"。

有路子的市民，请洋人和洋兵吃吃饭、泡泡澡、游游园子、听听戏，请他们写各式"保护单"贴在家门口，比如英文"大美国顺民""大英国顺民""大日本顺民"，寺庙门口贴的是"上帝基督顺民"。没有什么关系的，就想办法弄来一顶西洋的帽子或者一双靴子，挂在门口。一户人家实在不懂英语，在门上用汉字写着"俺不懂洋文，平心恭敬"，后来被人在旁边用英文加上一句"屋内有威士忌和烟草"，于是他家的门被踹开的次数就可想而知了，于是这人只好又在旁边加上一句："严禁抢劫！予等已尽取之！"

北京城里已经没有一个官府衙门在运转。其实这也并不奇怪，连太后和皇上都逃走了，很多大臣也早已逃出了北京，即使官府开门，也找不到官员来做事。然而，并不是所有的大臣都逃跑了，还有另外的一批大臣，没有逃，也没有躲，而是安静地留在家里，他们做出了一个相同的、令人吃惊的选择。

京师团练大臣王懿荣是著名的金石学家，甲骨文的发现者，15 日清晨，在得知太后和皇上已经逃出北京后，他在家中投井自杀——"吾身渥受国恩，又膺备卫之责，今城破，义不可苟生。"

在王懿荣的身后，更多人殉国了：

> 怡亲王爱新觉罗·溥静一家百余口自焚；
> 多罗克勤郡王爱新觉罗·晋祺一家数十口服毒自杀；
> 承恩公崇绮一家百余口自焚，70 多岁的崇绮本来已经逃到保

定，听到这个消息后自杀；

大学士徐桐一家 16 口同时上吊自杀；

……

这就是另外一些大臣的故事，他们没有逃跑，没有投降，而是自杀殉国。据有关史料统计，仅仅在八国联军攻破北京城后，自杀的王爷、大小官员以及他们的家属将近 1800 人！在 1900 年之战中，大清或战死、或自杀的官员有很多，但主动投降的文臣和武将确实不多。

## 李鸿章签署《辛丑条约》

7 月 8 日，就在八国联军即将攻入天津之前，慈禧紧急任命李鸿章为直隶总督兼北洋大臣，请李鸿章"自行酌量"，能否日夜兼程紧急北上进京（"由海道星夜北上，尤为殷盼，否则即由陆路兼程前来，勿稍刻延，是为至要"）。

慈禧已经让李鸿章官复原职，此道上谕一出，李鸿章如果再对北上推三阻四，那显然是说不过去了。

7 月 17 日，李鸿章正式从广州乘坐轮船出发。对李鸿章来说，自《马关条约》之后，他遭贬、遭唾骂，一度被剥夺了所有的官职，往日的显赫和荣耀不见踪影，好不容易复出也是被"贬"到偏远的两广。现在，终于又可以"重回北洋"了，这对李鸿章来说是刻骨铭心的，在与前来送行的安徽老乡、广东南海知县裴景福的对谈中，李鸿章也忍不住大呼："舍我其谁也！"

李鸿章坐轮船先去了香港，见到了港英总督，这就等于把和谈之事先跟英国打了声招呼，提前铺路，然后再乘船向着上海行驶。7 月 21 日，李鸿章抵达上海，按照事先"先到上海，再酌进止"的计划，李鸿章"酌"后的结果是：仍然不能北上，自己去了也没有用。他拿出了荣禄的那一招——请病假。报告慈禧"两腿软弱，竟难寸步"，请求"赏假20日"。

此时的李鸿章已经是个78岁的老人了，身体不好也是实情，但相信健康状况并没有坏到寸步难行，李鸿章在上海停留不前，只不过又犯了和当初荣禄一样的病——心病。

李鸿章注定是要在上海停留了。

7月17日，光绪给美国总统威廉·麦金莱写了一封亲笔求援信，先用快马送到山东，再由山东用电报发往上海电报局，再用越洋电报发往美国。光绪皇帝在信中强调，大清和美国"长期以来保持友好关系，对对方均无怀疑和不信任。我们了解到，美国的目的是从事国际贸易，所以恳请美国协调各国一致为恢复秩序与和平（停战和停止攻进北京）做出努力"。

麦金莱是19日收到这封信的，考虑了3天，他给光绪写了回信，希望大清保证使馆人员的安全，表示美国政府和民众对大清"除了希望正义和公平以外，别无他求"，会"积极斡旋"。不过美国人就算是有心"斡旋"，也挡不住其他几国要攻进北京的决心。3个月后（10月17日），光绪只好再给麦金莱写信，"感谢美方的帮助，并希望美国能积极促成和谈"，此时，北京早已经沦陷。

给美国总统写信只是胡乱抓的救命稻草，慈禧仍然把希望寄托在李鸿章身上。8月7日，八国联军已经准备进攻通州城了，慈禧又给李鸿章升职和增加权限，任命他为"议和全权大臣"，希望以此来鼓舞李鸿章"奋不顾身地北上"和打动列强。然而，八国联军是不会停止进攻的。8月14日，北京失陷，慈禧逃向西安。

8月20日，在逃亡途中，如惊弓之鸟般的慈禧以光绪的名义发布"罪己诏"，公开承认当初的开战决定"是错误"的，这也是给了李鸿章和参与"东南互保"的汉党大臣一颗定心丸：将来朝廷是不会对你们秋后算账的。

8月24日，慈禧告诉李鸿章，只要你能促成议和，什么条件都由你做主（"便宜行事，朝廷不为遥制"）；27日，加授奕劻为"议和全权大臣"，

31日，加授刘坤一、张之洞为"议和大臣"，参与"东南互保"的总督们还升了职，汉党彻底翻了身。

慈禧如此心急火燎，一是怕八国联军会追过来，二是逃亡的日子实在是太难过了，经常是吃了上顿没下顿，住的是破庙，吃的是野菜粥，连碗都是在路边捡到的破碗。

为了表示和谈的诚意，慈禧的行动十分迅速。9月7日，她正式发布"剿拳"谕旨，说明战争是义和团引起的（"此案初起，义和团实为肇祸之由"），命令各地"痛剿"义和团，务必斩草除根，不可放过一个，首先是在跟洋人和谈的京津地区——"今欲拔本塞源，非痛加铲除不可！直隶地方，义和团蔓延尤甚，李鸿章未到任以前，廷雍（代理直隶总督）责无旁贷，即著该护督督饬地方文武严行查办，务净根株！"

各地开始"剿团""查团"，很多的团民被翻出来逮捕、杀头，赵三多被捕，在牢房里绝食自杀。

根据李鸿章与八国联军的合议，八国联军提出了"战犯"名单，慈禧颁布谕旨，向端王集团清算：

庄亲王载勋赐自尽；礼部尚书启秀、徐桐之子刑部左侍郎徐承煜，即行正法；左都御史（原步军营左翼总兵）英年赐自尽；刚毅、李秉衡、徐桐判斩立决，因已身亡，死后戴罪，追夺原官。

端王载漪、辅国公载澜两兄弟均定斩监候罪名，朝廷"加恩"免其一死，永远流放新疆，终生不得回北京。

端王集团的心腹几乎被一网打尽，除了这些核心人物，还有另外两批"战犯"是来自地方的官吏，总计142人，分别被判处斩立决、斩监候、终生流放、革职永不叙用等处罚。这些人也都是要在正式签订和约之前一一"处理"完的。

八国中的大部分国家希望清国割地，而作为渐渐取代英国的新兴的强国美国，有了新的想法。

在美国崛起的过程中，他们已经找到了一条与英国等传统列强争夺殖民地完全不同的方式，这就是国际贸易。

这种大尝甜头的方式让美国人终于意识到：过去那种占领清国土地的想法实在是太愚蠢了，清国幅员太广，人口太多，不如维护大清朝廷的政权稳定，让朝廷管着那些人和地，然后一起做生意。

于是，在这样新的获取财富的方式的指引下，美国国会以微弱的票数通过吞并菲律宾的法案后，就拒绝通过任何参与欧洲强国"瓜分清国"，占据清国土地的提议了（美军最初想占据的地方是厦门港），他们只有一个希望：说服其他强国停止瓜分大清的领土，以保障与大清国之间的国际贸易能够平平安安地做下去。

这就是当时美国人眼中比得到菲律宾更伟大的成就——门户开放政策。

所谓"门户开放"，不是美国对大清的政策，而是美国希望其他强国能够接受的如何对待大清的政策，希望八国放弃割地，对于之前各国已经在大清占领的土地范围，要求大家也互相承认，然后各国都开放已经占领的大清的地盘，允许所有的国家包括清国的人在这里自由公平地做生意，收取同样的关税、港口税和铁路运费，即"与其让一个国家的大兵留在那里并封闭那个市场，不如让所有人都有发财的同等环境和机会"。

慈禧还必须重启变法，改革内政。1901 年 1 月 29 日，慈禧颁布上谕，昭告天下变法，史上著名的"清末新政"正式开始了。为了表达变法的决心，慈禧拿出了十足的诚意。4 月，她在西安府宣布成立朝廷主办新政的最高机构——督办政务处（简称"政务处"）。把奕劻、李鸿章、刘坤一、张之洞等汉臣全部拉了进来，新政的分量骤然加重。8 月，又宣布裁撤部分吃空饷的绿营军等。

1901 年 9 月，在各项主要工作完成得差不多之后，李鸿章在北京与各国正式签订《辛丑条约》，大清赔款 4.5 亿两白银；西方国家对大清武器禁运 2 年；从大沽口至北京沿线的炮台全部削平，环天津 20 里以内，不得驻扎清国本国军队，山海关至北京沿线的战略要地一律由外国人驻军等。

条约签订，京城安全，慈禧可以放心地回到皇宫了。

第二十章

# 李鸿章去世，接班人袁世凯的钻营

## 李鸿章去世，袁世凯接班

在北京的李鸿章并没有等到慈禧从西安府回京，在签完《辛丑条约》之后，79 岁的李鸿章一直病居北京贤良寺。俄国人不想从满洲撤军，就指示俄国驻北京公使向李鸿章施压，希望李鸿章能够代表朝廷答应满洲以后只能先"租借"给俄国。这还是独霸满洲，只是换了一种方式，李鸿章自然无法答应。俄国公使就守在李鸿章的病床前催促，不断施压。

11 月 7 日，严冬，俄国公使径直来到李鸿章病床前，要求奄奄一息的李鸿章就俄国提出的条件签字画押，而李鸿章早已经连笔都拿不起来了，再也无法签什么字，再也无法为大清操劳了。在俄国公使走后不久，李鸿章去世，去世时双目依然圆睁，他那一段生前的名言流传至今：

> 我办了一辈子的事，练兵也，海军也，都是纸糊的老虎，何尝能实在放手办理，不过勉强涂饰，虚有其表，不揭破犹可敷衍一时，如一间破屋，由裱糊匠东补西贴。

李鸿章去世了，袁世凯成为接班人。官居直隶总督兼北洋大臣，成为"天下第一督"，风光无限，但袁世凯认为他的首要工作，是迎接好两宫回銮。

《辛丑条约》签订了，慈禧和光绪可以回到京城。当慈禧的车队从西安府启程时，袁世凯就派出了军队前去一路护驾。然后他派专人先去直隶省界先行迎驾。

12月26日，慈禧车队抵达顺德府，召见以袁世凯为首的直隶地方官，众官员根据预先彩排，都露出了灿烂的笑容，却没有注意到袁世凯见到太后后，突然大哭起来。

面对这突如其来的一幕，众官员都不知道发生了什么事，面面相觑，连慈禧也惊讶，连忙派人去问话。

"始太后蒙尘出外（逃到西安），臣未能追随、警跸（保护您），万分悲悔。今见圣容清减（您瘦了），痛彻肺肝，不觉失礼！"袁世凯跪在那里，大声回答。

听到袁世凯这么说，慈禧也不禁两眼发红，只想大哭一场，她想起了八国联军攻入北京时，袁世凯在事实上参加了东南互保，抗令不遵，最后只派了3000人到京城，还故意磨磨蹭蹭，拖延入京。她也想起了逃到山西时，袁世凯从山东挤出10万两银子，派军队日夜兼程给她送来；逃到西安时，袁世凯又派人送东西来了，这次不是送银子，而是送了几百车的各种生活用品，有吃的，有穿的，还有用的和赏玩的，一应俱全。

这一哭，慈禧心中的那点不快消失了，哭出了袁世凯的忠心，也哭出了慈禧对这位新权臣的赏识。

气氛温馨，袁世凯赶紧把慈禧迎候到老省城保定，小住3日后，正式欢送慈禧一行继续回皇宫。

这并不是慈禧第一次公开坐火车出行，几天前从正定到保定的路途中，袁世凯就精心安排慈禧坐了一次火车，这次的专列是直接开到京城的马家堡火车站，袁世凯安排新军在起始站和终点站分别接送。根据老袁的吩咐，他们一律不下跪（这在之前是大逆不道之罪），按照西洋军礼背包举枪，行举枪礼，旁边还有一支军乐队用西洋乐器敲敲打打，演奏西洋乐曲。所有这些"西洋景"，在过去的皇家礼制中别说看见，连想都是不敢想的。这不是让慈禧觉得新鲜，袁世凯要以此来打造太后开明的形象，让她在众人面前留下一个好印象，风风光光地回到皇宫！

而皇宫已经焕然一新了。袁世凯提前派人对皇宫进行了清扫和修复，把八国联军损毁的地方尽力复原。这原本需要一大笔银子，不过袁世凯也是有办法解决的。

他把直隶的中高级官员找出来开会，直接告诉他们希望能献出一点银子修复皇宫，官员们自然哭穷。而袁世凯没过几天又把他们重新召集在一起，告诉他们："天津那些票号的掌柜实在是太可恶了啊，他们竟然告知诸位在票号里都有巨额存银。为了维护诸位的清白，本督已经下令把那些有冒名之嫌的存银全部封存了，众位大人看这样处理如何？"

官员们吃了个哑巴亏，谁也不敢承认那些银子是自己的。于是袁世凯修复皇宫的银两就这么解决了。不过从此之后，大清官员们都知道要把贪来的银子存到国外的银行里。

慈禧回宫了。袁世凯也回到了他的天津直隶总督衙门，远离太后，袁世凯并没有忘记他的关怀。袁世凯派人在京城西郊民巷旁边，开了一家名叫"临记"的洋行，这里时不时收到一批外贸潮流产品，比如巴黎香水、瑞士钟表、伦敦八音盒等，然后他们会和内务府联系，问问太后对这些玩意儿感不感兴趣，如果感兴趣，马上就会有人送到宫里。等到慈禧过生日时，袁世凯甚至还从香港进口了一辆小汽车，亲自送到宫里，它的最高时速可达19公里。慈禧第一次见到这玩意儿，连忙问："你这又是玩的什么名堂？"据说袁世凯灵机一动，用"会跑的轿子"来打比喻，说它是轿子改装的车，名曰"轿车"，从此"小轿车"这个称呼就流传了下来。

听到慈禧要去西陵祭祖，为了让太后避免长时间坐轿子的辛苦，袁世凯请了一个名叫詹天佑的人修了一条40多千米长的支线铁路，名叫"西陵铁路"。它也成了我国历史上由国人自主设计和修建的第一条支线铁路。几年后，在袁世凯的聘请下，詹天佑又成为总工程师，成功地修建了第一条由国人设计并修建的干线铁路——京张铁路。

袁世凯的眼睛并不只是盯住慈禧，身边的太监、宫女也都被一一打点，老靠山荣禄是不能忘记的，自然也要送银子。1903 年，荣禄病重，"临记"洋行里的眼线立即打探出，宫里已经传出消息，接替荣禄成为领班军机的很可能是庆亲王奕劻。袁世凯没有丝毫犹豫，立即决定：派人携带 10 万两银票进庆亲王王府！

一直以来，袁世凯和这位庆亲王之间虽然没有什么深仇大恨，但也算不上有多好的关系，主要是因为袁世凯还攀附不上这位王爷。奕劻有一个特别突出的爱好——银子，之前袁世凯不断给荣禄送银子时，奕劻还曾经酸溜溜地说过："袁慰亭只认得荣仲华（荣禄），瞧不起咱们的！"但现在，袁世凯相信，10 万两银票一定会敲开庆亲王府的大门，一定会让他和这位王爷冰释前嫌。

果然，庆亲王府，奕劻把那张银票推辞了好一阵，实在推不掉也就只好收下了。正是从成为领班军机、朝廷二号人物开始，奕劻在成为"朝廷第一巨贪"上一路狂奔，很快就达到了他曾经梦寐以求的境界：谁的银子他都能收，朝野上下把庆亲王王府私下里称作"庆记公司"，奕劻本人也在汇丰银行里存有几百万两银子。

送钱最多的自然是袁世凯，对于这个习惯用银票来说话的人，奕劻简直十分喜爱，差点叫他一声"大哥"，后来却发现自己比老袁足足大了 21 岁，叫"大哥"实在是不合适，就让自己的儿子载振与袁世凯结为拜把子兄弟，袁世凯的事，就是他的事，袁世凯的钱，也大部分是他的钱。大清的朝臣和疆臣、军机处和直隶总督衙门、皇族权贵和变法阵营，就这样达成了权钱交换的高度默契，结成了彼此需要的利益共同体，史称"庆袁集团"。当然，对于如何在慈禧和袁世凯之间把握准那种微妙的关系，奕劻的心里还是有数的。

就这样，在短短几年时间里，新任直隶总督袁世凯，先后稳住了朝廷的一号人物，拉住了朝廷的二号人物。袁世凯用他的手段为接下来的新政改革搭建了一个舞台，只是谁也想不到，这种手段是如此阴暗。接下来，袁世凯将以明治维新为榜样，用实际行动将大清的新政推向一个高潮，将当年戊戌变法时光绪想做而没做成的事情，一一落到了实处，属于袁世凯的"北洋时代"才真正拉开。

第二十一章

# 学习明治维新：
# 袁世凯最终将大清引向立宪改革

## 袁世凯的新政改革

袁世凯的新政改革主要有五个方面：法治建设、军队改革、教育制度改革、经济领域改革和地方政治体制改革。

说到法治，离不开我们常说的一个词——公检法。令人想不到的是，这三大领域的近代化改革，竟然都与袁世凯有关。

先来说"公"。袁世凯之前，军警是不分家的，上前线浴血杀敌的是士兵，到街道上追着小偷到处跑的也是士兵，中华大地上一直没有"警察"这个分工明确的职业，是袁世凯第一次让它来到了大清，但其实他也是被逼的。

天津之前被八国联军占据。根据《辛丑条约》，八国联军从京津撤军，但山海关至京城铁路沿线要地由洋人驻军。洋人保留了这条从海上抵达京城的快速通道，在交还天津时，又规定朝廷不得在天津以及环天津20里内驻军。袁世凯觉得这很不是滋味， 天津是京城的门户，山海关经天津至京城战略要地都被占，国防安全形同虚设，怎么办？

在仔细研究了日本等国的情况后，袁世凯对"警察"产生了兴趣，于是想出了一个"化兵为警"的办法，让一批新军集体转业为警察学员进驻天津。洋人有意见了：不是说好不让驻军的吗？袁世凯大方地告诉他们："我带来的不是军，是警，这还是从贵国学来的！请各位仔细想一想，在各地驻警是不是国际惯例？"

洋人一想也是，这确实是国际惯例，也就默认了。袁世凯还把"新军警察"派驻到北塘、山海关等地，以"警察"的名义保护天津和周围国防要地。

后来，国防无大事，袁世凯就开始认认真真地发展警察事业。随着组建工作的深入，天津的巡警进行了专业的升级改造，发展出马巡（骑警）、河巡（水警）、暗巡（便衣）和消防队，和之前的"兵"已经有了本质的区别。

到了1905年，趁着京城里发生出洋五大臣被革命党人吴樾自杀性炸弹袭击事件，袁世凯上奏慈禧成立了大清巡警部（相当于现在的公安部），这是我国历史上第一个专门处理人民内部矛盾和打击犯罪的朝廷部委，和以前的兵部有着本质的区别。当然了，不出意外，巡警部既然是袁世凯发起成立的，这个部委里就被袁世凯安插了很多亲信，他们表面上负责大清的公共安全，暗地里可能还有人替袁世凯收集朝廷的情报和通风报信。虽然队伍不怎么纯洁，但袁世凯已经无愧于"警界鼻祖"这一称号。

接下来就要说到"检"和"法"了。明治维新前，日本的情况和大清类似，洋人在日本犯案只能由洋人审理，享有治外法权。明治政府意识到，只有日本的司法体系先做出改革，与西方宪政国家接轨，才有可能通过谈判废除治外法权。于是明治政府开始了实实在在的司法改革，比如废除刑讯逼供，建立四级三审制，确立司法独立原则，确立无罪推定原则等，并于1899年彻底废除所有西方国家在日本的治外法权。

在学习借鉴了日本经验后，1907年，袁世凯治下的天津先后成立了天津府高等审判分厅、天津地方审判厅和乡谳局（相当于现在的地方高级法院、中级法院和基层法院），再加上朝廷的大理院（相当于全国最高法院），已经在大清建立了完备的四级三审制，同时还在天津设立了检事局（相当于现在的检察院）。不过，机构是学来了，但相关的原则在大清并没有很好地实现，比如刑讯逼供并没有被彻底废除，司法也没有真正独立，审案子的虽然有了专门的人员，不再是知县老爷，但知县老爷仍然有门道去干预审案的结果。虽然在袁世凯手里诞生了我国第一套近代地方司法、检察系统，但他也没有斗得过传统。

接下来是袁世凯的老本行——军队改革。这方面他比较有经验，所以整个大清的军队改革实际上都是由他负责的，他也兼任了朝廷练兵处会办大臣。袁世凯参照德、日等国的做法，把大清的军队编为常备军、续备军和后备军三个序列，规定常备军服 3 年兵役后退为续备兵，又 3 年为后备兵，再 3 年退伍为民，但遇有战事，这些人又可以征调入伍。这是我国军队史上第一次有如此科学的梯队化设置，但更加科学的是具体到每一支军队的改革。

大清之前的军队都是以营为基本作战单位的，每营为 500 人左右，若干个营再组成规模再大一点的军队，编为前路军、后路军、左路军、右路军、中路军之类，而且在兵种上基本都为步兵。这在拿着长矛大刀的时代还可以，但现在已经完全不能适应以步枪大炮为武器的大规模战争需求了。于是，袁世凯负责编练的新军开始把基本建制扩充为——"镇"（相当于现在的师），人数激增到 12500 人左右，镇下面依次设有协（旅）、标（团）、营、队（连）、排、棚（班）。每镇以步兵为主，同时设置炮兵、骑兵、工兵和辎重兵，很显然，在扩大基本建制的同时还考虑了多兵种协同作战的需要。

到 1905 年，袁世凯练成新军 6 镇，这是大清最重要的一支国防力量。当然，不出意外，袁世凯又在这些军队里培养了大批嫡系军官，他们中的一部分人，后来被称为"北洋军阀"。

在教育领域，袁世凯最重要的改革，自然是在 1905 年联合张之洞等人奏请朝廷废除科举。废除科举，是为开办新式学校铺路。在总督直隶期间，袁世凯创办众多各类新式学校。比如南开学校（今南开大学前身）、陆军大学（我国第一所军事类大学）、北洋陆军速成武备学堂（保定陆军军官学校前身）、北洋法政学堂（我国第一所法政专科学院）。袁世凯还热心女子教育，比如创办了北洋女子师范学堂（我国第一所女子师范学校），创办了北洋女子医学校（我国第一所公立护士学校）等。

经济领域的改革是袁世凯花费心血最多的地方，他规定，直隶新官员上任之前一律先去日本学习考察 3 个月，回来后通过考核才能上任。直隶工艺局、实习工厂、劝业铁工厂等，都是这些官员考察学习回来后办起来的，其他著名的工厂还有造纸公司、煤矿公司、洋灰（水泥）公司、玻璃厂等。实业的发展带动了金融业的兴起和发展，在学习日本技术和经验的基础上，1902 年袁世凯命人在天津开办北洋银元局。这是我国历史上第一次以机械化大规模造币，便于流通的银币替代了银两之后，带来了工商业的繁荣。

在多种改革举措并举的情况之下，渐渐地，大清涌现了一个著名的大城市，一个新的改革中心和窗口，它就是天津。史料有载：

> 1901 年，天津有了自来水，而北京直到 1908 年还认为自来水是"洋水"，怀疑有毒而不敢使用；1902 年，天津有了电灯，又领先于北京；1906 年，天津城内建起了环城有轨电车并通车，成为我国历史上第一座拥有轨道公共交通的城市，领先于京沪。

所有这些"西洋景"，不仅给天津这座城市带来了繁华，更培养了天津人遵守公共秩序和交通秩序、讲究公共卫生等初步的公民意识。在得大清改革风气之先的基础上，袁世凯接下来要进行的就是地方政治体制改革的一项大动作——地方自治试验。

所谓"地方自治"，不是不要朝廷，而是用法律来划分朝廷与地方的权限，更重要的是，自治是指"民治"而非传统的"官治"。公共事务由人民通过并监督当地官府去治理，而不是依赖官府，这就难免要搞搞选举、参政议政之类的事情。总之，地方自治可以看作实现宪政的基础和根本途径。

对这个破天荒的事情，袁世凯十分重视，在 1906 年正式启动之后，他先是派人专程到日本学习取经，等他们学习回来后，再派到各个县乡村落，把选举的好处和办法编成白话文，在村头张贴小广告，还要编成顺口溜和戏文在庙会上唱大戏，挨家挨户宣讲，告诉百姓们选举于国于民于己有什么好处，动员他们参与选举。袁世凯还特意交代这些宣传人员："你们要向老乡讲清楚搞选举原本就是他们手中的权利，不是朝廷又一次摊派下来的任务。"看来大清的老百姓实在是被摊派怕了。

一年之后的 1907 年，天津首先开始选举。40 多万人的天津府先推举了 2500 多名议员候选人，再正式选出 30 名议员，包括正、副议长各 1 名，组成"民选"的天津议会。这个从民间选举出来的机构，和天津府是平级的，根据规章，它可以监督天津府行使权力的状况，与天津府共同管理天津的地方事务。也就是说，袁世凯的选举已经搞到了府这一级，袁世凯专门派人祝贺："可为天津贺，并可为直隶全省贺，不但为直隶一省贺，可为我国前途贺！"

应该说，袁世凯的这次地方自治试验还有很多不完善的地方，虽然事先不断造势，但老百姓看热闹的很多，真正参与的较少。很多场次的选举最后多被士绅和富商操控，这并不是袁世凯愿意看到的。经过这次选举，袁世凯更加明白了，乡村势力一直由士绅把控，除非有完备的制度，否则他们一定会让选举变味的。到 1911 年，大清大部分省份都纷纷依据袁世凯的模式和经验，把选举推广到乡一级，成立了乡议会等基层民主选举机构。

自从洋务运动以来，改革一直被理所当然地认为只是城里的事，甚至只是通商口岸的事。袁世凯有效地将改革贯彻到农村一级，他应该是千百年来，把最核心的政治权利意识和最基本的民主意识带给了最基层、最普通的山野农夫的王朝大臣，真正有别于商鞅、王安石和张居正等人。在乡村推广选举之前，袁世凯已经联名上奏朝廷废除了科举。废科举，兴选举，这给大清广大乡村的变化带来了深远的影响。

袁世凯并没有辜负众人的期望，在改革派阵营中享有巨大的威望，吸引了全国各地的官员慕名前来学习取经（"四方之观新政者，冠盖云集于津"）。作为大清改革的带头人，袁世凯并不满足只在直隶推进改革，就在天津进行选举之前，他曾经在朝廷推动和主导了一次根本性的政治体制改革——立宪改革，然而，这一次的改革不仅让袁世凯焦头烂额，也将成为大清命运的拐点！

## 袁世凯推动五大臣出洋

1898 年，戊戌变法失败后，梁启超逃到了日本。在这里，他亲身感受到了日本根本的政治制度——君主立宪制，这是一种既保留皇帝，又颁布宪法，从人治走向法治的政治制度，是日本明治维新最核心的内容，也是日本能够迅速崛起的秘诀。

发现这一点之后，梁启超办起了《新民丛报》，大力弘扬和普及君主立宪知识，这些文章再通过各种途径流入大清国内，大家终于发现了一个事实：在当时世界上所有的强国中，只有大清和沙俄不是立宪国家了。这两个国家都是大国，却因为专制制度而沦为了非主流国家，内腐外弱，面对国内风起云涌的革命运动的暗流，大清需要从根本上做出变革，进行一场真正适应世界潮流的立宪运动。

有了这一指导思想，戊戌变法时期的"维新派"发展成了"立宪派"，他们呼吁朝廷参照日本模式实行君主立宪，这些人包括国内外的留学生、东南沿海的实业家、士绅以及个别朝廷官员等。从这个时候起，当年的"维新派"终于取得了一次重大突破：树立了一个明确的目标，一个共同的奋斗方向。以前只知道要"变法"，到底如何变，那是各有各的说法，康、梁也经常像一只无头苍蝇一样，一天一个想法，而现在终于发现了打开大清改革之门的那把总钥匙——宪政。这是很不容易的，它经历了戊戌变法时期的失败，经历了失败后的流血，经历了流亡海外，此时的康、梁也许才发现，对于一件从没干过的事情，第一步也许不是全面出击，而是能不能首先提炼出一个明确和具体的目标。

接下来就是八国联军之乱，朝野上下的"救亡"危机进一步加重，慈禧推行新政，袁世凯成为改革的带头人，成绩令人瞩目。1904 年 6 月，民间立宪派的领袖人物之一、大实业家张謇特意给袁世凯写了一封信，请求他在朝廷出面推动立宪，张謇很清楚，虽然立宪的思潮和舆论已经很热，但如果没有朝廷实权人物的推进，那也只是思潮和舆论而已。

袁世凯的回答令人意外：我们还是再等一等吧（"尚须缓以俟时"）。

袁世凯在等待那个时机，那个对朝野来说"救亡"危机最严重、民间舆论也最强大的时机。1904 年，为了争夺满洲，日本和俄国竟然在满洲的土地上开战。俄国和大清一样，都是君主专制国家，日本却是大清学习的目标。如果日本取胜，立宪国战胜了专制国，说明君主立宪确实要比君主专制"强"，这对一直饱受洋人欺负的朝廷来说，将是不小的震撼，也无法拒绝这样的学习。

一年之后，1905 年 6 月底，日本战胜俄国已成定局，从朝廷到地方上的实权大臣没有一个不谈立宪。地方上，以署理两广总督岑春煊为代表，他奏请派考察团去国外考察学习。朝廷里以军机大臣瞿鸿禨为代表，这位平时看上去有些保守的清流派大臣，竟然更激进，奏请慈禧派他亲自出国去考察学习，其他如御史赵炳麟等人也纷纷奏请立宪。这时候，一直"缓以俟时"的袁世凯终于出手了，他奏请慈禧先派皇室亲贵出洋去"考求政治"，等考察回来之后，太后可以根据考察报告再做决定。

派爱新觉罗家族的人去，慈禧才会放心，袁世凯也并没有特别提到日本，而是认为应该去日本和欧美各国考察学习，这才有"大国风范"。慈禧批准了，袁世凯当即让直隶总督衙门拨出 10 万两白银，在地方督抚中带头解决了出洋考察的经费问题，要知道朝廷是没钱的。

9月24日，以镇国公爱新觉罗·载泽等五位大臣为领队，大清的两路考察团分别去往日本和欧美考察学习，史称"五大臣出洋"。这是几千年以来未有的事情，也是迈向立宪的重大一步。报纸上推出了专题报道，"立宪派"奔走相告，但谁也没有想到，车厢里混进了革命党人吴樾，他的目的是暗杀朝廷高官，吴樾引爆了炸弹，第一次出洋受阻。

在慈禧看来，革命党人破坏立宪，朝廷更要推进立宪。1905年12月，在调整了其中两位大臣之后，新的"五大臣"仍然以载泽为领队，率领的考察团再次从北京出发，分两路去往日本和欧美学习立宪。

大清的考察团受到了热烈欢迎，日本天皇睦仁、英国国王爱德华七世、美国总统罗斯福都接见了考察团。走出国门，载泽才见识到了外面的世界。日本原本是清国瞧不起的"蕞尔小国"，却开始迈向强国行列；英国这样的国家，国土面积不及大清一个省，却成了世界老大。无论是日本、欧洲大部分国家，还是美国，他们都是立宪国家，以宪法为根本大法，没有至高无上的权力，对任何权力都有所限制，大清难道不需要改变吗？

载泽认为，英国式的虚君立宪是不可取的，因为国王（皇帝）没有实权，反而是日本实君立宪适合大清，虽然组建了内阁（行政权独立），开国会（立法权独立），设大理院（司法权独立），国会可以逼内阁下台，大理院可以不听内阁的，这一点和西方宪政国家并没什么两样，但天皇拥有最后的权力，于皇家无损。载泽总结的是学习日本模式立宪"利于国，利于民，最不利于官"。由于立宪之后，官员们的权力会受到限制，立宪自然会受到一些官员明里暗里的阻挠，但可以换来大清的强大，江山的永固。载泽还注意到，日本在立宪之前，有一段预备立宪的过程，也就是为立宪先做好各方面的准备，这是值得学习的。

1906年8月23日，在回到京城后，载泽立即给慈禧上密折请求预备立宪，慈禧被打动了。第三天（25日），慈禧立召袁世凯进京，就是否立即开始预备立宪征询一下这位"改革第一人"的意见。五大臣出洋的同时，袁世凯已经在天津成立"宪政研究院"，组织编写《立宪纲要》。如此关键的时刻，自然要坚定支持了，他表示"坚决拥护泽公的意见"，预备立宪必须立即开始。为了打消慈禧的顾虑，袁世凯甚至还简要提出了预备立宪的总方案。看来是早有准备，成竹在胸。

慈禧心里基本有数了，但她也并不着急宣布，她有她的做事方法——她还要形成"集体决策"。

慈禧下令，包括袁世凯这个唯一的地方官在内，朝廷所有的高级大臣连续召开两次闭门会议，就载泽的密折展开讨论。载泽出于避嫌，两次会议都不参加，慈禧派出了另外一位皇族亲贵——23岁的醇亲王爱新觉罗·载沣主持会议。

时势所至，这次倒没有人反对预备立宪，不过会上分成了两派，一派是袁世凯这些"积极派"，认为预备立宪可以马上开始，越快越好；另一派可以叫"稳妥派"，以内阁大学士荣庆等人为代表。荣庆是朝廷有名的清廉之人，到他家送礼行贿的人几乎踏破了门槛，他一两银子都不贪，被人称为"纯臣"，当然，背地里叫他"蠢臣"也说不定。荣庆的意见是：大清目前最大的问题是纲纪松弛、官员腐败，因此立宪改革并不是最紧迫的，应该首先从整顿朝纲入手，树立和运用朝廷的权威，强力肃贪反腐，使得官员们不敢有二心，想贪不敢贪，在这个基础上才能推进立宪改革。

荣庆大人的话音刚落，所有人都默不作声，袁世凯更是不置可否，只有一个人随声附和。他就是朝廷另外一个清廉的大臣——外务部尚书兼军机大臣瞿鸿禨。

年轻的王爷载沣基本没有表态，似乎只是来听的，之后就将会议情况如实向慈禧上奏。

1906年9月1日，慈禧颁布上谕：从即日起，大清正式开始预备立宪！宗旨是学习日本明治维新的模式，具体来说就是天皇领导一切的"大权政治"模式。慈禧为此还颁布了两个原则——"大权统于朝廷，庶政公诸舆论"。

第二天，9月2日，慈禧颁布上谕，在全国进行官制改革（政府机构改革）。这其实也是对明治维新的刻意模仿。日本在预备立宪时期，曾经进行了两次大规模的官制改革（废藩置县、废刀令）。

厘定官制馆随即成立，决定就从朝廷的机构改革入手，自上而下逐渐推行到地方。负总责的是以奕劻为首的3位总核官制大臣，然后下面具体负责的是14位编纂官制大臣，他们要带领一帮办事员编写朝廷机构改革的具体方案。这个方案关系到朝廷无数人的饭碗，也关系到大清的前途。

14位编纂官制大臣相当是关键点，他们都是慈禧指定的，当中有皇室子弟载泽、载振（奕劻的儿子），剩下的人就是军机大臣、内阁大学士和各部尚书等，总之，都是朝廷里权势最大的大臣。袁世凯自然位列其中。

虽然上面还有3位领导，但袁世凯的发言也是很有分量的。他提出了一个令人无比震惊的方案：要先拿军机处下手——撤销军机处，成立责任内阁！

第二十二章

# 袁世凯对立宪改革的设想

## 军机处的秘密

谁也没想到，袁世凯首先拿军机处开刀，这是朝廷最神秘也最有权势的地方。

在明朝之前，皇帝掌握权力的帮手是丞相。为了加强集权独裁，朱元璋干脆把丞相给废除了，他自己既当皇帝又当丞相。到了他后代的手里，虽然大家也想彻底地掌握权力，但无奈的是，没人像朱元璋那样有旺盛的精力，只好又挑了几个饱学之士组成了内阁，皇帝的圣旨先发给内阁，再由内阁下发到朝廷各部或者地方，地方和各部的事情也先汇聚到内阁，由内阁进行处理并请示皇上。于是乎，只要皇上不那么勤政，权力又集中到了内阁大臣手中。

大清是靠八旗打天下的，朝廷虽然沿袭了内阁这个制度，但一开始的权力中枢并不在内阁，而是由各旗王爷组成的"议政王大臣会议"。到了康熙时期，他终于用"南书房"这个机构把议政王大臣会议的权力给削弱了，并去掉了其中的"王"字，变成了"议政大臣会议"。所谓"南书房"，指的是康熙在自己的南书房里召集几个饱学之士讨论和决定核心大事，相当于大清自己创立的"新内阁"。

南书房虽然架空了八旗王爷，但根据明朝的教训，时间一久，这个"新内阁"专权的现象又会出现，继任的雍正为了防备这一点，趁着朝廷当时需要在西北用兵，每天需要处理很多军机，绕开以南书房、内阁为汇总的正常行政系统，成立了军机处。正是这个在当时并不十分起眼的机构，一举解决了自朱元璋以来，既能让皇帝集权独裁又不那么累的老大难问题。

军机处成立时，是没有编制的，是朝廷的临时单位，并且自雍正起，这种现象一直保持了100多年。更神奇的是，和明朝那些专职的内阁大臣不同，朝廷也一直没有专门的军机大臣，所有的军机大臣一直都是皇帝从大臣中挑出来的临时兼职人员，比如朝廷中的吏部尚书，努力上进，被皇帝调入军机处，成为"吏部尚书兼军机大臣"，等到某一天皇帝发现这个人不那么听话了，就会一脚把他逐出军机处。不过这也不会引起什么反弹，因为他还可以继续干原来的吏部尚书，俸禄不变。

于是，铁打的军机处，流水的军机大臣，权力永远集中在皇帝一人手里。

通过军机处，皇帝要发谕旨，就有了两种途径：一种还是按照原来的程序走内阁，公开下发，谕旨内容除了接旨人员，其他官员也知道，称为明发上谕；而另外一种途径就是由军机处直接密封发走，谕旨只有接旨人员知道，对别人是保密的，称为"廷寄"，由于它是打着"军机"的名义，必须由兵部派专人限时送达，从400里加急到800里加急不等。

而接到廷寄的官员将来还要把落实情况奏报给皇上，一般都是采用"密折专奏"的形式，在通过军机处中转之后，与皇帝一对一秘密往来。如此一来，官员们不过是皇上廷寄的执行人和反馈人。

由此可见，军机处不是一个简单的部门，而是一套系统，一套皇帝集权独裁的系统，也是一套皇帝进行秘密政治的系统。

用御史张瑞荫的话来说，"自设军机处，其弊不过有庸臣，断不致有权臣"。事实正是如此，在军机处成立之后的100多年间，确实没有像明代那样出现过权臣，但也没有出现过什么像样的能臣，能够在历史上留下点名号的能臣几乎绝迹。这也不能怪他们，附庸的身份原本就能造就一批又一批平庸的军机大臣，而那一对一秘密往来的"廷寄"其实就相当于皇帝在官场发动的"文字狱",因为你不知道皇上对你周边的同僚发了什么指令,也不知道同僚们向皇帝秘密汇报了什么,皇上会不会叫人暗中监视你,同僚会不会背地里打你的小报告。在这种集权独裁而又神秘的政治环境之下,官员们也只有把自己的手脚先捆住,多磕头、少说话。

而这些都不是军机处最大的弊病,军机处最大的弊病是它对制度的伤害,它只是一个临时的"处",并不是府,更别说是"部",却能指挥大清的国家六部以及整个行政系统,为什么?只因为它是皇帝亲自成立和直接管理的,皇帝就用这样一个小机构控制了整个大清。皇帝可以借助他手中的权力,随时创建一套"完整的制度",然后以"讲程序、走流程"的方式来实现集权和独裁,比如"军机大臣兼职"也是一套制度,"廷寄"也是一套流程,这种以制度对制度的伤害,如何防止?就是一次次的"制度创新",被赋予了改革的假象。当100多年前的军机处成立时,人们津津乐道,把这当作"改革";当政务处成立时,人们又津津乐道,把政务处成立本身也当作了改革,却不知道离改革的本质可能还很遥远。

看来,不是袁世凯看军机处不顺眼,实在是在一个需要立宪的政治体制面前,军机处的存在已经不合时宜了,袁世凯在方案中提出了"将军机处和内阁并入责任内阁"。当然,所谓"并入"其实就是撤销,讲究现实的老袁只不过是说得缓和一点,怕引起别人激烈的反应。很显然,这个新成立的"责任内阁"并不同于原来的内阁和军机处,它是一个几千年以来的王朝历史中从未出现过的机构。

## 袁世凯设立责任内阁的设想

袁世凯设想中的责任内阁,用一句话来说,就是按专业分工,朝廷设11部,由这11个部的尚书(部长)兼任内阁大臣,在这11个人的基础上,再设专职的内阁总理大臣1人,左右副大臣各1人,这14人组成责任内阁,它将取代军机处成为全国最高权力机关。

和军机处相比，虽然这 11 位内阁大臣也是兼职，但他们本身是固定下来的人选，以后皇上再也不能随机指定军机大臣了。袁世凯方案里的"分之为各部，合之皆为政府，入则同参阁议，出则各治部务"，指的就是这个情况。

而责任内阁最重要的自然就是"责任"二字，具体表现在以下几个方面：

首先是分职专任。在这次官制改革之前，朝廷出于满汉有别的祖制，各部的尚书就有 2 人，分别是满尚书、汉尚书各 1 人，等于在一部中就有满汉两套班子，大家表面和气，私下算计，而某位尚书很可能又兼任其他繁杂的职务，比如吏部满尚书很可能还兼任领侍卫内大臣，那么到底是吏部的本职工作更重要，还是保卫皇上更重要？是"国差"更重要，还是"皇差"更重要？这就很容易出现某些尚书不干活（推给另一个尚书），某些尚书的工作又堆积如山的情况。

责任内阁规定，除有极特殊情况，各部尚书不再兼任其他职务和职位，同时由于军机处已经撤销了，也不必要再成为军机处的"临时工"，各部尚书都"专治部务"，而且各部只设尚书一人，不分满汉，可以是满人，也可以是汉人，让专门的人去管专门的部，把责任落实到个人，让责任内阁确实能够对国家大政负责。

责任内阁是对皇上负责的，根据袁世凯和他幕僚团队的设想，一般政务可以由内阁大臣自行处理，但遇有重大之事，都应该由责任内阁公开讨论，少数服从多数，阁议决定之后再奏请皇帝颁布谕旨。如果没有十分特别的情况，皇帝一般不能驳回，反过来，皇帝想做的事，决不能像过去那样吩咐军机处下发一道谕旨就行，皇帝发布谕旨，必须经责任内阁签字同意，否则就不发生效力——但是，皇帝对内阁总理大臣和内阁大臣都有任免权，而各内阁大臣遇到紧急情况时，还可"自请入对"，也就是可以绕过内阁总理直接去找皇上（避免内阁总理有"架空"皇上的嫌疑），更重要的是，当政务出现重大差错引起朝野上下严重不满时，责任内阁要为此承担责任，皇帝是不需要为此负责的，内阁倒台了，皇帝还是皇帝，不会出现皇帝也被牵连"下台"的情况。

这种情况形象地说，大清的"产权"还是皇室的，而"治权"更多的是责任内阁的，责任内阁治得不好，就要向国家大政和皇室负责而倒台；但皇室也要相信，责任内阁治得再好，也不会图谋霸占"产权"，这就改变了以往"家天下"观念中，拥有天下也要独裁治理天下的概念，有利于朝廷权力中枢从一元制向二元制转变，多少缓和一下之前皇室集权独裁带来的多种弊病和百姓们的不满。

当然，相信眼尖的人也已经发现了，这个方案中虽然规定皇帝可以直接任免内阁总理和接见内阁大臣，但皇帝还是由过去的直接管事变成了间接管事。借用自古以来那句著名的话，"县官不如现管"，皇帝仍然有被内阁总理架空的可能，而且从当时的情况来看，一旦责任内阁成立，内阁总理自然属于奕劻，而其中一个副总理自然非袁世凯莫属。奕劻一向是"神仙王爷"，只贪银子不管事，拿银子喂饱奕劻的袁世凯就会成为事实上的内阁总理。袁世凯啊袁世凯，朝中已经有人说你"假立宪、真专权"了，你将如何洗脱自己的嫌疑？

于是，为了进一步限制责任内阁的权力，袁世凯的改官制方案还涉及了其他的方面，这种设计从内涵来说，它是对当时西方宪政体系的一种有意模仿和学习——三权分立！

责任内阁并不是终点，袁世凯的方案继续向着君主总揽下的三权分立挺进。司法权属法部和大理院（由原来大理寺改组），它们是独立的，不听从政府（责任内阁）的命令，也不受政府的干扰，只对皇上负责——至少从组织层面上，司法权已经分立了。

立法权应该属于国会，但结合大清目前的国情，正式的国会一时很难召开，整个社会都还没有做好让老百姓真正立法的准备，袁世凯的设计是：先从参政议政开始，在京城设立"资政院"。资政院就是"专门让百姓们说话的场所"，以后百姓们有利益诉求或者对官府有建言，都可以并且只能去资政院进行申诉和表达，如果不是经由资政院，朝廷一律不受理。如此一来，朝廷倾听了群众呼声，民间利益的诉求有了出口，对政府形成一定的舆论监督，老百姓行使了一定的议政权力，对官府有建言和建议，先让老百姓敢于参与和议论政治，敢于对政府问责和追责，然后从"说话"向着"立法"过渡，将来逐步开设国会、制定宪法。

此外，根据袁世凯的设想，资政院在初期还应该承担一定的"分流"功能，那些毫无行政能力又占据官府高位的皇室子弟、守旧官僚，将来就应该去资政院上班。这样既把他们从官府中分了出去，又给了他们一份工作。如果仍然接收不下，他们还可以去新成立的"集贤院"。虽然要精简机构，但像宗人府、内务府、侍卫处、翰林院等内廷机构暂时先不裁撤。不是袁世凯不想裁撤，而是因为这些机构的人都是慈禧身边的人，说得现实一点，他们倒不一定对朝廷死心塌地，但改革到关键的时候，谁都会去想自己的退路，他们要闹起来，说不定拼死反对改革，又上演戊戌变法时的那一幕。于是袁世凯做出了让步和妥协，给他们做出了分别安排，为他们把退路想好，这一妥协不可谓不大。

好吧，那么在资政院真正能够发挥国会的作用之前，谁来对责任内阁的权力做出有效监督和限制，这个问题还是没有解决。别着急，袁世凯这个现实的人是不会不考虑这一点的，为了最大限度地达到这个目的，更为了把学习西方与大清自己的传统和现实国情结合起来，走具有大清特色的立宪道路，袁世凯和他的团队竟然认为还不能只学习西方的三权分立，大清应该是"五权分立"！也就是再把两种重要的权力从政府（责任内阁）中抽出来，另外成立两大院，它们都直属皇上，不听从责任内阁的命令：

第一是成立审计院，专门负责对官府经费收支情况进行审计。

第二是成立行政裁判院，相当于朝廷的"上访部门"，专门负责仲裁老百姓对官府的控诉。也就是说，老百姓对官府有了意见，可以去资政院表达，但要做出仲裁，只能在行政裁判院！

也许连袁世凯自己都不知道，在"五权分立"上，竟然还有一个与他见解神奇一致的知音，这个人就是孙文。

此时以孙文为首的革命党人也在思索着中国的出路，几乎就在袁世凯和他的团队提出这个方案的同时，在海外的孙文也开始形成他那个版本的"多权分立"思想，后来孙文把他的这个思想概括为五权宪法。

孙文认为，应该学习西方的三权分立，但由于当时西方国家只有选举，没有选拔官吏的考试，这就会造成一些"油滑之徒"当选，而一些能力很强却不善演讲拉票的人落选，所以还必须在"三权"之外再分出选拔官吏的考试权。

与此同时，当时西方国家的三权分立也会造成议会过于强势的局面，影响了政府的效率（比如当时的英国），孙文认为还必须分出对各权力机关的监察权，监察权力平衡的状况，这就构成了"五权分立"。

至此，袁世凯的官制改革方案算是完整出炉了，正因为它相当深入和大胆突破，所以它很复杂、很全面。在袁世凯看来，其实只要仔细一分析，这个方案也深入贯彻落实了慈禧"大权统于朝廷，庶政公诸舆论"的指导原则，如果把这次改革比作一场"战役"，袁世凯已经付出了很多的心血，既有"战略"，又有"战术"。既学习了外洋，又结合了大清的实际。

14位编纂大臣中的载泽支持了这个方案，3位总核官制大臣中为首的奕劻也支持了这个方案。为了更加保险，奕劻甚至还提出了一个备选方案，确保万无一失：

> 如果朝廷（慈禧）仍然担心有人会借当内阁总理之位来专权和架空皇帝，那么就不新设总理大臣和左右副大臣了。但仍然要撤销军机处，成立责任内阁，在人员方面，直接以原来的军机大臣为内阁中的领导（**办理政务大臣**），各部尚书为他们的助手（**参预政务大臣**），原来的内阁大学士可以继续存在，如此可以争取原来的军机大臣和内阁大学士的支持，但"行政机关屹然已定，宪政官制有始基矣"！

内阁总理、副总理都不新设，直接以原来的军机大臣充当，这对打消慈禧和朝中保守派人士的顾虑有很大的作用。

反复讨论、修改 2 个月之后，11 月 2 日，奕劻将最后核定的方案进呈慈禧。据统计，这个方案共有各种折件 25 个，详细到了改革之后各个机构的内部清单，袁世凯他们弄出来的并不只是一个原则性的方案，而是一个细化到执行层面的详细方案，只要慈禧一批准，立马就可以执行！

袁世凯对这个方案很满意，他也一反常态地高调叫嚣："官可不做，宪法不能不立！""有敢阻立宪者，即是吴樾，即是革命党！"

然而，令袁世凯始料未及的是，他还是想得太乐观了，官制改革方案出台后，以御史赵炳麟等人为代表的反对声浪正朝他袭来！

第二十三章

# 慈禧紧急叫停立宪改革，
# 新一轮党争即将开始

## 袁世凯为何反对立宪简单"学日"？

赵炳麟是一个坚决拥护立宪的人，同时也是一个对宪政有着深刻理解和研究的人。按照他的说法，他反对的不是朝廷的立宪改革，他反对的只是袁世凯这个方案。

赵炳麟等人的主要意思是：立宪本来是要以明治维新为榜样的，而袁世凯的这个方案与"天皇领导一切"的日本模式相差甚远，袁世凯不仅没有让大清的皇帝"去领导一切"，反而要分皇帝的权，这难道不是假立宪、真专权吗？宪政的根本精神是在国会（确实如此），现在国会未开，就先成立责任内阁，内阁的权力就失去了国会的监督和限制，因此立宪不能单独成立责任内阁，应该先开国会，后组内阁，至少二者要同时成立。如果朝廷一时难以成立国会，就从地方开始，先成立地方议会，直至召开国会，反之，如果责任内阁有可能让皇帝居于无权地位，那么宁愿在国会召开之前，继续让皇帝专权——也就是说，宁愿保持现状，让立宪改革"暂缓进行"。

总结一下，赵炳麟等人的意思是：因为国会一时成立不了，所以责任内阁也不要成立，朝廷暂时不改革，先保持现状。

袁世凯没想到自己小心谨慎弄了这么久，照顾各方利益和情绪，一共弄出了 25 个折件，最后只被一个理由就给击回来了。袁世凯竟然一改以往的城府，开始暴喝："此等闲话，皆不可听！我不怕真正的反对，怕那些不着痛痒之人！"

在袁世凯看来，赵炳麟等人其实就是一些"不着痛痒"之人，他们并不是不理解宪政的含义，也并不是不了解西方国家的宪政情况，却一再在所谓的袁世凯"假立宪、真专权"上纠缠不清，但是，恰恰这一点，是袁世凯百口莫辩的。

赵炳麟说得很对，立宪的根本精神在国会，当时西方国家的宪政之路也是先召开国会，然后再组建责任内阁，这倒不是一定有时间上的先后，而是在宪政的"价值观"上。责任内阁如果没有国会与之对应，根本就称不上"责任内阁"，这是事实。但谁都清楚，当时西方国家的宪政并不是凭空设计出来的，是社会经济有了一定的发展之后，在民众与皇室、政府不断地争取、斗争中形成的。也就是说，当时西方国家的立宪是一场自下而上的改革，宪政基本上是自发形成，而大清的情况恰恰相反，它是一场自上而下的改革，是朝廷在不得不"求变"的情况下主动"求变"，那么，朝廷是一个什么样的现实情况呢？

朝廷的现实是，所有的权力被皇权高度一统，如果你要放权，下面的人自然有可能篡权；如果你要继续集权，下面的人就不会怎么办事，所以不改不行，这也是慈禧下谕旨的缘由。从哪里改呢？当然要从皇权开始改，因为权力就在你这里。要对皇权进行分权和限制，首先必然要求从皇帝本身做起，进行放权，先设置责任内阁，将权力中枢由一元制变成二元制，由铁板一块变成相互制衡，改变之前所有的官员都是皇上的家奴、只对皇上负责的状态，改革之后逐渐造就一批开始对本职负责、对百姓负责的职业化的行政官员，由此才能进一步唤起百姓们的权利意识，最终能还权于百姓。更何况事实已经证明，在袁世凯的设计方案里，并不是简单地将皇权放权给了责任内阁，而是在放权中对责任内阁也有分权，开始解决千百年来行政权一权独大的问题，这是符合宪政方向的。

反过来说，由于目前的权力都紧紧把控在皇室和官僚集团的手里，如果皇权不率先接受这场改革，不进行放权，连朝廷自己的大臣都无法分皇权，何况老百姓？皇帝和亲贵们难道就不担心老百姓们会借所谓的"地方议会"瓦解朝廷？在朝廷还是铁板一块的情况下，地方官们又怎会甘心实际上属于他们的权力被所谓的"地方议会"分走？所以，赵炳麟所说的寄希望于"地方议会"来打开突破口，只是一种看上去循序渐进的稳妥方法，在袁世凯这样现实的人眼里，根本就是空谈，别忘了大小官员的眼睛都在盯着皇帝呢，除非皇帝和亲贵自己下来当地方官，否则地方官员们最后一定会让所谓的"地方议会"流于形式和完全变味。相反，如果先树立宪政的框架，连皇帝这个最高掌权者的权力都要受限，从上至下所有官员的权力都要受限，大家待遇一样、"一损俱损"，相信其他官员也没什么话可说。

好吧，既然还拿日本说事，朝廷中是没有人比他袁世凯更加了解日本的，他的改革先从设置责任内阁入手，这是和当时的西方强国走过的道路不一样的地方，却恰恰和日本相同。明治维新时期的日本也是先组内阁（1885年），后开国会（1890年），但明治宪法中规定"天皇领导一切"，这是大清不能也无法学习的，因为在日本，天皇事实上无法做到"领导一切"，之前天皇都是被幕府把持，倒幕派们因为要平衡各自权力，才推出了天皇，日本的权力实际上是为责任内阁、国会、立法机构和天皇所共有。但大清因为千百年来皇权专制的传统，在事实上已经并且很容易"领导一切"，并没有什么机构可以来分皇帝的权。

现在赵炳麟等人应该清楚了，袁世凯没有学习明治维新"天皇领导一切"的表面，而是学习了明治维新之实。他的方案和明治立宪一样先设置责任内阁，只是因为大清和日本的立宪之路都是一场自上而下的改革，这是大清和日本共同区别于西方国家的地方，而正是由于朝廷的改革要拿自己开刀，如果连"天皇领导一切"的表面现象也要照搬，那大清进行的应该不叫立宪改革，不过是想在皇帝集权独裁上又加上一个宪法的名义，这才是真正的"假立宪"，不过是当皇权统治出现危机后，去糊弄国人的幌子。

载泽行动了，他生怕这来之不易的立宪改革流产，再次上折子向慈禧解释总理大臣的权限问题，并请求召对，亲自为慈禧释疑。然而，载泽始终没有被召见，奕劻和袁世凯倒是被召见了。但慈禧没给袁世凯说清方案的机会，只是把那些弹劾和反对的奏折丢给了他们，让他们自己看。一向镇定的袁世凯突然变得悲愤莫名，他跪请慈禧，几近哀号："太后，让这些阻碍立宪的人退休吧！朝廷养着他们！"

慈禧勃然大怒。

等到踉踉跄跄走出皇宫，袁世凯这才惊出一身冷汗：不知什么时候，他已经变成了康有为，变成了那个他曾经很看不起的康有为！

## 慈禧决定召见瞿鸿禨

皇宫里的慈禧也在左右为难，太监、宫女甚至听到了她"我还不如跳湖而死"的哀叹。新一轮的改革是她亲自发动的，她也希望能够带来一个好结果，早在袁世凯还在直隶大干一场时，她在皇宫里不能多做什么，但也默默给予了支持，用的就是"自己带头，移风易俗"的那种方式。比如这几年她首次从帘子后面走出来，打破了以往从不与"鬼使"照面以及"男女授受不亲"的禁锢，接见了洋人公使；她还把自己的禁地寝宫向公使夫人开放，允许洋人女画家为自己画像，并许可把画像拿到国外去展出；她甚至还在皇宫里拍起了写真，也不时关注国际大事，美国总统罗斯福的女儿出嫁时，她派人向遥远的美国捎去了礼物。

她原本是一个只想夺权和掌权的人，后来发现不改革就无法继续掌权，便只好一次次去改革，从支持洋务运动到同意戊戌变法，再到新政，已经伴随了慈禧的大半辈子。

对于载泽和袁世凯所描述的那种立宪带来的好处，她也是很向往的，但如果权力安全受到威胁，甚至会触动统治根基，让大清的江山变色，她会更加担忧。有个问题她始终想不明白：为什么国家强盛稳定和集权独裁就不能两全呢？为什么就必须舍弃其一？难道上天规定它们是一个必选项吗？

而慈禧也觉得奇怪，革命党人不一直在强调满汉之分吗？她原本以为支持袁世凯的，应该都是汉臣，而反对者应该是亲贵和满臣。现在看来，情况不是这样的，恰恰是亲贵中的奕劻和载泽等人支持袁世凯，最激烈反对袁世凯的恰恰是汉臣。在慈禧看来，现在"他们汉大臣"内部都没有达成一致，还有原则性的分歧，这说明改革也并不值得信任，但如果不信任改革，又能信任什么？

危机越重，对改革的期望越大，同时对失去权力的恐惧也越深，这就是慈禧的"左右为难"，她并不是不信任改革，她只是连自己都无法相信。

慈禧想到了一个人，一个特别的人，他就是瞿鸿禨。

得知即将被慈禧召见，瞿鸿禨紧张地在家里做着准备。在这次单独召见之后，袁世凯的方案，朝廷立宪改革的命运，一切都将被决定。

## 慈禧紧急叫停立宪改革，各方势力蓄势待发

瞿鸿禨，湖南善化（今长沙）人，从小爱读书，21岁高中二甲进士，后入翰林院，之后历任多省学政。慈禧外逃到西安之后，瞿鸿禨被调到西安出任军机大臣。瞿鸿禨文笔突出，又写得一手好字，在军机处一直担任秉笔职务，只要他不是请假没上朝，慈禧的上谕就是由他起草。

瞿鸿禨是一个难得一见的清官。大清的官场风气虽然不好，但清官也还是有的，尤其以瞿鸿禨和大学士荣庆为代表，他们从不行贿受贿，坚决抵制官场不正之风。瞿鸿禨身为军机大臣，连像样的马车都雇不起，家里更是破破烂烂的，是公认的朝廷里硕果仅存的"传统名臣"。

袁世凯曾经不信这个邪，他的信条很简单：没有用银子买不通的人。他首先摆出一副自己科举落第的低下姿态，认瞿鸿禨为"老师"，送上红包，被退了回来；然后又想认瞿鸿禨为"兄长"，红包又被退了回来；最后实在没办法，等到瞿鸿禨儿子结婚时，袁世凯又以"北洋公所"的名义送上800两银子作为贺礼，又被退了回来。

袁世凯并不知道，瞿鸿禨这样的人对他是不屑一顾的，因为他们是清官，而庆亲王奕劻和袁世凯是贪官，在清官的眼里，贪官干什么都是错的。

清官很容易成为清流，走向保守，但瞿鸿禨也是一个热心改革的人，还在五大臣出洋之前就奏请慈禧由他亲自出洋考察，要知道那时候朝廷风向不明，连袁世凯都没有明确表态，瞿鸿禨实在算得上是一位立宪改革的猛将。

正是因为清廉而又热心改革，慈禧让他出任总核官制大臣，与奕劻一起负责官制改革，另外一个人是文渊阁大学士孙家鼐，他已经80岁了，本来就是来充个"德高望重"的门面的，孙家鼐也很有自知之明，谁都不得罪，一直是个打哈哈的态度，不指望他能有什么鲜明的立场。对于瞿鸿禨，慈禧很看重。现在，慈禧决定：单独召见瞿鸿禨。

瞿鸿禨觐见了，慈禧表现得很平静，她没有一上来就直奔主题，而是先谈起了袁世凯方案中精简机构、裁撤一些臃肿闲散部门等改革措施，问瞿鸿禨是什么意见。

瞿鸿禨回答："这一改革是完全有必要的，是大势所致，当然一点错也没有，只是一下子裁撤那么多要害部门，臣恐怕会引起骚乱和动荡，朝廷现在也需要稳定和团结。"

看来瞿鸿禨说了很多，又啥都没说，可进可退，滴水不漏。慈禧并没有在这个问题上纠缠，别看她在平时不断强调稳定团结，但真正要说到稳定团结她还是很有信心的，几十年来的统治，她早已相信她统治下的大清翻不了天，因为她有十分的自信能够驾驭住这些大臣。大清仍然是一个以官府为主导的社会，有什么样的官府，就有什么样的人们，只要官府和官员内部不出乱子，稳定团结是没有问题的。

慈禧问出了那个最敏感的话题："撤销军机处，成立责任内阁，你是什么意见？"

瞿鸿禨回答："太后，责任内阁成立后，一切用人、行政的大权，都由内阁总理大臣召集各部大臣开会决定，决定后再请谕旨宣布施行，这与军机处事前请旨的情形，完全不同。太后您训政30余年，中外协服，现在立宪尚未实行，而大权先已旁落，皇太后能放心吗？即使皇太后放心，做臣子的却也不敢放心。"

结束了，一切都结束了，瞿鸿禨一出手便结束了战斗。他是总核官制大臣，说起来立宪改革也是他的分内之事，他可以不同意袁世凯的方案，但也应该拿出自己的建议或者方案来。瞿鸿禨并没有这么做，他完全以一个局外人的口气，说出慈禧的潜意识里希望他说出的那番话。瞿鸿禨一眼就看出了慈禧需要的是哪种答案。于是他坚定地说出了这个答案。

慈禧也释然了，她长出一口气，瞿鸿禨的话倒是让她想到了她发动这场立宪改革的"初心"，事实上，当初载泽密折里最打动她的还是她看出来的那层意思——加强朝廷集权。

八国联军之乱中，大臣们"东南互保"调不动他们的兵，这让慈禧如鲠在喉，也引起了她极大的警觉。她一直想收回地方势力，加强朝廷集权。是立宪改革让她看到了希望，"天皇领导一切"，可以把专制独裁权力用立宪固定下来，简直是锦上添花；"利于国"，朕即国家，那就是利于我；"利于民"，老百姓们就不会追随革命党人去造反；"最不利于官"，就可以把权力从那些已经蠢蠢欲动的地方大员中收回来，加强朝廷集权，何乐而不为！

感谢瞿鸿禨，让她捕捉到了内心最深处的那个秘密，也坚定了这个秘密。

慈禧决定：由瞿鸿禨领衔，重新核定方案！

11月6日，由瞿鸿禨、孙家鼐重新核定的新方案迅速颁布实施（奕劻已经被排除在外）。它可以用一句话来概括：袁世凯原方案中最根本、最有新意之处已经被舍弃，新方案保留了军机处，不设责任内阁。

由于不设责任内阁，虽然同意以各部尚书为参预政务大臣，但他们是政务处的参预政务大臣，政务处是军机处的另一块牌子，这并没有扩大朝廷决策的层面，只不过是多了几个候旨的人。

由于不设责任内阁，虽然同意把刑部改为法部，和大理院一起专掌司法和审判，认可司法"独立"，也同意资政院、审计院依次成立，但这些不是在责任内阁的平台上与皇权相互制衡，不过是一个变了名字的朝廷旧部委。

袁世凯原方案中在朝廷设 11 部，各部尚书中取消"满汉有别"的祖制，这倒是都被同意了，但在任命的 13 位尚书中，满尚书占了 7 席，而且为陆军部、度支部（财政部）、农工商部等关键部门，汉尚书只占 5 席，蒙古族占 1 席。这就是说，没取消满汉差别之前，各部正部级高官还是满汉各半，反正有一位满尚书，就有一位汉尚书，取消了满汉有别，汉尚书的人数反而减少了！袁世凯原本的出发点是分职专任、明晰权责，也是希望朝廷自封闭了 200 多年以后，首次真正向汉人和其他各族人开放政权（也就是革命党人孙文追求的"共和"），既符合宪政精髓，又能逐步瓦解革命党人的威胁。现在倒好，为了中央集权，确实连祖制都不要了，却也亲自给革命党人送去了一面更有说服力的旗帜。

此时大部分的立宪派和民间人士并没有发现这个秘密，这是第一次立宪改革，他们还对"实君"抱有很大的希望，还对朝廷抱有很大的信任和期待，希望打造一个"大清的明治天皇"。但仅仅几年以后，他们就从袁世凯这个方案指向的问题中明白过来了，立宪派们发动了声势浩大的"速开国会"请愿活动，并且他们只接受"虚君"的英国模式，而不再接受"实君"，不再寄希望于"大清的明治天皇"。那时的朝廷在内外压力之下，终于成立了"责任内阁"，也又玩了一次借改革之名开倒车的把戏，不过再也蒙骗不了已经明白过来的人们，他们戳穿了本质，把它称为"皇族内阁"。这次改革也成了武昌起义的导火索之一。看来，能够接触到权力核心，也能够发现权力本质的袁世凯对立宪派还起到了"启蒙"作用，他一直走在立宪派的前面。

一直关注着改革进展的日本报纸评价这次立宪改革是"龙头蛇尾"，革命党人也终于有底气了：我们早就说过了是假立宪嘛！

受伤害最重的自然是袁世凯，他更加灰心，甚至可以说是满怀绝望，他也不哀号了，只是欲哭无泪而已。他也一直没有说，因为他不能说，说了就是大罪，立宪改革不仅要深刻把握当下局势，也要从"历史"出发，那么，朝廷的历史又是什么呢？

同治六年（1867年），清剿完太平军的曾国藩忧心忡忡地来到了幕僚赵烈文处，谈起将来的局势，赵烈文简单明了地回答："异日之祸（指大清亡），必先根本颠仆（首先朝廷内部坍塌），而后方州无主，人自为政（各地割据），殆不出五十年矣。"

曾国藩对此表示惊异，而赵烈文坚持他的看法，他的理由是，朝廷当年获取天下太巧（吴三桂叛变才使清军入关），过程又残暴血腥（入关后的"嘉定三屠""扬州十日"等屠城之举），以及后来的"文字狱"等事情，大清朝廷对人们并不是深恩厚泽，而是在合法性上原本就具有"原罪"，这些"原罪"将来会成为人们反抗的一个理由，朝廷当时没有付出代价，将来恐怕要付出这些代价的总和！甚至"巧取天下"的清王朝，将来也要被"巧取"了去。

几十年后，赵烈文的预言被证实了，朝廷的政治不清明，开始被革命人士进行总的历史清算，孙文长期随身携带的一份革命宣传材料就是《扬州十日记》，革命党人"驱除鞑虏、恢复中华"的口号正在越来越多的人中引发共鸣。这些都加剧了朝廷中袁世凯这些人的忧患意识，他确实对朝廷有着强烈的归属感，但这是建立在一种极为现实的认识基础上的，那就是大清的君主立宪改革不仅是"可行"，还是"必须"，对于朝廷，用另外一句话来说就是：留住"产权"，让出"治权"！

所谓留住"产权"，让出"治权"，就是只有让出"治权"，才能留住"产权"！天下是爱新觉罗家族打下来的，爱新觉罗拥有"产权"，享有皇室的荣耀和待遇，大家也没有什么意见。但是爱新觉罗家族也要清楚，如果你们"行"，百姓自然会拥护；如果你们"不行"，那么你们退让，让"行"的人来，而他们也必须带着"行"的制度来，否则他们同样也很快会被淘汰。这是千百年来永恒不变的道理，不需要派五大臣出洋，不需要御前会议探讨，这是大清国5岁孩童都懂的道理，朝廷要么走向君主立宪，要么改江山的颜色，二选一，否则听到的恐怕将是革命党人更猛烈的枪炮声。君主立宪不是要不要的问题，而是还来不来得及的问题，它不仅是朝廷的前途，更是朝廷的出路！

这就是袁世凯真正的"野心"，或者说就是作为主导立宪改革的他，对于局势极为现实而深刻的判断，袁世凯代表的是"新兴买办资产阶级的政治诉求"，袁世凯是"新兴政治家"，同时也是一个在君主专制体制下的官僚老手。历史把他推到了一个既不完全"新"又不完全"旧"的境地，他在本质上是一个"又新又旧"的人，这样的人，他的现实主义精神和敢于"触及底线"改革的勇气并存，既有目标方向，又有程序上的手段，正是能够主导改革的"过渡性人物"的不二人选。为了保障立宪改革，他可以放弃成为副总理大臣，因为他并不那么在乎"一时一地"之得失，他看重的是趋势和长远，这来自他在直隶的实干改革中得到的历练，也是赵炳麟、瞿鸿機那种纯粹的理论家无法企及的。那两位大人不知道的是，其实按照袁世凯内心的想法，恐怕连奕劻都不能成为总理大臣，因为皇族退出内阁就是他追求的"虚君立宪"的精髓，但袁世凯从来没有任何表露，反而把奕劻推到了前台，这就说明他抱着要"打持久战"的准备，要最大限度地为自己洗脱嫌疑。

只有在这里，袁世凯才真正露出了他的"野心"，露出了他作为大清"改革第一人"的那几把刷子。他已经比当年的曾国藩、李鸿章等人走得更远，他不想做曾国藩那样苦心维护纲纪的名臣了，他不想再做一个李鸿章式的裱糊匠了，因为他知道那样做已经"不现实"。他要先搭建起新的框架，逐步去推倒旧的，这样的朝廷解决不了问题，因为朝廷本身就是问题。当包括立宪派在内的很多大清百姓还分不清国家、朝廷这几个概念时，慈禧等人却早已经分得清楚明白，当年正是担心"只保中国不保大清"而怀疑上了变法派。现在，袁世凯也在事实上把它分清楚了，相比曾国藩、李鸿章，他第一次突破了"君君臣臣"，突破了"朝廷"，指向了"国家"！

袁世凯的立宪改革失败了，但令人万万没想到的是，对他个人来说却是"成功"了，失败已经为他积累了声望，以至在武昌起义后的那场大变局中，他仍然是立宪派和民间的希望！慈禧不会想到，袁世凯最终就是通过这样一种方式完成了政治资本的原始积累，无论是荣禄还是她，都阻止不了袁世凯的"崛起"，因为袁世凯原本做的就是一件合乎潮流的"好"事，只要袁世凯继续做这件"好"事，民间终究会给予一个做"好"事而失败的人最终的回报。

袁世凯即将坚忍地开始他的第二次立宪改革，手段会更加灵活稳妥，而方向依然不变——坚定地将对皇权的限制进行到底。

慈禧并不认为紧急叫停了这次立宪改革就是大事已了，这只是她进行一场布局的起点，这将是她一生中最后也是最重要的一场布局。

瞿鸿禨不会放过袁世凯和奕劻，他会联合更多厉害的人，以他坚信的"反腐就是改革"，对奕劻和袁世凯发起政治攻击，而奕劻和袁世凯更加不会放过他们，一场新的党争即将开始。

孙文依然会奋斗在他的共和革命的道路上，袁世凯、宋教仁、黄兴、康有为、梁启超、章太炎、刘学询、李鸿章以及很多日本人，都将与他一一发生交集，他们会相互促进，相互融合，也相互利用，相互排斥，直至相互仇恨。

18年最后的大幕已经拉开，所有的人都将在汹涌而至的潮流中做出自己的选择。

第二十四章

# 朝廷内部，立宪改革再次转入党争

## 瞿、岑联手对阵庆、袁

袁世凯第一次君主立宪制改革失败了，瞿鸿禨上位，由此吹响了向庆、袁（庆亲王奕劻和袁世凯）集团进攻的号角。

瞿鸿禨明白，要想彻底斗垮二人，仅仅靠自己的势力是不行的。其实他早就已经在寻找官场同盟，这个人就是曾"有恩"于慈禧的岑春煊。

1900年慈禧外逃西安时，岑春煊曾率领士兵为慈禧护驾，岑春煊带刀在一座破庙外彻夜为慈禧站岗，这场经历让慈禧刻骨铭心。1903年，岑春煊被提拔为署理两广总督。来到广州上任后，岑春煊发现了一件很奇怪的事情。

在广州海关，有一个很不起眼的小书办周荣曜，但此人富得流油，家里有豪宅，外面还有矿厂等产业，家产至少在百万以上。其实在官场内部，周荣曜是一个官员们心知肚明的巨贪，岑春煊来上任以前，一直无人敢动他，原因为何？

谁都知道，像海关、税关这些肥水衙门里的人，哪怕只是一个毫不起眼的小官小吏，都是背靠着京城里那些通天人物的。周荣曜的幕后人物就是奕劻。平时贪来的钱，周荣曜拿小头，奕劻拿大头。有奕劻做靠山，谁也不敢动这个小小的周书办。

岑春煊却不信这个邪，来到广州后，他发现藩司衙门（财政厅）里空空如也。号称"富甲天下"的两广竟然拿不出几两银子，于是岑春煊想到了袁世凯敲诈官员们那一招，岑春煊把周书办叫到衙门里，让他捐献点银子（责报效）。

没想到周书办理都没理他，出了两广总督衙门，就带上巨额银票直接进京找庆亲王去了。接下来的事情令岑春煊目瞪口呆：周荣曜以三品京堂候补被调离广东，成为大清驻比利时公使。也就是说，周大人可以顺便把财产转移到外洋，去欧洲享清福了。

岑春煊感觉受了奇耻大辱，仗着有慈禧的恩宠，他上奏弹劾周荣曜。1905年10月，周荣曜被革职，广东人民对此事拍手称快，称为"打老虎"。

可是，真正的老虎还在京城。庆亲王只想做一件事情，那就是把岑春煊撵出广东。一年后，他终于等到一个机会，上奏慈禧，将岑春煊调任云贵总督，并以云南边患紧急为名，令岑春煊不用来京，直接上任。奕劻担心岑春煊进京面见慈禧之后求情，去不成云贵，连进京请训也让他省了。

面对这份调任，岑春煊很不甘心。他倒并不是坚决不离开广东，一定要在奕劻的财源之地跟他为难，问题是此时朝廷正在进行第一次君主立宪制改革，权力的蛋糕即将重新分配，在这个时候最需要的就是向权力中心京城靠拢，而不是去往偏远的云贵。

不想去云贵，但又不能明确违抗旨意，岑春煊用上了李鸿章的那一招——请病假。把工作交接给继任的两广总督后，岑春煊来到了上海"养病"，进一步观望。

然后，岑春煊的私人代表进京了，他拿着岑春煊的电报密码本与瞿鸿禨做了交换。瞿鸿禨一直在攻击奕劻是京官联手外臣，暗地里，他自己也是这么做的。正是因为有岑春煊这个外援，瞿鸿禨才敢团结朝廷中的一批言官、御史等清流，在第一次立宪制改革中挑战庆、袁，并押中了慈禧的心思，成功上位。此时的瞿鸿禨最盼望的就是岑春煊进京，和他一起对付庆、袁，而庆、袁自然要想尽办法阻止此事。

又过了大半年（1907 年 3 月），庆亲王奕劻终于又抓住机会，奏请慈禧把岑春煊改调四川总督，当然，这次的理由又是平乱，然后又玩了一把"军情紧急，毋庸来京请训"的把戏，想把岑春煊直接撵到四川。

慈禧又批准了。

第二道谕旨已下，此时的岑春煊再无法"装病"下去了，只能直接去四川。京城里的瞿鸿禨给岑春煊发来密电："您可千万不能去四川，一旦到了四川，事情就再没有挽回的余地。您怕什么？您当年对太后有恩，她还念着旧情，只要绕过奕劻，想办法进京一趟，当面向她求情，她是不会驳回您的面子的。"

安排好一切之后，4 月，岑春煊打着"去四川"的旗号从上海启程了。他坐上轮船沿长江西进，4 月底已经抵达湖北汉口，再往西就进入四川了。奕劻派来的眼线也放松了警惕，一切看上去都很正常。

令奕劻万万没有想到的是，岑春煊竟然不顾圣旨，在汉口秘密上岸，然后用电报向慈禧发了一封奏折，内容是坚持要"入京请训"，然后不等慈禧批复，就打着"迎接旨意"的名号，立即从汉口坐火车北上进京！

绝妙，实在是绝妙！大臣亲自跑到京城去迎接太后的旨意，这也不算什么大错。奕劻实在没有想到，瞿鸿禨如此厉害，他灵活地用了当年曾国藩"边请示，边干事"的那一招，给岑春煊出了进京的主意，让奕劻吃了一个哑巴亏。

在保定车站，瞿鸿禨的亲信御史赵启霖在等着岑春煊。赵御史来迎接岑春煊进京，也是想提前和岑春煊商议如何扳倒庆、袁。他们相信，岑春煊恩宠正隆，此事还是有把握的。

果然，当慈禧听说当年在破庙外亲自为她站岗的"大恩人"到了，瞬间勾起了很多的回忆，不禁大为动容，立即下令召见。她告诉岑春煊："以后你啥时候想见我都行，叫人通报一声就是。"

有了不断面见慈禧的机会，扳倒庆、袁的机会又增加了。按照计划，瞿、岑首先要弹劾奕劻，可是慈禧似乎对弹劾奕劻一点兴趣也没有，她就是想跟岑春煊聊聊天、叙叙旧。在听完岑春煊的面奏之后，慈禧并没有什么表示，只是告诉岑春煊："奕劻这个人比较傻，他肯定是上了别人的当了。"

岑春煊岂是能够被轻易对付过去的人？一次扳不倒，他就来第二次、第三次，一定要扳倒"大老虎"奕劻，反正他有的是机会见慈禧，慈禧想和他拉家常，他就把话题往奕劻身上引。慈禧终于忍受不住了，她很明白地告诉岑春煊："春煊啊，不是我不想罢免奕劻，只是奕劻现在暂时还有用，他这种位置的人，只能在亲贵中找人担任，但现在亲贵中其他人都太年轻了，如果你以后发现亲贵中有谁能够替代奕劻，保奏给我，我就罢免奕劻！"

话说到这个地步，岑春煊也不好再继续纠缠下去了，他只好先想办法留在京城，从长计议。这一点慈禧倒是爽快地答应了，她改命岑春煊为邮传部尚书。邮传部主管轮船、铁路、邮政、电线，是一个著名的"肥水衙门"，慈禧对岑春煊真是特别关照了。

没想到岑春煊还没去报到，就在慈禧面前弹劾奕劻的亲信、邮传部左侍郎朱宝奎，而慈禧立准，一没有下令调查，二没有派人找朱宝奎问话，直接就把朱宝奎革职了，上谕中的理由竟然只是"据岑春煊面奏"。岑春煊的面子真够大！

见岑春煊圣眷正隆，一直躲在幕后的瞿鸿禨也出手了，他掌握了奕劻大公子载振"性贿赂"和买官卖官丑闻，既然慈禧不准备拿下奕劻，那就把奕劻贪腐的证据大白于天下，到那时，看慈禧还能不能不出手？

## "性贿赂"丑闻震动朝廷

瞿鸿禨掌握的秘密材料起始于大半年前。1906年10月，此时正是第一次立宪制改革时期，朝廷决定结束满洲地区的军事化管理，恢复正常的行省制度，设立黑龙江、吉林、奉天三省。载振就率领着一个考察团先期去满洲考察。

去满洲要路过天津，直隶总督衙门里的袁世凯在这里已经恭候多时了，在宴请之后，袁世凯的手下段芝贵给载振献上了天津最著名的歌妓杨翠喜。

为了掩人耳目，载振从满洲回来后先期回京。等到第二年3月底奕劻七十大寿时，杨翠喜就和10万两银票一同被秘密送入庆王府——这是来自袁世凯的寿礼。当然，那10万两银票也不是直隶总督衙门出的，它是来自天津商会的"报效"。

一个月之后，1907年4月20日，满洲官制改革方案颁布，袁世凯阵营里的徐世昌出任东三省总督，朱家宝出任署理吉林巡抚，唐绍仪任奉天巡抚。至于亲自送上杨翠喜的段芝贵，他从四品的直隶候补道台，一下子连升三级，出任从二品的署理黑龙江巡抚！

在朝廷的老家、大清的龙兴之地，全是袁世凯的人！自从朝廷的官制改革方案被瞿鸿禨压制之后，袁世凯终于打了一个漂亮的翻身仗，他已经把直隶和满洲连成一片，扩大了北洋地盘，成功实现了"大北洋"战略！

而这一切的背后，是一桩隐秘的"性贿赂"和买官卖官丑闻。瞿鸿禨的人早就在隐秘地盯着这一切，秘密材料不断汇聚到瞿鸿禨手中。现在，他决定把盖子揭开！

瞿鸿禨的门生汪康年是《京报》的负责人，《京报》首先披露了内情，果然，朝野一片哗然！

瞿鸿禨趁热打铁，授意御史赵启霖正式上奏弹劾奕劻父子。当然，暗箭也对准了在天津的袁世凯。

舆论之下，慈禧果然勃然大怒，她当即下令先将段芝贵革职，然后令醇亲王载沣与大学士孙家鼐彻查此事。

消息传来，奕劻被吓得不轻。朝廷风传，奕劻大人饮食大减，下朝回府后扑到床上大哭，官员们纷纷议论：庆亲王这次恐怕真的是要倒了！

载振贝子早就没有了和杨翠喜欢娱的心情，他秘密前往天津，去找袁世凯。很显然，在这种时候，只有袁世凯才有手段摆平。

袁世凯立即从天津派巡警到北京接回了杨翠喜，把这个美人交给了天津的王姓富商，此人对杨翠喜垂涎已久。袁世凯派来的人告诉他："只要你以后对别人说，杨翠喜是你在几个月前从戏园赎出做使唤丫头的，当时还跟戏园立了一份字据，此后杨翠喜就是你的了，你同意不同意？"

同意，当然同意！望着楚楚可怜的杨翠喜，王姓富商心甘情愿沉沦。

接下来，杨翠喜、王姓富商、段芝贵以及提供 10 万两银票的天津商会会长之间，相关的口供早已经串通好，字据等相关的伪证也早已经备好，形成了"杨翠喜是王老爷的，她根本没去过北京"的证据链，只等载沣大人前来查验了。

没想到，载沣并没有亲自到天津，只是派了几个人过去查验。醇亲王的这个态度表明，他并不想彻查。让庆亲王丢脸，最后丢的也是皇家亲贵的脸面。果然，就这样查了几天，载沣、孙家鼐上奏：查无实据。

见到这个结果，慈禧又勃然大怒了，这次轮到上奏的赵启霖倒霉了，上谕以"污蔑亲贵"之由将赵启霖当即革职。

慈禧还是偏向庆、袁，因为此事还有更大的隐情。奕劻即使再能通天，人事任命也还是慈禧最后拍板，所以对于满洲的地方长官任命，其实也是慈禧的意思。慈禧为什么都用袁世凯的人？其实主要就是借助北洋军的力量，去应对日本对满洲的威胁。

在慈禧看来，这其中原委，作为军机大臣的瞿鸿禨是不可能不知道的，但他和岑春煊为了斗垮庆、袁，步步紧逼，竟然公开制造舆论向朝廷施压，这犯了慈禧的大忌。朝野上下妄议朝廷的人事方针，这让慈禧对瞿、岑心生极大的恶感。慈禧态度的转变，也逃不过庆、袁的火眼金睛，他们将抓住这一点，发动对瞿、岑的绝地反击！

### 清官瞿鸿禨被开缺

庆、袁制订的反击计划，第一步是去岑。也就是要先从岑春煊下手，把他从京城赶走，让瞿、岑无法联手，然后再各个击破。

虽然慈禧还对岑春煊念着旧恩，但要说起对慈禧的重要性，岑春煊无法和瞿鸿禨相比，岑春煊表面上圣眷正隆，实际上是瞿、岑中较弱的一环，在情和利之间，慈禧是一定会选择利的，这一点庆、袁都很清楚。但要把岑春煊赶走也是很困难的，而且会引起慈禧的警觉，奕劻只好忍痛放弃广州那块肥水之地，让岑春煊在绕了一圈儿之后再到广州去做他的两广总督，这大概是令各方都相对比较好接受的。

招法还是那个老招法，奕劻还在等待着那个"军情紧急"的机会，而这次间接"帮助"庆、袁的，竟然是孙文的革命党人。

在同盟会成立之后，革命党阵营的孙文和黄兴一共发动了九次起义。此时（1907年5月），黄冈起义爆发了。

此时的两广总督是周馥，对于这样一个有实力的人物，袁世凯自然不会忘记笼络，他早和周馥结成了儿女亲家。如果要把岑春煊赶回两广，周馥就要挪位子，而这一切，进行得十分巧妙。

黄冈起义发生在两广地界上，周馥却一直压着情况没往上报，倒是邻近的闽浙总督忍不住先上报了。慈禧在接到来自福州的奏报后大为惊奇和愤怒，立即命人向周馥发电责问："两广是你的管辖之地，你周馥为什么不第一时间汇报？"

奕劻开始"打小报告"了："此次广东'匪乱'，周馥表现实在是不积极，'剿匪'极为不力，而且周馥这个人不会带兵，恐怕镇不住两广的局势。为了不让'匪乱'愈演愈烈，朝廷需要立即派一位得力大将前去平乱。"

慈禧的心里一定冒出了一个人选，他就是岑春煊，虽然她也知道岑春煊肯定不乐意，但岑春煊如果能顾全大局，一定会回两广平乱。慈禧立即颁布谕旨："周馥开缺两广总督，命岑春煊为两广总督。"

岑春煊接到这个任命，简直要气炸了。他原本就是在两广，奕劻借着局势，翻云覆雨，把他调离两广，一会儿让他去云贵，一会儿又让他去四川，现在他去邮传部到任还不到一个月，又要回两广，既然如此，当初又何必把他调离两广呢？在岑春煊看来，这简直是他的奇耻大辱。

岑春煊连上两道折子，请求慈禧务必收回成命，他只想留在京城，请另派人去两广。

慈禧再没有给岑春煊"圣眷"，她驳回了奏折，给岑春煊发了一道长长的上谕，勉励他"不辞劳怨"，前往广东。

没办法，岑春煊只好又离开京城，但他实在是咽不下这口恶气，再加上此时黄冈起义也平息得差不多了，他又玩起了"请病假"那一套，在上海逗留不走。岑春煊还在等待最后挽回的余地。

对庆、袁来说，事情到了这一步，接下来似乎就应该趁热打铁，对岑春煊穷追猛打，使他再没有挽回的余地。但庆、袁的考虑不是这样的，去岑已经成功，他再也不能像上次那样"入京请训"，主要目的已经达成，应该见好就收，接下来就是掉转枪头，去对付瞿鸿禨。

瞿鸿禨已经当了7年的军机大臣了，一直在军机中担任秉笔，7年来慈禧发布的所有上谕，几乎都是瞿鸿禨起草的，他深受慈禧的信任。更重要的是，瞿鸿禨这个人是难得的清官，他一不贪污，二不受贿，三不和慈禧顶撞，官声和操守都很好，倒瞿是很有难度的。

庆、袁知道，瞿鸿禨"制造舆论向朝廷施压事件"始终是慈禧心里的一根刺，现在他们要做的，就是让它刺得再深一点。"去岑"的同时，庆、袁已经在秘密收集证据了，事情果然没有像想象中的那么简单，除了《京报》，瞿鸿禨竟然还涉嫌暗通境外报纸！

朝廷原本是对报纸舆论等管控很严的，甲午战败和庚子国难之后，迫于形势，不得不在一定程度上放松了管控。正是因为如此，《京报》才敢于揭露庆亲王这样的通天人物，而除了中文报纸，英国《泰晤士报》等世界名报也专门派驻北京记者紧盯朝廷局势，及时向西方世界披露大清高层信息。渐渐地，一个很奇怪的现象出现了，那就是很多原本是朝廷关起门来秘密讨论的重大问题，却往往被洋人的报纸率先准确地报道了出来。这就很奇怪了，朝廷关起门来讨论的事情，神鬼都不言，洋人报纸是如何知道的？其实，只要仔细想想，原因还是很清楚的：消息就是来自朝廷高层内部！中枢大臣们私下里暗通几张境外报纸，有权力斗争需要的时候，就放出风去，先在境外报道某个消息，以此引导舆论，变相要挟朝廷，达到自己的目的。

就在赵启霖上折弹劾的第二天，《泰晤士报》就刊发了电讯，报道奕劻父子被弹劾的消息，紧接着，《纽约时报》等世界主要英文报纸以"庆亲王即将倒台"为主题迅速转载，这个流言又传回大清国内，被惊吓不已的奕劻下朝回家伏在床上大哭。

如果考虑到北京和伦敦之间的时差、收发电报的速度以及报纸必要的编辑出版流程，《泰晤士报》必定是提前知道了赵启霖一定会上折弹劾，《泰晤士报》的信息来自哪里？很显然，最大的嫌疑自然是瞿鸿禨这一方的阵营。有了"勾结国外势力"这个事实，就可以把意图篡权的罪名扣到瞿鸿禨头上了，这是慈禧的红线，任何人哪怕是亲生儿子都不能碰。

现在，庆、袁需要一个人去给慈禧上折子，把这一切告诉慈禧，当然，上折子的这个人，最好就是瞿鸿禨一派的人！

袁世凯行动了，他已经派人找到了一个绝佳的人选。

四品翰林院侍读学士恽毓鼎，虽然不是瞿派里的核心人物，却也有着瞿派人物的清廉，对行贿受贿等腐败现象深恶痛绝。他平时最看不惯的就是袁世凯这样的"权臣"和"贪官"，而敬佩瞿鸿禨的为人，以至赵启霖因弹劾被革职的时候，恽毓鼎冒着触怒慈禧和得罪庆、袁的危险，为赵启霖发起了饯行聚会。在庆、袁和瞿、岑两派的冲突中，恽毓鼎清廉自好、不畏强权，表现出了一个读书人该有的刚正和气节。

袁世凯的信条是，没有用银子收买不了的人。这个世界上像瞿鸿禨那样的人还是很少的。袁世凯派人找到了恽毓鼎，开了一个价钱：约1.8万两银子（秘密交易，很难精确）。恽毓鼎只需要做一件事情：把已经准备好的弹劾瞿鸿禨的奏折，用他的笔迹抄写一份，再签上他的名字，在慈禧那边洗去党争的嫌疑，1.8万两银子就到手了。

面对巨额银票，恽毓鼎有一种被羞辱的感觉。他所供职的翰林院是一个清水衙门，1年的正俸大约为100两，也就是说，如果只靠正俸，他要干上180年才能得到这么多银两。京城里的屋价很贵，恽毓鼎到现在为止都还是租的房子，现在，只要他签下名字，就能得到1.8万两，"恽毓鼎"这三个字，终于产生了价值。

恽毓鼎知道，一家人挤在出租屋里的情况很快就要改变了，他突然有些难为情，然后有些小激动，他收下了那张银票，以及那份需要抄写的奏折。

6月16日，瞿派阵营里的恽毓鼎上折弹劾瞿鸿禨！

慈禧果然勃然大怒。第二天，瞿鸿禨被免去一切职务，开缺回籍。这意味着不出意外的话，至少在慈禧当政的时期，瞿鸿禨将永不叙用。瞿鸿禨败了，败得很彻底，从此再无翻盘的机会。

瞿鸿禨倒台后，还在上海"养病"的岑春煊没有了主心骨和后台，似乎正是对他赶尽杀绝的绝佳时机，但奇怪的是，接下来庆、袁又没有什么动作了，他们又收手了。能不能彻底整倒岑春煊，并不取决于庆、袁怎么想，慈禧怎么想才是关键。

对慈禧来说，岑春煊并不像瞿鸿禨，他曾经对慈禧"有恩"。慈禧并不在乎她是否"有负于"岑春煊，而是不能让外界认为岑春煊"有负于"她，失去在朝廷中树立起来的这面"死忠"于她的旗帜。

这才是关键。所以赶走岑春煊是有可能的，但要砍下这面旗帜，却是基本不可能的。庆、袁还在等待着机会。

## 岑春煊被免的真相

6月17日，在上海的岑春煊得到了瞿鸿禨被开缺的消息，他十分不满，开始闹情绪，以退为进，立即电奏慈禧，说明自己病还没有好，还需要继续在上海"养病",恐怕很难去广东上任。

慈禧批复:"着赏假十日,假满即速赴任。"

岑春煊再次上折:"我的病更重了,实在是没办法去广东,要不然您把我也开缺得了。"

没办法,慈禧只好又"赏假"十日,还特意勉励了岑春煊一番("两广地方紧要,该督向来办事认真,能任劳怨")。

岑春煊仍然没有去上任两广总督,继续上折子强调自己的病还没有好,还是不能动身,"要不然太后您还是把我开缺了吧"。

到这个地步,慈禧再说什么也没有用了,她对岑春煊也算是仁至义尽了。现在倒是慈禧有点尴尬,这面"死忠"于她的旗帜,竟然和她拧上了。

一个月后,7月16日,慈禧再一次对岑春煊颁布上谕,苦口婆心地说:"你世受国恩,办事不辞劳怨,两广地方紧要,我对你是寄予厚望的,而且已经委以重任,你却一再要求开缺,未免太辜负我的期望了吧?再给你15天假期,假满后你一定要去广东上任,绝对不可以再推迟了。"

7月31日,15日的假期满了,根据圣旨,岑春煊应该启程去两广,至少应该奏报行程,然而岑春煊不仅没有去两广,他甚至连折子都懒得上了,似乎还在那里生闷气。

朝廷里的人都对此事避之不及,就等着看慈禧最后如何处理。时间过去了将近半月,正当所有的人都以为此事就这样不了了之的时候,8月12日,慈禧却突然发布上谕:岑春煊着开缺!并且还送上了一句告别的"祝福"——"安心调理,以示体恤"。

这下可好了,之前岑春煊一再地请假和请求"开缺",慈禧一再挽留,置之不理,现在岑春煊没上折子了,慈禧却突然将他开缺,这并不亚于一场官场地震,给人的感觉是:岑春煊这次真的栽了,不但丢官,而且丢大了面子,表明岑春煊已经彻底失去了慈禧的信任。上谕中虽然只说"开缺",并没有强令回籍,但明眼人都知道,岑春煊真的步了瞿鸿禨的后尘,只能灰头土脸地告别大清官场,慈禧再也不会起用他了。

这半个月的时间里到底发生了什么，让慈禧的态度有了惊奇的转变？

多年以来，历史上一直流传着一个神奇的答案：岑春煊是被袁世凯用一张与"康、梁乱党"的合成照片给整垮的。

这个传说是这样的：当岑春煊赖在上海不想走时，广东的贪官们也不想他回任，否则难保不再发生针对周荣曜那样的"打老虎"事件。

广东政商两界想了一个办法：秘密发出告示，谁能阻止岑春煊回广东，商会愿意拿出一笔重金酬谢。

孙文的战友、革命阵营里的陈少白发现了这个机会，他知道岑春煊正与庆、袁权斗，也知道慈禧最恨的人是康有为，于是想了个绝妙办法：让人把岑春煊、康有为、梁启超以及康有为在国内的代言人——他的女婿麦孟华这四个人的照片，利用翻拍技术合成一张照片，找到时任外务部参议的广东老乡蔡乃煌，由他送给袁世凯。袁世凯大喜，以 60 万两白银买通李莲英，将此照片呈送慈禧。慈禧又愤怒又伤心，好一会儿才缓过神来说："真想不到人心竟是如此！他负我，我不负他！"于是这才有了岑春煊被突然开缺的谕旨。

当然，陈少白因此获得了广东商会巨额报酬，拿这笔钱开办港省轮船公司，连珠江码头都成了他的财产。

合成照片整倒岑春煊已经够传奇了，不过这个说法并没有完。当岑春煊明白内情之后，他实在难以咽下这口气，又花了 40 万两求救于李莲英。李莲英想出一个绝妙的主意：他把自己和慈禧的两张照片，又翻拍合成一张照片，拿给慈禧看。慈禧自然知道自己从来没有拍过这样的合照，于是明白了之前的照片到底是怎么回事，她虽然没有让岑春煊官复原职，但也总算消除了对岑春煊的"误会"，还是认为岑春煊是她的"恩人"。

故事很精彩，李莲英就这样吃了一方吃另一方，轻轻松松赚了 100 万两白银。但这个传言并不是历史事实。

根据考证，这个故事最早是由兴中会会员刘成禺在民国年间写下来的，而他是听陈少白说的。陈少白是最早追随孙文的兴中会元老，如果他当时真的从广东商会得到了一笔巨款，还能开办轮船公司，革命党方面应该有所记录，很可惜，翻遍革命阵营的史料，也找不到任何佐证。也就是说，陈少白的这份口述是孤证，很可能是他吹牛，或者在同志之间开开玩笑。反正革命党人吹牛玩弄朝廷大臣乃至太后于股掌之间也是常事。

其实，只要仔细一想，陈少白的说法是不成立的，破绽不出在他这里，而是出在李莲英与慈禧之间。如果李莲英第一次送合成照片给慈禧，第二次又告诉慈禧这是伪造的，在慈禧那里，李莲英一定会吃不了兜着走。

那么，这个传言是不是完全就是空穴来风呢？除了刘成禺的记录，还有另外三份史料留下了相关记载，只是他们并不认为最初的照片是出自陈少白之手。

第一种说法来自费行简的记载，他认为合成照片最初是袁世凯的儿女亲家、时任两江总督的端方伪造的，然后再交给袁世凯，而且照片里只有岑春煊和梁启超，并没有康有为与麦孟华。

第二种说法来自岑春煊自己。在岑春煊晚年的回忆录中，他写道，他当年被太后撤职，就是被袁世凯这个小人给陷害了，陷害的方法就是袁世凯指使某些人，把他与康有为和梁启超的照片合成一张，慈禧误以为真。

需要注意的是，上述两种记载都发生在民国时期，那么，最早的记录在哪里？是宣统三年（1911年）曾任御史的胡思敬写的一本叫《国闻备乘》的书，书中关于此事的记载是这样的：时任外务部参议的蔡乃煌官场失意，了解到岑春煊和袁世凯正在权斗，觉得可以通过巴结袁世凯升官，于是把岑春煊与康有为的照片合成一张送给袁世凯。袁世凯大喜，由奕劻上呈慈禧，岑春煊被开缺，蔡乃煌因此被擢升为上海道（蔡乃煌确实在第二年即1908年出任上海道）。

胡思敬记载的时间最早，看来应该是最接近事实的说法，后来的种种说法应该都是在《国闻备乘》的基础上演变的。问题是《国闻备乘》并不是正史档案，很多内容来自官场传闻，而胡思敬本人是著名的"满清遗老"，他在整本书中对袁世凯的记载都不公正。鉴于此，胡思敬只能勉强算作袁世凯拿合成照片陷害岑春煊的人证。我们还需要寻找一下最直接的物证——那张照片。

只可惜，不仅这张照片没有，关于这张照片的其他记载也没有。现在，需要把这个传言倒回去追查，既然合成照片是作为岑春煊"暗通康、梁"的证据而存在的，那么，岑春煊是否真的有"暗通康、梁"的行为呢？这个答案倒是明确的：有。

岑春煊在逗留上海期间，麦孟华就一直陪在岑春煊身边，甚至梁启超还从日本秘密潜入上海租界，计划与岑春煊直接见面会谈，只是因故没能见上面。

看来岑春煊赖在上海不走，并不只是闹情绪，而是在斗垮庆、袁无望的情况下，与康、梁重新搭上线，想以此扩大自己的势力！"暗通康、梁"，这已经犯了慈禧的大忌，岑春煊虽然进行得十分隐秘，但也逃不过庆、袁一派的眼睛。当袁世凯收集到岑春煊的秘密材料之后，和当初扳倒瞿鸿禨一样，他又需要一个人把此事捅到慈禧那里去。

恽毓鼎有一个很好的习惯——写日记。他的《澄斋日记》洋洋洒洒有上百万字，不过在岑春煊被开缺的3天前（8月9日），我们仍然能够找到关键的两条信息，翻译过来就是：我在写奏折，（准备第二天）弹劾岑春煊抗旨不遵，逗留上海，并勾结康有为、梁启超、麦孟华。康、梁都来自日本，我担忧岑春煊会借助日本的力量颠覆朝局，不得不上奏。

然后还有一条：蔡伯浩（即蔡乃煌）来，久谈，夜雷雨。

日记中并没有记录下他们当时"久谈"的内容到底是什么，但在这个当口，蔡乃煌一定有特别的目的。有理由怀疑，蔡乃煌就是作为袁世凯的代表，来"指导"恽毓鼎写奏折的，甚至就和当初弹劾瞿鸿禨一样，蔡乃煌干脆带来了一份袁世凯事先准备好的奏折，只需要恽毓鼎以他的笔迹抄写一份再签上大名，然后又有一笔银子落入口袋。

第二天，恽毓鼎上密折弹劾岑春煊。史料记载，在收到奏折后，慈禧一面将奏折"留中不发",一面密电湖广总督张之洞立即来京,有"面询事件"。很显然,对于恽毓鼎的上奏,慈禧既十分惊怒,又有点拿不准,此事又不能声张,她需要当面询问一下张之洞这个老臣的看法。

张之洞的回电是,他正在重病中,恐怕无法立即动身。不知张之洞是不是真的如他所说的那样病得连火车都坐不了,还是已经嗅到了朝廷不寻常的气息,不想卷入这场是非之中。总之,他把皮球又踢回给了慈禧。

没有办法,对于有谋逆迹象之事,朝廷向来都是捕风捉影,宁可信其有,两天以后——8月12日,慈禧颁布谕旨将岑春煊开缺!慈禧亲自砍倒了她苦心树立的这面"死忠"于她的大旗。

真相已经浮出水面了。看来对袁世凯来说,一事不烦二主,收买人还是收买熟的好,他第二次收买了恽毓鼎,又扳倒了岑春煊,扳倒岑春煊的原因并不是传说中的合成照片,并不是什么"高科技",只是一封普通的奏折而已。

在恽毓鼎上奏之前,朝中也有御史曾经弹劾过岑春煊"暗通康、梁",但都被慈禧压了下来,而与那些奏折相比,出自袁世凯之手的奏折有十分厉害的一条——"康、梁都来自日本,担忧岑春煊会借助日本的力量颠覆朝局(也就是推翻慈禧的统治)",弹劾大臣勾结国外势力意图篡权,这真是太会抓慈禧的心思了,当初瞿鸿禨栽在这一条,现在岑春煊又栽在了这一条!

对袁世凯来说,即使被慈禧发现他就是恽毓鼎的幕后指使,他也光明正大,因为他刚刚肩负对付日本来保卫满洲的重任,他也有职责把这一切向慈禧上报!

谜底并没有完全浮出水面,如果合成照片之事子虚乌有,那么又是谁处心积虑地捏造了这个极具戏剧性的传言?

绝大部分的嫌疑都指向了一个人,他就是恽毓鼎。

据日记记载,大约3个月后,恽毓鼎成功地在京城买上了房子,还有了大笔存款。清廉的好官恽毓鼎突然富了起来,人们并不奇怪,弹劾岑春煊用的是密折，又被慈禧"留中不发"，当时的人们并不知晓此事，也不知晓他收了这笔黑钱。但弹劾瞿鸿禨是公开的，恽毓鼎的"叛变"遭到很多读书人的不齿，甚至连他的江苏常州老乡都特意登报，表示要与他划清界限，耻于与其为伍。有了钱，有了房，过上了好日子，却再也得不到同僚的尊敬，失去了"清廉"的好名声，恽毓鼎的内心很痛苦。遍翻《澄斋日记》，很多地方都写得十分详细，唯独在弹劾瞿、岑这里特意简写了，还留下了很多空白，可能他自己也觉得没脸记吧。

此时的恽毓鼎最想做的，就是如何为自己"补名"，他毕竟不像袁世凯这种人，他是个读书人，他还在乎自己的史书留名。

1908年，在倒岑事件中为庆、袁立了功的蔡乃煌受到重用，升任上海道台，但在两年后（1910年），上海发生了著名的"橡胶股票危机事件"，蔡乃煌处理不当，人人喊打。在舆论纷纷攻击蔡乃煌的时候，恽毓鼎只要顺势把倒岑的责任全部推到蔡乃煌的身上，捏造出极具传奇色彩而又能让人们津津乐道的合成照片事件，就能彻底掩盖他曾经上密折弹劾岑春煊的真相，然后这个传闻又被胡思敬记录在《国闻备乘》里，再引发后来的种种说法，流传至今，也并不是不可能。

随着瞿鸿禨和岑春煊先后倒台，庆、袁一方独大，朝廷里的权力格局重新洗牌，这一场发生在朝廷最高层面的权力斗争也结束了，1907年是丁未年，史称"丁未政潮"。对慈禧来说，她失去了苦心维护的"平衡"，必然要重新维护它，她即将开始她一生中最后一次权力布局。而对袁世凯来说，他也在客观上排除了干扰和阻碍，继第一次立宪改革失败之后，即将开始第二次立宪改革。这将是他在大清为实现君主立宪所做的最有成效的一次改革！

第二十五章

# 光绪死亡之谜

## 袁世凯主导第二次立宪改革

1907 年 7 月，革命党人徐锡麟在公开场合成功刺杀安徽巡抚恩铭，朝野震动，慈禧终于意识到，必须回应民间呼声，推动立宪改革，否则，下一个被刺杀的就是她本人了。

9 月，慈禧颁布谕旨，同时调改革派领袖袁世凯和张之洞入主军机处。慈禧此举可谓一箭双雕：袁、张二人都是改革大将，又存在"北南竞争"关系，既能大力推进立宪，又可在军机处取得"平衡"；与此同时，慈禧也调了 24 岁的醇亲王载沣入军机处学习行走。

"改革第一人"袁世凯入主军机处。立宪派的报纸欢欣鼓舞，发表评论：政府之前途将换一局，立宪之前途将放一光明！

袁世凯将从哪里打开突破口呢？第一次方案中设置责任内阁的提议刚刚被慈禧否定，肯定不能再提了。唯一的办法就是从追求立法权独立入手。慈禧终于下诏，同意袁世凯提出的方案，筹备成立国会的前身——资政院。大清终于在 3 年后（1910 年 9 月），正式成立资政院。

除了国会，地方议会机关也在强力推进立宪改革。慈禧下诏，在各省会城市速设"咨议局"，也就是省议会，省以下的各府、州、县等基层议会一并筹划，从速设立。两年以后（1909 年 10 月），除新疆之外，其余

21 个省都成立了咨议局，通过选举产生了各省的咨议局议长。

不得不说，无论是资政院还是咨议局，都不是真正的中央或者地方议会，但它们确实是以立法权独立为目标而设立的。百姓们竟然可以选出议员作为立法的代表，而官员只负责执行，这是几千年以来的头一遭。

接下来就是制定所有人（包括皇帝和皇室）、所有法都不能违抗的根本大法——宪法了。在当时世界各君主国，宪法的出台有钦定、民定和协定三种。所谓"钦定"，就是最终由皇室来定；"民定"是最终由议会或者全民公决来定；而"协定"最终是由皇室与民众相互协商来定。大清选择的是钦定。1908 年 8 月，慈禧颁布了《钦定宪法大纲》，模仿日本的明治宪法，以"皇帝领导下的三权分立"为目标，先制定一个纲要，作为将来正式出台的宪法的主体和原则。虽然它还不是完整版，但这不仅是大清的第一部"准宪法"，也是中国几千年以来的第一部准宪法，迈出了走向君主立宪制的重大一步！

为了回应社会呼声，慈禧颁布了时间表，规定自 1908 年起的 9 年后——也就是 1916 年要正式实现立宪，相对应的是要办成立宪的三件大事：正式成立责任内阁（新定内外官制一律实行）；颁布正式的宪法；进行国会议员选举，直至召开国会。而这 9 年之中，朝廷和地方政府每一年要办什么事情、怎么办，都写到一张"九年办事清单"中。

慈禧规定，要把这份清单昭告天下，分发下去，凡是朝廷司道级（厅级）以上的衙门都要把这张单子悬挂于正堂之上，每月每年照单办理，每 6 个月向朝廷专管部门奏报一次。为了避免踢皮球，如果事情是朝廷与地方合办的，由朝廷负责；如果事情是地方独自办的，就由督抚负责，督抚有调动而交接时，要将办理进度奏报朝廷，由交接双方共同签字确认，做到权责清晰。最后，朝廷还指定了专门负责考核的机构——都察院，如果发现有任何人办事不力或阳奉阴违，都察院都要指名道姓地给予曝光和弹劾，借助全社会的舆论和力量，切实推进进度。

一张实实在在的立宪路线图和时间表确定了。在袁世凯主导的第一次立宪改革中，除了当时直隶总督袁世凯外，其余督抚都是不直接参与立宪改革的，他们只能听令，这还引起了岑春煊等"有志督抚"的强烈反弹。现在，在袁世凯等人的推动下，朝廷终于不再牢牢把控立宪改革的权力了，而是把它们下放到地方上，让所有的督抚、地方官员甚至民众参与进来，让全社会都卷入立宪改革当中。立宪改革原本就不只是朝廷之事，而且是全大清与全社会之事，需要调动从朝廷到民间的力量来参与——把改革权力下放，才是真正的改革之举！

这一次的真心改革，是袁世凯取得的巨大成绩，也是慈禧的"回光返照"，她已经等不到这一切的结果了，"九年办事清单"竟然成了她交代的最后一件重大事情。1908 年 11 月 15 日，慈禧在仪鸾殿去世，享年 73 岁，而那些寄希望于光绪重新出山执掌变法的人要失望了，在慈禧去世之前，37 岁的光绪皇帝竟然也离奇离世，两人前后脚去世，时间相差不到 12 个时辰！

## 光绪的死亡过程

深宫里寂寞的光绪皇帝，他的身体状况一直都不太好。1907 年，宫廷里的一份档案记录下了光绪亲笔写下的症状：遗精之病已有将近 20 年，腰、腿、肩、背经常酸沉，耳鸣也有近 10 年。

1908 年春，军机处开始陆续发出廷寄，命令各将军、督抚征召各地名医和上等药材，急速来京为光绪诊治。

在大内，无论是谁为皇上以及皇室其他重要成员诊病，都要把症状、病情、药方等一一详细记录在《脉案》里。会诊的太医写完《脉案》后，当时就要呈给皇上看。正因为如此，太医们写《脉案》时就要斟酌了，主要是怕写重了，皇上一时震怒，难免会迁怒太医，所以太医们一般都要尽量在语句上淡化一下病情，遇到皇帝病情十分严重时，还需要先请示军机大臣和内务府大臣才能决定到底怎么写。

但这种情况在光绪皇帝这里有所不同，太医们担忧的不是自己写重了，而是怕自己写轻了。一旦写轻了，光绪皇帝就会大发脾气，暴跳如雷，反过来把太医们大骂一顿。光绪是没有实权的，他的病只有足够"严重"才能引起大家的重视，这个可怜的皇帝并不是真的希望看到自己"病重"，只是希望大家能够重视他而已。

光绪对慈禧派来的太医似乎不完全信任。档案记载，太医们开的药，他不是每一剂都服用，而是会仔细检查和分辨，但他也只能找这些人看病，因为慈禧特意下过一道命令："任何人不允许私自给光绪看病或者用药，否则定拿此人是问。"

这一年，光绪37岁。遗精和相关的并发症出现了多年，说明光绪的身体确实不好，但所患之病也只是长期病痛，绝没有到病入膏肓的程度。光绪真正的身体状况是大病没有，小病不断。到了10月27日（慈禧去世前的20天），他的身体状况和之前仍然没有显著变化，以致太医们甚至考虑干脆给光绪停药算了，反正是个长期病，没什么大碍，免得药用多了还适得其反。

那么，在前1年，军机处又为何打着为光绪看病的名号，征召各地名医名药急速来京呢？

原因是：慈禧病了。

据慈禧的《脉案》记载，从3年前（70岁）开始，慈禧的身体状况已是江河日下，精力大不如前，经常小病不断。光绪的病不是最重要的，慈禧的病情才最重要，也才是最高机密，军机处只好打着"为光绪看病的名义"征召名医名药。

10月30日，太医院院使张仲元开始亲自为慈禧主治。院使是太医院的最高领导，说明慈禧的病情已经到了非常严重的程度。据《脉案》记载，此时慈禧的病情主要是消化不良，肠胃不好，还伴随着拉肚子，这个病状已经十几天了，一直没有治好。

11月3日（农历十月初十），这天是慈禧的生日，慈禧和光绪都出席了庆祝活动，慈禧十分高兴，接受了大臣们的朝贺，而当天，她的《脉案》首次出现了"小水发赤（尿中带血）"。腹泻再加上尿血，这已经是很不妙了。

果然，从11月5日起，连续两天，慈禧都破例没有到中南海勤政殿召见军机大臣。这是不正常的，给出的说法是"太后伤风感冒"。

7日，慈禧勉强到勤政殿召见军机大臣，并命令奕劻亲自前往东陵视察慈禧的"万年吉地"（陵墓）。

8日，奕劻动身前往。

9日，先期前往东陵视察的礼部尚书爱新觉罗·溥良回京复命，新任直隶提学使傅增湘入宫请训，慈禧和光绪都一一公开召见。虽然都只是"数话而退"，但她毕竟又能够公开活动了，说明慈禧的病情在加重过程中有反复（正常现象）。

此时的光绪身上仍然看不出什么异样，《脉案》记载的病情也和过去的"遗精并发症"差不多，太医出诊人数、时间均正常，并没有临时加班出诊，甚至数天之内都只有一位太医来为光绪正常请一下脉而已。

接下来，一切风云突变。

11月10日，内务府电令在外地的两位医官（张鹏年、陈秉钧）火速来京，令在京的医官吕用宾等就近住宿，又规定内务府相关人员自11日晚上起轮流值夜班。这三位医官都不是太医院太医，是外地督抚遵照之前军机处的廷寄推荐的名医，说明慈禧的病情到了十分严重的程度！

事情果是如此。根据军机章京许宝蘅的记录：11日起，慈禧进不了食，起不了床，用医学术语来说，已经到了病危之际。

而令人惊奇的是，之前还一直正常的光绪皇帝，病情突然急剧加重！许宝蘅记录："六时入直值班，皇上以不能坐，未召军机……"

之前还算正常，到慈禧病危之际时，连坐都不能坐了，实在太过诡异了。这其中的内情军机章京许宝蘅自然是不会知道的，但有一个人知道，他是11日当天为光绪出诊的医官。

年初各地督抚接到军机处廷寄之后，他们先后向朝廷推荐名医。袁世凯的心腹、直隶总督杨士琦向朝廷推荐了一名叫作屈永秋的医官。

屈永秋，字桂庭，广东人，朝廷公派留学生。后出任北洋医学堂总办，后来袁世凯又委任他为天津卫生总局总办。可见，屈永秋是个西医人才。

在各地进宫的医官中，屈永秋是唯一的西医，也正是因为如此，他在皇宫中不那么受重视。也正因为如此，屈永秋进宫之后，只给光绪看过病，从来没有为慈禧诊治过。当然，光绪的《脉案》里也没有留下他写的记录，这并不奇怪：他是西医，是不请脉的。

11月11日白天，为光绪出诊的只有屈永秋。民国二十六年（1937年），屈永秋向杂志记者讲述了他当天的出诊经历，并写成《诊治光绪皇帝秘记》公开发表。在材料中，可以找到几条极为关键的信息。

首先，光绪虽然突然病重，但在宫内仍然不受重视（"中医俱去，左右只余内侍一二人"）。屈永秋也说明了原因："慈禧病危，太医和医官都奉命去慈禧那里抢救，派到光绪这里的就只有他这位从来不受重视的西医了。"（"盖太后亦患重病……帝所居地更为孤寂，无人管事"）

然后，光绪皇帝这天的病症也出现奇怪的变化。他突然肚子痛，并且痛到满床翻滚（"帝忽患肚痛，在床上乱滚"），向着四周大叫"肚子痛得了不得！"屈永秋立即上前检查，病状为"心急跳、面黑、舌黄黑"。这是中毒的现象，屈永秋也觉得十分诡异，因为这是以前完全没有出现过的症状，并且和光绪之前的遗精并发症（失眠、腰胯痛、头晕）也没有任何联系。

太医不在，屈永秋也没有其他的办法（"余格于形势又不能详细检验，只可进言用暖水敷烫腹部而已"）。这是事实，给光绪看病有一套烦琐而严格的流程，即使是太医们在请完脉后，也只能先开张方子，抓药的是一批人，熬药的又是另外一批人。屈永秋是西医，相信他的药箱里是有西药丸的，但根据慈禧之前的命令，除非有慈禧的批准，才能"私下用药"。

现场没有管事之人，只有内侍，在光绪皇帝病情十分严重而又无比诡异的时刻，屈永秋自然也怕惹事上身，于是，连最寻常、照中医方法来说最保险的"用暖水敷烫腹部"，他都只能"进言"，绝对不可能自己动手，更别说去化验有没有中毒了。

屈永秋很快离开了现场，接下来宫内发生的事情，他就不知道了，但我们马上又能从其他人的记录中发现蛛丝马迹。11日当天晚上，光绪病情进一步加剧，先后有太医被内务府急召前来请脉，太医杜钟骏就在其中。光绪自己似乎也感觉到了时日无多，他可怜巴巴地问杜钟骏："你有何法救我？"

12日白天，光绪已经无法进食，说不了话，他的病情一路急转直下，严重程度竟然首次超过了慈禧！慈禧虽然起不了身，但至少还能说话，她命令原本在东陵视察的奕劻立即回京。很显然，慈禧也知道自己时日无多了，命令看了墓地的奕劻回京，这是要为自己的后事做准备。

11月13日，光绪的病状出现了"眼闭、翻白眼、嘴唇颤抖、流口水"的可怕现象。用医学术语来说，光绪进入弥留，一切都已经回天无力了。

14日，朝廷突然发布了一道比较长的上谕。在这道上谕中，首先回顾了光绪的病情，说明朝廷一直在为光绪"征召天下名医名药"，现在再次命令各将军、督抚继续派良医火速进京，哪怕是民间郎中也无所谓，都准许进宫。熟悉朝廷"官方用语"的人都知道，这道上谕看上去是为光绪的病情继续想办法，实际上是告诉大家：朝廷已经尽力了，皇帝也快不行了，不久将有重大消息发布。

果然，14日18时33分，光绪在瀛台驾崩。从11日发现他的病情突然加剧开始，短短3天的时间，光绪的病情每况愈下，并且没有反复，直接走向了死亡。

第二天未时（15日下午1时至3时），慈禧也跟着光绪的后脚去世，一个70多岁的老人家竟然恰好死在了没什么大病的壮年男人之后，前后相差不到一天！

## 慈禧毒杀了光绪？

从死亡过程来看，光绪死于谋杀的可能性非常大，而最大的嫌疑人自然就是慈禧。一直以来，只有慈禧能掌控光绪的看医用药，定夺身边的内侍人员，掌握着光绪的生死；也只有慈禧是那个既能谋害光绪又不会被追究的人。

不过奇怪的是，当时流传最广的最大嫌疑人却不是慈禧，而是把矛头指向了另外一个人——袁世凯。

11月14日，光绪去世的同一天，在海外的康有为得到消息后，立即给美国总统罗斯福拍了一封电报，指责是袁世凯谋害了光绪，请求美国联合其他"民主国家"，对大清王朝的权力变动不予承认，阻止慈禧遗诏中任命的摄政王载沣、袁世凯等大清反动势力上位。很显然，此时的康有为虽然消息灵通，但并不十分了解朝廷内幕，他还认为载沣和袁世凯是一伙的，把他们捆绑在一起营造一个"反动集团"，想拉美国下水去干涉大清内政。

罗斯福没有回音，康有为只好第二次致电，这次他倒没有把袁世凯和载沣捆绑在一起，也忘了之前说的载沣是反动势力。电文中强调的是袁世凯正在利用隆裕太后"破坏世界和平"，希望美国军队能够保护他秘密进入美国驻北京使馆，亲自与载沣会面，挽救大清局势。

罗斯福还是没有任何回复。康有为干脆一不做二不休，在海外大肆发表文章，攻击袁世凯：袁世凯"出卖"变法，倒向慈禧，害怕将来被光绪反攻倒算，于是在慈禧去世前谋害了光绪。康有为还呼吁摄政王像当年康熙除鳌拜那样，诛杀袁世凯。

康有为这么做的心情是可以理解的。慈禧时代结束了，康有为急切地想重返大清政坛，而袁世凯是清楚他当年"围园杀后"内情的，不除去袁世凯，康有为的目标就无法实现，只好先倒打一耙。

虽然光绪去世时，康有为不仅没有在现场，连大清国内都没有在，但他这种"权臣害皇上"的说法影响了很多人,之后的每一个传言都煞有介事,比如传说光绪临终前曾下密诏给隆裕或者载沣,杀掉袁世凯。《旧京琐记》还记载:光绪生前每天写"杀袁世凯"泄愤("日书项城名以志其愤"),就连后来的溥仪在写作他的自传《我的前半生》时,也写到他"听人说,光绪是被袁世凯派人用药害死的"。

这些说法都绘声绘色,却是站不住脚的。光绪一直被慈禧幽禁于中南海的湖心孤岛瀛台,一直被慈禧派人严格"保护",首先就是防止光绪自杀,其次正是要防止有人谋害光绪,因为光绪一死,就破坏了慈禧以太后名义临朝训政的合理性。所以说,除非有慈禧的旨意,任何人包括袁世凯在内,都是无法在守备森严的皇城之内谋害光绪的。

那么,慈禧会不会指使袁世凯或者奕劻谋害光绪?只要仔细想想,这个可能性也是没有的。

很简单,谋害光绪,这是慈禧在为她去世后的最高权力布局做安排。此时此刻,最需要防备的就是庆、袁这样的权臣,防止他们插手身后事,否则慈禧就得付出与他们合谋的代价,授予他们在自己去世后更大的权力。而光绪的一切原本就掌控在慈禧手里,她只要交给身边一个小小的太监去办就可以了,慈禧"杀鸡焉用宰牛刀"?

多年以后,我国著名书法家启功在《启功口述历史》中讲述:他的曾祖父溥良曾经看见一个太监奉慈禧之命给光绪帝送去一碗塌喇(酸奶),不久,光绪就死了。

光绪到底是不是死于一碗塌喇?时任礼部尚书的溥良9日入宫向慈禧复命,恰恰在11日,光绪的病情急转直下,至少从时间点上说,溥良所言是经得起检验的。

光绪不过是慈禧实现临朝训政的"道具",在慈禧生前,她必须用尽一切手段保护好这个道具,以便自己顺利掌权。而当她面临死亡不再需要的时候,她又必须亲手毁掉这个道具,因为,她还需要把最高权力交到另外一个人的手里。

慈禧为什么要谋害光绪？

去世前，慈禧做了权力交接。由于光绪没有儿子，慈禧命光绪的弟弟醇亲王载沣将两岁半的儿子溥仪过继到光绪门下，继承大统，成为新皇帝，光绪原来的皇后叶赫那拉·静芬（慈禧的侄女）升格为皇太后（后上徽号为"隆裕太后"）。溥仪年幼，生父载沣为摄政王，大权掌握在载沣和隆裕这一对叔嫂组合的手里。

慈禧去世的前两年（1906年），年轻的醇亲王载沣得了一个儿子，取名为溥仪。在慈禧看来，溥仪的出生简直就是上天送给她的一个礼物。光绪无子，将来只要把溥仪过继过来继承大统，她的侄女静芬就能重复当年慈禧的老路：升格为皇太后，以太后的名义听政，把控最高权力。

但是，按照朝廷家法，君幼，必须再设摄政王或者顾命大臣、议政王等（慈禧时代，奕䜣一直为议政王，只是慈禧比较厉害，一直牢牢把控着权力），那么如果立年幼的溥仪为帝，这个摄政王又是谁呢？自然就是溥仪的阿玛——同样年轻的载沣！也就是说，在慈禧这里，她不是先看中了载沣作为摄政王，是出于让静芬听政的需求，先挑中了年幼的溥仪，载沣才因此成为摄政王。摄政王，不过是慈禧要延续叶赫那拉氏把控最高权力而给载沣安排的一个职务。

事实正是如此，慈禧的遗诏明确规定，帝国的最高权力掌握在载沣和隆裕手中：一般军国政事由载沣处理，遇有重大事件，必须请隆裕太后懿旨者，由载沣随时面请施行。也就是说，载沣和隆裕太后延续了光绪与慈禧的模式，隆裕享有最终裁决权。

现实条件也有利于隆裕。隆裕已经40岁了，载沣却只有25岁，无论是从经验阅历还是年龄来说，隆裕都完全有可能掌控载沣从而掌控最高权力！

人算不如天算，慈禧把掌控最高权力的机会留给了隆裕，隆裕却没有慈禧一半的能力。她处处想学当年的慈禧，也在宫内玩起了垂帘听政，慈禧宠信太监李莲英，她就宠信太监小德张。但慈禧的宠信是因为李莲英处

处听她的话，坚决彻底地执行她的命令，到了隆裕这里却是她听小德张
的——其实谁的话她都听，因为她本身并没主见和决断。

看来一切都要靠年轻的摄政王了。

## 载沣罢免袁世凯

年轻的载沣面对着朝中风头正盛的"权臣"袁世凯，他们两人的关系
一直不好。

早在军机处的时候，载沣和袁世凯就结下梁子了。当初慈禧把载沣和
袁世凯前后调入军机处，本来是希望载沣好好向袁世凯学习，搞好关系，
没想到结果适得其反。当时袁世凯在强力推进第二次立宪改革，难免要到
军机处念叨念叨，看到袁世凯又在一遍遍老调重弹，一副完全不把皇权放
在眼里的模样，年轻气盛的载沣和他激烈地争辩起来，最后，载沣竟然拔
出手枪想杀掉袁世凯。还好，旁人拉开了载沣，袁世凯也跑得快，没有
造成皇宫流血事件（"醇王闻言益怒，强词驳诘，不胜，即出手枪向余
射放"）。

这件事情发生在袁世凯的第二次立宪改革时期（1907年），而不是长
期以来流传的第一次立宪改革时期（1906年）。这可以从袁世凯给他三哥
袁世勋的家信中证实（"弟本已兼协办太学士入赞军机，本月初六奉召入
京"）。这就是说，当载沣用枪指着袁世凯的时候，离慈禧去世也只有一
年的时间。这么短的时间里，就算是搞关系的高手袁世凯也没有办法修补
好他与载沣之间的裂缝。矛盾一直存在。

载沣的周围已经团结了一批想杀袁的皇族亲贵，但只有亲贵的支持是
远远不够的，载沣开始试探军机大臣的态度。

奕劻和张之洞都强烈反对。

载沣痛苦地发现，他可能杀不了袁世凯。内有军机大臣反对；国际上，
估计除了日本人会支持杀袁外，与袁世凯关系较好的英美等国会强烈反

对。载沣不敢负这个责任，也负不起这个责任。

杀不了袁世凯，那就赶他走吧！

溥仪的年号定为"宣统"，1909年为宣统元年。1月2日，在慈禧去世45天后，载沣以宣统的名义发布上谕：袁世凯是个人才，朕正想重用，不过袁世凯现在腿脚不方便，上班比较困难。为了体谅他，朕决定开缺袁世凯，让他回老家养腿病，以示朝廷体恤。

此时的袁世凯已经成了惊弓之鸟。在忧心忡忡地回到老家河南之后，袁世凯仍然日夜处于惊恐之中，甚至被吓得一夜白头（当时拜访袁世凯的王锡彤形容他"须发尽白，俨然六七十岁人，知其忧国者深矣"），袁世凯当然不全是"忧国"，更是担忧他自己的生命安全。在河南，他还保留着在军中随身携带胶鞋的习惯，准备随时逃跑。

"改革第一人"离开了朝廷，载沣要单独推进立宪改革，独自完成"九年办事清单"了。

## 责任内阁成了"皇族内阁"

根据"九年办事清单"，1909年，各省要一律开设咨议局。载沣首先抓的是这件事情。他态度十分积极，严令各省督抚迅速开办，不得延误，否则严惩不贷。督抚们开始抱怨了，纷纷上奏在这一年之内开设咨议局有很多困难，但载沣态度强硬，他要求除新疆之外，其余各省必须如期完成咨议局选举。新疆是因为地域太广，一时投票选举有困难，这才网开一面。

新主刚刚上位，督抚们也不敢明确对着干。于是到1909年10月，除新疆之外的各省都如期完成了咨议局的选举，形势很好。但对载沣来说，似乎"好"得有点过头了。

11月，咨议局刚刚成立，在督抚们的幕后支持下，各地咨议局开始大规模云集北京请愿，要求朝廷把慈禧定下的"九年办事清单"提前执行，并提出了两个具体要求：提前成立责任内阁和提前召开国会！

载沣十分震怒，出动军警造成了流血事件，但是咨议局的态度十分坚决，发动学生、市民参与其中，朝廷已经压不住了。1911 年 1 月 17 日，载沣不得不颁布上谕，做出重大让步：原定于 1916 年成立责任内阁的时间提前到 1911 年，原定于 1916 年后开设国会的时间提前到 1913 年。1911 年 5 月 8 日，载沣果然发布上谕，裁撤军机处，成立责任内阁。

袁世凯在第一次立宪改革中的设想终于实现了。然而，大家还没来得及兴奋，却惊奇地发现，在 13 名新内阁成员中，汉族阁员只有 4 人，满族阁员有 9 人——其中皇室亲贵阁员就有 7 人，而且全部占据要害和关键部门，可以称之为"皇族内阁"！

为什么载沣要狠抓咨议局的选举？咨议局成立之前，督抚们的态度很不积极，而咨议局成立之后，为什么态度却来了一个 180 度的大转弯，反过来要挟朝廷提前了？

按照设计，咨议局是地方议会，是要监督和限制督抚和地方官员的权力的，也就是分督抚之权的。在载沣看来，到时候地方议员和督抚们就会争相向朝廷"争宠"，有利于朝廷对各地督抚分而治之，加强中央集权，强化皇权。这就是载沣的目的。

其实从督抚们一贯的表现来看，加强朝廷权威也是有必要的，但是，载沣眼里的加强朝廷权威，就是"加强朝廷集权"，特别是强化皇权。于是他赶走了立宪大将兼权臣袁世凯，试图对督抚分而治之，拉拢亲贵中的"特大老虎"奕劻。他并没有想过，如果重用袁世凯，有效地推进人心所向的立宪，这才是真正的加强朝廷权威！

载沣要加强皇权，督抚们自然会反弹。各省咨议局都如期成立了，但只要了解一下选举过程，就能发现其中的秘密。

咨议局的选举人和被选举人都是有资格要求的，最重要的有三条：首先要有一定的官职（乡绅、秀才和新式学堂毕业生也算）；然后要有一定的家产（不少于 5000 银圆）；最后还要求有中学或者同等以上学历。如此一来，被选上的大多是原来的立宪派。他们原本就是和督抚们关系密切的士绅，以前一直在通过各种途径争取立宪，袁世凯就是他们最大的争取对象；现在，袁世凯被开缺，载沣本人在立宪领域又几乎没什么资历，议员中的立宪派们自然要怀疑载沣的立宪诚意。而督抚们既要防备立宪派来"分权"，又想联合他们去对抗载沣的朝廷集权，于是躲在幕后支持他们反过来向朝廷施压！

在请愿运动中，议员们的主要诉求是"提前召开国会"，而督抚们的主要诉求是"提前成立责任内阁"。国会是议员们进军朝廷权力的舞台，但官员不能当议员，责任内阁才是督抚们进军朝廷权力的舞台。载沣正是"敏锐"地发现督抚才是请愿的幕后支持者，这才首先满足督抚们的诉求，把成立责任内阁的时间大幅度提前到1911年，然后才把开国会的时间提前到1913年。

地方上的立法权和行政权竟然还可以勾搭在一起，这也是世界宪政史上的奇观。它留下了一个"载沣式"的难题：在这场自上而下的政治体制改革中，如果朝廷不放权，那么改革就推不动；如果朝廷一旦放权，地方实力派就会群起而争权、夺权，造成权力乱象甚至朝廷土崩瓦解、国家四分五裂。这个难题是终极的，似乎无解的。"皇族内阁"就是这个无解难题的反弹。

虽然这个内阁叫作"皇族内阁"，听起来好像皇族就成了铁板一块，能够团结起来，一致去对付那些要挟朝廷的地方实力派，但实际上，它的内部也分成了多个派系。你拆你的台，我使我的招，就差打起来了。它的关键岗位是这样分布的：

总理：奕劻

副总理：那桐、徐世昌

海军大臣：载洵

陆军大臣：廕昌

邮传大臣：盛宣怀

度支大臣（财政大臣）：载泽

很明显，一场为立宪而组建的责任内阁，它的首任总理，竟然是大清最大的贪官奕劻，载沣的这张名单是无法服众的。对于这三位总理级别的大臣其实都是亲袁派，载沣心里也是清楚的，所以接下来的这些人物才是关键，他们将在载沣和隆裕的领导下，把控最重要的军权和财权，架空奕劻等人！

海军大臣和陆军大臣虽然排在奕劻之下，但军事的问题并不归总理管，他们直接向载沣报告，只要在事后知会奕劻一声就行了。而在责任内阁之外还成立了一个军咨府（相当于日本的参谋本部），辅助载沣把控一切军权。军咨府的负责人是谁呢？他和海军大臣载洵一样，都是载沣的亲弟弟。"亲不亲，自家人"，载沣已经通过两位亲弟弟把控了大清的枪杆子。

邮传大臣盛宣怀，是李鸿章的经济大管家。1901年李鸿章去世，袁世凯接任直隶总督兼北洋大臣之后，清洗李大人的势力，打造自己的北洋势力。盛宣怀就在清洗之列，一度在官场靠边站，直到袁世凯被开缺，盛宣怀才瞄准时机，以"六十万金"贿赂高官，这才出任邮传大臣。

而盛宣怀贿赂的这个人正是度支大臣载泽。

载泽不仅是皇族亲贵，还是隆裕太后的亲妹夫。在慈禧时代，太后是慈禧，这种关系并不显赫；慈禧去世了，太后变成了隆裕，意义就不一样了。载泽其实早就瞄上奕劻的内阁总理之位，隆裕自然是会支持他的，但也要和载沣搞好关系。载沣要集权，还要集资，只有枪杆子，没有资金和资本，收买不了人心，办不成事。载泽抓住了载沣的这个需求，他的计划是：先把大清重要的财权统统收回到朝廷，成为"替载沣把控大清钱袋子"的不二人选。

盛宣怀已经成为载泽、载沣最重要的帮手，也就是说，他能够绕过总理奕劻，直接"通天"。在最高层的支持下，通天人物盛宣怀即将开始一项重大行动。正是从这项行动开始，席卷大清朝廷的党争和官场内斗将全面升级，蔓延至一个最危险的领域——军队。

第二十六章

# 从保路运动到武昌起义

## 载沣为何支持铁路干线国有？

为了让载沣抓财权，作为大清主管铁路、电报等产业的邮传大臣，盛宣怀给载泽出的主意正是：把地方官府修筑铁路干线的权力收回朝廷所有，把各地已经成立的商办铁路公司变为国有，简称"干线国有"。

这项政策其实从慈禧去世的前两年（1906年）就开始酝酿了，却始终没有真正执行，因为它一直遭到地方官府的抵制。

一直以来，像铁路、电报、航运等暴利行业，大清都是以"国家"的名义垄断的，从来没有真正地向市场开放，从来不允许民间的百姓来投资赚钱，只能让朝廷的"官企"去涉猎。"官企"并不是天然的暴利，只是由于垄断造成了暴利。但暴利是暴利，朝廷并没有从中真正获得多少好处。

《泰晤士报》驻北京记者莫理循就曾报道：英国每年从自己的内陆电报中取得净利润2500万两，可是大清的人口比英国多10倍，电报收费也比英国贵（例如从北京发16个字的电报到天津，收费3.2美元），大清国却从电报业中得不到一点利润；利润都被管理电报业的当权者榨取一空。

于是乎，"官企"对外普遍只公布营业额，很少公布利润。公开的营业额逐年增长，暗地里的利润很可能逐年下降甚至亏空，还要反过来伸手向朝廷要钱以填补亏空。即使有一两家利润丰厚的，管理这些"官企"的人也不会把利润用于企业的扩大再生产，而是几乎都投向了当铺和房地产等来钱更快的产业，进行投机赚钱。这就不奇怪大清洋务运动多年，"官企"中仍然没有一家能拿得出手的像样企业。

从这个角度来说，大清的"官企"，其实是不属于大清国的，更不是属于大清百姓的，它是另外一种形式的"私企"，是皇亲贵族和权贵们的私企。他们打着朝廷的旗号，霸占着这些企业，让其成为他们的提款机和洗钱工具。最后，朝廷也没有这么多银子来填补亏空，不得不向列强借款——引进外资，比如向外资银行借款修筑铁路。而外资银行自然也不会来个"无抵押贷款"，他们需要朝廷以铁路的经营权甚至铁路沿线的采矿权作为抵押，这自然又引发了爱国人士的不满。

没办法，朝廷只好把由"官企"垄断的部分行业的经营权，由朝廷下放到地方官府，由地方官府向民间资本集资，称之为"官督商办"或者"商办"。"官"之外总算有了一个"商"，看上去是进步了。

在盛宣怀提出这个主意之前，大清的铁路修筑从官办到引进外资再到官督商办和商办，已经在所有模式里做了一个全套。全国最重要的两条干线铁路是广州至武昌的粤汉铁路，以及成都至汉口的川汉铁路。由广东、湖南、湖北以及四川四省官府组建商办的铁路公司，吸引老百姓以出钱入股的方式持有铁路股票，并且不再引进外资，宣称这两条干线铁路光荣地成为"爱国之路"，"完全由清国人自己修的铁路"。

但问题是，这四个省向老百姓集了不少资，铁路却基本没修成。比如在粤汉铁路沿线，参与投资的华侨们气愤地发现，工地上到处露天堆放着成堆的铁轨、枕木，任其日晒雨淋，生锈腐烂，没人去管；而在川汉铁路，开工一年半，花了400多万两银子，却只修通了30多里。川汉铁路本来还请来了著名的詹天佑，可是詹天佑也没有办法，他只能解决技术问题而非官场问题。当他批评一个项目负责人不认真时，这位不知是哪位大官安插进来的小老爷竟然理都不理詹天佑，径自离开去办理私事去了，詹天佑被气得目瞪口呆。他在给朋友的信中写道："这里没有可依靠之人，却还要把他们当作是善良的同僚，只要我一得到自由，我就要另谋他职。四川的路，那是修不通的！"

对百姓投资者来说，当初花银子是为了投资修铁路的；铁路不修，从投资的角度来说，四省铁路公司股票的价值每天都在贬值，在市面上已经全部跌到票面价以下了。比如某人之前受了"火车一响，黄金万两"的鼓动，狠心花1两银子买了一股，现在要在市场上转卖出去，对方只能出半两，甚至连半两都不愿意出。

大家总算是明白了，所谓的官督商办和商办，其实还是没有"商"，对于资源和市场，朝廷从来没有真正地放开过，只是换了一个方法来管控。商办绝不是在商言商，而是在商言政，没有官员老爷点头，商民必不敢办，它的本质是在官府垄断资源的情况下，以这个资源为诱饵，诱骗民间资本进行投入。最终在这些企业里"选举"出来的总理、总办以及任命的各级办事员等，既不是代表民间股东的利益，也不是代表"大清国"的利益，仍然是朝廷或者地方上的各路神仙通过各种途径安插进来的利益代言人。这些人自然也是标准的官僚，每天领着数目可观的薪水混日子，从来不会真正关心本职工作，继续当好权贵们的提款机和洗钱工具。

号称把经济体制改革进行到"商办"的朝廷仍然变着法子掌控着资源和市场，这就没办法从根本上改变官本位的问题。大清的官场和社会向来是大家都"往上看"，最终的结果是，有什么样的官，就有什么样的民。只要官场一腐败，便是全民腐败，让原本还在逐渐与商业规则接轨的"商"，也不幸沾上了"官"的毛病，整个商界和民间也学会用官场的方法来办事。

百姓投资者们欲哭无泪。当初之所以投资，是相信投资铁路这样的"大清国家工程"，回报应该丰厚有保障；现在才发现，想通过与官府做生意发财，那真是一个大坑！所以他们只有一个想法：想办法出让股份，爬出坑去，再也不与官府做生意了。他们不仅对四省的地方官府失去了信心，对整个大清朝廷也失去了信心。很显然，在一个官员们需要时刻"往上看"的体制里，如果地方上大面积贪腐，朝廷里却宣言无比纯洁，那也是不可能的。正是因为开展洋务运动多年，大清的子民视野也开阔了，逐渐看清了大清整个官僚系统的本色。地方上假公济私，难道朝廷里不是假公济私？

了解了百姓投资者的这种心态，就很好理解地方官府和载沣的态度了。对地方官府来说，他们好不容易把这些百姓投资者拉上了贼船，让大小官员有了中饱私囊的机会，怎么会轻易放弃这个打着"商办"旗号的发财机会呢？

而对载沣来说，"干线国有"之后，又回到了"官办"，自然也要去重新引入外资，因为朝廷是没有钱修路的。这看上去只是绕了一圈又回到了过去的老路上，但对载沣的意义是不同的。

他的"官办"，就是起用自己人去办，把四省的商办铁路公司变成"国有"，其实就是变成载沣这个利益集团所有。只要有了修路权，掌握了这些已经成立的商办铁路公司，就能以"国家"的名义从外国银行中贷到款，不仅可以牢牢把控这部分资金，其中涉及的回扣、大小官位的出售等，都可以由载沣集团来主导了。这等于打着"国家"的旗号光明正大地夺走地方官府的机会——公款、私款、黑钱都让载沣集团一把给捋了回来。

当然，民间投资者对地方官府怨声载道，只想早日脱身的状态，他也是了解的。只是载沣还相信"大清国"这块金字招牌，他认为把原本的商办铁路公司变为国有企业，让百姓投资者变为国家股东，一定会受到百姓投资者欢迎。这一定是一项大受欢迎的"民心工程"！

## 保路运动的爆发

1911年5月5日，根据事先安排，给事中石长信上奏，提出"干线国有"政策，载沣迅速把奏折批转盛宣怀的邮传部。5月9日，盛宣怀奏复，竭力赞成石长信的主张。于是，5月9日当天，载沣发布上谕宣告"干线国有"政策正式实施！

如此重大的国策，仅用4天时间就批准了，效率真是高得惊人。不过，只要注意一下另外一个时间就能发现其中的秘密了：5月8日，责任内阁成立，奕劻出任总理。"干线国有"的政策，正是要赶在奕劻上任之前出台，奕劻对这个政策不仅事先毫不知情，上谕也没有经他的副署，换句话说，内阁总理已经被晾在一边，再也无法插手这项重大国策，其中的公利、私利和黑钱跟他也就没什么关系了，完全落入载沣集团之手。奕劻很生气，自此之后，他在这件事情上当起了甩手掌柜，万事不管，就让载沣、载泽和盛宣怀他们去折腾吧。

接下来，按照盛宣怀原本的想法，一切就变得很简单了，就是他的邮传部拿着这个上谕，再出台个细则文件，宣布由邮传部接管四省商办铁路公司，百姓投资者变为国家股东，一切都搞定了。

不出所料，地方官府继续抵制这个政策，在督抚们的暗中支持下，铁路公司职员和百姓投资者出来闹事了，一向是火药桶的两湖地区首先掀起了声势浩大的"保路运动"，然后广东跟进。

以盛宣怀的精明，他自然知道稳住那些百姓投资者才是关键，也明白了他们只想早日脱身，不论是地方官府的船还是朝廷的船都不想上了。于是，盛宣怀改变了政策：两湖铁路公司的民间投资者主要是士绅和商人集资，投资规模并不大（约400万两），目前亏损也不严重，朝廷按票面价付现银来收回股票。

广东铁路公司亏损严重，股票的市场价早已经跌到票面价的50%以下了。朝廷按票面价的60%付现银收回股票，至于那剩下的40%，也转为国家保本无利债券。

广东铁路公司的民间投资者主要是华侨。很显然，盛宣怀给予两湖和广东这三个省投资者的都是优惠政策，他们都比较满意，既然能成功地下贼船，那就不再闹了。而他们不再闹了，三省官员们自然也无法再闹了，只好乖乖地交出铁路公司所有权，眼睁睁地看着它们"国有化"。盛宣怀这一招可谓是釜底抽薪，而所有人都不知道，在盛宣怀给出的优惠政策中，他自己也得到了好处。

在针对广东的政策出台之前，盛大人已经派亲信亲赴港澳、南洋各岛，按照低于票面50%的市场价从华侨手中回购了大量股票，然后等到政策出台，转手就获得了票面60%的现银和40%的债券。盛宣怀真是精明，左手代表"国家"制定政策，右手就用这个政策伸向市场捞好处。（《盛宣怀档案资料选辑之一》）

在广东投资者发起"保路运动"的时候，他们曾经致电四川的铁路公司，要求进行串联，大家联合起来发动更大规模的"保路运动"。奇怪的是，其他三省都闹得不亦乐乎，只有四川一直平静。四川的情况确实很奇怪：四川的官府和铁路公司管理层竟然都不反对国有化，甚至早就盼着国有化，似乎想早点脱身的恰恰是他们。而四川百姓投资者的态度呢？他们没态度，因为这些被强制投资的人是四川千千万万的农民。

当初四川为了集资修铁路，出台了一道奇怪的政策，可以叫作"田租入股"，简称"租股"。

四川号称"天府之国"，有些人有很多田，有些人没有田，有很多田的可以把田地出租给没田的人耕种，收取田租。只要每年收取的田租达到10石（约1200斤）以上，四川官府设立的"租股局"就要强制性地征收当年实际收成的3%作为修铁路的股金，这就是租股。

而事情并没有完。四川官府和铁路公司规定每一股的票面价为50两银子（后虽推出一种5两银子的"小股"，但并未执行），每股除了将来可以"返本分红"外，每年还可以享受4厘（即4%，后改为6厘）利息。如果农户每年上缴的租股不够50两银子，铁路公司先开收据，等凑够了再换成一股的股票。比如某人如果每年收租正好是10石，上缴3%即3斗，按照粮价，得交近70年才能换得一股股票。

来分析一下。首先，被强制征收了租股的表面上是有田者，不过，既然他们被官府抽去了租股，负担自然会转嫁到租他们地的无田者身上。所以，所谓的"租股"表面上是对农村地主、富农剪羊毛，实际是对包括他们在内的所有农户剪羊毛，是一种分摊到四川所有农户身上的税。租田的农户是租股实际上的出资人，却连名义上的股东都不是。而大多数的有田者因为在短时间里都累积不到一股，却也只是名义上的"股东"，手中连一股的股票也没有，自然也享受不了股息。那么，明文规定的那6厘股息哪里去了呢？

股息被地方官员和铁路公司管理者侵吞了。他们利用这个政策，也利用租股股东享受不到股息的时间差，将农户们上缴的那些零散租股集中起来，换成一张张股票，就能光明正大地享受利息。而且这并不是贪污，是有白纸黑字的文件。

截止到1910年底，四川铁路公司收入的股金约1200万两，其中地方官府直接出资的只有23万两，商人投资245万两，而租股就有900多万两！这900多万两产生的利息，就被白白偷吃掉了。

四川铁路公司资产的主人是千千万万的租田农户和有田者，也就是千千万万的农民。他们才是真正的股东，每年却只有交钱的分儿，连一张凭证都没有。地方既得利益集团的蛀虫们以"修铁路"立个项，白白吃着农民们利息，然后还反过来享受着"管理铁路公司"的高官厚禄。盘剥到了这种地步，也算是神鬼莫测了。按理说，蛀虫们的胃口应该满足了吧？然而，不受外部限制的权力和贪欲是不会自我捆绑的，否则他们也不会花了400多万两，只修通了30多里的铁路。蛀虫们除了吃利息，另外因挪用和投机造成的损失还有300多万两！

在载沣的上谕中，规定了川汉铁路国有化的同时，四川要停止收租股。这是很正常的，国有化之后，朝廷要引入外资，铁路由国家来修，不是四川自己修，自然没有理由收租股了。这等于断了地方蛀虫们的一条财路，但他们仍然在盼着国有化，秘密就在这300多万两的亏空。在他们看来，国有化是朝廷命令，硬顶那是顶不住的，但他们相信一旦国有化，朝廷就像以往为"官企"填补亏空一样，一定会为他们填补这300多万两的亏空。在他们看来，这也是一笔交易，他们收租股的财路断了，以后吃不了利息，朝廷拨付 300 多万两下来，这很公平吧？

而盛宣怀和载沣恰恰都不同意。在他们看来，两湖和广东的集资，是面向市场的集资，没人去强制那些投资者，他们和朝廷也存在一种协议关系，朝廷理应讲点基本的诚信，给退还回去。但四川收的租股不同，实际上是四川官府代表朝廷向千千万万农户强制性收上来的一种税，老百姓们其实早就把它看作"铁路捐"，看作是皇粮的一部分，他们的租股是上缴给"国家"的，不是上缴给四川地方官府的，所以朝廷对这个铁路公司想回收就回收。至于四川地方官府自己造成的亏空，朝廷没有义务去填补，朝廷没派人去查就已经不错了。之所以不查，那也是希望与他们达成默契——朝廷不追究你们的贪腐和挪用责任，你们也不要抵制朝廷的政策，自己去填补亏空吧。

更重要的是，以盛宣怀的精明，他也知道，即使朝廷真的把这 300 多万两拨付下去，四川地方官府也根本不会拿它去填补亏空，而是又落入了他们自己的腰包！想想看，他们付给百姓们的只是收据，不是股票，股票都在他们自己手里。即使现在要推行"国有化"，政策有变，四川地方官府仍然能够让百姓们相信"等集满之后再去换那一股"，而不是把钱退还给农户。退一万步说，即使百姓中有像与官府打过交道的商人、华侨那样的幡然醒悟者，他们也闹不起什么事来。这是因为有收取租股基层组织的存在——租股局。

四川各县的租股局里，负责向农民收取租股的是官府雇用的哥老会等帮会分子，以及各村的"痞子能人"。正是因为有了他们，租股才能顺利地收上来。这些人干着官府正式官吏一般不会直接出面干的催逼索要、强抢拷打等之类的事，有他们在，农户们也闹不了事。

通过分析知道了，对四川地方官府来说，他们对这笔交易的实质看法是：希望朝廷一次性"买断"他们收租股、吃利息的权力！至于买断的价钱，就是亏空的那 300 多万两。反正朝廷也有填补亏空的惯例，把这 300 多万两拨付下来，没有人会说什么。大家都名正言顺，心照不宣——这是地方官府与朝廷之间的谈判。四川的官员们大概已经忘了他们头顶上还有大清国了。自古以来，代表"国家"的只能是君主，也只能是朝廷。朝廷代表"国家"出政策，地方官府也只有听命的分儿，从来没有听说还可以谈交换条件。

载沣不能退让。奕劻不发话，他就连续发布上谕，强令四川必须无条件接受政策！

四川遂成立了保路同志会。成都等城市的街头巷尾，到处有人演讲——朝廷不让我们四川人自己修铁路，引入外资修铁路，"卖路卖国"；"铁路没了，四川也就亡了"；"保路就是爱国，保路就是护川"等。

四川"保路运动"终于爆发了，局势很快朝失控的状态发展，"爱国、爱川"的口号在震天响。

载沣下旨撤换四川总督，为了防止四川地方官府与更多的当地驻军勾结，载沣想到了一招：派人调邻近省份的新军去镇压"保路运动"！

调哪里的新军呢？

自然是调邻近省份湖北的新军。

## 武昌兵变的过程

湖北的新军大部分驻扎在武昌及其周边，总计有一个镇（相当于师）和一个混成协（相当于旅）。镇的镇统（师长）叫张彪，协统（旅长）叫黎元洪。一镇一协总计1.6万人，调到四川的约2000人，剩下的大约1.4万人留驻湖北。

在新军中，有一批士兵乃至军官，他们既是新军，又是革命派人员。他们主要加入了两个革命组织，其中一个叫"文学社"，创始人叫蒋翊武，湖南人。这个人是黄兴和宋教仁的朋友，他本人也曾加入过同盟会。也就是说，蒋翊武是作为曾经的同盟会会员创立了文学社，这个组织和同盟会有一定的联系，但又是"自立门户"。蒋翊武没有去日本留过学，发展的会员以新军中出身寒微的下层士兵为主，收取士兵 1/10 的饷银为会费，已经秘密发展会员 3000 多人，成为湖北新军中最大的革命组织。为了联络和管理这些会员，蒋翊武想出了一个办法，那就是在新军中设立"代表"制度。比如某营设立一个代表，一旦有事，只要通知这个代表就等于发动了一大片。另外一个革命组织，就是"共进会"，它的性质和文学社类似，也是原来的同盟会会员"自立门户"的组织。但与文学社不同的是，共进会吸收了传统帮派洪门的会员，采用洪门的模式开山立堂。领导人孙武等多为湖北当地人。

新军士兵参照当年北洋舰队水兵的待遇，普通士兵每月都有很高的饷银 4 两。和那些四川的地方官一样，士兵之所以愿意拿出一部分饷银加入秘密革命组织，自然也是看到了朝廷腐朽落后的一面，大部分人对朝廷都已经不抱希望，年纪轻轻再跟朝廷混不一定有前途，于是只好偷偷自谋前程。这些革命的新军只盼望着有朝一日能够让武昌甚至湖北脱离朝廷，割据自立，成立军政府，大家都会有一个好的前程。

1911 年 9 月 24 日，在多次接触的基础上，文学社和共进会再次举行联席会议，决定携起手来找机会干一票大的，以蒋翊武为总指挥，在 10 月 6 日那天共同起事，同时由湖南的共进会在长沙响应。10 月 6 日这一天是农历中秋节，早在元末明初，朱元璋等人起事时就有"八月十五杀鞑子"的说法，看来黄道吉日都选好了，只待时辰一到，就要光复汉室江山！

湖广总督瑞澂是载泽的妹夫，他已经收到了风声。他刚刚派新军支援四川，没想到自己地盘上的新军就要兵变了，瑞澂十分紧张，赶紧在总督府召开会议，要求军队里提前过中秋节。节日期间，所有的士兵严禁外出，除了少数执勤士兵外，子弹一律上缴，统一保管，同时瑞澂还把他认为有问题的新军分调到各处。蒋翊武很不幸地被调往了岳州（今湖南岳阳）。

总指挥都调走了，自然就发动不起来了，再加上湖南共进会发来电报，声称准备不足，请求延缓 10 天再起事，于是起事的日期被推迟到了 10 月 16 日，领导权转移到孙武身上，一切又在暗中准备着。

10 月 9 日下午，孙武等人正在汉口的租界里制造炸弹，不料引起爆炸，孙武被送往医院救治，虽然没有性命危险，但暂时是指挥不了了。而爆炸声也引来了租界里的俄国巡捕，他们抓捕了尚未撤离的人，并起获了革命党人名册等重要文件，然后俄国人把人和物都移交给了湖广总督府。

瑞澂大人又惊了，他一声令下，全城戒严，军警四出，依照名册搜捕革命党人。领导都不在，军警又在抓人，眼看起事就要彻底流产。好在此时，蒋翊武已经偷偷溜回了武昌城内，他召集余部成立临时指挥部，大家一致同意改变原本等到 16 日的计划，立即起事！

10 月 9 日下午，蒋翊武签发命令：当晚 12 点，由驻扎在武昌城外的南湖炮队首先开炮，城内外的革命新军听到炮声后，立即同时起事。炮兵号称"军中之胆"，由他们先发一炮，不仅传达了信号，也必会壮大声势！"代表"制度起到作用了，蒋翊武的命令迅速送到有革命军人的各军营。然而因为全城戒严，命令没有及时送到城外的南湖炮队。大家一直等到午夜 12 点，也始终没有听见期待中的炮声，起事又一次流产了。而瑞澂的军警们仍然在连夜搜捕，一度搜查到了临时指挥部，蒋翊武逃走，起事队伍又一次没有领导了。

对于抓回来的人，瑞澂下令立即审讯，把其中 3 人连夜处决示众，威慑革命党人。

瑞澂的反应不可谓不迅速，但新军中的革命者有几千人，如何处理那份长长的名册，成了一个头痛的问题。总督府形成了两种意见：一种认为应该立即调兵遣将，依照名册把乱党一网打尽；另一种意见认为军中乱党众多，威慑的效果已经达到，应该立即烧了名册，宣布不再追究，以安军心，以后慢慢处理。总之，在当前情况下，必须当机立断，二选其一，迟则生变。而根据形势来看，第一种无疑是正确的，只能立即用高压态势，将叛乱之火扑灭在萌芽当中。

瑞澂并没有这么做。10月10日清晨到来了，他首先向朝廷发了一封电报，报告他已抓捕革命党32人，诛杀3人，还顺带为在抓捕中出了力的几位官员请功。当日，朝廷回电，表彰瑞澂等官员"办事迅速，奋勇可嘉"，然后瑞澂就没什么大动作了。他对那两种意见都没有采用，他认为自己已经交差了，接下来就可以不管不顾，眼不见心不烦了。

但对革命党人来说，瑞澂连夜杀人，还扣留着名册，这种情况让城内外的几千名革命新军感觉大祸临头。拥有这种心情的包括城内的正目（班长）熊秉坤和城外的士兵李鹏升，这两人都是各自军营的"代表"，他们召集革命新军商议：不能再等炮声了，就在10月10日晚上，无论南湖炮队有没有发炮，都立即起事！

晚上7时左右，武昌城内工程营哨长（排长）陶启胜例行巡查，他发现很多士兵都没有按照规定回到军营。情况异常，陶哨长怒气冲冲，转身他又发现营内的金兆龙和程正瀛两人正抱着枪嘀嘀咕咕，陶启胜勃然大怒，厉声喝道："干什么，想造反？"

"老子就造反，你能怎样！"金兆龙厉声回敬，随即和陶启胜扭打在一起。程正瀛也扑上前去，先用枪托把陶启胜击伤，随后从背后开枪把他击毙。

枪声响了，史称"武昌起义"的第一枪就这样打响了。枪声一响，熊秉坤等人立刻赶到，宣布：干吧！

几乎在城内打响第一枪的同时，李鹏升也在城外点燃了马草，宣布起事。在战场上，士兵们最喜欢的除了炮，还有火，它能让人有股莫名的兴奋。潜伏在武昌城内外的几千名革命新军立即沸腾了，他们纷纷冲出营房，下意识地冲向枪械所、子弹库、炮台、制高点，抢枪抢子弹，在熊熊的火光中，喊杀之声声势震天！

一阵激动之后，士兵也明白了：一定要在天明前把湖广总督府打下来，否则全族都是要被灭的！

南湖炮队已经开炮了，武昌城内的士兵找到了一个比熊秉坤更大的官——队长（连长）吴兆麟。就由吴兆麟担任总指挥，熊秉坤担任副总指挥，打开武昌城的中和门，迎接炮队进城，合力进攻湖广总督府！

新军起事并不同于孙文和黄兴组织的帮会分子及学生起事，他们都是职业军人，一旦动起来就是燎原之势。抵抗他们的是曾经的战友，很多人象征性地抵抗了一下，便倒戈一击，或者坐山观虎斗。在总督府前负隅顽抗的只有在新军中占少数的旗人士兵。瑞澂见势不妙，赶紧带着张彪等人，溜之大吉。

10月11日，革命军占领武昌，"中华民国湖北军政府"在这里成立，脱离朝廷、割据自立的梦想终于实现了。对这些新军士兵来说，人生真是很奇妙，前几天还在高喊着忠君爱国的口号，今天就已经变成革命党举起改朝换代的大旗了！跟孙文、黄兴、宋教仁等这些出自同盟会的老牌革命党人相比，他们只是革命的小将，革命意志并不坚定，甚至并不是初衷，但这毕竟是兵变，是背叛朝廷，大军还在朝廷手里，如果朝廷大举反攻，杀头灭族的危险还是没有解除。吴兆麟也想找一个职务比他更高的人来当挡箭牌，让他来当"叛军"的领头羊，去做军政府都督。

大家想到了一个人，他就是新军里除了张彪的二号人物——协统黎元洪。

黎元洪素来是个老实人，性情比较温和，早在起事之前，革命新军其实就考虑过打出黎元洪的旗号。现在他还没有逃走，那正好，给请了来，请不来的话就绑了来。

黎元洪就这样被半请半绑到了都督府，自动成为军政府都督。有一种说法是，当士兵们找到黎元洪时，他正吓得躲在床底下发抖，而这种说法又被邹鲁等人著的中国国民党权威史料采用。但在参与武昌兵变的当事人的回忆中，都找不到这样的说法，顶多是说黎大人当时是"躲在了帐子后面"。其实只要稍微注意一下黎元洪的身份就能发现秘密了：他是被胁迫的革命新军，而不是孙文、黄兴式的老牌革命党人，中国国民党的史料"抹黑"一下黎大人也就不足为怪了。

黎元洪知道都督这事不能干，否则朝廷将来第一个要灭九族的人就是他。有人拿过来一张安民告示要他签发，黎元洪吓得心惊肉跳，赶忙求饶说："莫害我！莫害我！"新军士兵却由不得他了，他们代黎元洪签上了他的大名，黎都督之名瞬间传遍武昌和全国。

黎元洪干脆来了一个软抵抗，一言不发，一动不动，活像一尊泥菩萨。士兵们就叫他"黎菩萨"。但是，士兵们的耐心也是有限的，有人已经粗暴地告诉黎元洪：如果不答应，就枪毙你！更可怕的是，黎都督之名已经传了出去，生米煮成了熟饭。

10月11日夜，继武昌之后，汉阳、汉口的新军相继起事，占领这两地，多少让黎元洪看到了一点希望。他秘密找到了一个人，这个人就是朝廷前"督办八省膏捐大臣"柯逢时。两人约定：将来如革命成功，黎元洪保全柯逢时全家；如革命失败，朝廷平叛成功，则由柯逢时保全黎元洪全家。有了这个约定之后，10月13日下午，黎元洪下定决心"革命"，他剪去辫子，开始以都督的身份发布命令，任命军政府官员，到处视察演讲。大家惊奇地发现，黎大人变了，从一言不发变成了慷慨激昂，比谁都爱"革命"。当然，革命的前途如何，黎大人心里还是没底的。

朝廷也已经准备大举平叛了！

第二十七章

# 袁世凯出山，为何只能抛弃大清，接受共和？

## 袁世凯出山，巩固北方局势

武昌兵变的消息传到了北京，载沣突然发现一个尴尬的问题：朝廷有能力迅速平叛的，除了已经在慈禧时代被开缺的岑春煊，那就是袁世凯了，而袁世凯恰恰就是被他自己给开缺的！

没办法，还是先用满人比较保险，载沣命陆军大臣廕昌率军南下平叛。可是谁都知道，只有袁世凯才是最合适的人选，以奕劻为首的内阁官员纷纷要求起用袁世凯。列强虽然声明对武昌兵变"恪守中立"，既不支持革命新军，也不支持朝廷，但他们支持袁世凯，要求朝廷迅速起用袁世凯，稳定大局。

在这些人的眼里，袁世凯成了唯一能够稳定大局的人。一个在3年前就被开缺的落魄赋闲的官僚竟有如此大的影响力，这应该是大清以来极其罕见的。

众人越是力推袁世凯，载沣就越是痛苦，也极为不甘心。这相当于自己打自己的耳光，可是他已经没有了其他选择。10月14日，载沣终于发布上谕，命袁世凯为湖广总督，督办剿抚事宜。

所有人都没看错，就是湖广总督。袁世凯3年前被开缺时，他还是军机大臣，虽然现在军机处已经裁撤了，但袁世凯连内阁都没得进。载沣并不知道这样一个道理：对于袁世凯，要么不请，请，就要拿出最大的诚意。

袁世凯婉拒了这道命令。他并不是抗拒出山，只是于公于私都不能就这样出山。他已经给自己定下了出山的原则：一定要有实权。有了实权，才能成功平叛；有了实权，将来也才能成功自保——一旦出山，就不再是民而是官了，载沣有的是机会和借口卸磨杀驴。

袁世凯不来，载沣也很生气，可是半月之内，湖南、陕西新军陆续兵变，宣告独立，连锁反应眼看就要蔓延开来，载沣坐不住了。10月27日，他任命袁世凯为钦差大臣，节制为平叛调往前线的海陆各军，朝廷不为遥制，并拨出白银100万两为军费。

袁世凯终于可以出山了。3天后（10月30日），袁世凯离开河南，率领他当年的嫡系北洋新军南下平叛。袁世凯毕竟是袁世凯，11月1日就指挥部将冯国璋攻下了汉口，给了黎元洪一个下马威。

但此时袁世凯最担心的并不是湖北前线，恰恰是他的后方——京畿。3年前开缺袁世凯之后，载沣并没有就此罢休，而是继续进行下一步——清除袁世凯在北洋新军中的势力。为了排挤掉袁世凯的嫡系，载沣大肆提拔从日本留学回来的军校生作为新军的领导。比如号称"士官三杰"的吴禄贞、张绍曾和蓝天蔚，这三位分别出任第6镇镇统（此时驻扎在保定）、第20镇镇统（此时驻扎在直隶滦州，今属河北唐山）以及第二混成协协统（此时驻扎在奉天，今沈阳），另外还有阎锡山出任山西新军标统（相当于团长）。这些人都是从日本留学回来的，并不属于袁世凯的班底，自然不会忠于袁世凯。不过，载沣也万万没有想到，这四人在留日时受到革命的影响，早已先后加入了同盟会。武昌兵变后，以吴禄贞为核心，四人开始密谋：也在北方来一场兵变，联手推翻朝廷！

10月29日，就在袁世凯赶往湖北前线的同时，张绍曾、蓝天蔚先出手，联络一批将领联合向朝廷通电，要求以真正的立宪改革平息即将在全国蔓延开来的独立风潮，史称"滦州兵谏"。同一天，阎锡山在太原发动新军兵变，宣告山西独立，阎锡山自任山西军政府都督。他们的配合还真是天衣无缝。

山西独立对朝廷的震慑是可想而知的，它距离京城的铁路车程仅在半日之内，这已经快乱到眼皮底下来了。第二天（10月30日），载沣连发数道上谕，同意滦州兵谏的要求，宣布从即日起废止"皇族内阁"，任命袁世凯为内阁总理大臣组织责任内阁，推行宪政；赦免政治犯（刺杀摄政王的革命党人汪精卫由此出狱），几天后又宣布开放党禁，准许大清国民按法律自由组党。

为了对付闹独立的阎锡山，载沣任命吴禄贞为署理山西巡抚，令他率领新军就近前往山西平叛。此时的吴禄贞也无所顾忌了，他竟然截住了朝廷运送给湖北前线的袁世凯的军火，并且和阎锡山秘密会面。吴禄贞告诉阎锡山："朝廷任命我为山西巡抚，是想让我和你抢地盘，但我是绝对不会上当的；我们应该趁着袁世凯正在湖北前线，朝廷后方空虚之际，组成联军，由我亲自率领，再联合张绍曾和蓝天蔚，从保定、滦州、奉天三个方向围攻北京，同时找机会除掉袁世凯，一举夺下大清天下！"

四位新军将领的具体兵变计划正式达成了，然而吴禄贞并不知道，他的背后也有一双双眼睛在盯着他。11月7日，正准备按原计划起事的吴禄贞被人枪杀，行凶者正是他的部下。那么，凶手背后还有没有主谋？有人认为是朝廷或者袁世凯，毕竟吴禄贞的军中有朝廷和袁世凯的几个眼线也是正常的。而从种种情况来看，朝廷的嫌疑最大，反正吴禄贞这个主心骨一死，其余三人也闹不起来了，朝廷暂时避免了灭顶之灾。要不然等袁世凯辛辛苦苦在南方平了叛，京城里都已经改朝换代了。

吴禄贞事件让袁世凯意识到了一个严重的问题：在武昌新军迈出兵变的第一步之后，各方势力正蠢蠢欲动，很快会酿成一股独立的风潮；而他袁世凯也没有绝对势力可以掌控大局，因为他也只是众多势力中较大的一方而已。

相比于湖北的平叛，眼下最重要的，是刹住这股独立的风潮。怎么刹住呢？那就是进行真正的君主立宪制改革。武昌兵变之前，经过朝廷迫于形势的两次立宪改革，大清大部分的人都已经认识到，只有寄希望于当大清真正走上君主立宪的道路时，闹独立的各省能够接受，才能平息即将爆发的独立风潮。

从载沣的表现来看，他已经痛定思痛，开始彻底醒悟了。而对袁世凯来说，他也明白，全大清人民盼望的并不只是他的出山，更不是他以武力南征北战，而是他在前两次立宪改革的基础上带来的进一步的立宪改革。现在他袁世凯要想稳定大局，也只能用政治手段去稳定——一边和已经兵变的黎派等势力和谈，开出条件劝他们归顺；一边在朝廷继续强力推进立宪改革向全国人民显示诚意，希望正准备闹独立的各省能够接受，刹住这股风潮。

对于载沣任命的内阁总理大臣，袁世凯上奏：臣不敢。

这次倒并不是袁世凯矫情，按照立宪的精髓，内阁总理应该是由国会选举出来的，而不是任命。虽然大清很多的选举也只是走走过场而已，但形式总还是要有的，形式总有一天会走向实质内容的。载沣只好下令朝廷的准国会——资政院又开个会，正式"选举"袁世凯为内阁总理大臣，这样袁世凯才有权力任命各部部长，组成内阁。

与此同时，制定宪法的工作也正在大幅度推进，载沣用上谕公布了由资政院起草的《宪法重大信条十九条》。与当年仿日的"皇帝领导下的三权分立"的《钦定宪法大纲》相比，这部准宪法的进步程度可以用神速来形容，它在对待皇室和三权分立上已经十分接近英国式的"虚君立宪"和"内阁制"。从今以后，大清国家政权的运作将是这样的：

首先，人民选举出议员，组成国会。国会制定或者修改宪法（这部《宪法重大信条十九条》就是资政院制定的），宪法为包括皇帝在内的全民共守，皇帝的圣旨不能再替代宪法和法律，不能再说"朕即国家"；皇帝有国防权，但除非经国会批准，不能再动用军队对内镇压本国民众；皇族不得担任省级以上的行政长官，更别说入阁了（"皇族内阁"永远成了历史）。皇室的权力基本上被限制为只有中低级的行政执行权和由皇帝代表的国家礼仪性、象征性权力。

其次，国会选举产生内阁总理大臣，内阁总理可以挑选各部部长组成内阁。如果国会对这个内阁总理失去信心，可以提出弹劾，不是内阁辞职，就是国会解散重新选举出国会，但一届内阁任期内，不得两次解散国会（避免把相互制衡变成无休止的争斗）。

在这种模式中，国会处于突出位置，内阁是向国会负责的，但国会是向人民负责的。理论上讲，权力最终还是掌握在人民手里，载沣和皇室其实已经确立了"主权在民"，确实已经做出了最具诚意的立宪改革，只求能够重新收获民心，保留一个基本无权的皇帝和皇室，让他们好好养老。之所以在慈禧之后仍然推出的是"准宪法"而不是正式的宪法，正是因为正式宪法的出台需要遵守严格而较为漫长的程序，需要有专门的制宪委员会，甚至需要全民公决，这也显示了他们在十来年的立宪改革之后有了一种对宪政的深刻认识和起码的尊重。同时，这部宪法不仅是向大清人民显示诚意的，也是用来限制袁世凯的，载沣交给袁世凯的只是政府（内阁）。如果不确定袁世凯也要遵守宪法，不确立制衡内阁的国会，他怎么敢一下子废除"皇族内阁"，交给袁世凯呢？

而对袁世凯来说，时隔3年，他终于回到了他熟悉的立宪改革舞台上，这原本也是属于他的舞台。现在，他肩负着稳定大局的使命，而朝廷的大环境十分有利于用政治手段稳定大局，袁世凯立即做出决定：把湖北前线的军事交给部将冯国璋去处理，他自己带着大批的卫队进京，趁着大好时机，继续推进第三次立宪改革，也是最后一次立宪改革。对于用政治手段稳定大局，对于在立宪体制下保留"虚君"，袁世凯希望是亡羊补牢，犹未晚矣。

11月16日，以袁世凯为总理的责任内阁组成，这不再是"皇族内阁"，不再是皇族亲贵瓜分国家权力的平台，不再是皇家的办事机构，而是大清第一个真正意义上的责任内阁，也是几千年以来的第一次。想想看，自从1906年的第一次立宪改革起，袁世凯就多么想能够成立一个这样的内阁啊，即使当时没有实现，如果 3 年前载沣上位时不是把袁世凯开缺，一切也还是来得及的。

然而，即使只从武昌兵变算起，载沣的醒悟也实在是来得太迟了。

我们知道，武昌兵变之后，由于载沣对起用袁世凯始终存在忌惮和犹豫，袁世凯直到 20 天之后的 10 月 30 日才真正出山，就在这宝贵的 20 天时间里，南方局势又发生了变化。袁世凯的对手从革命的新军，变成了老牌革命党人。虽然他们都属于"革命"，但这两者是有很大区别的。

革命的新军，原本就是"朝廷的人"，对朝廷是内部叛变，本身是袁世凯计划用政治手段来"收复"的对象，只要朝廷能够把局势控制住，开出的条件合适，他们还是有可能接受保留"虚君"，回到接受君主立宪制的道路上。

而老牌革命党人，他们是造反。多年来，他们的奋斗目标和合法性都是"驱除鞑虏，恢复中华"，无论给予他们什么样的条件，他们都不可能接受君主立宪制。他们的目标只能是民主共和！

带来这一切变化的，是老牌革命党人中的平民政治家——宋教仁。

## 宋教仁成功向黎元洪"夺权"

九次起义失败之后，老牌革命党人的势力跌到了谷底，可以说既无一兵一卒，又无一分一厘，老牌革命党人一直在利用帮会分子发动起义。老牌革命党人对武昌兵变是不知情的，既没有事先策划这场兵变，也没有在现场领导这场兵变，这场"革命"本身跟他们没什么关系。但老牌就是老牌，新军一旦开始"革命"，他们就发现原本要"清剿"的对象具有作为旗手的威望和号召力，双方又站在了同一战线。

此时在国内的黄兴和宋教仁也是既意外又兴奋。很显然，如果能利用和领导革命的新军，老牌革命党人就能最终取得革命的领导权，把革命引向共和革命！

习惯武力的黄兴想立即赶到武昌去，他认为凭着他这么多年在起义领域的影响力，只要他亲自去武昌指挥，与袁世凯的北洋军作战，掌握湖北革命新军的领导权不是没有可能。

但宋教仁否定了这种想法。他认为，有了武昌的带头，各省很快就会跟进，酿成独立的风潮，各省的军方实权人物会摇身一变为"革命的都督"。这对他们中的很多人来说，不过是看到"革命"已经代表着权力走向，趁着天下大乱，打着"革命"的旗号争权夺利而已。老牌革命党人确实必须利用和领导这股"革命力量"，但由于错过了武昌兵变，使大权落入黎元洪之手，老牌革命党人就只能悔恨了。因为湖北大局已定，黄兴只有指挥作战的能力，本身没有军队，再去一定只能屈居黎元洪之下，掌握不了军权，更别说领导权；另外，湖北前线还会有袁世凯这个强劲的军事对手——即使是黄兴指挥作战，也绝不是他的对手。所以眼光千万不能局限于已经独立的武昌，而应该看到"革命的趋势"，抓紧去另外一个能够以老牌革命党人的政治优势来开辟新天地的地方——南京。

几十年前，太平天国定都于南京。南京还是长江以南最重要的战略城市之一，进可以挥师北伐，直捣京城，退也可以守住东南半壁江山。而在宋教仁看来，更重要的是，以南京为中心，辐射的是江苏、浙江、上海等大清东南富庶之地，这里有一大批有钱有势的士绅和实业家（即原来的立宪派）。早在慈禧时代，她迫于形势不得不在立宪改革中"开了一道口子"，一步步勾起了立宪派"参政"的强烈愿望；载沣上位，把立宪旗手袁世凯赶跑，自己在立宪改革中却是进退失据，一边迫于形势进一步勾起了立宪派更大的野心，一边又试图走走过场加强皇族集权，立宪派的心早就凉透了。现在，他们会强力支持东南区新军将领闹革命，充当他们的"钱袋子"，只要南京的"革命势头"一起来，风头一定会盖过武昌。

宋教仁判断，南京一定会取代武昌成为革命的中心。在大清南方，无论是军事还是政治、经济地位，南京都比武昌更能号令天下，这就是趋势。在这个趋势之下，南京地方实力派的情况是有兵有钱，有对大清朝廷

"叛变"的需求和动机,他们要的不仅是独立,还要让南京成为未来中华民国的首都。只要黄兴、宋教仁这些"革命旗手"弃武昌而去南京,南京各方势力一定会因为追求内部平衡以及压过武昌而把他们推向前台。这就是老牌革命党人在南京的政治优势。

作为政治家,宋教仁的想法充满了冷静和远见,但作为军人,黄兴在这一点上就是想不明白,他坚持先去武昌"指挥作战,掌握军权"。黄兴确实是一个勇敢的人,不过,缺乏战略眼光和政治眼光的勇敢,这在政治家眼里恰恰是局促和小家子气,正如袁世凯后来评价黄兴,"性质直,果于行事,然不免胆小识短,易受小人之欺"。宋教仁想必很有同感,他实在是说服不了黄兴,没办法,只好暂时先跟随黄兴到武昌,想办法向黎元洪"夺权"!

10月28日,黄兴、宋教仁抵达汉口。也是在前一天(27日),袁世凯被载沣任命为钦差大臣,开始出山,并在11月1日率军攻下了汉口。与此同时,袁世凯派出了使者和黎元洪谈判,告诉他们:大清回到君主立宪的道路上,汉人有了更大的权力舞台,你们还有什么理由不回来?你们也不想再被我打吧("如能承认君主立宪,两军息战,否则仍以武力解决")。

新军都是袁世凯一手创立的,打不打得过袁世凯,黎元洪还是明白的。正在担惊受怕、六神无主之际,黄兴、宋教仁到了,黎元洪立即打了一剂强心针。黎元洪甚至让一名骑兵举起写着"黄兴到"的大旗,在城里奔驰一圈,算是给大伙儿壮威。不过,当宋教仁提出接下来希望由黄兴出任最高领导时,"黎菩萨"就笑而不语了,他手下的军官们也强烈反对,最后只能由黎都督效仿当年刘邦拜韩信为大将的"先例",来一场"登坛拜将"。黎都督亲自授予黄兴战时总司令,负责指挥新军与袁世凯的北洋军作战。宋教仁的"夺权计划"失败了。

黄兴去了前线,宋教仁不懂军事,他留在后方。对于暂时"夺权"失败,宋教仁并不十分在意,他是一个有着政治家开阔眼界的人,自然知道湖北军政府,并不是铁板一块——湖北也是有原来的立宪派的,他们也想分享一下黎元洪的权力。这些人有钱、有社会地位和影响力，缺少的只是黎派手中的"枪杆子"。宋教仁就联合他们通过立法来限制黎派"枪杆子"的权力。

革命阵容里的第一部宪法，也是中国几千年以来的第一部共和宪法——《中华民国鄂州临时约法》在宋教仁等人的手中诞生了。从表面上看，这部湖北（鄂州）的"省宪法"只是为限制黎派权力应运而生的，但是对于宋教仁来说，并不是这样的。他很清楚，实现宪政才是最大的民心和政治，而不是推翻朝廷（实现共和）。老牌革命党人最终是要走上立宪道路的，否则就无法真正取得领导权，这也是宋教仁为共和立宪做出的努力。他在起草这部宪法的时候立意十分高，把它作为未来中华民国的宪法蓝本，共和成功之后，是要推广到整个中华民国的。从整体上看，《中华民国鄂州临时约法》与《宪法重大信条十九条》一样，除了没有皇帝，也突出国会，大大提升了国会的权力，而又与《宪法重大信条十九条》有了明显的不同。

大清的《宪法重大信条十九条》是在各省闹独立后急忙推出的，需要讨好的是各省有能力闹独立的权势人物，对于真正人民主体——千千万万百姓的各项平等、自由的权利只字未提。宋教仁不同，他在《中华民国鄂州临时约法》中"讨好"的就是百姓。除了总则，这部法案的第一章就是"人民"，然后才是都督、议会，明确地规定了百姓的各项平等、自由的权利，其中最重要的有两条：人民享有平等的选举和被选举权；议会由人民在人民中选举议员组织之。

如果说《宪法重大信条十九条》在理论上确立了"主权在民"的话，宋教仁就是几千年以来把这一切进行落地的第一人。国会是百姓们的政治舞台，百姓们不可能一夜之间拥有"枪杆子"成为都督，也不可能一夜之间当官，但有可能一夜之间被选举成议员，行使国会赋予的权力，而前提是选举权要真正落到他们身上，才能让共和立宪真正变为现实。宋教仁不是官员，也没有"枪杆子"，恰恰需要借人民的势力来制衡"枪杆子"和旧式官僚集团，他只能依靠人民。他是名副其实的平民政治家，为老百姓代言的政治家。

完成这件事情之后，11月13日，宋教仁便不再等待在前线的黄兴，和日本朋友北一辉等人一起乘船东下，先后来到上海和南京。等到袁世凯回京组阁、把前线指挥权交给冯国璋之后，黄兴也没有挡住北洋军。11月27日，经过20多天的苦战，继汉口失守之后，汉阳也落入北洋军之手，就连武昌也岌岌可危，又有被朝廷收复的可能。

黄兴终于想起了宋教仁的"南京论"。据说兵败之后他向黎元洪提出放弃武昌，率残部去南京起义，遭到黎派的军官拔枪抗议。在这些革命的小将看来，湖北才是他们的大本营，也是他们的势力基础，他们才不会中黄兴等人的"调虎离山之计"，去南京那个人生地不熟的地方，去接受别人的领导！

黄兴也不管不顾了，第二天，他就丢下湖北大军，带着几个人来到了上海。

在黄兴指挥作战的这20多天里，黎元洪也没有闲着。对于宋教仁留下的《中华民国鄂州临时约法》，黎都督自然不欢迎。虽然在道义上他没有优势，但他也是有帮手的。趁着黄兴在战场上替他顶着之际，黎元洪开始做一件大事——找他的帮手，其他独立省份拥有"枪杆子"的人（也就是独立各省都督），为未来的"建国"做准备。

其他独立的省份已经越来越多，黎元洪就以湖北为"首义之地"的名义，要求独立各省都督派代表前来开会商讨。当然，中华民国只能是共和立宪的政府，他们必须确定三件事情：准宪法、准国会和临时中央政府。按照黎元洪的意思，枪杆子在手，宪法和国会他比较不关心，但这个"临时中央政府"就是他的湖北军政府。

黎元洪的这个要求确实也是审时度势的。要知道，独立的各位都督都是对大清朝廷的"叛变"，都是打着成立中华民国的"共和"旗号，而湖北毕竟打响了走向共和的第一枪，成立了民国的第一个政权——几千年以来都是讲究个先来后到、论资排辈，不以湖北为"临时中央"那是说不过去的。而各省都督们表面威风，实际上对本省的控制能力也很差。有的都督甚至只掌控了省城的几个城门，就浑水摸鱼自立为王，他们都还在胆战心惊地防备手下人来造自己的反，需要在各自的内部平衡各种势力，急需一个"临时中央"来为自己打气壮威。另外，大家都还有袁世凯这个强大的敌人，以都督为代表的独立各省实力派也需要树立一面共同的旗帜来对付袁世凯，不抱团不行。

独立各省都督府派出的代表赶到了湖北，召开了"各省都督府代表会"，通过了新的准宪法——《中华民国临时政府组织大纲》。它和宋教仁的《中华民国鄂州临时约法》有了很大区别，也是对《中华民国鄂州临时约法》甚至是对《宪法重大信条十九条》的严重倒退，主要的区别有两点：

首先，规定国会采取一院制，称"参议院"。在参议院正式成立之前，就由这个"各省都督代表会"充当准国会。也就是说，这些"议员"并不是千千万万的百姓选举出来的，而是各省都督委派的，准国会摇身一变为以都督为代表的地方实力派远距离遥控的橡皮图章。这也很正常，地方实力派从老牌革命党人中借来了"共和"这面旗帜，于是他们也成了革命党人，但国会是百姓们可能的政治舞台，自然要偷梁换柱、严防死守，让代表地方实力派的这个"代表会"代表人民。然后，中华民国的临时大总统由准国会选举产生，总统经准国会同意，可以任命各部部长，组成内阁。

看来，地方实力派还想控制这个未来的临时大总统，这个人是谁呢？准国会的决议是一句话——"虚临时总统之席以待袁君反正来归"。也就是说，地方实力派认为，即使我们抱团，和袁世凯之间可能谁也打不过谁，也不想费那力气打；如果能够策反袁世凯，把他也拉到"叛变"的阵容中，代价就是最小的。不如我们把临时大总统之位给他预留着，以此为条件把他拉下水。

袁世凯多次表示他拥戴君主立宪制，多次表示"大清不能散，中国不能乱"，继续推进第三次君主立宪才能稳定大局，共和只会导致国家的分裂和毁灭。而且袁世凯已经是大清内阁总理大臣，维护君主立宪制是他的使命和责任，也是维护他自身合法性的要求。不过，袁世凯需要面对的不只是朝廷，而且是全大清。现在各省的地方实力派和野心家都需要脱离大清朝廷独立，脱离大清朝廷独立就必须反对君主立宪制，坚持共和立宪，而地方实力派通过准国会是代表"人民"的，共和就这样成了"民心所向"。在地方实力派看来，袁世凯也是汉人，策反他是很有可能的，即使袁世凯不愿意，局势的发展也不是他说了算的，大家会一齐努力，把他同朝廷切割开来，拉回到共和阵营之中！

正是因为如此，为了表明独立各省确实能够与袁世凯分庭抗礼，让黎元洪有与袁世凯谈判的对等地位，准国会决议以湖北军政府为中华民国"临时中央政府"，推举黎元洪为大都督。这并没有增加黎元洪的实权，但给了他一个"名分"，黎元洪也算是如愿以偿了吧。

接下来，局势再一次印证了宋教仁所料，东南地区很快掀起了独立的风潮。首先行动的是上海，在这里有两个人掌握的两支队伍，一个是光复会的李燮和，他是湖南人，而上海的新军大部分是湖南人，李燮和成功地把光复会成员安插其中，掌握了上海"革命的新军"；另一个人则是孙文的亲信陈其美——孙文的同盟会向来和帮会关系密切，不过一直是和洪门有合作关系，这个陈其美另辟蹊径，自己成了上海青帮的头目，他手中的队伍是青帮。

李燮和、陈其美在上海不同地盘上同时起事，11月4日，上海光复。自然，对于上海都督的人选，上海各方势力准备推举贡献最大的李燮和。不过，到了正式的推举会议时，帮会分子的优势就发挥出来了。青帮分子大闹会场，有人甚至举着炸弹高喊"都督非选陈英士（陈其美）不可，否则就吃我一弹"，于是大家只能推举陈其美为上海军政府都督。

陈其美出任上海都督，这是老牌革命党人中的孙派人物第一次走到了势力中心。多年以后，孙文称陈其美为"革命首功之臣"。

接下来，就轮到宋教仁了。12月初，南京独立，宋教仁果然受到了重视，被推举为江苏省政务厅厅长，这个政务厅厅长相当于省长，主管警察和民政。既然已经在南京和上海都有了影响力，宋教仁和陈其美都不愿意再让武昌成为"临时中央政府"所在地，更不愿意让黎元洪出任大都督，他们希望在南京"另立中央"，把未来中华民国"临时中央政府"的大权夺到老牌革命党人这边来！

东南区的实力派自然会力挺。此时正好黄兴兵败，黎元洪手中的地盘又只剩下了一个武昌，还随时都有可能被袁世凯拿下，其他独立各省实力派对黎元洪失去了信心，准国会干脆不设在湖北了，它先后移到上海、南京，最后决议以南京为"临时中央政府"所在地。本来宋教仁还想让黄兴出任临时大总统，不过议员们（也就是以都督为代表的地方实力派）的意思是，临时大总统之位给袁世凯预留着，这是湖北会议通过的决议，具有法律效力。从现实来看，中华民国的临时大总统也"非袁不可"，但可以选举黄兴为大元帅，暂代总统之职，在南京组织"临时中央政府"。至于在武昌的黎元洪，就选举他为副元帅，算是给个安慰奖。

至此，通过宋教仁的准确判断和步步卡位，革命阵容的势力中心从武昌转移到了南京，老牌革命党人在东南区而不是湖北找到了属于他们的舞台，正式走向前台。

对于宋教仁运作的这个结果，黎派人物自然是坚决反对的，而与孙文结仇的光复会正副会长章太炎、陶成章也强烈反对黄兴为大元帅。章太炎说得很恶毒，说一个败军之将，如何能当大元帅！没办法，准国会只好调过来：选举黎元洪为元帅，黄兴为副元帅。不过，黎元洪很精明，他坚决不离开自己的大本营，去南京当什么空头元帅。黎元洪表示：我就委托黄副元帅全权组织南京"临时中央政府"了。

黄兴同意了，他已经通过立宪派的首领张謇，准备向日本的三井洋行借款30万银圆，作为组建新政府的"启动资金"。然而，最后关头，黄兴却突然表示他不去南京就职了，因为他已经得到确切消息：孙文即将从海外回国！"黄兴不敢夺孙文首领之位"（胡汉民语），他要留着大元帅之职对孙文"让位"。

宋教仁对黄兴失望且无奈，但大局已定，革命阵容要做的只有两件事情，除了等孙文回国，另外，就是奋力"拉袁"了。独立各省的实力派都没有实力完全战胜袁世凯，老牌革命党人更不用说了，毕竟他们连属于自己的军队都没有，所以老牌革命党人也一直在加紧"拉袁"。而汪精卫出狱之后，留在了北方，为袁世凯办事，还与他的长子袁克定结拜为兄弟，竟然成了袁世凯的得力干将。汪精卫曾公开宣称中国"非共和不可，共和非袁公促成不可，且非公担任（临时大总统）不可"。黄兴也亲自写信告诉袁世凯：只要你学习拿破仑、华盛顿，推翻大清王朝，组建中华民国，全国人民都会对你拱手听命，一致拥戴你为大总统！

袁世凯又该何去何从呢？

## 利用"民心"让自己和皇室全身而退

在进京推动第三次立宪改革之后，袁世凯指挥冯国璋打败黄兴，收复汉阳，策略还是边打边谈，压迫黎元洪回到谈判桌前。不过，等到打败黄兴，革命势力的中心已经转移到了南京，黎元洪不再是主要对手了，全国各地已经有十几个省先后独立，朝廷的地盘只剩下几个省和一支骁勇善战的北洋军了。

载沣再一次亡羊补牢、痛定思痛。12 月 6 日，他上奏辞去监国摄政王之职，从此不再插手任何政事，也没有了所有权力，步了 3 年前被开缺的袁世凯的后尘。隆裕批准辞职奏折，她的意思是，要让载沣承担造成大清全国乱局的责任。现在监国摄政王辞职了，袁世凯与责任内阁再也不会有什么约束了，大清国民应该清楚，朝廷真的已经痛下决心进行君主立宪制改革，把更多的权力下放，希望能够换取独立各省对朝廷的谅解和让步。

隆裕甚至下诏，从即日起准许大清臣民自由选择是留发还是剪发，随你们的便，反正朝廷是要与大清国民重新开始！

隆裕的这道诏书也是给袁世凯看的，这是告诉袁世凯：大清除了还有一个皇室之名，你实际上已经是大清的"一号人物"，你就没必要再去折腾什么"共和"了。是的，隆裕和皇室也需要积极"拉袁"，毕竟让爱新觉罗家族的命运掌握在袁世凯手里，还有生还的可能，一旦他撒手不管，命运掌握在革命党人手里，那就很难说了。早就谣传革命党人要白盔白甲，为崇祯皇帝戴孝，报当年扬州三日和嘉定三屠之仇，杀尽所有满人。这虽然是谣传，但确实只有拉住袁世凯，才有可能保障皇室，皇室只能把他当作唯一的救命稻草。

第二天（12月7日），隆裕授袁世凯为议和全权大臣，总体负责与独立各省和谈。袁世凯委任心腹唐绍仪为总代表，率团与革命阵容的总代表伍廷芳举行谈判。谈判是在上海英租界内公开进行的，也可以说是在英国等国际社会的见证下公开进行的。列强表明了他们的态度：为了维护各国的在华利益，希望早日达成议和。这个态度表面上还是"恪守中立"，实际上是暗中支持袁世凯，因为袁世凯是希望早日达成和谈的。

但袁世凯和皇室只能接受君主立宪，革命阵容又只能接受共和立宪，所有矛盾的焦点都落在了袁世凯身上——如果他不向共和"转身"，一切都将谈不成。

另一伙人也在积极地"拉袁"了，他们就是袁世凯手下的北洋军将领。

在唐绍仪与伍廷芳进行公开的政治谈判的同时，一场秘密的军事谈判也在进行中。北洋军将领中出面的是段祺瑞，而革命阵容中的运作者就是黄兴和他的参谋长顾忠琛。12月20日，双方代表也在上海达成了一个秘密协议：两军一致同意抛弃君宪，实现共和，同时优待皇室，谁先逼退朝廷谁就当大总统——很显然，这些条件都是为袁世凯设置的，优待皇室，他才好转身。

段祺瑞派人把军界的消息送到袁世凯这里，这就很有意思了，这相当于"劝进"。自古以来，只有"劝进"当皇帝的，还没有"劝进"当总统的，但如果说袁世凯完全没有这个意思，或者说现实中完全没有这个条件，将领们也不敢贸然"劝进"。对于军界的态度，袁世凯真是又喜又怕。要说他对大清王朝死忠到底，那是假的；要说他对这个大总统之位完全不动心，那也是假的。想当年李鸿章对"两广共和国总统"都动心过，更何况这是全中国之总统。但袁世凯可还记得，3年前他被开缺时，也是这批将领，没有一个人为他站出来，让他一个人灰溜溜地回到了河南，现在趋势即将把他推上总统之位，将领们顺势而为，也不过是不希望逆潮流而动，为自己谋个更好前程。

袁世凯明白，他一直坚持的君主立宪不得不放弃了，不得不上共和这条船，因为共和确实已经是"民心所向"。而大清真正的"民心"，千千万万底层百姓的心声是不被知道的，但这似乎并不重要。正如保路运动中铁路资产的真正主人一样，百姓们的心声就是"被代表"的，被各省实力派所"代表"，但以袁世凯一人之力，已经无法与这个"民心"相抗衡。袁世凯说："要我去讨伐黎都督还有可能，因为这是平叛，师出有名，但要我去讨伐张謇等人，我实在无法办到，这些头脸人物是'代表'老百姓的，而老百姓是斩不尽杀不绝的啊！"

袁世凯的幕僚徐世昌也告诉他："彻底断了君宪之念吧，无论你有多强的武力，都必须放弃君宪，接受共和；如果还替皇室争取什么君宪，不仅是徒劳的，搞不好连你自己都得当殉葬品！"

徐世昌说得没有错，麾下将领们要考虑自己的出路，袁世凯更要考虑自己的出路。即使袁世凯能够一时压制住将领们，随着时间的推移，对军队的控制力也会越来越差。如果坚持用武力，天下人就会把首当其冲的敌人从皇室转移到袁世凯身上，全民共诛之，全民共讨之。不要以为当共和国的总统只是袁世凯的荣耀，其实也是他的一条出路。

但如何逼退朝廷，这确实是袁世凯的一大难题。袁家数代为官，袁世凯又已经是大清内阁总理——如果说逼退皇室一点心理障碍都没有，那也是假的。袁世凯更加不想背上一个"篡位"的骂名，不想让天下人认为他是"出卖"了大清朝廷才成为临时大总统。如何才能让大清平顺地过渡到共和，如何才能让皇室体面地退位，如何才能让自己光明正大地当上总统呢？袁世凯不愧是袁世凯，他很快意识到，既然共和是"民心所向"，那么就把这个球踢给"民心"吧。袁世凯给唐绍仪和伍廷芳一直谈不拢的政治和谈定了个调子：以召开"国民会议"的办法来决定。也就是说，无论是共和还是君宪，革命阵容和朝廷任何一方都不能决定，只能"交给大清全国人民来决定"。具体做法是由各省选出一些代表投票，一旦票决，双方都必须服从，否则即为全民公敌。

"国民会议"由袁世凯方面提出，自然也会由袁世凯方面主导，这对袁世凯是极为有利的，他必须把这个所谓"全民公决"把控在手里。如果最后票决的结果是共和，有了这个合法合理的程序，大清会平顺地过渡到共和，仍然能够迅速稳定局势；皇室能够以"尊重民意"的形象来体面退位，避免了被用武力推翻和上断头台的命运；他袁世凯也会通过合法合理的程序成为临时大总统，不仅避免了"篡位"的嫌疑和千古骂名，其他野心家也只能偃旗息鼓。

如果最后的结果是君宪，那也是袁世凯求之不得的，这会使他的第三次立宪改革前进一大步。想想看，一个朝廷，如果连决定国体、政体这么根本的权力都可以下放于民，这本身就是立宪的精髓，意味着皇帝和皇室只是一个象征，是"虚君"，受益最大的自然就是袁世凯这个内阁总理大臣。虚君立宪下的总理，那也就相当于共和国的总统，双方都是政府首脑，袁世凯又何必一定要去当共和国的总统？

有实力摆在这儿，袁世凯定下的调子就是双方和谈的调子，在朝廷方面，他是议和全权大臣，这个方案又是个万全之策。隆裕批准了。

1911年12月29日，唐绍仪团队和伍廷芳团队达成了召开"国民会议"的协议。为了给开大会营造良好的氛围和必要的环境，双方还一致同意，革命阵营不准再在新的地方宣布独立，袁世凯的北洋军也要在5日之内从防区后撤百里。

袁世凯很兴奋，他命令北洋军从第二天开始就准备后撤百里，首先拿出朝廷的诚意来。唐绍仪和伍廷芳开始就程序和细节问题展开谈判，双方又开始了扯皮。当然，原则问题已经谈妥了，只要双方真心拥戴"国民会议"，程序和细节也是可以解决的。袁世凯在等待着这个结果。

然而，仅仅一天之后，一切风云突变！

1912 年 1 月 1 日，袁世凯麾下大将突然全体发表通电：誓死维护君宪，坚决反对共和！将领们的语气极其强硬而愤怒。

1 月 2 日，袁世凯以"同意唐绍仪辞职"的方式宣告了和谈正式破裂！与此同时，自从和谈以来一直还算友好的氛围再次变得剑拔弩张。唐绍仪团队谴责伍廷芳团队在之前的谈判中只顾一己之私，动辄以"不谈了"相威胁，甚至不许发表不同意见，不准讨论君主立宪之可能性，"其态度之蛮横，形同专制"，与他们追求的民主共和形成鲜明对比。甚至列强驻华外交官也在了解相关事实后，表示双方和谈破裂，责任实在革命党一方。

北洋军方面，后撤停止了，子弹上膛，炮弹入膛，一场大战眼看又要打响！

召开"国民会议"是双方已经达成的协议，就连隆裕都批了，如果不是发生了让袁世凯和麾下大将们感到特别愤怒和难堪的事情，他们是不会做出如此过激的反应的。那么，1 月 1 日这天到底发生了什么？

就在这一天，已经回国的孙文在南京宣誓就任中华民国临时大总统。袁世凯有一种被羞辱和"上当受骗"的感觉，之前不是说了临时大总统之位给袁世凯留着吗？怎么孙文已经宣誓就任了？

第二十八章

# 清帝退位，袁世凯出任临时大总统

## 孙文为革命占据的有利位置

九次起义失败，为了筹款，孙文一直在美国各地马不停蹄地演说。

10 月 11 日这天，孙文正与随行人员奔赴美国丹佛市，第二天才在报纸上看到武昌兵变的消息。

和黄兴、宋教仁一样，武昌兵变的消息令孙文很是意外，经再三考虑后，他认为自己的任务不是赶回国内指挥战斗，而是仍然继续筹款，增加老牌革命党人的资本。可是从美国国务院到英国、法国外交部，孙文在欧美没有换来一个国家的支持，也没有筹到一分钱。

没有办法，11 月 24 日，孙文只得离开欧洲回国。这是自 1895 年广州起义以来，孙文第一次公开回到国内，除了自己的"同志"，大清国内大部分人对他都是陌生的。正如黎元洪所说，他根本不了解孙先生，也不知道他究竟有什么主张。

在香港，曾经的得力助手胡汉民前来迎接，他如今已是广东军政府都督。胡汉民告诉孙文：如果您继续北上上海、南京，一定会被推举为总统，但是一个没有一兵一卒和一分一厘的总统是没有任何意义的。袁世凯不可信任，不如留在广东练兵，将来对袁世凯和朝廷进行北伐，把全国政权掌握在自己手里！

　　孙文没有同意，他知道胡汉民这个都督是怎么来的。广东新军起事后，他们原本是想拥戴原两广总督张鸣岐为都督（正如武昌新军"拥戴"黎元洪一样），不过，张鸣岐不敢出任，竟然逃走了，大家这才推举了广东籍的老牌革命党人胡汉民。可见胡汉民这个都督也是"空头都督"，是替别人当的。孙文认为，既然在广东练兵也要从零开始，那还不如北上去"主持全国革命的大局"；袁世凯当然不可信，但可以利用他，如果能迫使他推翻清王朝，强过用兵十万。

　　经孙文这么一说，胡汉民想想也对，他立即写了一封手书，把都督之位转手"让"给了他人，跟随孙文继续北去上海。

　　此时的黄兴、陈其美等孙派人物正在上海急切地等待孙文的到来。黄兴不仅已经向南京的准国会提出"让位"于孙文，还提出不要选大元帅，要选就直接选孙文为临时大总统。各位"议员"最开始并没有同意，他们仍然强调临时大总统"非袁不可"。不过，黄兴态度强硬，他甚至有要带兵对准国会"施加点影响"的意思。"议员"们很快又同意了，只是强调孙文这个临时大总统也是暂时的，只要将来袁世凯一"归顺"，孙文就必须"让位"，这就是"议员"们答应选举孙文为临时大总统的条件。

　　地方实力派的态度为何会迅速转变呢？他们并不是忌惮黄兴手里的"兵"——要知道这些兵说到底也是他们的，他们不过是请黄兴出面来指挥而已，黄兴并没有实际上的军权。但以都督为代表的独立各省实力派总算是明白过来了：与其把临时大总统之位一直给袁世凯预留着，还不如先让革命党的旗帜孙文当上这个临时大总统，逼一逼袁世凯和他麾下的将领。独立各省反正只需要一面暂时走到前台的"旗手"，黄兴可以，孙文也可以，但都督们自己就不可以，否则其他都督就会有意见。而都督们无论选孙文还是黄兴当临时大总统都是不用担心的，在他们看来，孙、黄二人都是过渡性的。孙、黄无军无钱，不可能利用临时大总统之名掀起什么风浪，如此才为独立各省迅速接受，连条件都不用谈。如果实力够，大家选举他们，那还要与他们谈条件。

当然，独立各省答应选举孙文为临时大总统，也并不影响答应袁世凯提出的召开"国民会议"。反正还是在谈判，先答应再说嘛。

对于黄兴的这个举动，宋教仁又深深地失望了。现在黄兴倒是意识到了要争取的是"政府"的职位，而不是有名无实的空头军方职位，但他偏偏又要把临时大总统之位让给孙文。一直以来，宋教仁都希望黄兴能够出头，担任临时大总统。在宋教仁看来，只有黄兴当临时大总统，才有可能让他一直以来坚持的共和立宪落地——实行内阁制。

根据宋教仁的设想，未来中华民国的各个政党都要公开竞选国会的议席，获得多数席位的政党领袖，就是内阁总理，他可以在本党中挑选人员组成内阁。也就是说，内阁总理才是政府首脑，而总统就相当于英国的"虚君"，基本只是作为国家元首和国家的象征，执行礼仪上的活动。

宋教仁的这个设想一出，大家一片哗然：不就是你自己想当总理，掌握政府实权吗？看上去确实如此，宋教仁虽然有着极强的政治天赋和才干，但他实在是太年轻了（29岁），这么大一个国家，选一个不到30岁、声望浅的人当总统，这是闻所未闻，但如果有一位德高望重的年长者当总统，宋教仁再出面组阁当总理，这是有可能的。

对于"想当总理"，宋教仁比较坦然，后来他专门在报纸上写了两篇文章答辩。他说："世人污蔑我谋一己之私想当总理，由来已久，虽然没有这个事，但是我不想辩解，我反而是以此来激励我自己来当总理。国家政治既然是共和政治，那么国民人人都应该负责任，如果有人想当总理，这就不能再看作是君主专制时代的'谋反'，国家和人民都应该欢迎才对呀。共和不是学习美国吗？美国的小学生写作文，如果说他立志长大以后要为国服务，当总统，只会传为佳话，我们为什么就不能这样呢？"另外，作为一个虔诚的宪政主义追求者，宋教仁也是比较坦然的，宪政只是要限制权力，不是不要权力，追求宪政本身并不意味着要消解权欲，坚持"限制权力"才是最大的权力。

章太炎就很支持宋教仁。这个章太炎恃才傲物，能看得上的人没几个，对宋教仁评价却很高。他专门在报纸上写文章，认为宋教仁"有总理之才"，应该以宋教仁为总理来组织内阁。对于孙文，章太炎就很不客气，说孙文这个人善于议论，不能做事，否定了孙文的地位。另外，章太炎到处放风，说什么等孙文当总统这是"儿童之见"。

但如果宋教仁坚持内阁制只是为了他自己想当总理，那也称不上一位真正的政治家了。他是经过深思熟虑，认为民国的共和立宪只能实行内阁制。此时宋教仁的思想正可以用章太炎的一句话来表示——革命军起，革命党消。

章太炎所谓的"革命党"，其实指的就是同盟会中的孙派人物（以下简称"孙派同盟会"）。章太炎的意思是，既然革命的军事力量（包括革命的新军）都起来了，孙派同盟会这些具有威望的老革命就不能再包办革命了，更不能以一党（孙派同盟会）来组织南京临时中央政府，不能认为其他与孙派同盟会有不同意见的革命组织（比如章太炎的光复会）就是革命的敌人。

另外，从军队的角度来考虑，"革命军"的主力是革命的新军。黄兴虽然被推举为总司令，但他本身是同盟会之人，那么他领导的这支军队到底是革命的新军，还是属于同盟会的"党军"？如果这个问题不解决，黄兴就永远无法取得真正的军事指挥权。

最后，革命的新军中也有不少人是同盟会会员，但是，孙文等人也没有实力来把他们统一组织起来，以"党军"扫平包括袁世凯在内的一切政敌，建立属于"党"（同盟会）的绝对统治。既然如此，"诸君能战即战，不能战，弗以党见破坏大局"。所以，章太炎认为，必须以"国在党上"为理念，正好趁着孙文回国，解散同盟会——革命军起，革命党消。

章太炎说"革命军起，革命党消"看来是要让孙文等老牌革命党人向新兴的革命势力臣服。章太炎的这种想法自然是代表了当时革命党阵营中非孙派人物的一些看法，但是这对孙文本人和孙派人物的打击是巨大的。要知道享有同盟会威名的，正是孙文，他的手中没有军队，在"革命的军队"里几乎没有什么资源和威望,却有"革命的党"(同盟会),拥有一定的政治资本。也正是因为如此,孙文才不会当什么大元帅,他要任临时大总统,但如果真如章太炎主张的那样,连"党"(同盟会)都没有了,孙文就没有基础了!

宋教仁和章太炎又不同,他还是同盟会的人,他不会彻底放弃同盟会。同盟会一直是革命党,是秘密结社,革命党人之前擅长的是暴动、暗杀等暴力活动,这与以国会为舞台的公开的政党竞选有着本质区别。宋教仁主张把同盟会由革命党改组为政党,以便有合法地位参与将来的国会选举,而这也就是宋教仁主张内阁制的原因。现在,各省的都督和实力派成了新式的官僚集团,牢牢把持着行政大权,百姓们在行政系统的上升渠道很小,很难去当官、当都督,也不可能人人参选总统,但党禁已开,百姓们可以自由组党,也可以自由入党、脱党、换党。实行政党竞选的内阁制,就是进一步把政治向百姓们开一道口子,让人明白入党是可以实现政治权利和政治理想的,从而把政治这个盘子做到最大,最终实现全民政治和平民政治。

不得不说,从"建设"的角度,宋教仁的这种想法和袁世凯的"国民会议"有异曲同工之妙。宋教仁之所以希望黄兴出任临时大总统,也是希望将来"让位"给袁世凯之前,先把内阁制固定下来。

对于孙文,宋教仁一直是有自己的看法的。宋教仁认为,一旦孙文出任临时大总统,他不可能接受在他的总统之下再"横插"进一个有实权的总理,他一定会学习美国式的"总统制"——由总统直接组阁,总统既是国家元首又是政府首脑。其实总统制和内阁制并无优劣之分,但与即将诞生的中华民国不同的是,当时美国的选举制度已经很成熟了,总统就是由选民选出来的,而即将诞生的民国却没有这样的条件,只能由都督把持的国会选举总统。如果再由总统组阁组成政府,那绕来绕去,未来的中华民国岂不是空有共和、立宪之名,还是一权独大吗?

另外,实行内阁制,必然要将同盟会由革命党改组为政党,这就意味着不能再"革命"了，必然要接受将来的袁世凯政权，只能以政党竞选的政治手段而不是以武力的革命手段来制衡袁世凯的势力。孙文和宋教仁不同，虽然他们身上都兼具革命家和政治家的特性，但对宋教仁来说，他主要是政治家，而孙文主要是革命家，甚至可以说是终生的革命家，孙文会从一直以来的革命家完成向政治家的转变吗？革命最终是为了人民，而对一直认为"革命就是取得政权"的陈其美等人来说，他们会甘心吗？宋教仁对此抱有深深的怀疑。

2月25日早晨，孙文抵达上海码头，迎接他的有21响礼炮，宋教仁果然没有出现在欢迎的队伍里，他甚至连上海都没有去，还留在南京。日本朋友北一辉极力劝说，宋教仁气得满脸通红："老兄你也学日本浪人（指一贯'扶助'孙文的日本宫崎寅藏等人）的那一套吗？你的大元帅主张误了事，黄兴的优柔寡断又误了事，孙文的空想再来误事的话，革命将怎么办呢？黄兴食言不来（南京就任临时大总统）也无所谓，我有兵力（指南京的警察），决不允许孙派的人踏进城门一步！"

但宋教仁毕竟是同盟会元老，他既然不能像章太炎、陶成章那样彻底脱离同盟会，就必须"有大局意识"。在其他人的劝说下，宋教仁最终还是来到了上海见孙文。

果然，在同盟会内部会议上，就内阁制问题，孙文与宋教仁发生了激烈的争执。孙文的态度比较强硬，他的意思是：为革命考虑，现在最重要的是集中政治权力。既然现在大家都不信任你宋教仁，只信任我，只能推举我当总统，我们"就不能对唯一信任推举之人再设限制"，我个人也不会屈从个别人的意见，把自己当成一个"政治花瓶"，"以误革命大计"。另外，即使要推进民主，在革命成功之后的一段时间内"以专制来推进民主"或许恰恰是这块土地上最现实的选择，因为在专制传统深厚的土地上，人们还没有民主的习惯（多年以后，孙文正式提出了共和立宪分三步走：军政、训政、宪政）。

宋教仁毫不退让，仍然坚持己见。他的意思是，共和立宪本已超越了君主立宪制，如果实行总统制，连内阁制也一并超越了。内阁不善，可以更迭；总统不善，罢免则很困难（民国总统实际上是地方实力派在内部平衡后推选出来的），如必欲罢免，必然引起政治动荡，动摇国本（各地方实力派都会争相推选自己阵容的"总统"）。所以总统制虽然在美国已经很成熟了，但在民国不一定合适。民国有自己的国情，如不顾国情，一味超越，欲速则不达。

看来，孙文和宋教仁的想法有着根本上的分歧。孙文果然是仍旧站在革命的立场。革命家擅长于"不破不立"，坚定地相信只有由革命者主导的政治才是"好政治"，革命不成功，政治就不会成功；而宋教仁这样的政治家会放弃这样一种信念，即总想发明一种空前绝后的好制度，一种一劳永逸的制度，而不是在世界范围内已有的制度里选择一种普遍最好的，再结合自己国家的国情进行学习和探索。在宋教仁看来，政治是世俗的，也是现实的，尤其不能有完美主义，如果政治家总想凭空创造或者摸索出一条完美的道路，那么就是危险的。

考虑问题的出发点都完全不一样，两个人自然是谁也说服不了谁，也无法达成妥协。在其他人看来，宋教仁坚持和孙文"作对"，不过是不愿意看到他在南京开创的一片天地，最后由孙文来"摘桃子"。宋教仁除了他自己，没人支持他，黄兴劝说宋教仁必须服从"党议"，尊重孙先生。宋教仁只得愤愤不平地返回南京，继续向在南京的准国会游说他的内阁制。

准国会（也就是以都督为代表的地方实力派）自然不会理睬这个需要他们让权的内阁制。12月27日，准国会派出了三名代表前往上海与孙文会面，商议选举孙文为临时大总统的程序，三名代表首先向孙文强调，这个"临时大总统"是过渡性质的，将来还必须接受中华民国临时大总统"非袁不可"的现实，需要"让位"给袁世凯。孙文立即回答：那不要紧，只要将来袁世凯真能拥护共和，我就让给他。

另外，孙文还提出条件：总统就是总统，"临时"二字可以不要，并提议中华民国从此改用公元纪年，他于公历 1912 年 1 月 1 日就职——孙文对此又是有现实考虑的，此时还是农历十一月初八，按照惯例，新的就职典礼一般都在新年正月初一举行，而改用西历，孙文在几天后就可以就职。

三名代表表示这两件事情太大了，必须赶回去请示，三人于是连夜把孙文的条件带回南京。第二天，准国会开会认为，"临时大总统"的"临时"二字不能去除，因为此时南北尚未统一，统一的中华民国还未成立，正式的宪法也还未制定，正式的总统自然无从谈起；至于改用西历，出于让孙文尽快就任的考虑，最终勉强通过。

12 月 29 日，准国会开始选举临时大总统，候选人有三位：孙文、黄兴和黎元洪。在南京的"议员"们自然不会选湖北的黎元洪，黄兴已经明确表示不会当，那自然就是选孙文了。一省一票，总共 17 票，孙文获得 16 票，另一票仍然投给了黄兴。选举采用的是无记名投票方式，我们有理由相信，孙文缺的那一票，应该是宋教仁做通了其中某一省的工作。

12 月 30 日，准国会再次通过决议，说明昨日已经选举出临时大总统，"已足见国民多数赞成共和，毋庸再开国民会议"。这个决议本身就说明了独立各省同意让孙文出任临时大总统的秘密：他们急需一个人来继续扛起革命的旗帜，以准国会来取代袁世凯的"国民会议"，"国民会议"是袁世凯方面提出的，地方实力派也必须将这个"全民公决"把控在自己手里。

地方实力派需要的这个人就是孙文。对孙文来说，袁世凯要开"国民会议"，按照原计划，投票权掌握在独立各省都督手中，孙派同盟会必将迅速被边缘化，也就没他们什么事了。由此，孙文就必须在地方实力派这边尽快就任临时大总统，从而获得与袁世凯"平起平坐"的地位，逼迫他不得不把孙派人物视为平等的谈判对手，增强孙派人物在大清政权覆灭后权力再分配中的筹码。如此一来，地方实力派和孙派同盟会都希望孙文尽快就任临时大总统，越快越好。

1912 年 1 月 1 日，孙文离开上海，前往南京，宣誓就职中华民国临时大总统，以象征"五族共和"的五色旗为临时国旗。出于对孙文的不完全放心，1月2日，准国会（实际上是以都督为代表的地方实力派）对准宪法《中华民国临时政府组织大纲》进行了修订，增设了副总统一职；1月3日选举黎元洪为副总统。20多天后，准国会改名为"南京临时参议院"，孙文果然选择了参照总统制，不设总理，直接组阁。几千年以来，一个以共和立宪为目标的"临时中央政府"诞生了！

孙文组阁之时，宋教仁曾建议：内阁阁员全部用革命党人，不用旧官僚。当然，宋教仁这是在为内阁制做再一次的努力：排除旧官僚在新政府中的势力，全部用革命党人，也就是把大清原有的官制变成了政党内阁，革命党就相当于自动改组成了政党。而党务（不是暴动、暗杀）一向是宋教仁的特长，只要成为政党的领袖或者实际控制人，宋教仁也就相当于内阁总理。但宋教仁这个建议注定是不会被采纳的，出于现实考虑，孙文的内阁名单照顾到了方方面面，既有原大清官员，也有立宪派，还有革命党人。

从《中华民国鄂州临时约法》起，宋教仁已经彻底得罪了黎派、独立各省实力派、旧官僚甚至孙派同盟会，成了真正的"孤家寡人"。孙文原本提名宋教仁为内务总长，被准国会否决，仅仅担任总统府法制院院长。许多人为宋教仁抱屈，宋教仁说："总长不总长，无关宏旨，我素主张内阁制，且主张政党内阁，如今七拼八凑，一个总长不做也罢。"

宋教仁是不会放弃他的政治理想的，他仍然会把握时机付出不屈不挠的努力。接下来，按照程序，南京临时政府就该继续"拉袁"了。地方实力派毕竟不敢彻底得罪袁世凯，毕竟还需要袁世凯去逼退皇室，必须要让他放心：我们虽然在南京选出了一个临时大总统，但这只是暂时的，"非袁不可"的现实仍然没有改变。张謇对袁世凯发电：大哥只要你今天逼退皇室，明天就能拥戴你当总统（"甲日满退，乙日拥公"），甚至在孙文的誓词中，都不得不加上要"让位"的意思："至专制政府既倒……斯时文当解临时大总统之职。"与其说这是让孙文就职的誓词，不如说是让孙文表明一定会辞职让位的誓词，也算是能让袁世凯和他麾下的将领们在愤怒过后，又审时度势，重新回到和谈之路上。

双方的代表唐绍仪和伍廷芳转入了私下谈判。共和已经在南方成了既定事实，接下来要谈就的不再是共和还是君宪，而是围绕着袁世凯如何逼退皇室、孙文如何"让位"的程序。这实际上涉及南北方一笔政治交易，自然是不好公开进行的，双方就私底下你来我往，讨价还价。

## 孙文用尽手段筹款

1月11日，孙文宣布自任北伐总指挥，任命黄兴为陆军总参谋长，准备对袁世凯和大清朝廷进行"六路北伐，合攻北京"。孙文的意思是，该谈的都只管谈，但并不影响他准备以武力来统一全国。

孙文这个大手笔确实令人瞠目结舌，但他首先要解决的仍然是那个自从闹革命以来就有的老问题：筹款。

孙文回国时，传言他带回了巨额款项，还有先进的战舰，并说他在外洋有良好的信用，可以源源不断地获得贷款。

没想到孙文对记者说：予不名一文也，所带者革命之精神耳！

革命多年，孙文其实一直在想办法筹款。

在从香港到上海的途中，他对日本友人山田纯三郎说："帮助搞点钱吧！越多越好，1000万、2000万都可以！"这个数字惊得山田纯三郎目瞪口呆。

孙文说的是事实。组建一个新政府，最起码首先要有钱把这个政府里的人养活。但南京临时政府没有经济实体，也没有赋税来源，各省都督只是需要先让孙文出任临时大总统，至于孙文的实际花销，他们是不会管的；税收也不会上交到南京，不伸手向南京要就已经很不错了。

孙文每天都在为钱的事情忙得焦头烂额。一次安徽省需要军饷，孙文大笔一挥，批了20万银圆。胡汉民手持批条去财政部领钱。然而，"库中仅存十洋"。就是这10块银圆，据说还是陈其美的上海军政府支援中剩下的。

南京的士兵领不到军饷，他们开始骚扰和抢夺百姓财产，和过去的清军没有区别。南京临时政府的形象和威信大打折扣，孙文不得不两次下令要注意军纪，防止士兵抢劫市民财物。这是孙文就任临时大总统期间，唯一一次就同一个问题发布两个大总统令。孙文本来希望张謇来出任财政总长，让他协助缓解财政危机，可张謇坚决不干，只是勉强答应出任实业总长，而且长期住在上海，不来南京办公。南京临时参议院也在开会时常常连人都来不齐，有时候甚至只来几个人。

没办法，孙文只好又去向列强政府借钱，但是南京临时政府还没有得到国际社会任何一个国家的正式承认，自然也借不到钱了。列强公开的理由是：南京临时政府不能代表革命之南方各省，其临时参议院之"议员"，不是经合法程序产生的。当然，列强有自己的打算，他们更看好实力派袁世凯，他们真正支持的是袁世凯。

多年来，孙文一直希望从列强那里获得对革命的帮助，没想到闹革命时不给予帮助，现在南京临时政府都成立了，还是不予以承认和帮助，这对孙文的打击又是巨大的。一个新政权，如果没有得到国际社会任何一个国家的承认，就意味着无论是在现实还是历史中，南京临时政府的地位都是不高的。寻求合法性，成了孙文迫切的心理需要。

孙文向记者表示：只要列强承认南京临时政府，即举袁世凯为大总统。也就是说，孙文不惜以放弃北伐为条件，首先获取列强政府的承认。或者说，孙文也知道袁世凯必将出任临时大总统，所以希望在"让位"之前，南京临时政府能够得到国际社会承认。但结果仍然令孙文失望了。

孙文只好又去找日本人。山田纯三郎等人没钱，还是只能去找日本政府，但南京临时政府拿不出任何东西作抵押。孙文和黄兴想到了原本属于大清的经济实体——汉冶萍煤铁矿公司。

一直以来，日本国内的八幡制铁所都需要从汉冶萍进口优质铁矿石，还是在大清时，日本人就特别热衷于给汉冶萍贷款，当然，日本人是想通过贷款，把汉冶萍变为中日"合办"，最后达到控制汉冶萍的目的。此时汉冶萍已经从日本银行贷款1000万万日元，孙文方面就提出由汉冶萍代南京临时政府再借500万日元，日方只需要支付部分现金，其余的用于南京临时政府向日本三井物产购买军械。除了这项优惠条件之外，同时还规定：汉冶萍股本是3000万日元，借款总额1500万日元作为日本的股份。这样，日方的股份就占了一半，日本只要再付出不到500万日元，就达到了对汉冶萍"合办"的目的，日本方面肯定是会同意的。

日方果然同意了，不过他们又加了一条：南京临时政府将来若对外国出让矿山、铁路、电力等权利而借款时，应在同等条件下优先让于日本三井物产。

日方没有问题，接下来必须让汉冶萍公司同意。这个公司的实际控制人就是已经逃到日本的盛宣怀。黄兴在电报中警告盛宣怀：你必须同意，否则就派兵没收你在国内的财产。

一听说"革命的政府"要没收自己的私人财产，盛宣怀也不得不同意，他最终与黄兴达成协议：南京临时政府负责保护和发还盛宣怀在国内已被充公的财产，盛宣怀同意由汉冶萍代南京临时政府向日方借款。

2月2日，孙文、黄兴在与日本的借款合同上签字；2月13日，日本把200万日元交付给南京临时政府。孙、黄总算是解决了燃眉之急。

而盛宣怀一直担心的事情还是发生了。此事虽然是在私底下进行的，但在签约当日即被上海报纸报道。章太炎立即跳出来"表示强烈谴责"，就连实业总长张謇也严厉反对。张謇对孙文说："这件事情事先没有通过我，大总统您私自决定，而事后您又不允许我进行补救，我这个实业总长实在是尸位素餐。"张謇坚持辞职。

在湖北的黎元洪副总统趁机找到了攻击孙文的机会，他说：当初清政府都不敢如此交易，把汉冶萍大张旗鼓地交给日本人，现在南京临时政府却倒行逆施，悍然为之，此种野蛮专制行为，恐怕连满清余孽都会笑话我们革命党人，百姓们也会说我们连清政府都不如。黎元洪还攻击南京临时政府"威吓"临时参议院议员，唆使少数议员秘密开会，擅自通过借款合同。黎元洪甚至提出要把签订合同之人枪毙，他表面上指的是盛宣怀，实际上是暗指孙、黄二人。

各省最终酿成了"反对中日合办、废除合同"的风潮，南京临时参议院也向孙文发出质询。不过，社会舆论也普遍认为，这应该是孙文和黄兴受了盛宣怀的蒙骗，因为盛宣怀在"保路运动"中早已经是臭名昭著，没人相信他了。孙文和黄兴就把与日方废除合同这个烫手的山芋又扔给了盛宣怀，表示只要盛宣怀办好这件事，将来可以代为向袁世凯疏通，使盛宣怀能安然回国。没办法，盛宣怀只好来善后，合同最终废止。

200万日元对南京临时政府来说只是杯水车薪。2月3日，孙文又向日方提出：希望再借1000万日元。为了说动日本人，孙文还说明，此项借款是用于北伐袁世凯——日本也一向视袁世凯为大敌，并希望能够在2月9日之前得到确切答复，否则一切都迟了。

此时，与袁世凯的和谈大局已定（2月12日，隆裕正式下诏宣布退位）。孙文对日本人说：如果我们借不到钱，那么只有在南京临时政府崩溃之前，作为最后之手段，先与袁世凯缔订和议，以防天下大乱，将来再慢慢想办法谋取军费，以武力扫除北京势力，拟定革新天下之方案。也就是说，孙文仍然认为，"袁世凯不可信任"。只要能够筹集到必要的经费，能够维持南京临时政府的运转和支撑北伐，即使与袁世凯的谈判已经达成，皇室已经退位，中华民国"共和"已成，他还是会想办法以武力对付袁世凯。

在当初与胡汉民的商议中，孙文曾经反对北伐，现在出任了临时大总统，却又突然力主北伐，看来，相比于通过"拉袁"来获得共和，孙文更看重的是如何让革命党人取得政权，如何让"革命成功"。

但日本政府没有同意借款。

在现实面前，孙派黄兴、汪精卫等人都劝说孙文断了北伐之念，回到"让位"袁世凯的"预定轨道"上来。通过"让位"袁世凯来获得共和，虽然不那么圆满，但这也许是这么多年来为革命努力奋斗的一个最好的结果，相比历次起义已经死去的人，生者又何须计较个人名分！

孙文最终停止北伐，决定"让位"。

## 三次暗杀，清帝退位

在孙文准备武力北伐的同时，南北双方的谈判也在进行。和之前的公开谈判不同，严重影响这次谈判进程的是三次暗杀。这三次暗杀都是由革命党人指向袁世凯、皇室的暗杀。令人惊奇的是，暗杀对象竟然还包括革命党人自己的"同志"。

一直以来，光复会副会长陶成章和陈其美有私人仇怨。陶成章是一个反对贪图享乐，过着苦行僧一般生活的人，对陈其美很看不惯。几年前陶成章曾经当着孙文等人的面规劝陈其美，让陈其美大失面子，两人就此结下仇怨。

南京临时政府成立之后，陈其美想出任浙江都督一职，但浙江一直是光复会的地盘，章太炎、陶成章强烈反对陈其美出任浙江都督。陈其美和陶成章之间又添上了"新仇"。

正当孙文在南京计划"六路北伐"的同时，陶成章也在上海组建北伐军，积极准备北伐。请注意，这是陶成章的北伐，而不是孙派人物的北伐。正是因为章太炎、陶成章也是老牌革命党人，也能起到"旗手"的作用，一旦他们借"北伐"真的发展起军事力量，这对孙派在南京和南方的地位是严重的挑战。在陈其美看来，"革命"只能由孙派人物来包办，就是孙派这一家，别无分店，陶成章要开分店，自然就是"假革命"，那么他就要"打假"。

这个"打假"就是暗杀。

1912年1月14日凌晨，在自己的地盘上，陈其美指派自己的"小弟"、同盟会会员蒋介石等人将34岁的陶成章枪杀于上海。

陶成章这个主力一死，光复会人人自危，就连章太炎也收敛了很多，负责军事的二号人物李燮和转入实业、教育，后来干脆举家迁往南洋，光复会解体了。陶成章没有想到，革命党人的暗杀不仅可以用于对付朝廷高官，还可以对付革命党人，自己没有死在朝廷的屠刀下，却死在了"同志"的枪口下。

陶成章之死是孙派巩固南方地位的大事件，他们仍然站在与袁世凯平起平坐的位置上，袁世凯仍然只能把孙派当作和谈对手。而接下来遭遇暗杀的人，就是袁世凯本人。

1月16日，退朝回来的袁世凯车队在东华门外遭遇炸弹袭击，当场炸死多人。袁世凯被扣在炸翻的车下，爬出来后逃出一命。这次直接实施暗杀的是同盟会京津支部的革命党人，他们有没有接受孙文或者南京的指示，这又是不得而知。总之，如果袁世凯被炸死，自然也是南京方面愿意看到的。

暗杀过后，袁世凯被吓破了胆，深居简出再也不敢招摇过市。

还是赶紧实现共和吧！共和实现了，至少革命党人就没什么暗杀他的理由了。

袁世凯终于要面对逼退皇室这道难题了。隆裕也没什么牌可以打了，她曾经一把鼻涕一把眼泪地要求袁世凯救救他们孤儿寡母，每天亲自给袁世凯制定菜单，派100多位太监把100多道菜亲自送到袁府上，中午、晚上各送一次，其中还有一块给袁家用于祭祀祖宗的肉。因此，袁世凯吃饭就变得很麻烦了，首先他得冲着那道圣旨和菜谱叩头，然后把那块肉献到祖宗的牌位上。袁世凯只好赶紧上奏请太后免了赐给他的御膳。

为了笼络住袁世凯，隆裕太后又想出了一招。她赐给袁世凯一等侯爵的爵位，与当年的曾国藩同等待遇，据说前去宣读懿旨的是已经辞职的载沣。很显然，这是让载沣为当初开缺袁世凯而道歉。袁世凯再三上奏推辞，最后隆裕干脆下旨"不许不接"，袁世凯这才接受。

袁世凯一定会适应形势逼退皇室，但也一定会保全皇室。对他来说，出任临时大总统有两个合法性来源，除了南方孙文的"让位"，还有皇室的退位，这两者缺一不可才能造成共和。袁世凯毕竟是大清官员，南方实际上一直是他的敌人，他一定会更看重来自朝廷的这份合法性。在他看来，他与大清朝廷是"授权"与"被授权"的关系，与南方是"政治交易"的关系。站在袁世凯的立场，他也不想从曾经的"敌人"——南京方面承接政权，只想从大清朝廷承接政权，如此他就不需要做"革命党的总统"了，保全皇室的安全与体面，这是他作为大清内阁总理的职责，是他最后的情感所系，也是他维护自身合法性的需要。

在多次指示唐绍仪一定要争取最大的"优待皇室条件"之后，1月20日，袁世凯提出了方案：由朝廷授权他在天津组织南北统一临时政府，临时政府成立的同时清帝宣布退位；清帝退位两日后，南京临时政府即行解散。

新的共和政府来自朝廷的授权，也就是说，袁世凯让朝廷包揽了他的全部合法性，不关南京临时政府什么事了，甚至新政府所在地连北京都不是，而是袁世凯的老根据地天津。这相当于为皇室留下了一个北京城，实际是另一种形式上的"虚君立宪"！

袁世凯的伎俩自然逃不过孙文的眼睛，孙文令伍廷芳传达他的意见：清帝退位后，大清的一切政权同时消灭，不得"私授其臣"，新政府的组建必须通过南京。

看来，双方争论的焦点是"大清是否先灭亡"。袁世凯的意思是，大清是已经得到国际社会承认的（而南京临时政府没有得到国际社会承认），如果大清先灭亡，那么中国大地上岂不是一时间就没有被国际社会承认的政府了？国际关系如何处理？如何对待外国人？当然，袁世凯其实是以这个理由，为他的合法性来自大清而做最后的争取。

然而，1月22日，孙文不顾伍廷芳的坚决反对，突然以通电的方式公开向袁世凯提出了最后通牒。"让位"必须分五步走：第一，清帝退位，由袁世凯电告国际社会并请各国驻京公使或者驻上海领事转告南京临时政府（这相当于借"让位"之际让国际社会变相承认南京临时政府的合法性）；第二，袁世凯明确表明赞同共和；第三，孙文辞去临时大总统职务；第四，南京临时参议院选举袁世凯为临时大总统；第五，袁世凯在当选临时大总统之后，必须宣誓遵守参议院制定的宪法。

不得不说，孙文的这个最后通牒确实是对袁世凯的反戈一击，这等于告诉了世人：孙文的临时大总统之位和南京临时政府都成了正统，临时大总统之位就是孙文"让"给袁世凯的，而不是袁世凯以逼退皇室之功"该得的"。袁世凯成为临时大总统的合法性不仅不是来自大清，而是全部来自南京。孙文主动"让位"，就是为了共和。而袁世凯在事实上是"用大清江山换来了总统宝座"，彻底沦为大清的"篡臣"。

这自然让袁世凯很愤怒，他立即提出抗议，谴责孙文为什么突然为议和提出附加条件。不过，袁世凯抗议归抗议，他发现自己还真没有办法拒绝。孙文早就在通电中说明这是最后的解决办法，如果谈不成再起战端，开战的罪名和责任都由袁世凯负责，如果坚持拒绝，舆论是会一致谴责袁世凯的。

皇室自然也看到了这份通电，反正已经曝光了，袁世凯干脆公开和皇室撕破脸面。1月26日，前线将领段祺瑞等人联名通电，要求清帝退位，否则他们将从前线返京，与阻挠退位的王爷们剖陈利害！

就在这一天，京津的革命党人又成功地对皇室中反对退位的良弼实施了暗杀。良弼没有袁世凯那么走运，经抢救无效后死亡。王爷们对"留住大清江山"抱有侥幸心理，不过想继续躲在大清朝的温室里，现在发现连生命安全都没有保障，只好悄悄打点好家产，取出存款，随时准备出逃。再也没人来阻挠退位了。

袁世凯已经为皇室争取到最大的优待条件——至今我们能够见到的有关清帝退位条件的修改稿，以袁世凯手批版本给出的条件最为优厚，这大概是他最后的补偿吧。

最后的条件包括仍然保留清帝的称号；中华民国政府按照对待"外国君主之礼"来对待溥仪与隆裕；每年由民国政府直接拨付400万两白银做生活费；隆裕母子以及他们侍卫、太监、宫女等还可以继续居住在紫禁城——大清的天下，被限制在了紫禁城里头了。

对隆裕母子来说，居住问题解决了，还有生活费——日本天皇没有退位，还不一定有这样的待遇。这样对待"前朝"的条件，不仅为几千年以来未有，甚至在人类历史上都可能是前所未有的，那就退位吧！1912年2月12日，隆裕下诏，宣布率同溥仪退位。也许直到退位的这一刻，隆裕都想不明白，在最后几年的光阴里，体制僵化莫过于晚清，改革步伐之大莫过于晚清，甚至思想之开放也莫过于晚清，然而大清终究亡了！

袁世凯获得了"以全权组织临时共和政府"的权力，诏书同时规定了"将统治权归诸全国，定为共和立宪国体"。未来的中华民国，不仅要共和，更要大清多年以来一直努力的宪政。

接下来，该轮到孙文履行他的诺言，送上辞职书，选举袁世凯为中华民国临时大总统了。

## 孙文"有条件让位"

孙文并没有食言，两天后（2月14日），孙文正式向南京临时参议院提交了辞职咨文，但同时附加了三个条件：

首先，中华民国的临时"中央政府"设在南京，这是之前的"准国会"所定的，不能更改，袁世凯也必须遵守——也就是说，袁世凯只能来南京任职，定都南京。

其次，袁世凯亲自到南京任职时，临时大总统以及南京临时政府内阁人员乃行解职——也就是说，如果袁世凯不来南京，孙文其实就没有辞职。

最后，南京临时参议院在《中华民国临时政府组织大纲》基础上正在修改的新的准宪法——《临时约法》，袁世凯日后必须遵守。

很显然，这三个条件中，最关键的是"定都南京"，让袁世凯离开自己的大本营来南京。孙文明显是仍然认为袁世凯"不可信任"，要调虎离山。而章太炎和宋教仁早就唱过反调。宋教仁认为，中华民国只能定都北京，因为日俄对满洲、蒙古的领土有极大的野心，以中国目前的实力，定都南京则为放弃满蒙。

南京临时参议院不少议员对此抱有相同看法。2 月 14 日当天，临时参议院就这个议题进行决议，包括很多同盟会会员在内的议员都认为定都南京不可行，否决了孙文的提案，并决议定都北京。

得知这个投票结果，孙文大发雷霆，他和黄兴立即召集参议员中的同盟会员开会，要求必须按照孙文的意见投票，然后黄兴又扔下了著名的那一句话："这是你们议院自动翻案，政府是不会妥协的，限定你们在规定时间内改正过来，否则我派兵来！"

没办法，临时参议院只好又赶紧在 15 日复议改正过来，决议定都南京。议员吴玉章回忆，开会时，"陆军总长黄兴以兵临议院，警卫森严"。同一天，临时参议院以全票选举袁世凯为临时大总统。

袁世凯当然不愿意南下。他在电报里说得情真意切，除了提到保卫满蒙问题，他还说："北方的局势现在还很复杂，我袁世凯都还没有完全镇住，而且北京一直是首都，迁都南京，北方的军民甚至包括列强驻华使节都会有意见；另外，即使我到南京，皇室不可能到南京，如果将来有人利用皇室再反对民国怎么办？所以，我反复考虑，与其让孙大总统辞职，不如我袁世凯先在北方维持着秩序，等着南京方面'将北方各省以及军队妥善接收'，我就退归田园，当一个共和国之国民。"

袁世凯自然是在将孙文的军。其实，还有一个原因是袁世凯没有说出来的：他在北京都遭遇暗杀，连家门都不敢出，哪里还敢去南京？

可是，孙文的态度是坚决的。孙文干脆派出了一个"迎袁专使团"，专门来北京迎接袁世凯南下去南京宣誓就职。袁世凯又骑虎难下了。不过，事情果然如袁世凯所说，京津和直隶地区发生了谜一般的兵变骚乱。北洋军以抢劫、闹事来阻止袁世凯南下，列强打着保护使馆的旗号，准备调兵进京。眼看又一场八国联军之祸就要发生，社会舆论、北方各位都督以及远在武昌的黎副总统又跳出来反对袁世凯南下。在这种情况下，孙文自然也没有任何理由再坚持让袁世凯南下了，于是南京临时参议院又开了一次会，通过了一个新的决议——允许袁世凯在北京就职！

有人说，这场兵变是袁世凯自己策划的，目的就是拒绝南下。其实是不是袁世凯的授意并不重要，事实就是这样：有袁世凯在，至少能镇住北方；袁世凯不在，无论是北洋军、北方的革命党人，还是其他帮会、土匪等各种力量，都有可能为称王而混战，引发骚乱，导致列强出兵。

1912 年 3 月 10 日，袁世凯在北京正式就任临时大总统，局势似乎已经尘埃落定，南北方似乎已经达成一致了。

但袁世凯的"麻烦事"并没有完。第二天，孙文在南京签发了南京临时参议院起草的《临时约法》。在各国，宪法出台之前应该有让一个全社会各阶层广泛讨论的阶段，如此才能让宪法对无论是政府还是人民的任何权力都加以规范限制，不允许任何一方坐大，也才能让宪法不具有党派性，让各个党派都服从宪法。那么，南京方面为何要急于推出这样一部准宪法呢？

人们一般认为，《临时约法》就是孙文等革命党人为了限制袁世凯而出台的。孙文当临时大总统的时候，参照的是美国式的总统制，等到要"让位"给袁世凯，又变成了内阁制，这明显是"因人设法"，是人治而非法治。

其实这并不符合事实。立法权在国会，无论是孙文还是精通法律的宋教仁，都不能主导《临时约法》的制定。《临时约法》是南京临时参议院（实际上是以都督为代表的地方实力派）制定的，地方实力派用参议院制衡着孙文，现在，临时大总统变成了更难对付的袁世凯，自然更要想办法掌控袁世凯。《临时约法》就是在这样的背景下出台的，它可以用一句话来概括——又一次大大提升了国会的权力。

首先，它增设了总理一职，但与内阁制中"如果某个政党在国会选举中获得多数席位，这个党的领袖就自动成为内阁总理并且是政府首脑"不同，《临时约法》规定的是总理由总统任命，但必须获得参议院通过。总统仍然既是国家元首又是政府首脑，总理只是总统的下级和助手，是辅助总统掌握行政大权的。然后，国会对包括总统、总理在内的高级官员都有弹劾权，而总统没有相对应的解散国会之权。

在美国，国会和总统都是选民选出来的，总统有权任命各部部长，但也要由参议院通过，这些部长只是总统的下级和集体顾问，只对总统个人负责。总统行使的行政权只对宪法和他的选民负责，不对国会负责，而国会行使的立法权也只对他们的选民负责，国家的行政机关和立法机关完全分立。当总统或者政府的高级官员违反宪法时，国会可以提出弹劾，总统也没有解散国会之权。这就是以行政权最后的归属方式而命名的总统制，与宋教仁一直主张更符合民国国情的内阁制相对应。很显然，除了多出来一个一般内阁制中才有的"总理"，《临时约法》已经完全采用美国总统制的模式了。

但问题仍然是，当时美国的选举制度已经很成熟了，选举权掌握在人民手中，总统确实不能解散国会，但国会也不敢轻易弹劾总统以及总统挑选的高级官员，因为总统也是人民选出来的，受到人民的信任，否则国会自己就下不了台了。但《临时约法》规定参议员由各省选派，选派方法由各地方自定，虽然也规定了百姓有选举和被选举权（毕竟是民国了，要打着共和立宪的旗号），但谁都知道这是根本没有落地的，参议院仍然受以都督为代表的地方实力派掌控。总统以及通过总统提名的包括总理在内的内阁成员是由参议院（实际上是以都督为代表的地方实力派）选举出来的，参议院只要发现总统"有谋叛行为"（而不是违反宪法）就可以弹劾。但什么是"谋叛"呢？这就很模糊了，总统任命几个他信任的人，或者要求动用一下军队，也可以认为他是图谋不轨，这相当于要把包括袁世凯在内的政府变成受参议院控制的"傀儡政府"！只要参议院发现这个总统"不听话"，它就能够以"代表人民"的名义并依据《临时约法》的名义弹劾。

而总统除非已经在人民中享有极高的威信，拥有极强的演讲能力，否则在关键时刻是无法寻求人民的支持的——对人民来说，反正你又不是我们选的，还不如地方实力派跟我们关系密切，我们又何必来帮助你呢？这和当年载沣面临的情况是一样的！

现在看来，《临时约法》确实是"因人设法"（针对袁世凯），也是"因权设法"（以都督为代表的地方实力派仍然想把控权力），它表面上学习当时美国的总统制，却又不是真正的总统制，也不是真正的内阁制。这部在匆忙之中推出来的准宪法，只是地方实力派打着共和立宪的旗号向新生的袁世凯政府争权（而不是分权）的产物。趁着新生的袁世凯政府成立的这个"多事之秋"，地方实力派没有压抑自己不正当的权欲，没有在共和立宪的原则下把他们自己也纳入法治轨道，没有把宪政建设和健全宪法放在第一位。《临时约法》本身就是违反宪政精髓的，由于国会几乎没有什么制衡，百姓们制衡不了国会，议员们必将肆无忌惮，行使职权时不顾后果，自身的腐败也必将愈演愈烈。4月，南京临时参议院迁往北京后，很快出现了天天泡在八大胡同里出卖选票的"议员"。正是他们自己开启了践踏宪法和"贿选"之风！

不得不说，这部"自动代表人民"的粗制滥造的准宪法，为后来的局势动荡埋下了伏笔。自此之后，国会粗暴干涉行政权、军人以武力威胁议员、议员以缺席罢工抗议，甚至总统与总理争权的"府院之争"轮番上演，中华民国陷入了连年的政治纷争，最后竟然又回到了"还是枪杆子说话管用"的老路，回到了没有皇帝却人人想当皇帝的老路，回到了被它所取代的大清内部崩溃式的老路。中华民国持续动荡的最为根本的政治原因、民国乱局的一大根源，可以说就在于这部《临时约法》！

这必然会引起行政权的强烈反弹，正如后来发生的一幕，当有议员扬扬得意地对袁世凯说："议会就是监督总统的。"袁世凯反问："谁来监督议会呢？"议员给出了"人民"作为答案。袁世凯暴跳如雷，他说："我没看见人民，只看见一个个（在这里装模作样）的人！"

民国开始共和立宪时，其实很多人都做好了接受曲折的准备，只是没想到最后竟然曲折成了这个样子。大清灭亡了，民国成立，但人们看到的还是那个满目疮痍的政治，一切都变了，一切又从未改变。

但是在此期间，也曾经有一个人以他全部的智慧和精力，为民国的共和立宪继续做出自己的努力，艰难地拾阶而行，如彗星一般划过夜空，和袁世凯一前一后死在民国初年。

他就是宋教仁。

第二十九章

# 大清灭亡，民国重回革命

## 同盟会的新阶段

孙文"让位"了，同盟会该怎么办？是按照孙文的意思继续保留革命党的色彩，还是按照宋教仁主张的褪去革命党的色彩，改造成公开的政党？

这个问题的关键在于是否认可袁世凯政权。

如果认可，孙文已经"让位"，民国已经成立，再革命就没有任何理由了，同盟会要么解散，要么改造，宋教仁的主张才是大势所趋，连孙文也无法阻挡。1912年3月，同盟会由地下走向公开，宋教仁被选举为政事部主任干事，开始对同盟会进行政党改造。

宋教仁果然不负众望，他挑选同盟会中的非激进分子，与其他民主政党、社团合并和改组，成立了合法公开的全新政党——中国国民党。宋教仁成为代理理事长，虽然名义上的理事长还是孙文，但很显然，宋教仁已经成为这个全新政党的操盘手。这个政党脱胎于同盟会，或者说取代了同盟会，但它又明显区别于以往的同盟会，它成了合法政党，没有了革命的宗旨和色彩，用宋教仁的话来说，这就是"毁党造党""大公无党"。

宋教仁自然不会只是改造同盟会这么简单，这一切都是为了实现他的政治理想——政党竞选和内阁制。袁世凯就任临时大总统之后，南京临时参议院随之迁往北京，改为北京临时参议院，并立法规定 1913 年将召开民国的正式的国会（包括众议院、参议院）。说起来这个年限还是当年载沣定下来的，民国都成立了，自然不能比当年的大清还落后，宋教仁早已经瞄准了国会选举。

与宋教仁有同样想法的人还有很多，一时间，民国大地上出现了数百个政党，党员人数无法统计。据说在北京，陌生人之间打招呼，在问完"贵姓"之后还要问"贵党"，他们都铆足了劲，准备竞逐第一届国会选举。

这是选举，而不再是以都督为代表的地方实力派指派了。民国毕竟已经成立，共和立宪这个民国最大的政治谁也无法撼动，任何势力都无法反对"国会由人民选举"，北京临时参议院也至少要在立法上把选举权落到百姓们之中——当时规定合法选民除年满 21 周岁的男性（妇女没有选举权）、在选区内居住 2 年以上外，或至少满足其中一项：每年纳直接税 2 元以上；有 500 元以上不动产；拥有小学或相当于小学的学历。这样，民国 4 亿多人口中，统计的合法选民约有 4000 万。

现在，民国需要的只是一批防止法律只停留在纸面上的人，需要的只是一批用扎实工作把法律落地的"较真"之人，宋教仁即将成为他们的代表。

1912 年 12 月，国会选举正式开始，在这场"选战"中，最辛苦的应该是宋教仁，他组织国民党人马四处集会、演讲、造势，发动选民投票，同时也亲自拉票。他要求国民党全党"要停止一切运动，专注于选举运动"。"以前对于敌人，是拿出铁血的精神，同他们奋斗。现在对于敌党，是拿出政治的见解，同他们奋斗！"

在这个擅长的领域，宋教仁做得风生水起，急剧上升为政治新星。在袁世凯政府成立之后，他几乎成了老牌革命党人中唯一的风光人物，在外人看来，他又表现出向孙文等人咄咄逼人的"夺权"气势。宋教仁也充满自信地说："无论是孙的势力或是康（有为）的势力，都难望得到永远存续。到国会终于开设时，肯定会有新人物出现，代表汉族抵制满族，这是趋势。"

在宋教仁看来，这个新人物无疑就是他自己。

果然，1913年3月中旬，国会选举落幕，据统计选民中投票率约占10%，也就是全国约有400万人直接参与了投票，这与之前地方实力派主导的准国会选举有着根本之别。这次选举中尽管也难以避免选举笑话和选举腐败，但宋教仁联合一些人已经为共和立宪取得了重大突破：初步突破了以都督为代表的地方实力派掌控国会的企图，实现了政党竞选，"平民政治"和"全民政治"初现端倪。

宋教仁领导的国民党在参、众两院选举中都以压倒性的优势成为第一大党。那么，接下来宋教仁将成为总理，他的"总理梦"即将实现。

宋教仁并非袁世凯阵营中的人，袁世凯会同意吗？

根据《临时约法》，总统是政府的首脑，总揽行政大权；总理是由总统提名，获得参议院的通过后任命的。对袁世凯来说，他只有提名宋教仁为新的内阁总理，才最容易在参议院获得通过，将来也才最容易获得国会的支持；而对宋教仁来说，他首先要获得袁世凯的提名，即便成了内阁总理，也需要继续寻求与上级袁世凯的合作。

如此一来，袁世凯和宋教仁之间有望形成既有良性合作又有相互制衡的关系。宋教仁"拥有"国会，在立法权上既可以支持袁世凯，也可以制衡袁世凯；而袁世凯是临时大总统，他在行政权上既可以支持宋教仁，也可以压制宋教仁。在这种"合作中制衡"的关系背后，正是意味着宪政建设即将上一个新台阶。

这一切自然是宋教仁和袁世凯希望看到的。宋教仁是一个宪政主义者，原本追求的就是这样的结果。

而对袁世凯来说，如果要在地方实力派与宋教仁之间选一个作为制衡者，相信他一定会选择宋教仁。大清灭亡了，"载沣式"的难题留下来了，袁世凯急需通过宋教仁这样的平民政治家，把大清向往多年却不仅没有实现还导致内部崩溃的设想变为现实——把地方实力派（官僚集团）纳入宪政的轨道！从而最终制定出一部真正权威而有效的宪法，稳定民国的政局。

袁世凯已经是名正言顺的临时大总统，政局稳定对他有利，政局不稳甚至再次回到革命，对他不利。

也就是说，袁世凯的对手始终都是试图通过国会把袁世凯政府变成"傀儡政府"的地方实力派（官僚集团），而不是间接帮助他的宋教仁；地方实力派因私而设的"假共和立宪"，是袁、宋在政治上共同的敌手。在这样的框架之下，他们都难以施展才能和行使权力，都迫切希望改变现状。袁世凯和宋教仁之间从来没有像现在这样彼此互相需要，需要寻求与对方的合作，他们之间的合作面远远大于冲突面，局势在把他们共同推到共和立宪"建设者"位置的同时，也迫切需要他们抛弃一己、一团体之私利，抛弃派别成见，扩展格局胸怀一跃成为真正的政治家。

正是在这种情况下，高居庙堂的袁世凯和起于民间的宋教仁，成了受人期待的一北一南、一朝一野的两大政治明星，很多人会害怕和阻挠他们之间联手，但更多的人是期待他们联手。

袁世凯给此时在南方的宋教仁发出了"即日赴京，商决要政"的电报。宋教仁将从上海乘火车进京，这里是老牌革命党人的大本营。但宋教仁并没有见到孙文。

在卸任临时大总统之后，孙文曾专程去北京与袁世凯会面，他说，今后要舍弃政事，专心为民国修 20 万里的铁路。袁世凯正要给孙文"安排个去处"，听到孙文如此表示，随即任命孙文督办全国铁路，在上海组建中国铁路总公司。孙文似乎真的是专心修铁路去了，就在宋教仁抵达上海之前，他已经带着一队人马去日本考察铁路建设了。

作为老牌革命党人，孙文真的安心于铁路建设吗？这不能排除孙文在为实现一直以来的"实业救国"的梦想而奔波，但也不能排除孙文仍然在为革命队伍筹款。

如果是这样，袁世凯政府成立之后，孙文还留在革命队伍里，还需要为革命党人争取政权，如果要接受现在的民国，就要接受政权不在手里的现实。站在这个角度，袁世凯比当初的清政府更加危险。当初革命党人为"驱逐鞑虏"流血牺牲，虽然希望渺茫，可毕竟还找得到合法性；现在为各方所接受的民国已经成立，如果还要对袁世凯继续"革命"，合法性又在哪里？理由又是什么呢？

在孙文的南京临时中央政府中，宋教仁仅仅担任总统府法制院院长，而在袁世凯的政府里，宋教仁有望成为总理。孙文和孙派对宋教仁所做之事几乎没有参与。这本身就说明宋教仁与孙文和孙派人员之间仍然存在着裂痕。甚至在袁世凯政府成立之后，宋教仁和孙文已经分道扬镳了。

随着宋教仁即将北上，他与孙文之间的分歧已经到了水火不容的地步。虽然宋教仁也一直认为"袁世凯不可信"，但宋教仁的"不可信"是从宪政、分权的角度出发的。在宋教仁看来，如果没有宪政框架下的分权，换作谁（包括孙文）来当总统都是"不可信"的。所以宋教仁要做的只是在共和立宪的框架下与袁世凯共处；他只会限制总统的权力，不会夺取总统的位置；他不会非得追求"革命胜利后"的革命党一党执政，不会放弃在民国中以政党竞选参与执政——这必然会导致宋教仁"放弃革命"。在他看来，革命虽然可以推翻朝廷，但共和立宪只能通过协商、妥协和契约才能带来。

孙文是一个现实的人，他不像宋教仁那样"理想化"，对通过没有武力依托的政党竞选来制衡袁世凯等其他势力抱有根本性的怀疑。对孙文以及陈其美等孙派人物来说，他们眼里"袁世凯不可信"，要再一次推倒重来，夺取政权——这也必然会导致孙派"将革命进行到底"，继续用武力来达到目的。

由于这种根本上的分歧，与袁、宋之间还有合作的可能不同，此时的宋教仁与孙文、陈其美等人之间既没有了合作的意愿，也没有了合作的可能，更没有了合作的需要，反而是进入了相互对立的状态。

3月20日，是宋教仁从上海火车站启程前往北京的日子。在与革命党人的辞行聚会中，陈其美说："遯初（宋教仁的字），你不要快活，仔细他们（指袁世凯政府）会用暗杀的手段来对付你。"

1913 年 3 月 20 日晚 10 时 45 分左右，上海火车站，枪声响了，宋教仁遇刺，送医院后不久便不治身亡，年仅 31 岁。临终之前，宋教仁还希望远在北京的袁世凯："开诚心，布公道，竭力保障民权，俾（使）国会得确定不拔之宪法，则虽死之日犹生之年。"

宋教仁知道，他的死将给革命派继续革命的理由，也将给各方势力蠢蠢欲动的理由，这一声枪响熄灭的不仅是他的生命，还有好不容易得来的共和立宪的一丝微弱的曙光。所以他不能追究到底是谁刺杀了自己，他没有计较个人的生死得失，只请求袁世凯能够开诚心布公道，救民国政治，救苍生。

谁才是真正的幕后元凶？袁世凯是无法排除嫌疑的，毕竟宋教仁不是他阵营里的人。此时的内阁总理赵秉钧也是有嫌疑的，按照一般的权力逻辑，宋教仁上位，他必然下位，他就是"理所当然"的幕后凶手。

上海地方检察厅向赵秉钧发出了传票，要求他到上海接受问询。根据《临时约法》规定，作为三权之一的司法权是独立的，并不受行政权的干涉。只要内阁总理赵秉钧来上海，无论最后的结果如何，刺宋案都将以司法独立的方式进入法律程序，可以说，这是宋教仁以他的生命换来的共和立宪的重要一步！

赵秉钧称病未到。

几个月后，孙文、黄兴等人烧起了民国的第一把战火，发动"讨袁之役"，史称"二次革命"。刺宋案的司法审判程序被战争彻底打断，幕后元凶的追查也就不了了之。没有了宋教仁，地方实力派又试图通过国会将袁世凯政府变成"傀儡政府"，袁世凯兵围国会，并最终称帝，在各方的群起而攻之中死去。只有刺宋案的真凶在百年之后仍然是个谜案，正如那迷雾重重般的民国政治。

# 后记

　　《晚清最后十八年》第一版上市之后，经常有人问我："你想带给读者一个什么样的晚清史？"

　　我总是回答："一部好懂的晚清史。"

　　晚清是离我们最近的王朝。历史的魅力却在于，不是离得最近的我们就能看得最清楚。历史，它需要在时间沉淀中散去尘烟，露出它的本来面目。一段精彩的历史，值得反复回味。虽然写晚清题材的书不少，我希望为读者呈现的是一部有准备的作品。

　　准备分两个方面：一方面是在搜集、阅读、整理晚清史料之前，阅读了清代之前很多朝代史的古书，包括《资治通鉴》《史记》等著作。这些史料表面上是和晚清无关的，却是无用之大用。最明显的是，它们帮助我建立了一种历史框架思维。

　　如今大部分人都认可，历史人物不能简单地用聪明或者愚蠢来区分，他们既不比我们聪明多少，也不比我们愚蠢多少，他们也深受时代和环境的影响。假如我们穿越回去，并不一定会做得比康有为或者光绪皇帝要好。历史人物基于他们的际遇和环境，所做的选择总是有一定的必然性。晚清的历史在我们现代人的眼里也许是愚昧的、落后的、不可思议的和不堪的，但对于"此刻"的晚清来说，也许就是所有可能性里"最好"的时代。

　　既然如此，如果历史是必然发生的，那么这些历史对我们还有什么意义呢？正如人的命运是注定的，我们活着还有什么意义呢？我的答案是，"命运注定"是无需改变也不能改变的，而活着是现实和事实。正如我们注定从 A 地到 B 地，但我们可以改变途中的体验。

假如当年光绪的"戊戌变法"成功，如今的你也不一定生活得更幸福。幸福依托于大时代和大环境，但幸福也依赖于个人的内心感受，缺乏幸福力的人只怕在所有的时空里都不会幸福。我们探讨历史与自己的关系，还不如探讨自己与自己的关系，历史只是给了我们这种兴趣、动力和眼光而已。

发现自己，善待自己。正如我在那些与清朝无关的朝代里"发现"了晚清。

第二个准备自然就是大批量地阅读晚清的史料。包括各类宫廷档案、当事人日记、回忆录等，我想特别强调的一点就是，还要大量阅读同时期的海外史料。晚清是一个特殊的历史时期，它处于"三千年未有之大变局"中，无论是朝鲜、日本还是八国联军，都留下了关于晚清战争和政局的大量史料，我有相当一部分时间都花在阅读这些史料上，并认认真真地与国内原始史料做了甄别和对照。

之所以认为它们很重要，原因很简单：它们存在。这些第三方史料与我们熟知的原始史料一起，构成了一片森林。而一个好的历史作者应当既见树木，又见森林。我们可以感受到在世界范围内看晚清，这与我们习惯性地只从自身角度出发看待历史是不同的，我们会更关注两者之间的相对应关系，从而感受到在晚清之外，还有一个"世界"是如何存在的。

一种时时刻刻都把自己投入到更辽阔的横向对比中的思维是重要的。发现自己、善待自己的同时，也应包含发现他人、善待他人，这是我们看懂历史的题中应有之义。

历史很辽阔，但如果你不能从小事做起，不能善待身边人，学习历史又有什么用呢？如果你不去经历真正的磨难，又怎会有真正正确的价值观？当你积极面对困难的时候，心里面一定会有个声音告诉你困难是暂时的，你是在做正确的事。

现在摆在你面前的是《晚清最后十八年》的精编典藏版。原版有 4 部，共计 100 万字。用 100 万字写短短十八年，把任何相关的细节都讲述清楚，把十八年写出一个时代的感觉，一些读者很喜欢这种风格，但更多的读者认为，详略并不是很得当，对非关键事件讲述太多，会影响对主线的清晰呈现。于是我就动了再编写一部精编版的念头。它吸取了 4 部书的精华，留下 40 万字，详述了十八年里最关键和最重要事件的来龙去脉。对于我来说，精编版并不是一个简单的删减过程，它是一次再创作，我很庆幸完成了这次创作。

期待你的反馈和批评指正。

在这里，我想感谢我的家人，特别是 3 岁的女儿黄一一，每当我写稿的时候，她总要爬到我脚边说："你又开始打电脑（字）啦！"

瞧，我们总在路上，我们永远在开始。

黄治军

2024 年 6 月于北京